Economia selvagem

FUNDAÇÃO EDITORA DA UNESP

Presidente do Conselho Curador
Herman Jacobus Cornelis Voorwald

Diretor-Presidente
José Castilho Marques Neto

Editor-Executivo
Jézio Hernani Bomfim Gutierre

Conselho Editorial Acadêmico
Alberto Tsuyoshi Ikeda
Áureo Busetto
Célia Aparecida Ferreira Tolentino
Eda Maria Góes
Elisabete Maniglia
Elisabeth Criscuolo Urbinati
Ildeberto Muniz de Almeida
Maria de Lourdes Ortiz Gandini Baldan
Nilson Ghirardello
Vicente Pleitez

Editores-Assistentes
Anderson Nobara
Henrique Zanardi
Jorge Pereira Filho

INSTITUTO SOCIOAMBIENTAL (ISA)
Associação sem fins lucrativos, fundada em 22 de abril de 1994. Tem como objetivo defender bens e direitos sociais, coletivos e difusos, relativos ao meio ambiente, ao patrimônio cultural, aos direitos humanos e dos povos.

Conselho Diretor
Neide Esterci (presidente), Sérgio Mauro Santos Filho (vice-presidente), Adriana Ramos, Beto Ricardo, Carlos Frederico Marés.

NÚCLEO TRANSFORMAÇÕES INDÍGENAS – NuTI

Fundado em 2003, é um dos núcleos de pesquisa do Programa de Pós-Graduação em Antropologia Social (PPGAS) da Universidade Federal do Rio de Janeiro, sediado no Museu Nacional da Quinta da Boa Vista. Ele reúne antropólogos de três universidades federais (UFRJ, UFF, UFSC) e uma rede de parceiros e colaboradores de outras instituições em torno do projeto *Transformações Indígenas: os regimes de subjetivação ameríndios à prova da história*, financiado desde novembro de 2003 pelo **Programa de Apoio a Núcleos de Excelência (Pronex CNPq-FAPERJ)**, do Ministério da Ciência e da Tecnologia.

Equipe
Aparecida Vilaça, Bruna Franchetto, Carlos Fausto, Cesar Gordon, Cristiane Lasmar, Eduardo Viveiros de Castro (coordenador), Geraldo Andrello, Marcela Coelho de Souza, Márnio Teixeira-Pinto, Oscar Calavia, Tânia Stolze Lima.

Secretaria-executiva
Luciana França

Cesar Gordon

Economia selvagem
Ritual e mercadoria entre os índios Xikrin-Mebêngôkre

© 2006 Editora Unesp

Direitos de publicação reservados à:

Fundação Editora da Unesp (FEU)
Praça da Sé, 108
01001-900 – São Paulo – SP
Tel.: (0xx11) 3242-7171
Fax: (0xx11) 3242-7172
www.editoraunesp.com.br
www.livrariaunesp.com.br
feu@editora.unesp.br

Instituto Socioambiental
São Paulo (sede)
Av. Higienópolis, 901
01238-001 – São Paulo – SP – Brasil
tel.: (0 xx 11) 3515-8900
www.socioambiental.org

Brasília (subsede)
SCLN 210, bloco C, sala 112
70862-530 – Brasília – DF – Brasil
tel.: (0 xx 61) 3035-5114

S. Gabriel da Cachoeira (subsede)
Rua Projetada 70 – Centro
Caixa Postal 21
69750-000 – São Gabriel da Cachoeira –
AM – Brasil
tel.: (0 xx 97) 3471-2182/1156/2193

Manaus (subsede)
Rua 06, n° 73, Conjunto Vila Municipal,
Adrianópolis
69057-740 – Manaus – AM – Brasil
tel/fax: (0 xx 92) 3648-8114/3642-6743

Núcleo de Transformações Indígenas – NuTI
Museu Nacional – Quinta da Boa Vista s/n° –
São Cristóvão
Rio de Janeiro – RJ – CEP 20940-040
tel.: (0 xx 21) 2568 9642
fax: (0 xx 21) 2254 6695
http://www.nuti.scire.coppe.ufrj.br/
nuti@mn.ufrj.br

CIP-Brasil. Catalogação na Fonte
Sindicato Nacional dos Editores de Livros, RJ

G671e

Gordon, Cesar, 1969-
   Economia selvagem: ritual e mercadoria entre os índios Xikrin-Mebêngôkre / Cesar Gordon. – São Paulo: Editora Unesp: ISA; Rio de Janeiro: NuTI, 2006. il.

   Anexos
   Inclui bibliografia
   ISBN 85-7139-666-3

   1. Etnologia – Brasil. 2. Índios Kayapó. 3. Índios Kayapó – Usos e costumes. 4. Índios do Brasil – Condições econômicas. 5. Índios do Brasil – Comércio. I. Instituto Socioambiental. II.Universidade Federal do Rio de Janeiro. Núcleo de Transformações Indígenas. III. Título.

06-2787   CDD 980.41
                                                 CDU 94(=87)(81)

Editora afiliada:

Para Cris e Tomás

O autor cede a renda integral de seus direitos autorais aos Xikrin, por intermédio das suas associações: Associação Bep-Nói de Defesa do Povo Indígena Xikrin do Cateté e Associação Kàkàrekre de Defesa do Povo Indígena Xikrin do Djudjêkô.

Il est plus aisé d'écrire sur l'argent que d'en avoir; et ceux qui en gagnent se moquent beaucoup de ceux qui ne savent qu'en parler.
Voltaire (*Dictionnaire Philosophique*, 1765)

The thing that differentiates man from animals is money...
Gertrude Stein (1874-1926)

Sumário

Agradecimentos   13

Convenções   17

Prefácio   23
A indigenização da mercadoria e suas armadilhas   23

Mapa   33

Apresentação   35

1   No mundo das mercadorias   45
   Recém-chegado ao mundo dos bens   47
   Tematizando o dinheiro e os bens xikrin   63
   Entre os irredutíveis Xikrin   69

2   Etnologia Mebêngôkre   83
   Economia política de pessoas e coisas   84
   Aquisições e incorporações   95

3   Guerra e paz do Araguaia ao Cateté   105
    Os Xikrin do Cateté   105
    Tempo de homens bravos   112
    Histórias de Mebêngôkre e *kubẽ*   120
    Filhos de Wakmekaprã: os brancos e sua indústria   127
    Sobrepujar os (ex)parentes   132
    Xikrin *versus* Xikrin: Cateté e Bacajá   137

4   O fim das guerras   145
    Pacificando índios, amansando brancos   145
    O chamado da madeira podre e do rio doce   157
    Outros combates   165

5   Tempos do dinheiro   169
    Nosso próprio dinheiro   175
    Organização política   178

6   Da fera ao ferro: aquisição   195
    Quem com ferro fere: o Convênio Xikrin – CVRD   195
    O *kubẽ* no centro da roda   203
    Àkti: o espírito da predação   212
    Os dois vetores da relação   218

Caderno de imagens   229

7   Irmão (des)conhece irmão: circulação   239
    'Riqueza' ou incorporação diferencial: Verba Mensal e salários   239
    As listas de compras da "comunidade"   258

8   Dinheiro selvagem   275
    Piôkaprin ou 'folhas pálidas': dinheiro   277
    Kubẽ nhõ möja, ou mercadorias   292

9   Fazer o belo: consumo   301
    Mercadorias e o consumo para a produção do parentesco   301
    Mercadorias e o consumo para a produção ritual   312
    Mercadorias e o consumo diferencial   341

10 Nomes, *nêkrêjx* e mercadorias   351
   Mercadorias como *nêkrêjx*   351
   Nomes e *nêkrêjx*: valor e desvalor, consumo e circulação   360
   O cru e o cozido   371
   De volta ao mundo das mercadorias   385

Considerações finais: Virando branco?   399

Referências bibliográficas   417

Anexos
1 Dados populacionais Xikrin do Cateté   439
2 Narrativas   443
3 Terminologia de parentesco (básica)   451

Agradecimentos

Este livro não teria sido realizado sem o auxílio e a colaboração de diversas pessoas e instituições. Ao longo dos anos, em diferentes etapas, desde o início da pesquisa de campo até a redação final, as dívidas que acumulei foram muitas, algumas inestimáveis.

Inicialmente quero agradecer ao convite de Isabelle Giannini, no longínquo 1996, que me abriu as portas para o universo xikrin. A ela e a Lux Vidal só posso ser grato pela confiança, pelo incentivo e pela disposição em partilhar comigo seus conhecimentos sobre esse grupo indígena. Com desprendimento e generosidade, Lux confiou-me parte de seus materiais de campo inéditos, que foram muito valiosos.

Para o financiamento da pesquisa de campo, tive substancial apoio da Wenner-Gren Foundation for Anthropological Research, por meio do programa de bolsas para pesquisas individuais (Small Grants Program) do ano 2000, além da Fundação de Estudos e Projetos (Finep), por intermédio do PPGAS-MN. Durante quatro anos do curso de doutorado, obtive bolsa de estudos da Coordenação de Aperfeiçoamento de Pessoal de Ensino Superior (Capes). A partir de 2003, pude contar com auxílio do Pronex (CNPq e Faperj) no âmbito do projeto de pesquisas desenvolvido pelo Núcleo Transformações Indígenas (NuTI), do qual faço parte.

Em Marabá, gozei da hospitalidade de Domingos Macedo e Erika Scholemp, que me receberam com toda gentileza em sua casa e deram auxílio na minha temporada inaugural na área. Devo agradecer também a acolhida franca e prestimosa de Eimar Araújo, da Administração Regional de Marabá, e dos demais servidores da Funai. O mesmo se aplica aos funcionários das associações Bep-Nói e Kàkàrekre. Nas aldeias xikrin, Liduína, Ivonete, Maria e Raimundo de Oliveira (Ivan-Jacaré) foram ótimas companhias. Além de Félix Ferreira, figura de grande serenidade e sabedoria, que por tantas décadas dedicou-se ao trabalho com os Xikrin. Gostaria de registrar a curta, porém afável, convivência com o Dr. João Paulo B. Vieira Filho, a quem sou grato por diversas informações biográficas e demográficas de uma população que ele conhece há mais de trinta anos.

Do período que colaborei com o Instituto Socioambiental guardo boas amizades. Não poderia deixar de mencionar aqui Nilto Tatto, Geraldo Andrello, Maximiliano Roncoletta e Rubens Mendonça. Agradeço a Fernando Paternost, do setor de geoprocessamento, pelos mapas, e a Angela Galvão, do setor de documentação. Parte da pesquisa documental foi realizada no Museu do Índio, cujo diretor, José Carlos Levinho, mostrou-se sempre prestativo, facilitando o acesso às obras da biblioteca Marechal Rondon e ao acervo de textos.

Agradeço aos amigos e colegas de pesquisas xikrin e kayapó, interlocutores constantes ou bissextos, mas com quem continuo aprendendo muitas coisas sobre os Mebêngôkre: Fabíola Andréia Silva, Clarice Cohn, Terence Turner, William Fisher, Andres Salanova e Amélia Silva, Francisco Paes. Além deles, muitas pessoas deram contribuições valiosas, lendo trechos esboçados do livro, comentando ou infundindo ânimo nos momentos difíceis da redação. Mike Heckenberger foi um efusivo incentivador. Fernando Fedola Vianna, um leitor atento e crítico, no melhor sentido do termo. Lux Vidal, Aparecida Vilaça, Tânia S. Lima e Vanessa Lea participaram da banca de defesa de tese e fizeram comentários de relevância. Com Marcela Coelho de Souza pude discutir muitos argumentos deste livro. Escusado dizer que os erros são de minha inteira responsabilidade.

Quero expressar minha estima aos professores e amigos do Departamento de Antropologia do IFCS-UFRJ, em especial Els Lagrou, Marco Antônio Teixeira Gonçalves e Marco Antônio da Silva Mello, que me deram grande apoio para ali desenvolver atividades de pesquisa e docência, importantes para a conclusão deste livro. Concorreu para isso, igualmente, o auxílio financeiro concedido pela Faperj por meio de bolsa de fixação de pesquisador.

Agradeço a todos os colegas do NuTI, Nucec (Núcleo de Pesquisas em Cultura e Economia), e de maneira geral ao corpo docente, funcionários e bibliotecárias do PPGAS-MN, pelo ambiente de seriedade e dedicação, que é um grande estímulo para aprender e fazer antropologia. A Eduardo Viveiros de Castro, pois é um privilégio e uma responsabilidade ter sido seu aluno e orientando. Minha gratidão especial a Carlos Fausto e Bruna Franchetto, sempre presentes.

Aos Xikrin... são tantas dívidas, que a justiça me obrigaria a nomear todos. Não podendo, gostaria ao menos de deixar registrada minha gratidão a Bep-djôp, Ngre-bô; Bàtxêt e Karangre; cunhados Bep-karôti e Bep-tum; Bep-djare, Ropma, Rojri e Ire-kurê, Krôpidjö, Tamakware, Bep-kamrêk, Pãjnh'ô e Be-mok, Pãjnh'ôti, Bekwöj-mok e Alfredo, Txupuj e Kupapari, Be-kati, Ropkrori, Tedjere e Ire-krãtô, Kamrêk, Kabetum, Paulinho, Bep-katyry, Kokatire, Bep-ngrati, Kôkô-kinre, Kukôjmy, Nhàk-bêjti (Maria), Atorotikrã, Pi'ydjô e Djawörö, Katendjö, Akrôãntyry, Bep-byry, Kamodjare, Katenpari, jovem Kôkô-pry, Ikrô e Kangó. Tardiamente, agradeço ao velho Bemoti, falecido no final de 2004. Não só este livro, como tudo o que se escrever sobre os Xikrin, terá a marca de seu *kukràdjà*.

É impossível agradecer o carinho recebido da família, incluindo os afins, todos devidamente consanguinizados à moda amazônica. De meus irmãos Daniel e Flavio. De meus pais, Maria Eugênia e Cesar, e de Ceia, o afeto e cuidado irrestritos, e todo o mais.

E de Cris e Tomás, que me compõem.

Convenções

Todos os termos e expressões em língua mebêngôkre, e em outras línguas estrangeiras, vão em itálico (exceto etnônimos como Xikrin, Irã'ãmranhre etc.). A grafia mebêngôkre utilizada no livro segue aproximadamente aquela consagrada pelo Summer Institute of Linguistics e apoia-se no inventário segmental de Stout e Thomson (1978). Tomei, não obstante, algumas liberdades na representação dos fonemas, tanto para aproximá-la à pronúncia xikrin, quanto para facilitar a digitação. Nas citações, mantive a grafia original dos autores.

A acentuação das palavras em mebêngôkre cai invariavelmente na última sílaba, exceto nos seguintes casos:

a) quando a última sílaba é o sufixo átono -*re* (diminutivo; nominalizador), tornando a palavra paroxítona, como em *angrôre* ($\approx$ caititu, *Tayassu tacaju*) ou *mekrare* ($\approx$ categoria de idade) etc.

b) no caso de vogais epentéticas, inseridas obrigatoriamente após os fonemas /r/, /j/ e /w/ em final da sílaba, como em *puru* ($\approx$ roça); *pari* ($\approx$ verbo matar; e substantivo pé); *kwörö* ($\approx$ mandioca); *kokja* ($\approx$ verbo trans. rachar) etc. Todas paroxítonas.

Consoantes

/p/   oclusiva bilabial surda (como *p* em português)
/b/   oclusiva bilabial sonora (como *b* em português)[1]
/d/   oclusiva alveolar sonora (como *d* em português; tem pouca ocorrência)
/m/   nasal bilabial (como *m* em português)
/w/   semivogal bilabial ou glide (como em inglês *window*)
/t/   oclusiva alveolar surda (como *t* em português, não africada)[2]
/n/   nasal alveolar (como *n* em português)
/r/   *flap* alveolar ligeiramente vibrante (como em português ca*r*a, p*r*ato)
/x/   africada palatal surda, como em *tio* no sotaque carioca[3]
/dj/ africada palatal sonora, como em *dia* no sotaque carioca
/nh/ nasal palatal (como em ma*nh*ã)
/j/   semivogal palatal (como em inglês *yes*; entretanto, é grafada excepcionalmente *y* na palavra *Kayapó*, uma vez que o uso é mais que consagrado)
/k/   oclusiva velar surda (como em *c*asa)
/g/   oclusiva velar sonora (com o em *g*ato)
/ng/ nasal velar (soa como em ma*ng*a)
/'/   oclusão glotal

Quadro

	labial	alveolar	palatal	velar	glotal
ocl. surda	p	t	x	k	'
ocl. sonora	b	d	dj	g	
soante nasal	m	n	nh	ng	
soante oral	w	r	j		

---

1 Também pode representar nasal bilabial /m/ em final de sílaba tônica seguindo vogal oral, como em *tàm* ou *tàb* (encharcado, cru) ou *tàbdjwö* (neto, sobrinho), quando soa entre *m* e *b*.
2 Também representa uma nasal alveolar /n/ em final de sílaba tónica seguindo vogal oral, como em *mjêt* (marido), quando apresenta pré-oclusão, soando entre *n*, *d* e *t*.
3 Entre os Xikrin, praticamente não é pronunciado em final de palavra, quando se torna um /j/ vocálico. Mas aparece na fala lenta e na pronúncia cuidadosa ou enfática.

Vogais

/i/	anterior alta, soa como em português (/ĩ/ quando nasalizada)[4]
/ê/	anterior média, soa como em português (não apresenta nasalização)
/e/	anterior baixa, soa como em português (/ẽ/ quando nasalizada)[5]
/a/	central baixa, soa como em português (/ã/ quando nasalizada)
/y/	posterior alta não arredondada, pronuncia-se como um *u* em português, mas sem o arredondamento, isto é, com os lábios esticados (/ỹ/ quando nasalizada)
/ö/	posterior média não arredondada, pronuncia-se como *ô* em português, mas sem o arredondamento, isto é, com os lábios esticados (não apresenta nasalização)
/à/	posterior baixa não arredondada, soa entre um *a* e um *o* (/ã̀/ quando nasalizada)[6]
/u/	posterior alta arredondada, como em português (/ũ/ quando nasalizada)
/ô/	posterior média arredondada, como em português (sem nasalização)
/o/	posterior baixa arredondada, como em português (/õ/ quando nasalizada)

   Por isso grafei como /jx/ em final de palavra, por exemplo *mejx* (bom, belo), *töjx* (duro), *nêkrêjx* (adorno plumário, relíquia) etc.
4 Algumas vezes o sinal de nasalidade foi indicado pela adição de um *n* depois da vogal, que deve ser pronunciado à portuguesa, sem vocalização.
5 A palavra *mẽ* (coletivizador, plural etc.) será grafada sempre sem o sinal de nasalidade quando aparecer como elemento de composição de outras palavras, por exemplo *mekarõ* (almas, espíritos, duplos), *menõrõnyre* (rapazes iniciados), além de Mebêngôkre e outros etnônimos como Metyktire, Mekrãnõti etc.
6 O contraste entre as contrapartes nasais de /a/ e /à/ não será representado aqui, uma vez que é pouco produtivo do ponto de vista fonético (além de não constar da grafia do SIL). Os dois fonemas serão grafados por /ã/.

Quadro

	anterior não arred.	central não arred.	posterior arred.	não arred.
alta	i		u	y
média	ê		ô	ö
baixa	e	a	o	à
Nasais				
alta	ĩ		ũ	ỹ
baixa	ẽ	ã	õ	ã̀

Contrações ou elisões são marcadas por /'/.

〜〜

Os nomes dos informantes e auxiliares indígenas de pesquisa foram omitidos, para preservar sua privacidade, e codificados da seguinte forma: 1) nomes masculinos – prefixo Bep + número (para a aldeia Cateté), prefixo Tàkàk + número (para aldeia Djudjêkô); 2) nomes femininos – prefixo Bekwöj + número (aldeia Cateté), prefixo Nhàk + número (aldeia Djudjêkô). Mantive os verdadeiros nomes no caso de personagens da tradição oral xikrin e de indivíduos já falecidos (além de algumas menções no primeiro capítulo, seção sobre a pesquisa de campo).

As citações levam sempre o ano de publicação original, exceto quando não foi possível saber. Mas a referência das páginas corresponde à edição efetivamente utilizada, com data entre colchetes. Traduções livres de citações em língua estrangeira são minhas.

Para as posições genealógicas ou de relação de parentesco foi utilizada a notação inglesa. Assim, F=pai, M=mãe, B=irmão, Z=irmã, S=filho, D=filha, Ch=filhos, e=mais velho, y=mais novo (eB=irmão mais velho), FF=pai do pai (father's father), MB=irmão da mãe (mother's brother) etc. Adaptando a notação sugerida por W. Crocker (1990), quando os termos de parentesco em mebêngôkre são traduzidos para o português, indico entre aspas duplas relações putativas ou genealogicamente distantes (*ka'àk*). Assim, "pai" indica outras posições genealógicas abrangidas pelo termo correspondente a /*pai*/ (*bãm*), por exemplo FB, FFBS. Da mesma forma, F"B" significa um "irmão" – *kamy ka'àk* – do pai, que pode ser, por exemplo, FFBS, ou FFWS, e assim por diante. Quando necessário, a posição genealógica exata é indicada normalmente.

Excetuando-se o caso observado acima, note-se a convenção para o uso de aspas. Aspas duplas ("X") são utilizadas para delimitar citações, falas de informantes, discurso direto e indireto livre, de modo geral. Aspas simples ('X') indicam termos imprecisos ou ambíguos, expressões cunhadas *ad hoc* por mim, além de glosas e traduções.

〜〜

As fotografias que ilustram o livro são de minha autoria.

Prefácio
A indigenização da mercadoria e suas armadilhas

Carlos Fausto
PPGAS, Museu Nacional – UFRJ

A antropologia, em particular a pesquisa de campo, sempre nos reserva surpresas. Por mais que nos preparemos, por mais que procuremos determinar antecipadamente temas e objetivos, não sabemos de antemão qual o resultado de nosso trabalho. Este emergirá, lentamente e com grande esforço, de uma experiência, ao mesmo tempo intelectual e de vida, em que se misturam os anos que passamos entre a cidade e o campo, ruminando ideias e dados, relações pessoais e conceitos abstratos.

Este livro é um exemplo, a um só tempo, comum e raro dessa experiência antropológica: comum porque Cesar Gordon, como tantos outros, mostrou-se disposto a abandonar seus interesses prévios para refletir sobre aquilo que mais interessava aos Xikrin no momento de sua pesquisa: a relação com os não índios, o dinheiro, as mercadorias. Raro, pela qualidade e rigor de seu trabalho e pela capacidade de acolher as contribuições de tantos outros autores que o antecederam, sem deixar de criticá-los ali onde era necessário distinguir-se para construir um novo argumento.

Gordon produz uma etnografia sobre o caráter inflacionário do consumo xikrin contemporâneo. O consumo conspícuo está estreitamente vinculado à imagem mediática dos Kayapó (e dos Xikrin, em particular), chamados a representar os índios "capitalistas" – donos de carros, relógios caros, roupas de grife, aviões monomotores – sempre que se quer atacar a imagem do bom selvagem rousseauniano. De fato, o consumo xikrin cresceu exponencialmente nos últimos anos, desafiando as teorias marginalistas. Boquiabertos, os gestores da Companhia Vale do Rio Doce – cujo convênio representa a grande fonte de recursos para os Xikrin do Cateté – viram os repasses monetários subirem às alturas, sem jamais encontrar um teto, como se uma espiral indígena hiperinflacionária desvalorizasse o valor nominal da moeda e dos bens adquiridos por meio dela. Irracionalidade indígena diante da racionalidade econômica ocidental?

Não pretendo, aqui, adiantar respostas – um prefaciador não deve privar o leitor do prazer de acompanhar o percurso expositivo do autor. Afinal, este livro volta-se, precisamente, para a compreensão da perspectiva xikrin sobre essa situação histórica. E só quando seguimos a tessitura fina da exposição é que começamos a compartilhar algo dessa perspectiva, fazendo brotar em nós um leve e inevitável sorriso, por vermos, nas negociações monetárias, os índios levarem vantagem sobre os homens de negócio da CVRD. Vantagem? No sentido contábil, sem dúvida; mas não estaria o consumismo xikrin solapando as bases de sua cultura e de seu mundo social? Quais os limites da "indigenização" da mercadoria? Quais armadilhas estão postas ali à frente ao dobrar-se a primeira esquina?

O livro tem, em sentido forte, uma tese: a saber, que o processo xikrin de incorporação das mercadorias deu-se inicialmente de forma tradicional – com base em mecanismos já existentes no mundo indígena para a captura e incorporação de objetos, conhecimentos e signos do exterior. Ao longo do tempo, porém, a dinâmica dessa incorporação conduziu a transformações que, hoje, extravasam os mecanismos tradicionais para lidar com a alteridade. Aquilo que começou como reprodução cultural acabou por produzir transformações em cadeia, criando novos desafios, que os Xikrin parecem enfrentar por meio de novas "indigenizações".

O mecanismo tradicional de reprodução do mundo social xikrin baseava-se, de um lado, em uma dinâmica de captura (por meio da qual se extraía do exterior as condições de sua renovação) e, de outro, em uma dinâmica de restrição (por meio da qual se controlava a circulação dos signos rituais no interior do coletivo xikrin). Esse mecanismo produzia beleza e autenticidade, mas também distintividade: o acesso à beleza ritual não estava franqueado a todas as pessoas igualmente, de modo que o sistema produzia uma beleza distintiva, capaz de diferenciar pessoas "comuns" de pessoas autenticamente belas. Um regime de acesso restrito fazia com que certos objetos capturados do exterior e usados no ritual, embora reprodutíveis tecnicamente, não se tornassem "comuns" – não se "comunizassem", para usar o neologismo empregado por Gordon.

Assim também o foi, no início, com as mercadorias, antes escassas. Mas o que fazer quando uma miríade de objetos invade por todos os quadrantes o mundo indígena? Como lidar com a ambiguidade inerente desses objetos, que são tecnicamente reprodutíveis em larga escala, mas cujo princípio técnico de produção não pode ser internamente replicado pelo grupo indígena? Como lidar, enfim, com objetos-rituais na era de sua reprodutibilidade técnica?

As mercadorias incorporadas pelos índios primeiro como riquezas rituais sofreram um processo de "comunização", deixando de produzir distintividade e, portanto, perdendo valor ritual. Como poderiam centenas de terçados, outros tantos machados, vestidos, relógios, rádios, todos eles iguais ou quase, servirem à produção de distinção ritual? A perda de valor ritual, porém, não deriva tão somente de um atributo inerente à produção de mercadorias. Aqui, novamente, vemos operar uma lógica caracteristicamente indígena. Sem o mecanismo metamórfico do ritual, os objetos-cerimoniais seriam no máximo emblemas. É apenas por meio dele que deixam de ser meros objetos-inertes, adquirindo eficácia e servindo à produção efetiva de uma transformação nos oficiantes e participantes. O problema das mercadorias é que, ao se tornarem tão comuns e numerosas, perderam a capacidade de serem ressubjetivadas, tornando-se simples objetos objetificados. Vemos operar aqui uma lógica, bastante recorrente, da "coisificação".

O animismo (Descola, 2005) e o perspectivismo (Viveiros de Castro, 2002) ameríndios têm como pressuposto ontológico que tudo pode ser um sujeito, dependendo do contexto e da situação. Isso não significa que os índios andem por aí falando com as pedras, mas até uma pedra pode mostrar-se um agente, com intencionalidade e capacidade comunicativa. Nesse caso, o objeto não será simplesmente uma pedra, mas um espírito, um mestre das pedras ou coisa parecida. Tomei a pedra por ser um caso extremo – essa condição ontológica é atualizada muito mais comumente quando se trata, por exemplo, de animais. Mas o caso da pedra é ilustrativo. Não são as pedras em sua condição múltipla e genérica que podem se mostrar sujeitos, mas aquela pedra ali, naquele momento determinado.

O grande antropólogo norte-americano Irving Hallowell certa vez perguntou a um velho ojibwa se todas as pedras à sua volta estavam vivas (os Ojibwa aplicam um classificador nominal de animação ao substantivo "pedra"). O velho homem refletiu com certo vagar – talvez percebendo o caráter capcioso da pergunta – e respondeu-lhe que não, nem todas estavam vivas; e completou: "Mas algumas estão" (Hallowell, 1960, p.24). De fato, a multiplicidade anônima é vista pelo pensamento indígena como sendo da ordem da "coisa". Não é à toa que os Parakanã (Tupi-Guarani), quando querem falar dos animais de caça em sua condição genérica e não subjetiva, referem-se a eles como *ma'ejiroa,* termo que se aplica a um conjunto de coisas indistintas, mais ou menos como os anglofalantes utilizam o termo *stuff.* Da mesma forma, os Kuikuro (Karib) referem-se ao conjunto de animais de pelo como *ngiko,* "coisa", ou *ngiko tuhugu,* "agregado de coisas".

O coletivo anônimo é dessubjetivado. Daí talvez a recorrência da figura do mestre nas cosmologias ameríndias. O mestre representa a parte-ativa de uma determinada espécie ou dos animais de caça em geral. O conjunto anônimo dos bichos pode ser tomado na sua condição simples de presa genérica, na materialidade de sua carne, pois o mestre está lá para representar a condição ontológica geral, *default,* de que os animais são gente. Essa mesma lógica, opondo o singular ao coletivo indiferenciado, parece ter operado na conversão das mercadorias – de potentes signos rituais que eram – em "meras coisas": de *nêkrêjx* tornaram-se, como mostra Gordon, *kubẽ nhõ möja,* "coisas de branco", ou mais exatamente, "coisas insignificantes de branco". E nessa condição se prestam cada vez menos a produzir distinções rituais.

Muito bem – pensaríamos então –, agora, as mercadorias não mais interferirão naquilo que parece ser o fundamento da vida social xikrin. O ritual, dispositivo votado à atualização de relações com subjetividades alheias, não será mais contaminado pelo mundo mercantil dos objetos objetificados. Os Xikrin concluíram rapidamente que as mercadorias são meras coisas, não fetiches rituais. E isso parece ser ótimo. Todavia, nem tudo é tão simples assim.

Com rigor demonstrativo, Gordon nos mostra como o acesso a mercadorias e alimentos industrializados tem provocado também uma expansão da vida cerimonial: nunca se fez tanto ritual quanto hoje (o que nos faz lembrar o que os cronistas dos séculos XVI e XVII já haviam notado sobre os Tupi da Costa: ao receberem ferramentas de metal, eles não se tornaram disciplinados trabalhadores agrícolas, mas produziram mais excedente alimentar que possibilitou a intensificação da produção de bebida fermentada e a expansão da vida ritual). No caso xikrin, contudo, mais rituais significam que mais pessoas têm sua beleza criada e confirmada ritualmente, gerando-se paradoxalmente menos distintividade. Quando todos são igualmente "belos", a beleza parece não servir mais à mesma finalidade que no passado. E para onde se desloca, então, o desejo de distinção? Ora, para o consumo de mercadorias, marcando-se agora diferenças pela quantidade e qualidade dos bens consumidos. Eis o segredo do consumo ostentatório xikrin. Mas se o objetivo da vida social indígena residia na produção do parentesco (por meio da partilha alimentar e do convívio) e na produção cerimonial de pessoas belas (por meio da metamorfose ritual), o que fazer quando essas duas esferas parecem se confundir, quando a distintividade já não depende da vida ritual e o parentesco tem como veículo alimentos industrializados, embutidos, latarias e outros que tais?

Essa discussão – que reenceno de maneira sumária e sem a riqueza etnográfica que o leitor encontrará ao longo do livro – é fruto de uma reflexão teórica muito sofisticada de Cesar Gordon. O leitor não deve esperar, contudo, um discurso teorizante – aqui o percurso das ideias acompanha aquele dos dados, no melhor estilo da monografia etnográfica. Monografia que se acrescenta a uma série de trabalhos anteriores sobre os grupos genericamente conhecidos como Kayapó, que já foram objeto de pesquisa de mais de uma dezena de antropólogos brasileiros e estrangeiros.

Seguindo uma tendência recente da literatura e, em particular, a via aberta pela síntese inovadora de Coelho de Souza (2003), o autor aproxima definitivamente os Kayapó da etnologia amazônica, dissolvendo ainda mais a distinção entre os povos jê do Brasil Central e os povos da floresta densa, entre as chamadas sociedades dialéticas e as sociedades minimalistas, cujo contraste servirá à construção do modelo amazônico por Viveiros de Castro (1986). Em trabalho posterior (Fausto, 2001), eu mesmo busquei redefinir esse contraste por meio da distinção entre sistemas "centrífugos" e "centrípetos", concebidos como regimes ideais de reprodução social: um voltado para a predação continuada e expansiva do exterior, outro fundado na acumulação e transmissão interna de capacidades e riquezas simbólicas.

Gordon mostra, ao longo do livro, que essa distinção deve ser revista e refinada, não apenas porque entre os Xikrin a aquisição exterior de bens e capacidades é mais importante do que pensávamos, mas também porque não basta a transmissão para criar valor – é preciso expor essas riquezas materiais e imateriais à transformação ritual, é preciso lançá-las no banho ácido da alteridade para torná-las potentes novamente. Mas, então, seriam os Jê tão canibais quanto os nossos velhos conhecidos Tupi? É o que parece sugerir o autor, pois o canibalismo como forma relacional estaria subjacente a todos os sistemas nativos, inclusive àqueles não canibais. O que mudaria, então, seria a digestão? De fato, riquezas, prerrogativas, transmissão cruzada, grupos-idade conformam um percurso digestivo bastante específico, que faz dos Kayapó definitivamente um grupo jê e não tupi. Cumpre, pois, investigar também as variantes indígenas da digestão do mundo não indígena.

Este livro é parte de um projeto coletivo que busca estudar as transformações que vêm ocorrendo entre os povos indígenas em virtude da crescente interação com as sociedades nacionais. Hoje, estudar o ritual implica investigar as mercadorias, estudar a política implica pesquisar as ONGs, estudar o xamanismo implica conhecer diferentes denominações evangélicas, estudar a pintura corporal implica discorrer sobre a escrita. Tudo isso não é tão novo assim. Essa imbricação remonta aos tempos coloniais. Mas a escala hoje parece ser outra, e uma nova topografia relacional precisa ser traçada. Fazê-lo é um dos objetivos do Núcleo Transformações Indígenas (NuTI), cujo mote metodológico poderia ser "pensar a transformação a partir dos próprios modos indígenas de produzir a transformação". Não queremos estudar apenas a "invenção da tradição", pois nos interessa sobretudo a "tradição indígena da invenção". Interessa-nos estudar os mecanismos sociocósmicos que permitem produzir rituais como a festa xikrin do 7 de setembro (descrita por Giannini e retomada aqui por Gordon) ou as festas escolares bakairi analisadas por Collet (2006), assim como tantas outras manifestações que muitos autores tomaram como inautênticas, mas que são expressões dessa tradição indígena da invenção.

Em que consiste tal tradição? Como têm-nos mostrado os trabalhos etnográficos sobre educação escolar indígena (ver Weber, 2004), as práticas nativas de transmissão do conhecimento fundam-se no mecanismo da cópia, não na ideia de inovação (como ocorre com nossas teorias educacionais contemporâneas). O aspecto "frio" da tradição indígena consiste justamente nisso. Qual seria, então, o espaço de inovação? Ora, o aspecto "quente" da tradição transformacional indígena deriva do papel atribuído ao dispositivo de apropriação: a abertura não se faz pela inovação autóctone, mas pela apropriação exógena – a inovação é alopoiética.

A captura, contudo, pode ser, ela mesma, uma cópia – não é, afinal, isso o que nos ensinam as narrativas sobre a origem de rituais? Com frequência, narra-se a apropriação de cantos e músicas de outros povos (humanos ou não humanos) como simples replicação: um herói chega a uma aldeia estrangeira, assiste a um ritual e o memoriza à perfeição; ao retornar a seu grupo, introduz a cerimônia, renovando a tradição. Ou ainda, em chave xamânica, um pescador captura um peixe-gente, que é também grande flautista, e que se dispõe a lhe ensinar todas as músicas de certo ritual, antes de retornar à sua morada aquática.

Esse caráter alocêntrico e mimético da inovação frequentemente nos choca quando o outro somos nós mesmos: uma sensação de inautenticidade nos invade. Essa armadilha estava posta diante de Gordon ao longo de seu percurso. Fazer a etnografia de convênios, da compra mercantil, do dinheiro – enfim, de tudo aquilo que nos parece natural e parte de nosso mundo – sem cair no discurso vitimizante da contaminação, da perda cultural, da homogeneização causada pelo sistema mundial, não é nada fácil. Afinal, antropólogos não têm lá muita simpatia por essas transformações e correm o risco de vê-las de uma perspectiva não indígena.

Tampouco é fácil escapar da atitude oposta, que consiste em fazer do mundo indígena uma máquina lógica capaz de digestão infinita do sistema não indígena. Pensar as transformações que ocorrem entre as populações indígenas a partir dos próprios modos indígenas de produzir a transformação não significa, por um lado, que possamos esvaziar o conteúdo estrutural dos processos históricos globais, nem, por outro, que devemos tomar o mundo indígena como um universo à parte, capaz de transformar-se continuamente, canibalizando infinitamente situações históricas para realizar uma espécie de desiderato ontológico absoluto. Como bem sabem os índios, aquilo que você come acaba por transformá-lo – transformá-lo em parente, em membro de um determinado coletivo humano, mas também transformá-lo em espírito, em porcos, em inimigo, em jaguar. O problema é que jamais se sabe de antemão quais os limites de uma transformação.

Cesar Gordon é um desses autores refinados que navegam entre questões espinhosas sem deixar-se aprisionar por soluções fáceis, tecendo os argumentos em malha fina e trama fechada, mas flexível o suficiente para acomodar as dúvidas e inquietações que não são apenas nossas, como também dos próprios índios.

Referências bibliográficas

COELHO DE SOUZA, M. *O Traço e o Círculo*: o conceito de parentesco entre os Jê e seus antropólogos. 2003. Tese (Doutorado) – PPGAS, Museu Nacional, UFRJ, Rio de Janeiro.

COLLET, C. *Ritos de civilização e cultura*: a escola Bakairi. 2006. Tese (Doutorado) – PPGAS, Museu Nacional, UFRJ, Rio de Janeiro.

DESCOLA, P. *Par-delà nature et culture*. Paris: Gallimard, 2005.

FAUSTO, C. *Inimigos fiéis*: história, guerra e xamanismo na Amazônia. São Paulo: Edusp, 2001.

HALLOWEL, A. I. Ojibwa Ontology, Behavior, and World View. In: Diamond S. (Ed.) *Culture in History*: Essays in Honor of Paul Radin. New York: Columbia University Press, 1960. p.19-52.

VIVEIROS DE CASTRO, E. *Araweté:* os deuses canibais. Rio de Janeiro: Jorge Zahar, 1986.

_____. Perspectivismo e multinaturalismo na América indígena. In: *A inconstância da alma selvagem.* São Paulo: Cosac & Naify, 2002. p.345-99.

WEBER, I. *Escola Kaxi*: história, cultura e aprendizado escolar entre os Kaxinauwá do rio Humaitá. 2004. Dissertação (Mestrado) – PPGAS, Museu Nacional, UFRJ, Rio de Janeiro.

Mapa

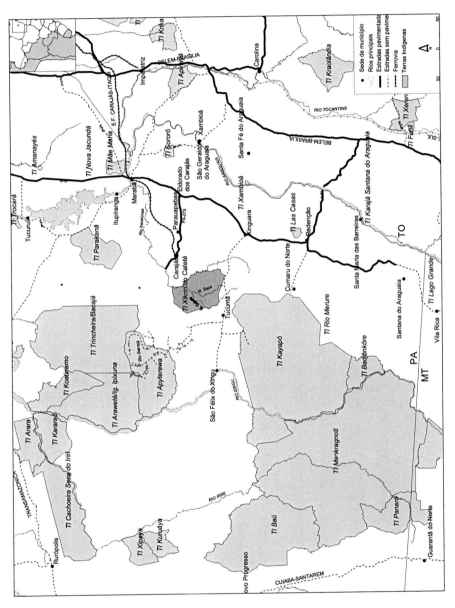

FIGURA 1 – Mapa da área indígena Xikrin do Cateté (ao centro, em cor mais escura).

Apresentação

Em novembro de 2005, a Companhia Vale do Rio Doce fez publicar nos principais jornais do país uma nota contendo duras críticas aos Xikrin do Cateté. Um grupo de 280 índios pintados e paramentados, portando arcos e bordunas, havia se deslocado da aldeia até o núcleo urbano da Serra de Carajás, sede das operações minerárias da CVRD no Pará. Eles exigiam que a empresa aumentasse o valor dos recursos financeiros transferidos regularmente à comunidade. A CVRD acusou os índios de promover invasões sistemáticas e paralisar atividades produtivas nas minas e na ferrovia de Carajás, alegando que eles tentavam obter benefícios ilegítimos e absurdos, que supostamente nada teriam a ver com a busca de condições dignas de vida. Afirmava ter destinado milhões de reais aos Xikrin em programas de apoio à saúde, educação, desenvolvimento e infraestrutura, e, não obstante isso, os índios faziam "pleitos estranhos", tais como um avião bimotor, milhares de litros de gasolina, carros de luxo para as lideranças, contratação de empreiteiras para construção de casas a preços superiores aos de mercado, bem como pagamento de dívidas contraídas junto aos comerciantes da região.[1]

---

1 As informações baseiam-se em reportagens de *O Globo* (2 de novembro de 2005), *Estado de S. Paulo* (3 de novembro de 2005) e *Folha de S.Paulo* (3 de novembro de 2005).

Os índios tiveram oportunidade de se justificar. Em entrevista a jornais de São Paulo, as lideranças disseram que a CVRD não vinha cumprindo os acordos, explicaram que os pedidos deviam-se ao custo de vida muito alto e que era imperioso considerar o fato de os Xikrin precisarem atualmente de dinheiro para comprar comida. Negaram que houvesse risco de violência na manifestação e esclareceram que se a CVRD não concordasse com as reivindicações poderia haver conflito, porém apenas verbal: "vamos brigar mesmo, mas só de boca".

Situações como essa de tensão e enfrentamento não são novidade nas relações dos Xikrin com a CVRD. Elas acontecem eventualmente desde que a companhia foi obrigada a firmar um convênio de assistência a título de indenização pelos impactos de suas operações na Floresta Nacional de Carajás, unidade de conservação que faz limite com a terra indígena xikrin. Nos últimos anos, no entanto, as negociações têm-se tornado mais difíceis, à medida que os Xikrin ganham maior controle sobre a gestão dos recursos do convênio. A gestão, que até o final dos anos 1990 era realizada pela Funai, passou às mãos dos próprios índios por intermédio de suas associações. Eles entenderam que atuando diretamente, sem as mediações 'pacificadoras' do órgão indigenista (e de antropólogos), poderiam alcançar melhor e mais rapidamente seus objetivos. Do ponto de vista da CVRD, isso pode ter significado que as transações ficaram mais 'selvagens'.

Dessa vez a companhia partiu para o ataque, dando mostras que sua capacidade de negociar e responder criativa e positivamente às demandas indígenas vem esgotando-se. Os responsáveis e a assessoria de imprensa optaram por uma saída ofensiva mas tortuosa: questionaram os pedidos e lançaram suspeitas de que poderia haver um movimento concertado de desestabilização da empresa, procurando, com isso, jogar a opinião pública contra os Xikrin. A iniciativa não deixou de ser, em larga medida, um jogo de cena, pois a CVRD não informou, em sua nota ao público, que já atendera em anos recentes a inúmeros outros pleitos semelhantes. Por meio do convênio, ela havia proporcionado aos Xikrin, por exemplo, veículos, casas de alvenaria, luz elétrica, aparelhos de TV; antenas parabólicas, geladeiras, fogões, roupas e pagamento de salários para as lideranças. Consequentemente, se as solicitações dos Xikrin mencionadas no comunicado oficial eram estranhas e absurdas do ponto de vista da empresa, essas outras também o deveriam ser, e no entanto foram atendidas.

Mas a CVRD pôde valer-se dessa estratégia porque apostou no fato de que a opinião pública certamente acharia estranhos os pedidos por bens de consumo e "de luxo" feitos pelos índios. Com efeito, em defesa dos últimos, alguns indigenistas consultados pela *Folha de S.Paulo* afirmaram que os Xikrin eram induzidos por aproveitadores a fazer exigências descabidas, e eram estimulados a consumir por comerciantes oportunistas. A defesa inadvertidamente acolheu os argumentos da acusação. De um lado, a CVRD apelava para a ilegitimidade das demandas xikrin. De outro, os indigenistas pareciam aceitar que as demandas eram ilegítimas, mas apenas porque não eram realmente demandas xikrin, mas de aproveitadores e oportunistas não indígenas. A vontade xikrin viu-se, assim, espremida entre duas formas complementares de ilegitimidade. Das duas, uma: ou se consideravam os Xikrin sujeitos plenos de seu desejo, e então esvaziava-se sua integridade indígena, ou tentava-se salvar a integridade indígena, com a condição de não os considerar sujeitos plenos de seus desejos.

Há uma questão de fundo em todo o caso, que reside em nossa incapacidade de enxergar as relações dos índios com os objetos oriundos da sociedade industrial capitalista como um fenômeno autêntico. Apesar de sabermos que nosso mundo é movido pela produção em massa de objetos, pela produção do desejo voltado a eles e por seu consumo igualmente massivo, quando se trata dos índios é como se houvesse um imperativo de separação. Os índios não podem querer tais coisas que lhes são *estranhas* e, se as querem, algo *estranho* lhes acomete. Paira sobre esse conjunto de ideias diversos espectros, entre eles o do bom selvagem, já transmudado e revestido de camadas de ectoplasma culturalista. Eles dizem muito mais sobre a nossa relação com os índios do que sobre a relação dos índios conosco. É como se olhássemos os índios sempre através de um mesmo espelho, que só pode nos devolver nossa própria imagem distorcida. Em qualquer caso, é a alteridade que se suprime na reflexão: ou os selvagens são aquilo que nós não somos, mas projetamos em um nosso passado edênico ou em um nosso futuro redentor, ou eles não passam de um outro nós, com os mesmos defeitos e pecados. Dizendo de outra forma: a questão de fundo reside em nossa incapacidade de nos colocarmos diante dos índios e sua história e, portanto, diante da relação dos índios com nossa produção e com nossa história, desde um outro ponto de vista.

Este livro é uma investigação antropológica sobre a relação dos Xikrin com os bens industrializados e mercadorias, que procura assumir um ponto de vista no qual a perspectiva dos índios ocupa a posição de figura e não de fundo. Ele tem a pretensão de mostrar que o desejo dos Xikrin pelos objetos que lhes são estrangeiros não é espúrio, inautêntico e exótico; ao contrário, é a expressão de um propósito e de uma história absolutamente (e, portanto, relativamente) indígenas. Seu objetivo é fazer uma descrição etnográfica dos "estranhos pedidos", ou seja, daquilo que vim a designar pela expressão 'consumismo xikrin' (sua grande demanda por dinheiro e bens), partindo do pressuposto de que tais pedidos não devem ser estranhos da perspectiva xikrin. O que é esse ponto de vista, que efeitos realiza na relação dos Xikrin entre si e com o nosso mundo – são as questões que propõe responder.

Escrevi este livro na esperança (talvez ingênua) de que os Xikrin não mais precisem justificar suas demandas por dinheiro e mercadorias pelo simples fato de serem índios. Ele foi movido pelo meu desejo de que o desejo deles de relação com o universo ao redor não seja desqualificado, esterilizado, considerado ilegítimo ou estranho.

Procurei debruçar-me, então, sobre uma dupla tarefa: entender o que faz os Xikrin desejarem os objetos produzidos pelos brancos (qual o significado desses objetos para eles), e o que esses objetos 'fazem' quando entram no sistema de circulação de valores xikrin (quais suas implicações para o modo xikrin de produção social). Pode-se tentar anular a primeira questão com argumentos naturalizantes ou economicistas: os Xikrin desejam os bens industrializados porque são mais eficazes para a produção material; ou argumentos de tipo histórico-político: os índios tornaram-se dependentes desses bens por causa da situação de contato, do sedentarismo, da introdução de novas doenças. Em princípio, isso não é necessariamente falso, mas oblitera, como veremos, todo um conjunto de dados etnográficos e históricos, dos quais é preciso dar conta. Quanto à segunda questão, muitos objetariam que os efeitos do dinheiro e das mercadorias sobre uma comunidade indígena são conhecidos e previsíveis: cesura dos nexos sociais e de parentesco, crescimento do individualismo, dissolução da moralidade comunitária; em poucas palavras: deterioração cultural e assimilação. Sobre isso, ficará claro no decorrer do texto que os dados xikrin desmentem ou complicam consideravelmente tais assunções peremptórias.

Pensando no campo mais específico da antropologia indígena, sugiro que é preciso alargar o entendimento a respeito do significado dos objetos numa coletividade que foi analisada como uma "economia política de pessoas". Além disso, na medida em que tratamos de um processo de incorporação de objetos que não são produzidos pelos próprios Xikrin, mas exclusivamente pelos brancos (ou *kubẽ*, como nos chamam em sua língua), é preciso passar a uma investigação de como os Xikrin relacionam-se conosco. A apropriação xikrin das mercadorias vincula-se a um tema importante da etnografia sobre os grupos Mebêngôkre-Kayapó, que trata de um conjunto de objetos e prerrogativas cerimoniais – também considerados de origem estrangeira, e incorporados de outras coletividades ou seres que povoam o universo – que passam a circular no interior da comunidade, mediando diversas relações sociais e constituindo valor.

Porém, se o ponto de partida do livro considera que para entender o significado e a importância dos objetos do mundo dos brancos é preciso inscrevê-los em uma reflexão mais ampla sobre o regime sociocosmológico xikrin, o ponto de chegada deverá considerar não apenas os significados e os propósitos, mas também as implicações mesmas, os efeitos dessa incorporação sobre os mecanismos indígenas de reprodução social. Por certo, não é indiferente o fato de que o sistema xikrin opera hoje em interação com um modo da 'alteridade' que se constitui e se apresenta de uma forma muito particular, em que predominam instituições estatais e mercantis, calcada na produção de objetos em escala industrial. Em resumo, o principal movimento deste trabalho é o de inserir a produção objetificada dos brancos, em especial as mercadorias e o dinheiro, em uma economia política e simbólica xikrin em transformação, sem desconsiderar que a transformação é, por sua vez, infletida pela própria incorporação dessa produção.

Como bem notou Pierre Clastres, num texto sobre o etnocídio, Estado e capitalismo configuram na história da humanidade a mais prodigiosa máquina de produzir e, por isso mesmo, a mais terrível máquina de predação, que a tudo consome – gentes, coisas, raças, sociedades, espaços, natureza, mares, florestas, solo, subsolo e o infinito – em nome do reinado da produção. Que limites, se os há, encontram os modos xikrin de processamento e constituição de relações sociais – essa pequena máquina xikrin de produção e consumo –, ao deparar-se com o monstro – essa gigantesca máquina predadora, gestada no ventre de nosso mundo ocidental moderno?

∿∿
∿∿

Os Xikrin do Cateté são pouco menos de novecentas pessoas que habitam a região da bacia do rio Itacaiunas no sudeste do Pará. São um dos grupos falantes de língua mebêngôkre, pertencente à família jê. Compartilham com os demais Mebêngôkre uma mesma origem e diversas características socioculturais conhecidas e descritas pela literatura antropológica: aldeias circulares dispondo um anel de casas e um centro cerimonial, grande investimento na vida ritual, divisão da coletividade em grupos masculinos que podem manifestar-se como facções políticas, importância da classificação etária, entre outros.

Tomados em conjunto, os Mebêngôkre somam hoje aproximadamente nove mil índios vivendo em diversas aldeias nos estados do Pará e Mato Grosso. Cada aldeia constitui um universo político relativamente autônomo, mas há entre elas profundas conexões de todas as ordens, que indicam a necessidade de pensá-las não isoladamente, porém compondo um regime relacional mebêngôkre. Igualmente, a despeito de especificidades locais, pode-se dizer que os Mebêngôkre experimentaram, nos últimos cinquenta anos, um único processo histórico, marcado pela intensificação do relacionamento com a sociedade ocidental não indígena. Nos anos 1980 e 1990, tornaram-se célebres na grande mídia nacional e internacional em virtude de ativa mobilização por direitos políticos, pela demarcação de suas terras, pela defesa do meio ambiente, e também pelo modo intenso como se relacionavam com os mercados locais em busca de produtos industrializados. No curso dessa mobilização, rostos, tais como os dos líderes Ropni (mais conhecido como Raoni) e Bepkoroti (Paulinho Payakã), tornaram-se mundialmente famosos, fotografados pela imprensa ao lado de artistas, personalidades, defensores do meio ambiente e grandes chefes de Estado.

No entanto, eles também conheceram o lado reverso da notoriedade. A aparente contradição entre a defesa do meio ambiente e as relações comerciais com madeireiros e garimpeiros custou caro à imagem dos Mebêngôkre, sobretudo após o incidente que envolveu o líder Payakã em uma acusação de violência sexual. As notícias das relações comerciais e do desejo de consumo indígena, somadas à exploração ideologizada do episódio, fizeram com que os Mebêngôkre passassem de heróis ecológicos a verdadeiros vilões da Amazônia. A suposta contradição era, na verdade, um equívoco cultural, um mal-entendido. Mas, desde então, para a opinião pública, sua imagem permanece presa entre os dois polos mistificadores, o bom e o mau selvagem.

Apesar de os termos *Mebêngôkre* e *Kayapó* serem tratados indiferenciadamente na literatura, neste livro os utilizo da seguinte forma: o primeiro termo indica genericamente os grupos falantes da mesma língua e pensados como tendo uma origem comum, que incluem os Xikrin e todos os demais Kayapó; o segundo denota qualquer grupo Mebêngôkre não xikrin, como os Gorotire, Kubenkrãkenh, Mekrãnoti ou Metyktire. Com uma convenção adicional: desde meados da década de 1920, os Xikrin encontram-se divididos em dois blocos, denominados Xikrin do Cateté e Xikrin do Bacajá, em referência aos rios próximos do lugar onde construíram suas aldeias. Por simplificação, usarei o termo Xikrin referindo-me, em princípio, aos Xikrin do Cateté, onde minha pesquisa foi realizada. Em algumas passagens, o termo refere-se aos dois grupos.

Este livro é uma versão modificada de minha tese de doutorado em antropologia, defendida em 2003 no Programa de Pós-Graduação em Antropologia Social do Museu Nacional, no Rio de Janeiro. As alterações do texto original não foram substanciais, consistindo em pequenos ajustes de gramática e estilo, modificações pontuais em trechos pouco claros, além de inserções de dados mais atuais que obtive por meio de pesquisas realizadas depois da tese. A exceção restringe-se às considerações finais, que foram reescritas. A divisão dos capítulos foi também inteiramente reorganizada. O Capítulo 1 é uma introdução geral, no qual delineio o problema a ser enfrentado no livro e descrevo as condições da pesquisa de campo. O Capítulo 2 traz um panorama da literatura antropológica sobre os grupos Mebêngôkre, com objetivo de mostrar como a própria etnografia e o campo mais amplo da etnologia americanista (e não qualquer matriz teórica tomada em abstrato, do tipo antropologia econômica, teorias do desenvolvimento e do sistema mundial) fornecem as chaves para resolver as questões levantadas. Ou seja, as respostas estão no melhor entendimento do sistema sociocósmico xikrin. O capítulo aproxima os temas xikrin e kayapó do idioma amazônico da captura ou predação, da alteridade como relação constitutiva e do perspectivismo.

Os dois capítulos seguintes fazem um exame da história xikrin e kayapó, em sequência cronológica, na tentativa de entender como os brancos entraram num sistema de relações previamente constituído e como o interesse pelos objetos é um dado remoto. O Capítulo 3 enfoca o período I que vai do final do século XIX a meados do século XX, quando ocorre a separação entre Cateté e Bacajá. O Capítulo 4 segue a partir daí, focalizando desde a fase de 'pacificação' e aproximação definitiva com os brancos até o presente. No Capítulo 5, faço uma descrição das aldeias xikrin contemporâneas e discuto sua organização política (a chefia, as turmas masculinas baseadas na idade), sem o que não se pode entender como eles institucionalizaram os recursos do convênio com a CVRD.

A forma de aquisição de dinheiro e mercadorias é analisada no Capítulo 6. O ponto central de demonstração consiste em que as atuais relações políticas e econômicas dos Mebêngôkre revestem-se de um aspecto simbólico que é a marca mesma da relação com o estrangeiro. Procuro fornecer a fundamentação cosmológica disso, analisando os aspectos ditos 'selvagens' e 'pacíficos' dessa relação como posições perspectivas. O Capítulo 7 descreve a circulação interna do dinheiro e dos objetos na qualidade de recursos simbólicos, apontando a existência de dois vetores contraditórios que atuam no processo de incorporação desses bens: por um lado, uma tendência para a coletivização, baseada no idioma do parentesco; por outro, uma tendência para a concentração e exclusividade, baseada no idioma da grandeza e do prestígio. Isso é feito por meio de uma discussão sobre a institucionalização pelos Xikrin, no âmbito das relações com a CVRD, de um sistema de salários e de compras comunitárias. A análise prossegue no Capítulo 8, que aborda as concepções e avaliação moral xikrin do dinheiro e dos objetos dos brancos. Fechando os pontos do triângulo, descrevo o consumo das mercadorias (Capítulo 9), que distingui analiticamente em consumo para produção do parentesco, para a produção ritual, e consumo 'diferencial'. O objetivo é articular a incorporação dos objetos dos brancos aos mecanismos xikrin de constituição da pessoa, associada ao sistema cerimonial e suas distinções entre o ordinário (comum) e o extraordinário (belo).

No último capítulo, tento consolidar a demonstração de que o modo como o dinheiro e as mercadorias funcionam na experiência mebêngôkre é uma transformação estrutural do sistema geral de 'processamento' da alteridade por meio de signos relacionais que são expressos concretamente na forma de bens cerimoniais. Partindo de uma discussão geral sobre a noção mebêngôkre de *kukràdjà* (termo que pode ser traduzido como 'cultura', 'modo de vida', 'conhecimento'), procuro comprovar a hipótese de que dinheiro, mercadorias e prerrogativas cerimoniais tanto são constituídos por uma mesma máquina de fabricação de pessoas e de valor, quanto a constituem.

Finalmente, nas considerações (in)conclusivas, encerro este trabalho, recapitulando os efeitos e resultados dessa interação complexa entre princípios gerais da sociocosmologia mebêngôkre e as condições históricas particulares sob as quais tais princípios operam e se atualizam.

1
No mundo das mercadorias

Quando iniciei minha pesquisa com os Xikrin do Cateté, em outubro de 1998, eu não imaginava os desvios de rota que a situação etnográfica iria impor ao desenvolvimento do trabalho. Eles foram de duas ordens. O primeiro teve relação com o próprio tema e o enfoque da pesquisa, que precisaram ser reformulados durante o período de campo, resultando em sua completa reorientação teórica e metodológica. O segundo implicou uma mudança na minha inserção entre os Xikrin e na minha posição de pesquisador, o que repercutiu, de alguma maneira, no desfecho da pesquisa. De modo distinto e em níveis diferentes, os dois desvios decorreram da situação concreta em que vivem os Xikrin, como, de resto, outros grupos Kayapó e muitos povos indígenas da Amazônia. Tal situação pode ser caracterizada como um processo cada vez mais abrangente e complexo de interação com outros agentes não indígenas, incluindo o Estado brasileiro e os mercados, em virtude das transformações contemporâneas em larga escala que se costuma chamar de globalização.

De fato, a situação dos Xikrin hoje é resultado de um conjunto de mudanças que atingiram a Amazônia nas últimas décadas, cuja consequência mais visível é a ampliação de seu "contexto relacional" (Inglez de Souza, 2000). Seu universo de relações e as implicações dessas relações na vida indígena cotidiana são variados. Os Xikrin interagem direta ou indiretamente com diversos órgãos da burocracia estatal, setores da sociedade civil, empreendedores locais, nacionais e internacionais, grandes corporações, ONGs, missionários, antropólogos, ambientalistas e agências multilaterais de financiamento. Na pauta de temas em que estão envolvidos, somam-se projetos de desenvolvimento sustentável, planos de manejo florestal e atividade madeireira, exploração mineral, políticas públicas, legislação ambiental, entre outros. As conexões são de tal ordem que, em certo nível, os indicadores econômicos, as variações cambiais, as oscilações do mercado e, até mesmo, eventos geopolíticos internacionais têm, em algum grau, repercussões na vida dos Xikrin.[1] Nesse panorama, é preciso notar, também, as novas necessidades de organização perante a sociedade brasileira, que se manifestam pela rápida expansão de associações políticas formadas pelos próprios índios e, sobretudo, de "projetos": projetos de exploração de recursos naturais existentes nas áreas que habitam; projetos de educação e alfabetização (tanto em português como nas línguas nativas dos grupos), projetos de "capacitação" técnica e gestão associativa, entre outros.

O universo de relações dos Xikrin atingiu, portanto, uma nova escala, e é abrangente e intrincado o suficiente para afetar as condições práticas e o desenlace de qualquer pesquisa e, principalmente, para levantar questões de relevância antropológica.[2] Diversos autores já observaram que a pesquisa antropológica não pode abstrair a situação em que se encontra o povo estudado, nem tampouco o antropólogo é capaz de abstrair-se a si mesmo dessa situação. Como, na prática, só fui

---

[1] O atentado de 11 de setembro de 2001, por exemplo, teve alguns efeitos sobre o setor de exportação de madeira, num momento em que os Xikrin tentavam implementar um projeto de manejo florestal sustentável com forte ênfase na exportação de madeira certificada. A retração trouxe queda nos preços e perda de rendimento da colheita daquele ano.

[2] Os efeitos do processo de globalização sobre as populações indígenas e tradicionais vêm sendo tematizados pelos antropólogos há alguns anos, como se pode verificar em recentes publicações que discutem o estado atual da teoria antropológica, por exemplo, Moore (1999).

realmente considerar tudo isso no campo, acabei por ratificar um outro lugar-comum da disciplina, abundante em prefácios e páginas introdutórias dos livros e teses: o de que a experiência etnográfica se impõe aos apriorismos do pesquisador, que é obrigado a render-se àquilo que é importante para os membros da comunidade pesquisada, deixando de estudar o que inicialmente tencionava. E, não por acaso, aquilo que é importante para eles revela-se uma chave profícua e, muitas vezes inesperada, de entendimento para o antropólogo.

No meu caso, a complexidade das relações diversas e contatos múltiplos dos Xikrin (com os mercados, o Estado, antropólogos, ONGs) conduziu a uma reorientação da pesquisa, fazendo que a investigação se voltasse para um assunto candente entre os Xikrin. Além disso, as novas demandas que as comunidades indígenas apresentam atualmente aos antropólogos nesse contexto de afirmação política acabaram alterando minha posição de pesquisador, que, de observador participante, resultou em *participador observante*, na expressão feliz de Terence Turner (Turner, 1991a, p.309; Albert, 1993, p.354).

Para que se possa entender melhor os diversos condicionantes político-antropológicos que estão na origem deste livro, eu gostaria de recuperar com mais detalhes o trajeto da pesquisa e, no percurso, apresentar o problema etnográfico que procurei enfrentar, as dificuldades metodológicas encontradas e as condições da pesquisa de campo entre os Xikrin.

Recém-chegado ao mundo dos bens

Conforme meu projeto inicial de pesquisa, para o qual havia me preparado durante o mestrado e o doutorado, fui a campo estudar um tema tradicional da etnologia – o parentesco de um grupo indígena de língua jê; de um ponto de vista que podemos chamar de 'clássico': isto é, no quadro das teorias da aliança. A pesquisa dava continuidade ao estudo iniciado anos antes, quando fiz um esforço de síntese bibliográfica da literatura existente sobre os povos de língua jê, dando ênfase à organização social (Gordon, 1996a). A ideia era detectar os principais modelos de interpretação dessas sociedades – os problemas teóricos que levantaram e como foram resolvidos –, bem como delinear possíveis linhas de investigação sobre aspectos pouco explorados e passíveis de suscitar novos desdobramentos analíticos. Um deles dizia respeito aos regimes e estratégias matrimoniais, que não haviam sido abordados exaustivamente pela etnografia. Refiro-me particularmente aos trabalhos sobre os povos jê realizados no âmbito do Projeto Harvard-Brasil Central (Maybury-Lewis, 1979). Os resultados dessas pesquisas deslocaram a abordagem dos sistemas de parentesco e casamento para considerações de outros aspectos relevantes da organização social jê, a saber, o dualismo como princípio organizador essencial, as dicotomias entre os domínios público e privado, a relevância da concepção de pessoa e da 'construção' do corpo, a importância dos grupos cerimoniais e políticos, as relações especiais de nominação e amizade formalizada (Gordon, 1996a; Maybury-Lewis, 1979).

Desse modo, o trabalho de doutorado tinha como objetivo investigar casamento e aliança entre os Xikrin, com vistas a uma futura comparação com outros povos jê setentrionais. É preciso ressaltar que esse esforço era tributário de uma renovação dos estudos do parentesco indígena capitaneada notadamente por Eduardo Viveiros de Castro. Em 1995, o autor organizara um volume (Viveiros de Castro, 1995), no qual diversos etnólogos faziam um balanço dos estudos de parentesco ameríndio. Desde alguns anos antes, Viveiros de Castro (1990; 1993) procurava formalizar um sistema de aliança que descrevesse os regimes de casamento dos povos das chamadas "terras baixas" sul-americanas (designação que compreende basicamente a floresta amazônica e o planalto central brasileiro). Minha pesquisa se beneficiou dessa tentativa de renovação e seguia a mesma direção.

No entanto, decorridas as primeiras semanas de campo, foi ficando claro que a situação atual dos Xikrin levantava outras importantes questões, relacionadas não apenas à circulação de pessoas, mas sobretudo à aquisição, circulação e consumo de *objetos*, mais especificamente, de objetos produzidos pelos brancos: dinheiro e bens industrializados.[3]

---

3 Uso o termo *objeto* para evitar célebres distinções conceituais – mercadorias (*commodities*), bens (*goods*), dons (*gifts*) – que não iluminam *a priori* o material xikrin. Neste livro, os termos *mercadoria*, *bem industrializado* e *produto* são utilizados sem

De fato, a impressão do visitante que chega à aldeia xikrin do Cateté é que há objetos demais mediando as relações entre as pessoas, e que os índios parecem materialistas demais. O subtítulo acima decorre dessa impressão. Ele faz referência a um artigo de Alfred Gell (1986), em que o autor descreve os padrões de consumo de uma comunidade tribal da Índia, num período de prosperidade e incremento do poder aquisitivo de algumas famílias. Sugestivamente, o título do artigo – "Recém-chegados ao mundo dos bens" (*Newcomers to the world of goods*) – descreve bem a situação dessas famílias camponesas enriquecidas. Para mim, a ironia era chegar a uma aldeia indígena da Amazônia e ter o pressentimento fugaz de ser *eu o recém-chegado ao mundo dos bens*, já que os índios pareciam estar lá há muito tempo.

A sensação de isolamento que nos assalta quando nos aproximamos da aldeia no pequeno monomotor – do alto, ela é um diminuto e perfeito círculo cercado de mata por todos os lados – se desfaz logo depois da chegada. Os objetos industrializados são ubíquos e relacionados com todas as atividades do cotidiano xikrin. Ainda na pista de pouso, afastada uns quatrocentos metros da aldeia, somos recepcionados por um grupo de índios e índias pintados de jenipapo e urucum; eles de *shorts* ou bermudas, elas de vestidos estampados cujo corte e feitio são hoje característicos, calçando sandálias havaianas ou tênis (eles), ornamentados com vistosas pulseiras de miçangas, por cima das quais se veem relógios de pulso digitais. Alguns chegam de bicicleta. Uns poucos se apresentam na pista de grama e piçarra vestidos de calça *jeans*, sapatos, óculos escuros, mochila a tiracolo, para aproveitar uma 'perna' (trecho) do voo de volta à cidade de Marabá ou Tucumã, onde pretendem fazer compras. Há sempre grande expectativa para saber se o avião trouxe encomendas da cidade, e invariavelmente o piloto escuta alguma reclamação por não ter trazido esta ou aquela mercadoria que alguém esperava.

Na aldeia, todas as casas são de alvenaria, e os Xikrin utilizam ferramentas (de aço) para o trabalho na roça; rifles e munição para caça;

---

maiores preocupações conceituais, como sinônimos, salvo quando expressamente anotado. Ver Gregory (1982, p.10-28) para uma síntese acerca das diferentes origens e implicações teóricas dos conceitos de *commodity*, *goods* e *gift*.

anzóis, tarrafas e "malhadeiras" (redes) para pesca; colchões, cobertores e redes para dormir; utensílios de cozinha, lanternas e pilhas. Sua alimentação diária inclui, além dos produtos da roça e carne de caça e pesca, uma variedade de alimentos industrializados: açúcar, café, arroz, leite em pó, biscoitos, massas, óleo e, eventualmente, também refrigerantes. Além disso, o cotidiano requer óleo diesel para alimentar o motor que faz funcionar o gerador elétrico, as bombas-d'água e o ralador de mandioca utilizado pelos índios para fabricação de farinha. Não é preciso multiplicar os exemplos. Basta ressaltar que, hoje, a infraestrutura da aldeia, as atividades de produção e o 'estilo' de vida xikrin são marcados por grande demanda por produtos industrializados e serviços, exigindo, portanto, intenso relacionamento com mercados locais urbanos e crescente monetarização.

Mas a forte impressão do materialismo e do consumismo xikrin não ocorre apenas devido à presença de uma quantidade grande de manufaturados supostamente necessários à vida na aldeia, e sim à maneira quase obsessiva pela qual os Xikrin manifestam preocupação com o dinheiro e com as mercadorias. Muito de sua atenção e seu interesse diário, em reuniões na casa dos homens no centro da aldeia, ou em conversas nas casas da periferia, em volta do fogo, gira incansavelmente em torno do dinheiro (ou *piôkaprin*, palavra que se aprende rapidamente);[4] das compras mensais feitas para a comunidade nas cidades próximas, e na sua redistribuição; das coisas que querem adquirir, individualmente ou para a comunidade como um todo: alimentos e refrigerantes, utensílios diversos, roupas e calçados, miçangas, eletroeletrônicos, televisores, geladeiras, casas de alvenaria, automóveis etc. Tanto no nível individual quanto no coletivo, os Xikrin despendem muito tempo e energia elaborando estratégias de incremento do seu poder aquisitivo e aumento do consumo de manufaturados. O antropólogo não escapa desse clima e é bombardeado diariamente (e quando finda o trabalho de campo, muitas vezes, por telefone) com pedidos e solicitações de presentes, na forma de mercadorias ou dinheiro. Positivamente, uma das coisas que

---

[4] *Piôkaprin* é um neologismo em língua mebêngôkre para designar o dinheiro. Ver Capítulo 8 para uma análise desse termo.

me chamaram a atenção foi a volúpia com que os Xikrin passaram a me pedir presentes e o interesse pelos apetrechos que eu levava ao Cateté, rapidamente transformados em objeto de negociação diária.

Certamente, tal interesse não é exclusividade dos Xikrin. Como já frisou Stephen Hugh-Jones (1992, p.43), muitos relatos etnográficos sobre os povos amazônicos fazem alguma menção a esse fenômeno tão recorrente da experiência de campo, mesmo que, muitas vezes, restringindo-o a seu aspecto anedótico e circunscrevendo-o aos prefácios e introduções dos livros e teses. Hugh-Jones sugere que esse 'consumismo', uma vez que parece ser um aspecto característico dos índios das terras baixas sul-americanas, é interessante o suficiente para merecer documentação e análise ao lado de questões antropológicas mais tradicionais, tais como subsistência, parentesco ou mito.

Aliás, é de conhecimento geral que a relação entre índios e brancos foi, muitas vezes, mediada por objetos e troca de presentes. A história da Conquista americana parece indicar que essa mediação é um dos fatos fundadores da relação, desde seus primórdios. Colombo, por exemplo, descreveu suas primeiras oferendas nas Antilhas – gorro vermelho, miçangas de vidro verde, um par de guizos – e se espantou com a generosidade dos índios em dar tudo por nada: "tudo que têm dão em troca de qualquer bagatela que lhes ofereça, tanto que aceitam até mesmo pedaços de tigela e taças de vidro quebradas" (apud Todorov, 1982, p.45). Para os índios da costa brasileira, uma oferta (o celebérrimo barrete vermelho de Nicolau Coelho) foi verdadeira e simbolicamente o primeiro ato dos brancos, a confiar na narrativa de Caminha. Séculos depois, a história das frentes de pacificação, de Rondon à Funai, reitera o mesmo fenômeno: são os presentes, deixados estrategicamente nas clareiras da floresta, o instrumento para 'atrair e amansar' os índios. Surpreende, portanto, que a etnologia das terras baixas tenha dado tão pouca importância ao interesse indígena pelos objetos dos brancos, como se isso fosse *natural* ou, ao contrário, *artificial*.[5]

---

[5] Ver Nicholas Thomas (1991) para uma discussão semelhante sobre circulação e significado dos objetos no contexto das Ilhas do Pacífico.

No entanto, entre os Xikrin havia outras questões a considerar. Se ainda não ficou claro, observo que, no seu caso, tais pedidos não tinham origem de maneira alguma em um estado de penúria ou abandono, ou em uma curiosidade por objetos desconhecidos e exóticos. Antes de ir a campo, eu sabia que os Xikrin experimentam, há décadas, um processo de intensificação do seu envolvimento com os mercados locais, nacionais e internacionais, ou com o que se convenciona definir por "sistema capitalista mundial". A elevação da questão do dinheiro e do consumo à pauta, se não principal, ao menos de extrema importância para os Xikrin, está vinculada, sem dúvida, às transformações por que eles passam ao longo dos últimos cinquenta anos, depois da pacificação (isto é, o contato regular com o Estado brasileiro, por intermédio do órgão indigenista), e, notadamente, agora considerando o contexto atual da Amazônia globalizada.

Não que anteriormente os Xikrin vivessem isolados das informações e influências do sistema econômico externo, pois é certo que desde meados do século XIX, período em que as frentes de expansão brasileiras atingem a região dos Mebêngôkre na bacia do sistema Araguaia-Tocantins, eles mantêm contatos diversos com os brancos, engajando-se em relações de troca belicosa e pacífica, sobretudo após o desenvolvimento das indústrias extrativistas, inicialmente a borracha e, depois, a castanha-do-pará. A rigor, como espero mostrar adiante nos Capítulos 3 e 4, uma investigação histórica permite verificar que os objetos manufaturados do mundo dos brancos já eram uma questão para os Xikrin há muito tempo, tendo sido considerados em suas estratégias políticas interna e externa, em seus movimentos de aproximação e recuo aos brancos, ao longo dos últimos 150 anos. Isto é, a questão já estava posta desde cedo e, do *ponto de vista xikrin, é antes causa que efeito do contato*.

O fato é que, do início dos anos 70 para cá, como há pouco dissemos, a escala da interação com os brancos vai se alterar de modo considerável, graças ao plano nacional de integração da Amazônia, que incluiu o Programa Grande Carajás, a implantação de infraestrutura, o estabelecimento de uma malha viária na região (abertura da Transamazônica, Cuiabá-Santarém e de outras estradas), a construção de usinas hidrelétricas, siderúrgicas e tudo que veio a reboque, com consequências quase sempre desastrosas do ponto de vista ambiental e humano – crescimento desordenado dos núcleos urbanos, assentamentos mal planejados, agravamento da questão da propriedade fundiária (cuja concentração se acentuara em décadas precedentes), incentivo à pecuária, à extração de madeira e à mineração. Noto de passagem, portanto, que não apenas os Xikrin mudaram, mas também os brancos.

Depois de experiências não muito bem-sucedidas com a atividade madeireira, conduzidas por indústrias de exploração ilegal (Giannini, 1996), os Xikrin foram protagonistas de um projeto de fortalecimento político e desenvolvimento econômico focado na gestão territorial e na exploração sustentável de madeira e outros produtos não madeireiros, em parceria com uma das principais ONGs ambientalistas do Brasil (Instituto Socioambiental – ISA), chancelado em caráter experimental pelos órgãos federais (Funai, Ibama) e financiado com recursos de agências multilaterais (PPG7, por meio do Ministério do Meio Ambiente) e privadas (Companhia Vale do Rio Doce). Certificado com selo verde internacional (FSC) para facilitar o ingresso das madeiras no mercado europeu, o projeto teve alguma repercussão na questão madeireira no Pará – até 2003, apenas os Xikrin e outras duas empresas estavam autorizados pelo governo brasileiro a explorar e comercializar o mogno no país –, resultando em uma crescente atuação da associação indígena xikrin (Associação Bep-Nói), criada no decorrer do projeto, e que os representa jurídica e civilmente em suas relações com o Estado brasileiro, e com todas as demais instituições (Giannini, 1996, 2000; Gordon, 2000).[6]

A situação dos Xikrin apresenta ainda outros contornos específicos, em que se destaca um convênio de assistência estabelecido com a CVRD, no âmbito do Programa Grande Carajás, desde meados dos anos 1980, a título compensatório pelo impacto das operações minerárias na serra de Carajás (área vizinha aos Xikrin). O convênio foi intermediado pela Funai até 1998 e passou a ser, depois, gerenciado diretamente pela Associação Bep-Nói (ABN), que contratou funcionários brancos para realizar as atividades administrativas e contábeis que os Xikrin não têm

---

[6] Esse projeto encerrou-se em 2003, juntamente com a parceria institucional entre os Xikrin e o ISA.

como fazer, pois não possuem formação técnica, além de que poucos são razoavelmente alfabetizados em português.

Atualmente os Xikrin possuem duas associações – Bep-Nói e Kàkàrekre –, que representam formalmente suas duas aldeias, respectivamente Cateté e Djudjêkô. Os Xikrin detêm o controle político e decisório das associações e supervisionam sua atuação por meio das lideranças e do conselho dos homens, mas, normalmente, não participam das tarefas práticas que requerem conhecimentos contábeis, utilização de ferramentas de computação etc. Um dos aspectos do projeto de manejo abrangia justamente a promoção e o incentivo à capacitação administrativa e técnica para que, a longo prazo, as associações fossem autônomas e geridas, em todos os níveis, pelos próprios índios.

Excetuando-se um curto período em que não vigorou (1987-1989), exatamente o período em que os Xikrin estabeleceram ou intensificaram negociações com madeireiros locais, o convênio com a CVRD vem garantindo uma relativa afluência de dinheiro e mercadorias diretamente para a comunidade, bem como a manutenção dos postos indígenas da Funai, infraestrutura (construção de estradas, casas, instalação de grupo-gerador), além de serviços de saúde, educação e transporte. Desse modo, ao contrário, por exemplo, dos Xikrin do Bacajá, nos últimos vinte anos os Xikrin do Cateté não sentiram a "inconstância dos bens" – expressão cunhada por Bill Fisher (2000) para descrever a situação de incerteza quanto aos bens e serviços experimentada pelo grupo do Bacajá em virtude da ineficiência do órgão indigenista e da falta de uma política nacional para a questão indígena. No Cateté, ao contrário, graças ao convênio, o que se percebe é uma relativa constância de bens e, mais do que isso, uma verdadeira 'inflação'. A garantia de um volume regular de recursos, em vez de diminuir o consumismo dos índios, parece vir criando demandas ainda maiores, em efeito espiral.

Como essas informações eram apenas subsidiárias aos meus interesses etnográficos originais, não evitaram que eu cometesse algumas gafes na primeira fase de campo. Uma delas aconteceu logo nos primeiros dias de minha chegada. Imaginando-me mais ou menos preparado para a situação mencionada acima (os presentes e pedidos dos índios), eu havia levado alguns utensílios de pesca e outras mercadorias destinadas a oferecer aos Xikrin, como pilhas, cartuchos, cortes de tecido e agulhas de costura. Numa manhã, recebo a visita do velho chefe Bemoti e sua esposa Bekwöj-1, que se achegaram curiosamente da enfermaria do Posto, onde me alojei, para fazer uma vistoria na casa do novo visitante. Eu sabia que Bemoti, homem de mais de setenta anos, era uma figura de grande prestígio, havia sido um líder importante na história recente dos Xikrin e chefiara a aldeia por décadas. Achando ser de bom tom iniciar minha distribuição de presentes por esse casal proeminente, separei alguns dos melhores anzóis e um carretel de linha de náilon e ofereci ao velho chefe.

É difícil reproduzir aqui a expressão que se lhe desenhou no rosto. Voltou-se para a mulher num misto de desalento, constrangimento e já imediatamente uma ponta de comiseração, como quem pedia desculpas pela minha atitude desastrada ou, pelo menos, descabida de oferecer um presente tão pífio. Evidentemente – eu ia descobrindo *a posteriori* –, meu presente fora um equívoco, um brinde de pouca monta para o velho *benadjwörö* (chefe), que o entregaria aos netos na primeira oportunidade. E estava totalmente fora de escala, desconsiderando o fato de que Bemoti havia sido chefe de uma comunidade há anos envolvida com um volume de recursos econômicos e financeiros expressivo, (ex-)proprietários de aeronaves, negociantes de madeira, beneficiários de um acordo de assistência/indenização que gira em torno de altas cifras anuais. Bemoti tinha uma longa história de contato com os brancos e suas mercadorias e, além disso, recebia um salário pago pelo convênio com a CVRD, assim como benefícios previdenciários desde que completara 65 anos, estando muitíssimo acostumado a adquirir, ele próprio, os bens necessários a seu cotidiano. Em tal situação, meus anzóis não tinham a mínima chance.

Porém, como fui percebendo, a coisa era um pouco mais complicada, pois os presentes que eram insatisfatórios para uns, eram bem aceitos por outros. Logo ficou mais evidente que uma parcela pequena da aldeia dispunha majoritariamente dos recursos provenientes do convênio. E tal padrão ameaçava se repetir no modo como eu mesmo ia distribuindo os meus brindes; ou mais exatamente, acumulava dívidas, já que minha oferta era infinitamente menor que a demanda dos Xikrin. Embora eu tentasse proceder a uma distribuição mais ou menos igualitária, nos primeiros meses da pesquisa, quando ainda não havia estabelecido relações mais amplas na comunidade, pareceu-me difícil escapar às solicitações das lideranças ou evitar conferir-lhes alguma primazia, até para o bem de minha própria sustentação política na aldeia. Afinal, são eles os representantes da comunidade e os mediadores entre ela e os estrangeiros (*kubẽ*). Achei prudente não confrontar lideranças, e isso significava, entre outras coisas, ceder a alguns de seus pedidos por presentes.

Vale notar que os pedidos, feitos frequentemente em público, deixavam o antropólogo em situação constrangedora. Numa tarde, durante as festividades de um *kwörö kangô* (festa do sumo da mandioca), que transcorreram entre novembro e dezembro de 1998, enquanto os homens dançavam no pátio e as mulheres terminavam de se enfeitar, o chefe de um dos grupos masculinos ("turma") aproximou-se pedindo filmes e pilhas para sua máquina fotográfica, com intenção de registrar as danças. Tanto insistiu que não me restou outra saída senão interromper as anotações que fazia, pedir uma bicicleta emprestada e correr ao posto, que fica a cerca de 1 km, para buscar as pilhas (consegui negociar e livrar meus filmes, que eram parcos). Quando ia saindo, Bep-45, homem maduro nascido em outra aldeia kayapó, mas residindo no Cateté há muitos anos, veio me censurar: "Você tem que parar de dar presente para chefe! *Mebenadjwörö nẽ mẽ nhõ möja kumejx* – chefe tem muitas coisas, muitas posses. Chefe tem salário. Você tem que pensar na comunidade que não tem dinheiro, tem que dar presente para a comunidade". E acrescentou em bom português: *"chefe é rico, comunidade é pobre"*.[7]

---

7 Uma nota importante. O uso da palavra "comunidade" pelos Xikrin pode diferir do uso corrente em língua portuguesa e na literatura antropológica (Fisher, 1998). Para os Xikrin, o termo "comunidade" descreve, em certos contextos, as pessoas de uma aldeia que não ocupam posições de chefia. Em outros momentos, porém, os índios podem utilizar o termo referindo-se ao conjunto total dos habitantes que se consideram membros de uma aldeia (mesmo que residam temporariamente em outro local), ou ainda de duas aldeias, no caso Cateté e Djudjêkô (ver Cap. 3, p.106). Eis aí um problema. Certamente, é pelo fato de os Xikrin terem uma *outra noção* de 'comunidade' que eles podem utilizar o nosso termo "comunidade" de uma *outra forma*. Portanto, defrontamo-nos aqui com a questão complicada – e que é parte do problema mais geral da constituição dos coletivos mebêngôkre – de saber o que é, do

Assim, com essa lição, eu via repetir-se entre os Xikrin outra importante característica do modo como os Mebêngôkre, em geral, entraram no mundo das mercadorias e dos bens, que é o problema de uma diferença marcada entre a capacidade de chefes e não chefes de acumular e controlar os novos recursos (Turner, 1993a, p.53).[8] Para os Xikrin, essa diferença entre os *mebenadjwörö* (chefes ou lideranças) e os *mekràmtin* (não chefes) chegou a se institucionalizar, no âmbito do convênio com a CVRD, em um conjunto de lideranças assalariadas. Ponto interessante, que evoca uma transformação da ideia de Pierre Clastres sobre o chefe indígena como "uma espécie de funcionário não remunerado da sociedade" (Clastres, 1976, p.107). Entre os Xikrin, temos, literalmente, chefes como *funcionários remunerados*, em oposição ao resto da comunidade, em sua maioria não remunerada.[9]

E, como eu próprio pude sentir, parecia haver uma tensão latente entre os dois lados, que acaba se tornando uma questão para os próprios Xikrin, além de um problema para os agentes que atuam com eles, sobretudo, é óbvio, CVRD, Funai e ISA. Uma das dificuldades do ISA no projeto de manejo decorria justamente da distribuição dos lucros da comercialização da madeira. Era preciso um jogo político delicado para corresponder, de um lado, às expectativas da 'comunidade' – lembrando-se que o financiamento do PPG7 exigia que fosse um "projeto comunitário", de melhoria de vida para todos – e, de outro, aos interesses aparentemente particularistas dos chefes.

---

ponto de vista dos índios, isso que chamamos de 'comunidade xikrin' ou 'comunidade mebêngôkre', muitas vezes pressupondo mútuo entendimento. É evidente que o problema tem uma série de implicações antropológicas e políticas não triviais, que será preciso abordar. Mudando o registro, porém, do ponto de vista prático da redação, não há muita alternativa, de sorte que ao longo do livro utilizarei a palavra 'comunidade' (entre aspas) no seu sentido antropológico comum, salvo quando expressamente anotado.

8 Turner (1993a) fala em "hierarquia de classe" e "nova elite de tecnocratas e diplomatas". Mas ver também Inglez de Souza (2000), que fala em "elite negocial" entre os Gorotire; e Fisher (2000), sobre "desigualdade entre chefes e comuns" entre os Xikrin do Bacajá.

9 Os salários das lideranças são pagos com recursos comunitários, provenientes de uma rubrica especial do orçamento do Convênio, denominada Verba Mensal. Isso é explicado em detalhes nos Capítulos 6 e 7.

A questão da 'riqueza', porém, implicava também outros nódulos de tensão, dessa vez não mais entre chefes e não chefes no interior da comunidade xikrin, mas entre as diferentes comunidades mebêngôkre. Pelo que eu pude perceber do que diziam, parecia haver um tipo de competição agonística entre as diversas aldeias, ainda que nem sempre explícita, na qual o que estava em jogo era, precisamente, a maior ou menor capacidade de incorporação de bens industrializados e de enriquecimento de cada uma delas em relação às outras. Alguns informantes me contavam que, uma vez que vinham conquistando maiores benefícios da CVRD e no momento em que estivessem obtendo bons lucros de seu projeto de manejo, fariam questão de visitar outras aldeias kayapó para que esses vissem agora quem são os "coitados" (bikênh). Eles aludiam a um encontro comunitário ocorrido anos antes, em que alguns índios Gorotire teriam troçado dos Xikrin pelo fato de estes últimos possuírem pouco dinheiro e não se apresentarem com roupas novas, óculos e outros adereços, dizendo *"aröm nẽ mẽ bikênh bôjx"* ('chegaram os pobrezinhos'). De modo interessante, o tema da diferenciação no acesso aos objetos importados dos brancos e ao dinheiro replicava-se no nível intracomunitário e intercomunitário. E a figura do chefe entrava aí como pivô, pois a riqueza de uma aldeia é, em geral, índice da importância e prestígio do chefe, de suas capacidades simultaneamente acumulativas e distributivas.

Diante de tudo isso, entretanto, é preciso ressaltar minha sensação, durante a estada na aldeia, de que a onipresença das mercadorias não parecia ter alterado definitivamente o modo de existência xikrin que eu havia conhecido por meio da literatura. No seu caso, parece valer o que Sahlins (1997), num artigo essencial, chamou de a "indigenização da modernidade". O que ocorre ali é um jogo curioso entre 'tradição e mudança' (ou entre aspectos que perceberíamos como tradicionais e aspectos modernos), de grande interesse para o antropólogo, e que se mostra como uma tentativa de apropriação, pelos índios, das potencialidades contidas no aparato técnico e material dos brancos para garantir ou incrementar o que consideram uma "boa vida" (Sahlins, 1997, p.53).[10]

---

10 No campo da etnologia americanista, o ótimo trabalho de Gow (1991) mostrou como mesmo ali onde a questão da tradição não se coloca, e apenas a mudança

As duas aldeias xikrin mantêm ainda o formato circular, com a casa comunal no centro; só que todas as casas, atualmente, segundo os índios, devem ser de alvenaria e telhadas para serem consideradas "boas casas" (*kikre mejx*). As atividades cerimoniais continuam extremamente vivas; só que agora precisam ser registradas em cassete e fotografadas pelos índios. A comida ritual, que é parte integrante das cerimônias, passou a incluir refrigerante, pão, carne bovina; as categorias de idade masculinas gostam de se apresentar vestindo calções cuja cor é diferente para cada uma delas, e são necessárias miçangas plásticas, muitas miçangas, para adornar todos os que dançam e participam dos rituais. Diversas vezes, observei os índios articulando tenazmente, durante dias de mensagens pelo rádio à Funai e à CVRD, a compra de caixas de refrigerante, dezenas de quilos de pão francês, uma centena de peças de roupas íntimas femininas ("da cor preta ou azul marinho"), além de filmes fotográficos que deveriam ser trazidos à aldeia por táxi aéreo fretado ao custo de R$ 3 mil, pois eram, segundo eles, indispensáveis para realizar um belo encerramento (*ami'a'prãm*) da cerimônia tradicional de nominação *Bep*. Tudo isso garante que a festa seja vista como "grande e bela de verdade"; em língua mebêngókre: *metoro rajx, metoro mejx kumrenx*.[11]

Apesar da presença de medicamentos farmacêuticos e do serviço de enfermeiras que trabalham e residem no Posto, o xamanismo continua em vigor; só que agora é preciso buscar de caminhão ou avião os *wajanga* e os *mekanê mari djwöj* (pajés e especialistas em cura) mais poderosos nas aldeias kayapó vizinhas e reembolsar-lhes pelos serviços, em valores que podem variar de 500 a mais de mil reais a consulta, pagos comumente

---

parece ressaltar, caso dos Piro, grupo aruak do Bajo Urubamba, é a 'indigenização' que comanda os significados do processo histórico. De fato, na medida em que Gow procurou compreender as mudanças de um ponto de vista interno às concepções piro, extraindo uma *verdadeira etno-história* (isto é, a história tal qual entendida e vivenciada pelos próprios Piro), acabou por dissolver ali a dicotomia aculturado *versus* tradicional. Dissolução que não é dele, diga-se de passagem, mas dos Piro, a confiar em sua etnografia.

11 *Mẽ* plural, coletivizador; *toro* ≈ dançar; festejar (voar) – *metoro* designa a festa ou a dança realizada coletivamente; *rajx* ≈ grande; *mejx* ≈ bom, belo, adequado, perfeito; *kumrenx* ≈ intensificador com função adverbial (muito, de verdade), também tem o sentido adjetivo de verdadeiro, genuíno.

em créditos para compras no supermercado de Tucumã ou Marabá, além de providenciar o transporte de volta a suas aldeias de origem.

Ao longo de minha permanência entre os Xikrin, parecia, portanto, muito nítido que longe de estarem sendo absorvidos, "aculturados" ou "assimilados" por uma lógica capitalista e pela força do mercado e do dinheiro – e os Mebêngôkre são, muitas vezes (e de modo equivocado), tratados pela imprensa brasileira como "índios capitalistas",[12] eles manifestavam uma lógica própria na apropriação e gestão dos recursos oriundos dos brancos, de tal sorte a provocar uma série de mal-entendidos e conflitos com outros agentes e instituições com quem se relacionam regularmente. Isso se refletia, por exemplo, em comentários recorrentes e, muitas vezes, atônitos dos encarregados da CVRD, responsáveis pelo gerenciamento do convênio, sobre a imprevidência dos índios, sua incapacidade de administrar o dinheiro, o desperdício, a velocidade extrema de degradação dos bens, o descontrole nos gastos, a distribuição desigual, entre outros tópicos.

Tal reação dos funcionários da CVRD não denotava, por certo, apenas uma neutra percepção etnográfica, e nada tinha de desinteressada. O modo como os Xikrin se utilizam dos investimentos do convênio reverbera diretamente em parte do orçamento da divisão da CVRD responsável pelos assuntos indígenas e tem implicações na política da empresa quanto à alocação de recursos e prestação financeira. A cada nova temporada, os Xikrin exigem da companhia uma lista de itens (muitos dos quais já haviam adquirido na temporada anterior, mas que se perderam ou estragaram), e sempre em quantidades maiores. Ante a pressão inflacionária das demandas xikrin, uma das saídas da companhia é conclamar os outros agentes envolvidos, Funai e ISA, por exemplo, a atuar de maneira mais efetiva e enérgica. Testemunhei diversos momentos (mormente de crise nas negociações entre os Xikrin e a CVRD) em que funcionários da mineradora reclamavam abertamente da suposta "desorganização" e "falta de planejamento da Funai", bem como da "falta de acompanhamento antropológico", fatos que, segundo eles, difi-

---
12 Ver Freire (2001) e Gordon (2001).

cultavam que os projetos assistenciais incluídos no convênio pudessem ser concluídos de maneira satisfatória.

Nessa querela, entenda-se que a CVRD imagina ser possível implementar uma lógica gerencial, baseada em maximização de resultados e redução de custos, bastando para isso uma atuação mais eficaz e diligente tanto do órgão indigenista quanto dos chamados "especialistas" nos Xikrin, a saber, antropólogos e equipe do ISA. Por sua vez, alguns funcionários da Funai expressam um quê de fatalismo quanto às possibilidades de aplicação bem-sucedida do modelo racional pretendido pela CVRD, como se os índios fossem naturalmente desacautelados em relação ao dinheiro e aos bens. Aqui, teríamos, em vez de uma suposta falta de cultura (racional), uma suposta natureza resiliente.

O certo é que a posição assertiva dos Xikrin e seu papel de sujeitos ativos em todo o processo impedem qualquer leitura que se apoie nas figuras da vitimização, da submissão ou da aculturação. O que este livro tenta mostrar é que existe um sentido propriamente *indígena* para esse complexo emaranhado de relações que envolve os Xikrin no mundo das mercadorias. Noto, porém, que a indigenização da modernidade – como, de resto, qualquer indigenização – não se faz sem problemas, sobressaltos e muitos riscos, fato que os Xikrin percebem, olhando retrospectivamente para sua história, ou para o presente cotidiano. A incorporação dos bens industrializados e do dinheiro é muito desejada por eles, que têm seus próprios motivos para fazê-lo. Ela acarreta, não obstante, efeitos inesperados e outros paradoxos a cuja existência os Xikrin procuram estar atentos, mas nem sempre são capazes de equacionar plenamente. Por outras palavras, se a situação e atuação dos Xikrin não nos permitem enxergar a questão em termos de uma suposta inevitabilidade da pressão global externa rumo a absorvê-los pela força do capitalismo de mercado – e, ao contrário, parece resultar de um movimento, em alguma medida, consciente dos próprios índios em direção ao "mundo dos bens" (para usar novamente a expressão de Gell, 1986) –, é importante notar a contrapeso, e para não cair em uma visão singela, que esse processo não foi e não é, como sempre, totalmente controlado e muito menos inócuo.

Se Terence Turner tem alguma razão em caracterizar, sob o prisma político, a forma de interação kayapó (e eu acrescento xikrin) com o sistema global como um "exemplo bem-sucedido" (1995b, p.99), do ponto de vista de sua reprodução social, isto é, da reprodução de um modo de vida desejável e moralmente bom, as coisas parecem menos peremptórias para os índios. Não por acaso, como nos revela Inglez de Souza (2000), os Kayapó-Gorotire, que experimentam situação semelhante a dos Xikrin quanto à interação com os brancos e à incorporação de seus produtos, refletem sobre ela em termos de "vantagens, vícios e desafios". Parece haver um grau de ambivalência no discurso e na prática mebêngôkre que não se pode desconsiderar, sob pena de aderir candidamente ao "pessimismo" ou ao "otimismo sentimental", parafraseando Sahlins (1997).

Os Xikrin falam e agem simultaneamente em termos de tradição e mudança. O problema é saber onde está, e o que é, cada um desses termos no mundo vivido e conceitual xikrin. Para o antropólogo em campo, a consequência é uma espécie de vertigem etnográfica, em que tradição e mudança borram-se e determinam-se reciprocamente, e já não sabemos mais o que agarrar para dar sentido aos processos e formas sociais. Bill Fisher, que estudou os Xikrin do Bacajá, expressou uma sensação semelhante. O problema, diz ele,

> é o de situar os Xikrin-Kayapó sem reduzi-los a uma das duas tendências dominantes: modernidade e tradição. O momento atual coloca sérios riscos para seu modo de vida, mas ao mesmo tempo abre possibilidades inimaginadas ... Eles tanto querem mudar esse modo de vida, quanto preservá-lo. Eles simultaneamente resistem e desejam o novo; eles modificam e mantêm a tradição. (Fisher, 1991, p.37-8)

Ainda na minha primeira viagem a campo, assisti a um exemplo prosaico, embora ilustrativo, do jogo entre tradição e mudança no Cateté, durante uma cerimônia cujo encerramento se estendeu durante dois dias até o Natal. Na manhã do dia 25, antes de mais uma sessão de danças no pátio da aldeia, o pastor indígena – treinado por missionários de São Félix do Xingu – realizava um culto evangélico para cerca de trinta pessoas, regado a refrigerante e pão, quando foi chamado pelo chefe da aldeia e pelo líder de um dos grupos masculinos. Em tom sério, os dois cobraram do jovem pastor que não alongasse por demais o culto, não desviasse a atenção da festa tradicional e não ficasse junto com os outros por muito tempo vestidos com roupas de branco, já que eles (chefes) queriam muita gente adornada e pintada ao modo mebêngôkre para que a dança fosse bonita e, enfim, que ele emprestasse algumas garrafas de refrigerante para a festa!

Tematizando o dinheiro e os bens xikrin

Em síntese, em minha primeira etapa de pesquisa deparei com um cenário de considerável afluxo de bens industrializados no cotidiano xikrin, que não responde simplesmente pelas necessidades de produção material, mas caracteriza o que chamo, provisoriamente, depois da sugestão de Hugh-Jones (1992, p.43), de 'consumismo' ou 'consumo inflacionário'. Há um enorme investimento social e político voltado para a aquisição e consumo de objetos que os Xikrin não produzem e que só podem ser obtidos por intermédio de suas relações com os brancos, isto é, com o estrangeiro, ou *kubẽ*, em língua mebêngôkre. Em consequência dessa demanda, a comunidade passa por um processo de monetarização, que se resolveu, no convênio com a CVRD, em uma institucionalização da cessão de recursos financeiros à comunidade, incluindo a formalização de cargos remunerados para chefes e lideranças (e alguns cargos menores, como agente de educação e saúde). A economia política xikrin hoje se assenta em uma diferenciação entre uma "classe" de chefes com maior capacidade de acumulação – atuando como redistribuidores – e a outra parcela da comunidade.

O dinheiro e os bens industrializados tornaram-se um tema de grande importância e vêm sendo de alguma maneira, e intencionalmente, eu diria avidamente, incorporados pelos Xikrin, com implicações nas relações internas e externas à comunidade. Do ponto de vista das relações internas, a circulação de objetos importados tornou-se central e totalmente impregnada na dinâmica social, repercutindo na vida política, nas relações de parentesco, nas atividades cerimoniais, enfim, nos mecanismos de reprodução social em geral. Do ponto de vista das relações externas, o 'consumismo' tem efeitos sobre as formas de interação dos

Xikrin com os demais agentes não indígenas do seu universo, particularmente Funai, CVRD e ISA, mas aparece também como um modo de expressar relações com outras comunidades indígenas, particularmente outros grupos Mebêngôkre-Kayapó.

Ora, eu havia ido a campo estudar o parentesco xikrin com a intenção de formalizar (se ali as há) estruturas de aliança e mapear as trocas matrimoniais, e portanto dentro de um quadro teórico e temático importante na investigação sobre a organização social dos povos das terras baixas, cuja ênfase recai na centralidade da circulação de *pessoas*.[13] Mas me deparei com a necessidade de refletir sobre o valor e a circulação dos *objetos*, as estratégias de aquisição e distribuição, a questão do consumo inflacionário, do dinheiro e da apropriação desigual de recursos, que parecia configurar uma clivagem expressa no próprio discurso indígena entre "chefes ricos" e "comunidade pobre", mas também entre comunidades ou aldeias ricas e pobres. Com o complicador adicional de que tais objetos – motivo de grande investimento sociopolítico – não são produzidos pelos próprios Xikrin, mas obtidos por meio de relações (comerciais, mas também políticas, como no caso da CVRD) com os brancos.

Todo esse conjunto de questões foi modificando minha sensibilidade etnográfica, e chamando atenção para a importância de incorporá-las em uma descrição e análise dos Xikrin hoje. Sua situação concreta apresentava-me vários problemas etnográficos e teóricos relevantes que, dada sua abrangência na vida desse grupo indígena, pediam uma investigação mais aprofundada. Cabia-me deixar conduzir por aquilo de que os Xikrin mais falavam: demandas, aquisições, consumo, mercadorias, dinheiro, riqueza e pobreza. Se tudo isso era importante para eles, certamente seria importante para me dizer algo *sobre* eles. De sorte que me pareceu irrecusável o convite antropológico que involuntariamente faziam, e decidi reformular meu projeto inicial de pesquisa, de modo a inserir essas questões na investigação. Fazer do consumismo xikrin e

---

13 Sobre uma avaliação recente da questão, ver por exemplo Descola (2001), e Hugh-Jones (2001; s.d.), no quadro de uma comparação entre socialidades e regimes de troca da Amazônia e Melanésia.

suas implicações o tema primordial do trabalho, isto é, apropriar etnograficamente a apropriação xikrin das mercadorias.

Contudo, a tarefa não era simplesmente deixar de investigar o parentesco pelas relações matrimoniais, e sim, alargar o foco e examinar as relações (de parentesco, mas também políticas e cerimoniais) dos Xikrin entre si, e dos Xikrin com os brancos e com outros índios, sobretudo outros Kayapó, *mediadas pelos objetos industrializados e pelo dinheiro*. Eu estava, porém, em terreno relativamente pouco explorado pela etnologia ameríndia, abordando temas que, ao mesmo tempo, recaem no escopo da antropologia econômica, das teorias do desenvolvimento, bem como dos estudos de contato interétnico, de mudança cultural, do impacto do capitalismo global sobre ordens culturais locais, e, principalmente, num terreno onde sempre nos espreita a tendência à familiarização ou à vitimização, seja através da economia, seja da política. Ora, a monetarização xikrin e seu consumismo parecem ser *mais* do que uma questão econômica – afirmação com que a maioria dos antropólogos concordaria –, e também *mais* do que uma questão política (no sentido de *política interétnica*) – domínio em que, penso, a maioria dos antropólogos situaria tais fenômenos. A monetarização e o consumismo parecem responder, de algum modo, aos próprios mecanismos de reprodução social xikrin. Processo mais amplo e abrangente, portanto.

Por isso, optei por suspender conceituações prévias e modelos teóricos consagrados e partir da premissa de que eu *não sabia realmente qual o significado para os Xikrin dos objetos e valores provenientes do mundo dos brancos*. Era preciso, do meu ponto de vista de antropólogo, reintroduzir os bens industrializados e o dinheiro em um regime simbólico e sociocosmológico xikrin mais geral. Por outras palavras, fazer uma investigação propriamente etnográfica, apenas focalizando como gancho heurístico a relação dos Xikrin com as mercadorias e o dinheiro.

O problema é que esse empreendimento não era nada fácil. Ele requeria uma espécie de torção da situação etnográfica comum. Os antropólogos vão a campo, geralmente, procurando dar sentido a significados e práticas que não conhecem e que, se estão naturalizados na experiência social dos 'nativos', não o estão para ele, antropólogo. A etnografia costuma começar justamente ali onde os índios fazem e dizem coisas 'estranhas' (para o antropólogo). Ora, bem ao contrário disso, eu me confrontava com um conjunto de fenômenos – consumismo, circulação e acumulação de dinheiro, demanda por mercadorias – perfeitamente conhecidos e naturalizados *na minha própria experiência social*, e que eu não sabia se estavam naturalizados, e de que modo, na experiência xikrin. Construir uma etnografia nessas bases foi um processo tateante e, em larga medida, experimental.

Além disso, porém, era preciso fazê-lo de uma perspectiva abrangente, procurando extrair da questão todas as implicações possíveis: o que é o consumismo xikrin, qual o significado dos objetos importados e do dinheiro, por quais formas eles mediam as relações sociais e políticas (locais e supralocais) e qual a conexão entre as mudanças advindas do processo de incorporação desses objetos e o modo propriamente xikrin de conceituar e organizar a experiência social. Trocando em miúdos, e formulando um tanto bruscamente o problema deste livro, lancei-me à tarefa de responder a duas perguntas: por que, ou ainda *para que*, os Xikrin tanto desejam o dinheiro e os objetos industrializados produzidos pelo *kubẽ*? E o que ocorre com os mecanismos de reprodução social xikrin na presença desses objetos?

É preciso ressalvar que não penso existir uma única e unívoca resposta para a primeira questão. Em certa medida, ela tem um caráter retórico, servindo para salientar que o interesse dos Xikrin pela cultura material dos brancos não é convenientemente explicado por algumas hipóteses, à primeira vista, óbvias. Os dados etnográficos e etno-históricos, como espero mostrar, tornam patente que o fenômeno não se deixa agarrar e tratar por uma lógica da produção econômica ou de razão prática utilitarista, e nos acautelam contra explicações de cunho naturalizante, segundo as quais o interesse indígena pelas mercadorias é *imediato e instrumental*. Como observei de passagem alhures (Gordon, 2001, p.132) – e terei oportunidade de esclarecer novamente –, também não é satisfatório, no caso xikrin, abordar o fenômeno pelo prisma histórico-político, calcado no binômio da "dependência/resistência" indígena perante o Estado nacional, em que o interesse aparece como uma *artificialidade contingencial*, criada por intrusão em uma ordem indígena considerada supostamente autossuficiente na origem, podendo, depois, converter-se em um meio de ação política e afirmação étnica (resistência). Se o primeiro tipo de explicação – ecológico e naturalizante – anda fora de moda na antropologia social, o segundo encontra muitos adeptos hoje em dia. Boa parte dos autores que recentemente abordaram a relação dos índios com os objetos industrializados o fizeram pelo enfoque da dependência e/ou da resistência.[14]

Meu argumento não é, evidentemente, o de que tais hipóteses sejam *falsas*, mas, sim, de que são insuficientes. Não se trata de negar, por exemplo, a superioridade da lâmina de aço sobre um machado de pedra para a derrubada da mata ou para a abertura de uma roça. Isso os Xikrin são os primeiros a reconhecer. Nem de desconsiderar que o contato mais sistemático com as frentes de expansão resultou, por exemplo, em exposição a doenças exógenas, cujo efeito foi tornar necessário o uso de medicamentos que os índios não podem produzir. No interesse indígena pelos manufaturados há, certamente, aspectos utilitários e outros que resultam das novas condições geopolíticas do contato. O problema de argumentos como esses é que eles não explicam, por exemplo, por que os índios não aumentaram sua produção material (Lanna, 1972), se as ferramentas supostamente servem para isso; por que, muitas vezes, recusam-se a tomar medicamentos mesmo infectados com moléstias dos brancos, ao passo que, outras vezes, fazem questão de ingeri-los quando não estão doentes; não explicam por que há, às vezes, um enorme esforço humano e político para adquirir um bem industrializado, que é simplesmente abandonado pouco depois de ser obtido. Além do quê, essas explicações dizem pouco sobre o fato de os índios não desejarem apenas ferramentas e armas, mas diversas outras coisas (não só comida, mas também diversão e arte). No fim das contas, consideradas, muitas vezes, autoevidentes, a verdade é que elas não explicam várias coisas. E, sobretudo, desconsideram o que julgo mais interessante: procurar entender o que *significam* tais objetos e o que os índios *fazem* com eles.

---

14 Ver, por exemplo, Ferguson (1990), Howard (2000); para o caso específico dos Mebêngôkre, Turner (1991a, 1993a) e Fisher (2000). Fora do universo etnográfico mebêngôkre, porém, o artigo de Howard é extremamente iluminador, guardando muitos pontos em comum com as análises que pretendi realizar no livro.

Tampouco se trata de desconsiderar o uso político que comunidades indígenas podem fazer ao lançar mão do dinheiro e dos recursos materiais industrializados, seja para livrarem-se dos "focos de dependência em relação aos brasileiros" ou "neutralizarem simbolicamente a desigualdade", conforme alegou Turner sobre o caso kayapó (1991a, 1993a). Em determinado nível discursivo, isso, de fato, ocorre. Os Xikrin e os Kayapó são explícitos em observar que, do seu ponto de vista, não há nenhuma razão aceitável para que os brancos detenham o privilégio de acesso a esses objetos, agora que os índios já conhecem sua existência – e acrescentam que, nesse particular, há perfeita simetria com o que fazem os brancos: "Quando o *kubẽ* descobriu que tinha madeira que ele queria na nossa mata, ele não veio buscar? Pois é a mesma coisa".

Nessa linha de raciocínio, Turner explica o consumismo kayapó como instrumento de afirmação e autonomia econômica e política em relação à sociedade nacional – fenômeno que, segundo o autor, se desenvolveria dentro do quadro de uma nova "autoconsciência kayapó" oriunda da situação de contato, na qual os índios, agora, ver-se-iam primordialmente como um grupo étnico (1993a, p.58-61). Para ser mais preciso, Turner sugere que coexistam presentemente duas "visões de mundo" entre os Kayapó: uma tradicional (ou "cosmológica") – em que continuariam se vendo como uma criação do tempo mitológico por seres extrassociais poderosos; e outra atual (ou "histórica") – em que não se veriam mais como "domínio exclusivo da sociedade integralmente humana", mas, sim, como um grupo étnico entre outros de mesma ordem, e na qual começariam a se conceber como agentes de sua própria história (1993a, p.59).

A formulação não deixa de ser problemática ao postular uma espécie de secessão da subjetividade kayapó, mas discuti-la agora nos levaria muito longe (ademais, outros autores já o fizeram competentemente; ver Coelho de Souza, 2002, p.415ss). Talvez, o que Turner esteja querendo dizer possa ser mais precisamente expresso pelas palavras de B. Albert (1993, p.351), para quem o discurso político indígena das últimas décadas se funda em um duplo enraizamento simbólico: auto-objetivação por meio das categorias de etnicização dos brancos (território, cultura, meio ambiente) e ressignificação em termos cosmológicos dos fatos e efeitos do contato.

De qualquer modo, a explicação de Turner responde apenas parcialmente à situação. A tal 'independência' (e afirmação étnica) que ele supõe ser a finalidade da apropriação kayapó do aparato técnico-material dos brancos, na verdade, sempre esteve apoiada em bases muito instáveis. Se o movimento político dos Kayapó intencionava livrar-se da dependência do órgão indigenista e dos missionários, acabou por torná-los de certa maneira 'dependentes' dos agentes da indústria extrativista (madeira e garimpo). Se se tivesse tratado de um esforço político orquestrado de conquistar e manter controle sobre meios necessários à sua reprodução *enquanto grupo étnico na situação de contato*, seria de se esperar que os Kayapó fossem assegurar as condições de continuidade. E, na prática, a relação com esses meios mostrou-se de imprevidência. Acabando a madeira, acabaram-se o dinheiro e o controle. Passados dez anos desde que Turner aventou a hipótese, os Kayapó estão novamente 'dependentes' de recursos estatais e de fundos não governamentais – não mais dos missionários, mas de ambientalistas e ONGs (ver Inglez de Souza, 2000).

Essas questões serão retomadas adiante, ao longo do livro. Por ora, posso reformular minhas duas perguntas de modo mais direto. Meu interesse neste trabalho é tentar entender: 1) o que os Xikrin fazem com os objetos industrializados produzidos pelos brancos – ou pretendem fazer, ou, ainda, pensam que farão; 2) e o que esses objetos 'fazem' quando entram no sistema sociopolítico xikrin.

Responder a essas questões, eis o desafio deste livro.

Entre os irredutíveis Xikrin

A ideia de estudar os Xikrin originou-se de um convite feito por Isabelle Giannini, que trabalhava com eles há anos e coordenava a equipe do projeto de manejo florestal da Terra Indígena Xikrin do Cateté, desenvolvido pelo Instituto Socioambiental (ISA). Desde 1990, o Centro Ecumênico de Documentação e Informação (CEDI) e o Núcleo de Direitos Indígenas (NDI) – que se fundiram em 1994, dando origem ao ISA – vinham pondo em prática junto com os Xikrin atividades de pesquisa, zoneamento florestal, inventário de recursos renováveis em suas terras, mas principalmente de mobilização social, com objetivo de construir alternativas de "sustentabilidade econômica", de modo a livrar os índios do que se chama, em determinados setores do indigenismo não governamental, "modelo predatório" de inserção na economia local, lançando, assim, as bases para uma futura autogestão e autossuficiência econômica e política.[15]

O resultado desse trabalho foi a formulação, em parceria dos Xikrin com o ISA, de um projeto de manejo florestal e gestão do território, que passou a se denominar "Projeto Kaben Djuoi" ('fala correta') e que buscava, a curto prazo, afastar ou enfraquecer as possibilidades de reatamento das relações da comunidade com as empresas madeireiras interessadas na extração do mogno; a médio prazo, gerar um volume regular de renda minimamente compatível com as demandas do grupo por bens e serviços; a longo prazo, promover a "sustentabilidade socioambiental" da área e, eventualmente, a difusão do modelo para outras áreas indígenas, em especial, para as demais áreas mebêngôkre. A iniciativa foi bem acolhida pelos Xikrin, que, em maio de 1995, por intermédio de algumas lideranças, entregaram a representantes do governo brasileiro um inédito plano de manejo de recursos madeireiros em território indígena, fato que marcava um rompimento importante com o modelo anterior de exploração (Giannini, 1996).

O relativo êxito, apesar de idas e vindas e diversas dificuldades institucionais (Giannini, 1996; Indriunas, 2004), aliado à receptividade dos índios, deu ensejo a que outros antropólogos e estudiosos pudessem desenvolver, na área, suas pesquisas individuais, de modo independente ou como colaboradores do projeto. Era o caso de Fabíola A. Silva, que iniciou uma pesquisa de doutorado em etnoarqueologia, concentrando-se na cultura material xikrin, e, também, participou de atividades de

---

15 O "modelo predatório" descreve o padrão das atividades extrativistas, muito comum no sul do Pará e na Amazônia, marcado pela prática de invasão das terras indígenas e exploração ilegal de recursos naturais, além de aliciamentos, assinaturas de contratos comerciais unilaterais e forjados, subvaloração de preço e quantidade de madeira extraída etc. Para um balanço do problema entre os Xikrin, ver Vidal & Giannini (1991) e Giannini (1996).

levantamento botânico para o projeto (Silva, 1997; 2000); dos linguistas Andres P. Salanova e Amélia Silva, que fizeram um *survey* com vistas à monografia para o Curso de Especialização em Línguas Indígenas Brasileiras (Setor de Linguística do Museu Nacional) e a estudos posteriores; e de Fernando B. Vianna, que realizou uma pesquisa curta, porém interessante, sobre as práticas futebolísticas dos Xikrin, que se mostravam aficcionados por esse esporte (Vianna, 2001).

Assim, recebi com entusiasmo o convite de Giannini. A oportunidade de realizar uma investigação em um grupo mebêngôkre menos estudado que os Kayapó Gorotire e Mekrãnoti, contando com a possibilidade de estabelecer diálogo com novos pesquisadores de diferentes áreas, mostrava-se promissora. Minha pesquisa não teria vinculação com o projeto desenvolvido pelo ISA, e eu me beneficiaria de um momento favorável para realizar o trabalho de campo com os Xikrin. Até então meu conhecimento sobre eles foi adquirido primordialmente pela leitura dos trabalhos de Lux Vidal (1977) e pelos relatos de Giannini sobre a situação mais recente (1994, 1996). Tudo acertado. Após ter resolvido os trâmites burocráticos com a Funai, aportei à cidade de Marabá em 29 de outubro de 1998, e, em 3 de novembro, pisei pela primeira vez em solo xikrin.

A pesquisa de campo não foi muito longa. Passei pouco mais de doze meses com os Xikrin (entre as duas aldeias Cateté e Djudjêkô), num período mais intenso de investigação que se estendeu de 1998 a 2001, além de viagens curtas desde então, anualmente. Assim, apesar de continuar mantendo contatos com os Xikrin até hoje, a parte substancial do material etnográfico apresentado neste livro foi obtida em três viagens de média duração (novembro de 1998 a fevereiro de 1999; agosto a dezembro de 1999; junho a setembro de 2000), além de viagens curtas (de uma semana a dez dias, em média) em outubro e novembro de 2000, e fevereiro, abril, junho, outubro e dezembro de 2001.

Tantas viagens de curta duração explicam-se porque, durante esse período, ocorreram alguns fatos, relacionados ao projeto desenvolvido pelo ISA, que resultaram no meu envolvimento direto com as atividades de manejo florestal xikrin. Em meados de junho de 2000, Isabelle Giannini, cuja assessoria ao projeto compunha parte essencial na interlocução do ISA com a comunidade, e em quem os Xikrin depositavam confiança, precisou afastar-se definitivamente do empreendimento. Diante da possibilidade de mais uma interrupção (quiçá, a última) no andamento das atividades do projeto, o ISA e Giannini, com anuência dos Xikrin, convidaram-me a realizar atividades de assessoria.[16] Foi um momento em que os Xikrin cobraram minha participação efetiva em questões de seu interesse.

O projeto encontrava-se em uma fase decisiva. Após quase dez anos de atividades de pesquisa e diagnóstico ambiental – desde sua proposta de implementação, e depois de uma difícil batalha institucional visando ao amparo legal dos órgãos federais (Funai e Ibama) e a obter também o apoio financeiro da CVRD, durante a qual a atuação em bloco e, muitas vezes, enérgica dos Xikrin foi fundamental –, na virada de 2000 para 2001, começava a se consolidar o aspecto propriamente empresarial do projeto, quando se tentava realizar finalmente a primeira exploração e comercialização legalizada das madeiras da floresta xikrin a cargo da Associação Bep-Nói e da equipe de técnicos do ISA. Os Xikrin sentiam-se frustrados porque, em 1999, um atraso na construção da estrada impossibilitou as atividades florestais e, por isso, eles haviam dado um ultimato aos coordenadores do ISA: se não conseguissem realizar a exploração da madeira em 2000, dariam o manejo por encerrado (Giannini, 2000; Gordon, 2000).

Era a segunda interferência da situação concreta em minha pesquisa. O problema não era, agora, uma reorientação temática e teórica da minha investigação, mas uma súbita mudança na relação pesquisador-pesquisado. A princípio, assessorar os Xikrin e o ISA não seria motivo para grandes surpresas: é cada vez mais rara, em áreas indígenas, a presença de antropólogos que não estejam, de alguma forma, envolvidos com as demandas políticas e os diversos projetos educacionais, econô-

---

16 O Ministério do Meio Ambiente, por meio do ProManejo, havia acabado de firmar compromisso de financiamento de quatro anos com o projeto, mas exigia a manutenção por parte do ISA de uma equipe técnica permanente, contando com antropólogo. ProManejo é o subprograma do PPG7 voltado à promoção de iniciativas de manejo florestal sustentável na Amazônia.

micos e culturais das comunidades, e muito se tem escrito sobre esse fato (Albert, 1997; Azanha, 1982). Entretanto, não haveria razões para surpresas, a não ser por um pequeno detalhe: assumindo o compromisso de assessoria ao projeto, eu me tornava parte do meu próprio 'objeto'. Eu passava, *ipso facto*, de observador da economia política xikrin a partícipe dela. Na verdade, essa era apenas uma mudança de grau. Imaginar que antes de assessorar o projeto eu *não fazia* parte da economia política xikrin seria mera ilusão (ou distração). Basta lembrar das miçangas que distribuí, dos presentes que troquei, dos produtos da roça que comi, dos arcos, flechas e bordunas que comprei, dos cartuchos de espingarda que cedi para caçadas... Minha simples presença em campo já implicava fazer parte da economia política xikrin.

De qualquer modo, aceitar a assessoria resultava em uma mudança na minha posição no conjunto das relações dos Xikrin. Lembro que o ponto focal do projeto de manejo era o engajamento da comunidade em uma iniciativa que procurava construir um novo modelo de inserção dos Xikrin no mercado capitalista, centrado na noção de "sustentabilidade". Ora, meu trabalho de antropólogo (não engajado) ali era, justamente, entender o que era essa "inserção no mercado capitalista" *do ponto de vista xikrin;* a propósito, tudo parecia mais como se o mercado capitalista é que estivesse sendo inserido e não o contrário. Se eu ainda não compreendia o *'velho'* modelo – leia-se o modelo xikrin entendido em profundidade e em todas suas implicações –, como poderia, no papel de antropólogo engajado, auxiliar na implantação do novo? Além da questão teórica, havia interferências de ordem prática. Antes de participar do Projeto Kaben Djuoi, meus interlocutores eram, majoritariamente, os Xikrin. Como assessor do ISA, esse leque abria-se muito, pois era preciso o tempo todo relacionar-me com os representantes da CVRD, da Funai, do Ibama, com a equipe do ISA, com os empreiteiros que realizavam obras de abertura de estradas e de exploração florestal etc. Esse trabalho demandava tempo.

A recomendação de meu orientador na ocasião foi a de que eu "incluísse na pesquisa as questões palpitantes do desenvolvimento autossustentável, do discurso ambientalista ou ecológico em suas dimensões local e global, dos pressupostos e efeitos da interação dos povos indígenas com o sistema ONG/Estado/agências multilaterais e, por fim (mas não menos importante), a questão do papel do etnólogo como ator na economia política indígena" (Viveiros de Castro: com. pessoal). Teria sido mais prudente, além de interessante; no entanto, resolvi levar adiante o trabalho inicial (já alterado uma vez) e deixar esse outro conjunto de questões para uma outra oportunidade, embora acredite que meu trabalho possa trazer aportes à discussão.

A partir de então, procurei conjugar as atividades de antropólogo pesquisador e assessor do projeto. Para os Xikrin, sempre generosos e, muitas vezes, complacentes comigo, não houve maiores problemas ao saber que eu "faria dois trabalhos". Naquele momento, igualmente para o ISA, era interessante que eu permanecesse bastante tempo em área, já que eu deveria ser uma espécie de interlocutor entre a equipe e os Xikrin. Entendi que, por um lado, eu tinha certa dificuldade em intervir em algumas matérias, tanto por motivos pessoais – de fato, me sinto mais à vontade no papel de antropólogo 'observador-participante' do que no de 'participador-observante' –, quanto pelas relações que estabeleci com os Xikrin. Em seu sistema classificatório, situava-me na categoria dos homens sem filhos (*menõrõnyre*) e me comportava de acordo: ouvindo e aprendendo, mais do que falando e ensinando. Por outro, eu poderia contribuir sendo uma espécie de *ombudsman* do projeto. Do ponto de vista político, portanto, a questão foi resolvida (acho).

Do ponto vista prático, até o início de 2001, a dupla tarefa teve mais vantagens do que desvantagens para todos. Os Xikrin conseguiram realizar, finalmente, a primeira exploração de madeira no âmbito do projeto – após intensa articulação da equipe do ISA com os gerentes da CVRD e dedicação total dos técnicos florestais –, comemorada em grande estilo pela comunidade em uma festa que contou com a presença de dois ministros de Estado em sua aldeia e ampla cobertura na imprensa (Gordon, 2000, p.500). Eu pude complementar a pesquisa de campo em viagens mais curtas, fase em que foi possível acompanhar os Xikrin não só nas aldeias, como também nas cidades de Marabá, Carajás e Tucumã, além de participar, sempre observando, de uma viagem com lideranças a Belém, onde foram tratar da implementação do projeto, em reuniões na sede do Ibama e no Banco da Amazônia.

Acompanhá-los na cidade permitiu uma visão mais alargada das interações e do processo político externo, informações de que ainda não dispunha, pois, anteriormente, concentrara-me na vida aldeã. Passei a conhecer melhor as estratégias políticas gerais dos índios diante de sua fonte de recursos (CVRD e, em escala muito menor, projeto e Funai) e os finos mecanismos de controle da Associação Bep-Nói. Isso foi importante, pois me permitiu verificar a atuação das lideranças como intermediários entre as demandas da comunidade como um todo e as instâncias oficiais de obtenção de dinheiro. Observei também o miolo do sistema de compras comunitárias – até então, eu só havia acompanhado as reuniões na aldeia, nas quais é definido o que comprar e para quem, e a chegada das mercadorias e a subsequente distribuição por intermédio dos chefes de "turma" (líderes de grupos masculinos baseados na idade). Outro ponto positivo foi poder etnografar as compras feitas pelos Xikrin individualmente ou em família e entender melhor as práticas e o discurso envolvidos durante a aquisição de mercadorias na interação com o comércio local.

A partir de meados de 2001, a balança começou a pender para o lado das desvantagens. As atividades do projeto se multiplicavam e tornavam-se complexas à medida que se consolidava seu aspecto comercial e empresarial. Some-se a isso uma intricada teia de relações políticas e interinstitucionais (Ibama, Funai, CVRD, ProManejo, Embrapa, organismos certificadores de bom manejo florestal, além de outros parceiros locais, como empreiteiros etc.), e o resultado foi que os Xikrin – e notadamente o ISA – passaram a solicitar um acompanhamento muito próximo do antropólogo ao longo do ano.

Desde final de fevereiro de 2001, eu havia dado por encerrada a fase formal de coleta de dados e dedicava-me, primordialmente, às atividades de assessoria. As viagens concentravam-se mais nas questões do Manejo, em reuniões nas aldeias, ou em Marabá, no escritório da Associação Bep-Nói. Em consequência, não havia tempo para dar prosseguimento à redação do texto que originou este livro. No início do ano seguinte, sem outra alternativa, tive que negociar com os Xikrin e o ISA meu afastamento das atividades de assessoria do projeto, encerrando minha breve experiência de antropólogo 'participador-observante'. Em abril de 2002, estive com os Xikrin em Carajás para uma reunião, quando pude expor a situação e comunicá-los da minha impossibilidade de viajar frequentemente para suas aldeias e de me afastar do Rio de Janeiro. Expliquei-lhes que era necessário terminar o trabalho em virtude do qual eu havia inicialmente ido ao seu encontro, feito perguntas, tentado aprender sua língua.

Os Xikrin entendiam então que, apesar das dificuldades, o projeto, aos poucos, consolidava-se como atividade comercial e, aparentemente, nada obstaram quanto a meu afastamento. Paralelamente, diante de outras dificuldades, o ISA iniciava uma fase de reelaboração das estratégias de condução do projeto, contratando novos técnicos para trabalhar com a ABN e reabsorvendo Giannini como assessora. No fim das contas, as principais dificuldades não foram contornadas e os Xikrin resolveram encerrar o Projeto Kaben Djuoi em 2003.

※

Posso dizer que só tenho boas lembranças do tempo que passei com os Xikrin em todas as fases de campo. Isso se deve fundamentalmente a seu temperamento, paciência, generosidade e camaradagem que sempre demonstraram comigo. Os vestígios da imagem estereotipada dos índios mebêngôkre como uma gente complicada e de difícil trato desapareceram por completo logo nas primeiras semanas de convivência. Os Xikrin são, no geral, bem-humorados, expansivos e francos. Certamente, como em qualquer situação de interação, houve ínfimas rusgas, além de maiores ou menores afinidades e vínculos pessoais. Mas, desde o início, eles foram receptivos e acolhedores (pelo menos era assim que eu traduzia suas relações comigo).

Durante os primeiros dias, perguntavam-me o que eu fazia, para quem eu trabalhava, quem me teria enviado ali. Ao que eu tentava explicar que faria um trabalho semelhante ao que Vidal e Giannini já tinham feito: tentar aprender um pouco sobre a vida dos Xikrin, sua língua e sua cultura. Eu dizia que era uma espécie de *kukràdjà mari djwöj*, minha tradução desajeitada e, talvez, um pouco presunçosa para antropólogo.[17]

---

17 *Kukràdjà* ≈ conhecimento, saberes, "cultura" (ver p.91); *mari* ≈ saber, entender, escutar; *djwöj* ≈ agentivo (nominalizador), fazedor, dono. "Aquele que conhece a cultura."

Aparentemente, eles davam-se por satisfeitos, menos pela tradução, é evidente, e mais por poderem me enquadrar numa 'linhagem' que tinha Vidal e Giannini como ascendentes.[18] E a grande maioria sempre pareceu demonstrar interesse (e suponho até satisfação, em determinados momentos) no meu aprendizado da língua, dos costumes e práticas sociais.

A propósito, se os primeiros contatos dissolveram para mim qualquer resquício preconcebido sobre a suposta animosidade mebêngôkre, acabaram confirmando uma outra imagem – parte verdadeira, parte estereotipada – acerca deles, a saber: seu 'etnocentrismo'. Realmente, os Xikrin me diziam, repetidas vezes e em contextos vários, que *Mebêngôkre nẽmejx kumrẽx* ('Mebêngôkre é bom-belo de verdade'), e que *kubẽ nẽ punure* ('estrangeiros são ruins-feios'). Mesmo que nessas falas haja sempre algo de chiste e provocação a um interlocutor, justamente, estrangeiro, elas não deixam de exprimir um sentimento e uma moralidade xikrin muito pronunciados. Se minha apreciação do que expressavam foi correta, posso dizer que para os Xikrin quase tudo neles e deles era (ou, pelo menos, deveria ser) melhor do ponto de vista de sua pertinência ou propriedade moral – sentido que se expressa geralmente pelo termo *mejx*; ao passo que os outros eram, normalmente, considerados ruins, feios ou inapropriados (*punu*). Fato curioso, porquanto não impede que eles sejam muito abertos para novidades estrangeiras, sugerindo que devemos pensar melhor sobre as questões de identidade e cultura mebêngôkre.

Esses e outros pequenos fatos cotidianos indicavam que a moral do grupo e o senso positivo de uma identidade coletiva boa e bela estavam em alta. Nesse sentido, é relevante notar que, em geral, os Xikrin mostram-se individual e coletivamente muito assertivos e demonstram pouca inclinação à autoindulgência. Não pude perceber, em nenhum instante, discursos ou tentativas de autovitimização e sentimentos de derrota quanto ao processo histórico e às avaliações do presente. Evidentemente, tal disposição afetiva não significa que eles não reconheçam as dificuldades e problemas que vivenciaram em outros períodos e experimentam hoje, nem que vivam sob um estado eufórico e irrefletido. De igual modo,

---

18 Os Xikrin têm conhecimento dos antropólogos desde o início da década de 1960, quando os etnólogos René Fuerst e Protásio Frikel estiveram entre eles.

mesmo as manifestações de nostalgia – talvez um tanto idealizadas – que, vez ou outra, irrompem nos mais velhos (mas não só neles), evocando um tempo em que eram mais heroicos e resistentes (*töjx*), intrépidos na mata, bravios e corajosos (*djàkrê* ou *àkrê*), não expressam ressentimentos contra os brancos e são contrabalançadas com afirmações de que muita coisa importante foi conquistada, incluindo-se também mais equilíbrio e serenidade na resolução de querelas familiares ou coletivas, que, com poucas exceções, não resultam, atualmente, em violência ou morte.[19]

Os Xikrin reconhecem que esse novo *"dasein"*, mais domesticado e pacífico (*djuabô* ou *uabô*) foi um ganho histórico, pois como disse um informante, "antigamente os Mebêngôkre brigavam muito, matavam muito, por qualquer coisa"; *"akati ja kam nẽ mẽàkrê kêt"*, 'hoje não são mais bravos'. Seja como for, as demonstrações de saudosismo funcionam como discursos moralistas para enfatizar a beleza das virtudes e valores que os Xikrin continuam considerando essenciais e que devem estar presentes na vida de hoje, ainda que de maneira transformada. Outrossim, os Xikrin não parecem pensar sobre si mesmos como vítimas; eles são aquilo que eles mesmos forjaram, para o bem ou para o mal. E esse sentimento de altivez e assertividade teve o efeito de me deixar ainda mais confortável na tarefa de etnografá-los, além de despertar admiração e empatia ainda maiores de minha parte. Aliás, uma de minhas primeiras e mais resistentes impressões sobre o modo xikrin de existir no mundo resultou num epíteto que lhes atribuí de modo pueril, sem que entendessem: 'os irredutíveis Xikrin', que, por sua vez, evocava uma outra aldeia, imaginária, de gente célebre e não menos irredutível – orgulhosos, vaidosos, afetivos, dotados de invejável senso de humor, sempre prontos para uma boa briga com 'as legiões inimigas' que os cercam por todos os lados (hoje restritas a brigas políticas e simbólicas), grandes apreciadores da caça, a ponto de largar qualquer atividade para perseguir varas de *sangliers*, digo, porcos do mato.

Exceto por curtos momentos, posteriores à fase principal de pesquisa, não residi nas casas dos Xikrin, em nenhuma das duas aldeias, mas

---

19 Vanessa Lea (1986, p.XXXII) observou entre os Kayapó Metyktire do Xingu praticamente a mesma avaliação do passado e do presente que notei entre os Xikrin.

nas instalações do posto da Funai, alternando da enfermaria a uma sala laboratorial desativada, a um puxado erguido ao lado da casa do chefe do posto. Isso na aldeia do Cateté. No Djudjêkô fiquei sempre na enfermaria – à época, um galpão pré-fabricado de madeira e cobertura de telhas de amianto –, que quase nunca era utilizada, pois os Xikrin preferiam receber tratamento em suas próprias casas, muito mais arejadas e potencialmente livres dos espíritos (*mekarõ*) que rondam as dependências do setor de saúde. Os Xikrin não me convidaram para morar com eles, mas sugeriram, por vezes, que eu dormisse no *ngà* (casa dos solteiros no centro da aldeia); tampouco me ofereci. Há sempre muita gente visitando a área (pesquisadores, técnicos, agentes sanitários, encarregados da CVRD, equipe do ISA), e existe um costume já estabelecido de alojar os brancos no posto. Para mim, isso evitava o transtorno de sobrecarregar uma família com mais uma boca para alimentar, ou de eu ter de multiplicar exponencial e insustentavelmente o gasto com mantimentos, pois me veria na obrigação de distribuí-los para toda a família extensa da casa. Além do quê, não é muito fácil na organização social xikrin aboletar um homem adulto, sem esposa, a menos que se o coloque para dormir com os *menõrõnyre* jovens solteiros) no *ngà*, o que seria pouco viável, até porque nem sempre os rapazes pernoitam ali, preferindo muitas vezes ficar na casa natal, mormente em época de frio. De todo modo, a distância, se teve seus prejuízos, reduzindo minha observação da intimidade doméstica, por exemplo, garantiu uma dose de privacidade e tranquilidade para trabalhar à noite, organizando o material e estudando um pouco. Frequentemente, porém, eu voltava à aldeia depois do jantar, para sentar com os homens no *ngà*, jogar uma partida de dominó (coisa que adoram), ou escutar algumas histórias dos mais velhos em suas casas. Foram momentos produtivos, já que, terminada a faina do dia, os Xikrin mostravam-se muitos dispostos a me ensinar toda a sorte de coisas, detalhar trechos de canções, narrar mitos, falar de histórias antigas, contar piadas, casos picarescos e músicas picantes criadas pelos mais jovens.

A rotina de trabalho e os procedimentos de pesquisa variaram muito. Não me considero um pesquisador particularmente metódico em campo, preferindo guiar-me pelos ritmos e circunstâncias da vida cotidiana, participando o máximo possível das atividades diárias e cerimoniais. Nos primeiros três meses, restringi-me à aldeia do Cateté (maior e mais antiga) e fiz duas breves visitas ao Djudjêkô. Minha intenção de ficar um período ali foi baldada, no final de 1998, por uma epidemia de malária que atingiu quase todas as pessoas dessa aldeia, algumas do Cateté e a mim mesmo. A partir da segunda viagem, alternei meu tempo entre as duas aldeias.

No transcorrer da pesquisa, dentro dos limites existentes, procurei dar máxima importância ao aprendizado da língua. Apesar de muitos homens na faixa de vinte a quarenta anos dominarem bem o português (alguns são bilíngues perfeitos), as mulheres e a maioria dos mais velhos são praticamente monolíngues: capazes de entender frases simples em português, mas não podendo, ou querendo, expressar-se nesse idioma. Das mulheres, apenas uma, que fora criada em Goiânia até os treze anos, comunicava-se comigo preferencialmente em português. Por sorte, existe uma quantidade razoável de trabalhos sobre a língua mebêngôkre, a maior parte deles realizada pelos linguistas missionários do Summer Institute. No primeiro mês, tive aulas de língua mebêngôkre quase diariamente, com um jovem de trinta anos, Bep-kamrêk, que foi, sem dúvida, meu principal professor do idioma. Com isso, adquiri rapidamente um bom vocabulário, apesar das dificuldades gramaticais costumeiras, que me permitiu tanto um entendimento mínimo dos assuntos tratados quanto a possibilidade de fazer perguntas básicas. Na maioria das vezes, os Xikrin foram pacientes com minha fala e simplificavam a sua para minha melhor compreensão, evitando estruturas sintáticas mais complexas e conjuntos lexicais não usuais. Muitos homens, bons falantes de português, preferiam conversar comigo nessa língua, ou misturar trechos de fala em português e mebêngôkre. Era a eles também que eu recorria, para tirar dúvidas e esclarecer situações discursivas nas quais meu mebêngôkre era insuficiente.

Ao final, eu já conseguia entabular conversas simples com qualquer pessoa da aldeia, entender o núcleo dos discursos, até aqueles realizados nas discussões na casa dos homens (sobretudo quando se tratava de assuntos políticos atuais), e fazer traduções livres dos textos coletados. No entanto, narrativas mais longas, além de cantos, discursos formais e a cantilena cerimonial *ben*, não sou capaz de traduzi-los sem ajuda de informantes, assim como não sou capaz de aprofundar questões mais abstratas. Em resumo, a pesquisa foi realizada tanto na língua mebêngôkre quanto em português.

Não cheguei a ter informantes privilegiados, embora tenha trabalhado mais intimamente com algumas pessoas e famílias. Porém, mesmo criando vínculos mais estreitos com algumas delas, sempre tive livre trânsito e boa acolhida em todas as casas, nas duas aldeias, e sempre procurei dar atenção a discursos e práticas de diferentes famílias e grupos: homens e mulheres, jovens e velhos, chefes e não chefes etc. De todo modo, uma vez que a aldeia do Cateté é razoavelmente grande (mais de quarenta casas, onde vivem em média de doze pessoas – dados de 2002), as observações cotidianas concentraram-se em determinadas famílias.

Durante o processo, fui 'adotado' por um casal da categoria *mebêngêt* (gente mais velha, já com netos), Bep-djôp e Ngre-bô. A adoção por esse casal específico, e não outro, me parece ter sido casual. Logo nas primeiras semanas, tive oportunidade de fazer uma curta jornada com eles, descendo o rio Cateté de canoa, por uma hora, até um local onde Bep-djôp fora coletar ouriços de castanhas-do-pará. Ali passamos boa parte do dia, retornando ao entardecer. A proximidade criada naquele momento talvez tenha sido responsável por eu ter voltado a visitá-los várias vezes nos dias que se seguiram e, posteriormente, por eu ter manifestado o desejo de conhecer suas roças, iniciando um vínculo que se estreitou com o tempo. É uma família grande, que vivia tipicamente sob a norma uxorilocal. O casal – que não fala português – tem doze filhos: cinco jovens mulheres casadas (com seus maridos e filhos), além de uma menina e um menino, à época, pré-púberes, e mais cinco homens casados (com filhos), que residem na casa dos sogros. Em todas as fases da pesquisa, passei muito tempo com eles, trabalhando em suas roças, partilhando refeições etc. A partir deles, basicamente, fui traçando minhas relações ficcionais de parentesco, que se estenderam à aldeia toda. Tal inserção teve outro aspecto positivo: contrabalançar a natureza 'generizada' da coleta dos dados. Embora seja verdade que a maioria das minhas informações específicas tenha sido obtida com homens, a convivência cotidiana na casa de meus 'pais' me permitiu um diálogo constante com as mulheres. Em larga medida, foram minhas 'irmãs' que me instruíram, de maneira geral e inespecífica, sobre as relações sociais xikrin.

Assim, ao longo da pesquisa e do tempo, tornei-me objeto de um interessante processo de 'aparentamento'. No começo, era tratado por quase todo mundo pelo termo *kubẽ*, mais especificamente *kubẽti* ('estrangeiro grande'). Depois, paulatinamente, pelos nomes (durante uma cerimônia, recebi um nome *Bep* recém-aprendido por Bep-djôp de um certo tipo de cipó) e por termos de parentesco. Ter participado, pela primeira vez, de uma caçada coletiva com os homens para a festa do *kwörö kangô* e, depois, de outras expedições ligadas ao ciclo cerimonial, influenciou também a qualidade de minha relação com os Xikrin; em outras palavras, teve influência no processo de me transformar em um (quase)-Mebêngôkre. Processo a que, aos seus olhos, me parece, eu havia me submetido de livre escolha, desde o momento em que ali me mostrei ávido para aprender a língua, as relações sociais, os conhecimentos, cantos, enfim, o modo de ser Mebêngôkre. Não que eu tivesse a pretensão, evidentemente... mas do ponto de vista xikrin, afinal, o que fazer comigo, dadas as circunstâncias, senão 'aparentar-me'? Isso se intensificava à medida que eu participava (ou tentava) das atividades de plantio nas roças, tanto nas coletivas, trabalhadas pelos grupos de idade, quanto na de minha família de adoção; nas danças no pátio da aldeia devidamente pintado; na vida cotidiana e, em especial, quando comecei a dar mostras de que entendia, ou 'escutava' (*kuma*), ainda que sofrivelmente, o que me diziam.

Por certo, me dei conta desse processo, e dele participei, desde o início da pesquisa, mas acho que só percebi realmente que os Xikrin podiam levá-lo 'a sério' (ou, pelo menos, quem sabe, mais a sério do que eu mesmo), quando, num de meus retornos à aldeia, fui recebido por Ngre-bô, minha 'mãe', com o típico choro ritual mebêngôkre, embora executado de maneira discreta, em tom baixo e breve. Levavam e não levavam a sério... e, certamente, nem todos da mesma maneira. Há sempre nisso tudo um componente de 'ficção', ou mais precisamente, lembrando a observação importante de Coelho de Souza (2002, p.367), de *experimentação*: "é como se os Kayapó fossem, nesse campo [o de transformar o outro, o *kubẽ*, em parente, e vice-versa], mais dados ... à experimentação, a medir a humanidade dos Outros mais pelo resultado da domesticação do que pela posição ocupada [no sistema de] classificação".

Mas, afinal, não era isto, em algum nível, o que fazíamos eu e eles: experimentar a possibilidade de encontrar ou produzir, uns nos outros, uma (mesma) humanidade?

2
Etnologia Mebêngôkre

Antes de apresentar as informações etnográficas específicas à problemática que trato no livro, julgo necessário introduzir algumas considerações teóricas, a fim de situar minha pesquisa no quadro mais amplo da etnografia dos grupos Mebêngôkre-Kayapó e da etnologia ameríndia em geral. Tais considerações impõem-se para ressaltar a mudança de enfoque que procurei imprimir aos materiais etnográficos mebêngôkre, aproximando-os dos modelos descritivos-conceituais que vêm sendo desenvolvidos para a Amazônia indígena na esteira dos trabalhos de autores como Bruce Albert (1985; 1993) e Eduardo Viveiros de Castro (1993; 2000a; 2002a), por exemplo, sobretudo no que diz respeito ao regime geral de subjetivação (ou personificação) das culturas ameríndias.

Embora eu tenha partido de um tema não tradicional – o consumismo, as mercadorias e o dinheiro –, este livro trata, no fim das contas e como não poderia deixar de ser, de questões comuns à etnologia 'clássica' dos Mebêngôkre, tais como aparecem nos trabalhos dos seus principais etnógrafos, em especial Terence Turner e Vanessa Lea, e com eles dialoga constantemente. Aqui e lá, ressalta um conjunto de temas importantes, que são como marcas da literatura sobre esses grupos:

a hierarquia, o prestígio e a questão da 'riqueza"e da administração de recursos humanos e/ou simbólicos – pessoas, nomes, objetos e prerrogativas cerimoniais. Meu argumento, entretanto, é que os modelos interpretativos construídos por esses autores, se tomados isoladamente, são insuficientes para resolver os problemas aqui levantados. Assim é necessário empreender um esforço de reavaliação comparativa e reformulação teórica sobre a socialidade mebêngôkre à luz do desenvolvimento da etnologia amazônica. Esse movimento é executado ao longo do livro, mas aqui o apresento em linhas gerais.

Economia política de pessoas e coisas

Terence Turner (1979a, 1984, 1991b, 1992, s.d.) descreveu a estrutura social kayapó tradicional como uma economia política voltada para sua própria reprodução – por meio da produção de pessoas sociais e instituições comunais, dialética e recursivamente articuladas – e baseada na exploração de jovens por velhos (e de mulheres por homens), cuja resultante seria uma apropriação desigual de valor social, expresso nos conceitos de 'beleza' (*mejx*) e preeminência ou dominância. Segundo ele, para entender a sociedade kayapó, "é essencial apreender seu caráter interno como uma ordem política baseada em uma estrutura hierárquica de relações de exploração da produção social, gerando uma distribuição assimétrica de valor social" (1991b, p.2; 1992, p.318).[1]

Note-se ainda que quando Turner fala de "produção social" não se trata apenas, evidentemente, de produção da subsistência material ou econômica. A economia, em seu modelo, está totalmente imersa na organização social. Como ele fez questão de frisar (Turner, 1992, p.320): "a produção da subsistência material na sociedade kayapó constitui parte

---

[1] É sempre difícil sintetizar as formulações de Turner tendo em vista a abrangência a que o modelo se propõe, e sobretudo por causa dos sucessivos ajustes, mudanças de ênfase, adições e refinamentos que o autor imprimiu no trabalho no decorrer das últimas três décadas. Para ser justo, procurei contemplar aqui as formulações que vieram à luz em textos mais recentes (s.d., 1991b, 1992, 1993), embora nem todos tenham sido publicados.

integrante do processo de produção de seres humanos (personalidades sociais), e não uma esfera separada de atividade à qual se possa aplicar o termo 'produção' (ou 'a economia'). Não existe 'economia' nesse sentido restrito na sociedade kayapó". Igualmente, quando o autor fala de *exploração de valor social* não se trata de apropriação de valores materiais ou econômicos ou mais-valia, nem de lucro. Trata-se de valores determinados culturalmente, que são desigualmente distribuídos no processo de reprodução social. A economia política kayapó, para Turner, não é um sistema de produção de mercadorias, mas de pessoas.

Outro ponto importante a considerar no modelo é o tema da *hierarquia* (ou do englobamento hierárquico) e do *controle*, mas também a separação analítica operada pelo autor entre níveis estruturais distintos da organização social kayapó: o nível inferior da produção material e social de pessoas e o nível superior constituído por instituições públicas ou comunais, que assumem a forma de associações de idade e sistemas de metades. O sistema cerimonial, muito desenvolvido entre os Kayapó, é visto também como parte da esfera comunal, mas se opõe hierarquicamente – isto é, engloba – as instituições de metades (1991b, p.32-43). Haveria ainda um outro nível, cósmico ("natural" ou extrassocial), cuja manifestação ritual completa os diversos englobamentos hierárquicos entre os níveis, totalizando o universo kayapó, e a pessoa humana que o encarna é o ponto focal de todo esse maquinário produtivo e reprodutivo.

Apesar de Turner ter insistido na relação complexa e dialética entre os níveis, há inicialmente uma forte inflexão marxista em seu modelo, que encontra similaridades com as hipóteses de Collier & Rosaldo (1981) sobre *brideservices societies*, no sentido de que o valor social diferencial é *gerado* no nível mais baixo (doméstico ou intrafamiliar) e *generalizado* e simbolicamente neutralizado nos níveis mais altos (comunal e cerimonial). Para ele, é o mecanismo de generalização que garante a *reprodução* da assimetria no nível inferior, por meio da replicação da mesma assimetria no nível coletivo. Esta manifesta-se na desigualdade entre os grupos masculinos seniores e juniores, bem como na figura dos chefes. Turner (1984, p.358) enfatiza que essa dominância não se configura em poder político efetivo, mas no *prestígio* dos chefes, que são figuras a quem se deve respeito (termo pelo qual se traduz normalmente a palavra mebêngôkre *pia'àm*).

É esse mesmo respeito, constrangimento ou vergonha (*pia'àm*) que os jovens genros devem a seus sogros e sogras no seio do grupo doméstico.

A organização de metades (e associações ou grupos de idade), portanto, tem a função de regularizar e padronizar coletivamente a relação hierárquica de dominância entre sogros e genros definida no contexto da residência uxorilocal (1984, p.357). Entretanto, é necessário um mecanismo *totalizante* para neutralizar tal assimetria incorporada nas oposições de metades: isso é obtido pela organização cerimonial que reintegra todas as oposições em uma unidade transcendental (1991b, p.46).

O modelo pressupõe, dessa maneira, uma série de níveis estruturais articulados em englobamentos sucessivos. Turner concebe a sociedade kayapó como uma estrutura hierarquicamente segmentada, que se expressa, inclusive, no plano arquitetônico de cada aldeia. A planta aldeã característica, com o anel de casas na periferia, circundando a praça central (espaço das instituições comunais), funcionaria como um mapa sociológico a revelar a relação de englobamento entre o centro e a periferia. O conjunto das instituições comunais representaria a unidade da sociedade como um *todo*, ao passo que os segmentos domésticos constituiriam as *partes* que compõem o todo.

Voltemos ao tema do controle. Segundo Turner, a assimetria de base decorre da divisão social do trabalho entre os sexos: as mulheres kayapó são responsáveis pela produção no nível intrafamiliar e pela socialização primária (no nível doméstico e menos inclusivo), e os homens, pela produção no nível interfamiliar e pelos últimos estágios de socialização (público-cerimonial). Essa diferença, entre outras que decorrem da divisão do trabalho, teria o efeito de garantir aos homens maior controle sobre as mulheres. O autor conclui, assim, que sobre tal assimetria de gênero é que se estrutura o padrão de residência uxorilocal, na medida em que o controle dos pais sobre suas filhas torna-se instrumento do controle do sogro sobre o genro (Turner 1979, 1991b, p.14-6).[2]

---

2 No modelo de Collier & Rosaldo (1981, p.280-9), a assimetria entre os sexos nas sociedades de tipo *brideservice* decorre da organização das relações de produção e troca (de alimentos): o produto feminino (cultivo e coleta) é distribuído no interior das famílias, e o produto masculino (carne de caça) é distribuído mais amplamente entre

A ideia de que os mecanismos básicos de reprodução social nas terras baixas poderiam ser descritos em termos de uma *economia política de pessoas* foi, com base no material etnográfico sobre as Guianas, generalizada por Peter Rivière (1984), para quem "a escassez na região não é de recursos naturais, mas de trabalho [humano]" (1984, p.90). Para ele, brevemente, a economia política da região amazônica devota-se à administração de capacidades produtivas e reprodutivas de homens e, sobretudo, de mulheres, consideradas por Rivière o principal recurso escasso (p.93). A riqueza ou o valor social são gerados para um indivíduo à medida que ele obtém sucesso na manipulação desses recursos humanos, atraindo, incorporando e retendo-os em sua comunidade. Para Turner, de modo semelhante, a capacidade de um homem de reter suas filhas em sua unidade doméstica, atraindo genros, é um aspecto central do valor da dominância na sociedade kayapó. Assim, o líder do grupo local guianês é um equivalente do chefe da unidade doméstica kayapó.

As implicações do modelo de Rivière, incluindo-se a visão que projeta da sociedade guianesa como mônada cujo ideal (ainda que irrealizável) é o fechamento, a autonomia e a autossuficiência, já foram detidamente comentadas por Viveiros de Castro (1986b). Paralelamente, o modelo de Turner vê as comunidades kayapó tradicionais como "totalmente autossuficientes e autônomas" (1992, p.316). Note-se, no entanto, a diferença no que pode ser essa autonomia em um caso e outro. Nas Guianas, a autossuficiência manifesta-se ideologicamente na tendência de pensar as comunidades locais como grupos de parentes ou parentelas endogâmicas, ou por aquilo que Viveiros de Castro definiu como "um complexo ideológico de negação da afinidade" (1986b, p.274). No caso kayapó, conforme a visão de Turner, a autonomia estaria em um

---

os homens mais velhos (isto é, casados), criando conexões cooperativas de interesse da comunidade como um todo. O resultado é que o casamento, nessas sociedades, produz maior valor social para os homens do que para as mulheres. Para Turner, igualmente, a assimetria sexual decorre da divisão do trabalho, que é culturalmente determinada ("um padrão social arbitrário"), mas cujo resultado é a maior 'controlabilidade' (*controlability*) das mulheres, uma vez que suas atividades, concentradas no âmbito familiar, são espacialmente focadas, temporalmente reguláveis e previsíveis (1991b, p.14-6).

nível organizacional acima, por assim dizer. Aqui é a aldeia – inteira composta de unidades residenciais articuladas pelo casamento e integradas num todo por meio das instituições comunais – que se pensaria como um grupo 'endogâmico', fechado e autossuficiente. Essa diferença nos remete à conhecida proposição de Joanna Overing (1984), segundo a qual os grupos guianeses procuram negar e suprimir a diferença, enquanto os grupos Jê a internalizam e domesticam.

A proximidade dos dois modelos, seja na versão com coloração mais marxista de Turner – com ênfase na questão da produção e reprodução do 'valor social excedente' (que se incorpora à pessoa ou às personalidades sociais) –, seja na versão com coloração mais clássica de Rivière – com ênfase na questão da escassez de recursos (humanos) –, levou Viveiros de Castro (1996a, p.188) a reuni-los como um "estilo analítico" no campo dos estudos sobre as sociedades amazônicas, sob a rubrica *economia política do controle*.

O material xikrin levou-me, também, a pensar em termos de uma economia política, isto é, sobre a questão do controle de recursos, da alocação do 'valor' social e sobre os mecanismos de produção de desigualdade, expressos, entre outras coisas, pela oposição entre chefes e não chefes. Mas aqui, parece, não estamos mais no reino em que as pessoas (e o trabalho) são o 'bem escasso', o recurso a ser controlado. Afinal, o que os Xikrin demonstram querer controlar são o dinheiro e as mercadorias. Para que finalidade: 'produzir pessoas'? E que – ou o que são – pessoas? Convém perguntar, então, o que acontece com essa suposta "economia política de pessoas" em uma situação de intenso fluxo de objetos, e onde a alocação desigual de valor social e prestígio parece vincular-se às formas pelas quais as mercadorias e o dinheiro são apropriados.

Acima observei que, entre os Xikrin, hoje, os chefes têm maior capacidade de controle e acumulação de bens e surgem como figuras de prestígio. Mas é preciso ir além desse dado e verificar que tipo de relação há entre aquilo que Turner definiu como os valores tradicionais da "beleza" e da "dominância" e as novas capacidades de controlar recursos materiais e dinheiro, que os Xikrin, atualmente, vêm chamando de "riqueza". Haveria, por acaso, aqui, uma distribuição desigual das mercadorias entre as categorias que Turner definiu como "dominantes" (mais velhos *versus* mais novos; homens *versus* mulheres)? A situação atual teria convertido um sistema de hierarquia simbólica e política – ou "rotativa" como denominou Turner (1993a, p.53) – em um sistema de classes diferenciadas em termos de recursos materiais? Mas, então, onde teria ido parar a hierarquia dita tradicional? Os dados xikrin podem ajudar a entender quais as implicações do afluxo de mercadorias para uma economia política descrita como tendo a pessoa humana como seu recurso e objeto principal. Mas há um outro problema a resolver, pois a própria questão da 'riqueza tradicional' já foi tematizada de maneira diferente por outros antropólogos que estudaram os Kayapó, como veremos a seguir.

Toda a etnografia sobre os Mebêngôkre – Xikrin e Kayapó (Turner 1966, 1984; Vidal, 1977; Lea, 1986; Verswijver, 1992) – registra uma distinção entre pessoas portadoras de 'nomes bonitos' (*idji mejx*) e pessoas portadoras de 'nomes comuns' (*idji kakrit*), também chamadas de *mẽ mejx* – isto é, pessoas boas ou belas (perfeitas ou completas), e *mẽ kakrit* – pessoas comuns (imperfeitas ou incompletas). O campo semântico da palavra *mejx* cobre uma série de atributos morais e estéticos, que poderíamos glosar como 'bom, belo, bonito, correto, perfeito, ótimo'; podendo remeter, também, a uma noção de completude.[3]

A distinção entre pessoas belas e comuns (*mejx* versus *kakrit*), segundo Turner (1984, p.358), teria expressão limitada à esfera cerimonial e comporia o aspecto simbólico, por assim dizer, do valor social da pessoa. Porém, é certo que existe uma conexão com aspectos econômicos e políticos, uma vez que para se tornar uma pessoa bonita é necessária a realização do ritual em que tal pessoa receberá nomes bonitos (terá seus nomes confirmados cerimonialmente). Ora, a realização de rituais requer, por parte dos patrocinadores (pais da criança), a mobilização de

---

3 Turner (1984, p.356), por exemplo, escreve: "Totalidade e parcialidade ... parecem ser traduções culturalmente mais acuradas dos termos *mêtch* e *kakrit*, os quais eu previamente glosara por "belo" e "comum". Mas é importante lembrar que a noção de 'completude' ou 'totalidade' era essencial para sustentar a formulação teórica do autor acerca do englobamento hierárquico da periferia (segmentos domésticos) pelo centro (instituições comunais). Talvez o mais "culturalmente acurado" seja mesmo traduzir o termo *mejx* por bom ou belo.

parentes reais e classificatórios ou putativos (*ka'àk*) para a produção das condições materiais e da comida ritual, sem a qual não se realiza a festa. Parentelas menores ou incapazes de ativar relações *ka'àk* teriam, em tese, menos condição de arcar com os custos da cerimônia e, por conseguinte, menos pessoas com nomes bonitos. Entre os Xikrin, pelo menos, tais parentelas são politicamente mais frágeis. Um complicador a mais para essa situação reside no fato de que a comida ritual compreende, hoje, alimentos industrializados, canalizados para a comunidade geralmente pela atuação (política externa) dos chefes.

Algumas perguntas surgem daí. O que ocorre numa situação, como a dos Xikrin, em que a produção das condições necessárias ao ritual não depende apenas do agenciamento de relações *ka'àk*, mas também da posição do chefe como captador de mercadorias? Poderíamos dizer que o afluxo de produtos industrializados para as cerimônias de nominação retira a ênfase das relações de parentesco classificatório e a desloca para os chefes na condição de redistribuidores? Quais os seus efeitos no balanço entre pessoas de nomes bonitos e comuns? No entanto, há entre os Xikrin outros cargos remunerados além dos chefes. Estariam essas pessoas em condição de patrocinar mais cerimônias de nominação? Haveria congruência entre pessoas consideradas 'ricas' (nos novos termos, isto é, proprietários de dinheiro e bens) e 'bonitas' (nos termos antigos, portadoras de *idji mejx*)? Quais as relações do dinheiro e das mercadorias com a política ritual, o valor da beleza e o prestígio pessoal entre os Xikrin? Tais indagações introduzem complicadores interessantes no modelo da economia política de pessoas que examinarei mais de perto.

Todavia, quero recuperar a questão da 'riqueza tradicional', que nos interessa particularmente. Aqui nos aproximamos de mais um tema forte da etnografia mebêngôkre, sobre o qual vale fazer um retrospecto. As teses de Turner sobre articulação entre os domínios doméstico e público, bem como a hipótese de Rivière acerca do trabalho humano como principal recurso escasso, já haviam sido questionadas pelo estudo de Vanessa Lea entre os Kayapó-Mekrãnoti do Xingu (1986). Até então, as etnografias mencionavam que os Xikrin e os Kayapó possuem tradicionalmente, além dos nomes bonitos, um conjunto de objetos, adornos e prerrogativas cerimoniais (*nekrêtch* entre os Kayapó, *nêkrêjx* e *kukràdjà* entre os Xikrin), de grande valor cultural e descritos como riqueza (Turner, 1966, p.177, 1979c, p.130; Vidal, 1977, p.115). Essa distinção entre *nêkrêjx* e *kukràdjà* será retomada posteriormente. Nesse ponto, por simplificação, mantenho o termo mais consagrado na literatura – *nêkrêjx* –, ressalvando que o transcrevo de acordo com a pronúncia xikrin. Adianto, ainda, que para os Xikrin a palavra *kukràdjà* parece englobar o termo *nêkrêjx;* todo *nêkrêjx* é *kukràdjà,* mas o inverso não se aplica (cf. Giannini, 1991, p.96). O último é utilizado, atualmente, pelos Xikrin para definir aquilo que chamaríamos de cultura: tradição, práticas, conhecimentos, modo de vida. Assim, a expressão *mebêngôkre kukràdjà* pode ser glosada como a 'cultura xikrin' ou a 'cultura kayapó'.

Coube a Vanessa Lea, realizando uma pesquisa minuciosa sobre o assunto, lançar luz sobre alguns pontos até então pouco explorados. A principal diferença de seu trabalho em relação às outras etnografias – mas que não considero a mais importante – é que a autora atribui a propriedade de tais bens simbólicos (nomes e *nêkrêjx*) às casas da periferia da aldeia, definidas por ela como *pessoas jurídicas* ou unidades corporadas de descendência matrilinear (ou uterinas). Antes dela, Lux Vidal (1977, p.115) já havia notado que os *nêkrêjx* permaneciam ligados às casas ou a segmentos a que pertencem; e, por sua vez, Gustaaf Verswijver (1983 [1984]) havia sugerido que tanto os nomes pessoais quanto as prerrogativas cerimoniais pertenciam ao que definiu como "matrilinhagens". De todo modo, foi Vanessa Lea, em sua etnografia, quem procurou investigar detalhadamente o tema.

Segundo ela, haveria entre os Kayapó uma ideia mais abstrata de "Casa", concebida não como construção física a abrigar as famílias nucleares e extensas, descritas pelos outros pesquisadores dos grupos Jê como "segmentos residenciais", por exemplo, mas como unidade idealmente perpétua, que poderia ser definida, justamente, pela posse diferenciada de um conjunto de nomes e *nêkrêjx*, transmitidos verticalmente em linha materna. A autora utiliza a maiúscula na notação do termo – "Casa" –, quando se refere às entidades jurídicas, e utiliza a minúscula – "casa" –, quando se refere às habitações concretas de moradia. Sua inspiração foi o conceito de *"sociétés à maison"* (sociedade de casa), tardio na obra de Lévi-Strauss e introduzido por ele para dar conta dos sistemas de parentesco cognáticos ou de descendência indiferenciada, que constituíam uma lacuna em sua teoria geral dos sistemas de parentesco (Gordon, 1996c, p.192). Porém, Vanessa Lea não absorve aspectos importantes da definição lévi-straussiana, já que para o antropólogo francês, precisamente, a Casa *não está* fundada em descendência, residência ou transmissão de propriedades tomadas isoladamente como critérios de constituição grupal; ao contrário, ela está fundada na aliança, por meio do parentesco cognático. A Casa não teria substrato objetivo, mas apareceria, mais propriamente, como reificação ou objetivação de uma relação: em especial, reificação de uma relação tensa de aliança (tensão que se instaura entre os lados paterno e materno, ou entre tomadores e doadores de mulheres, em busca de vantagens políticas e econômicas), que se manifestaria sob uma ou várias dessas formas ilusórias (Lévi-Strauss 1979[1983]).

A despeito disso, a etnografia de Vanessa Lea incide, em dois golpes, no modelo da economia política do controle, mas também, de maneira geral, nas interpretações dos pesquisadores do Projeto Harvard-Brasil Central sobre os povos de língua jê.[4] Em primeiro lugar, a autora inverte a relação de englobamento entre os domínios político-jural e doméstico, tal como proposta por Turner. Ou melhor, dissolve tal oposição, na medida em que as Casas constituem *mais* do que a esfera doméstica: sua essência – sua propriedade simbólica e definidora – se manifestaria na esfera cerimonial, e o seu conjunto (a totalidade de Casas) compreenderia a *sociedade kayapó* (1986, p.24). É como se as Casas, no duplo aspecto 'casa e Casa', contivessem internamente os dois níveis: o doméstico e o público. Em segundo lugar, vira do avesso a hipótese de Rivière e Turner, pois tomar as Casas como pessoas jurídicas implicava reconhecer que são elas (e por extensão, *as mulheres*, visto que as Casas são consideradas o domínio feminino) que controlam todos os bens simbólicos escassos entre os Kayapó, o que inclui os nomes e distintivos rituais. Aqui as mulheres não são mais vistas como o recurso controlado, ao contrário, são as agenciadoras do controle dos recursos simbólicos. O corolário da hipótese é que os homens são postos em circulação por intermédio das alianças de casamento, servindo à perpetuação das Casas.

---

4 Ver, por exemplo, Gordon (1996a, p.132-43) e Fausto (2001, p.244-45).

Podemos dizer, portanto, que Vanessa Lea e Turner ficaram com faces opostas de uma mesma moeda 'juralista' cujo dono é Meyer Fortes. É como se uma mesma influência fortesiana fosse dividida em duas componentes, repartida biunivocamente entre os dois autores. De fato, Turner descarta a descendência como princípio organizador da sociedade mebêngôkre, mas retém a ideia das instituições comunais como mediação entre os domínios doméstico e político. E, por sua vez, Vanessa Lea descarta (ou dissolve) essa dicotomia, mas retém a noção de grupo corporado e de propriedade corporativa, isto é, a ideia de que é a propriedade de determinados bens e direitos o que confere ao grupo seu caráter de pessoa jurídica.

Meus comentários ajudam a situar o debate, porém o ponto crucial do trabalho de Vanessa Lea, a meu ver, não reside aí: ele está no fato de ter permitido pensar a 'propriedade' de tais bens, e o direito de transmiti-los, não como definidores de grupos corporados perpétuos, mas *marcadores de prestígio* e *distintividade* pessoal e coletiva. Penso até que a ênfase no conceito de Casa tenha obliterado um pouco a contribuição mais fundamental e profícua de sua etnografia (confirmando, aliás, aquilo que dizem os dados xikrin). Cito um trecho capital, que, infelizmente, não mereceu destaque maior em sua tese:

> Os nekrets *não são meros emblemas das Casas. São também uma fonte de prestígio para seus detentores.* Alguém que desempenha papéis cerimoniais destaca-se pessoalmente. Uma pessoa sem enfeites é considerada pobre, enquanto alguém que tem muitos enfeites atesta, através deste fato, que ele tem o respaldo de uma parentela numerosa, dotada de nekrets bonitos. As Casas Kayapó são pessoas jurídicas, *mas internamente seus membros diferenciam-se bastante uns dos outros, pela quantidade e qualidade dos nekrets que têm.* Algumas pessoas compartilham suas prerrogativas com vários outros detentores simultaneamente. As pessoas mais prestigiosas, em termos de nekrets (e não em termos absolutos), *são os detentores exclusivos.* (Lea, 1986, p.361, grifo meu)

De Turner a Vanessa Lea temos, assim, uma formulação alternativa acerca do que poderia ser a riqueza ou valor na sociedade kayapó, que desliza da pessoa para os nomes, objetos (adornos e relicário) e prerrogativas rituais. Dessa perspectiva, esse tema começa a ficar ainda mais interessante, uma vez que tais objetos, considerados riqueza, são elementos constituintes da pessoa mebêngôkre, como veremos, e constituídos como objetos de valor enquanto objetificação de relações sociais.

Ora, é digno de nota que tanto Vanessa Lea (1986: L, intr.) quanto Turner (1993a, p.62) tenham observado a associação estabelecida pelos próprios Kayapó entre a relíquia tradicional – *nêkrêjx* – e as mercadorias, que eram, inclusive, denominadas pelos índios por esse mesmo termo. No entanto, ambos os autores não fizeram uma investigação mais detalhada sobre a correlação, limitando-se, basicamente, a apontá-la de modo um tanto apressado. Pretendo fazê-la agora, com base no material xikrin, para que se possa entender melhor e com mais rigor de que modo se articulam isso que os índios traduzem atualmente por 'riqueza' ("chefe é rico") e os objetos cerimoniais que foram descritos pelos antropólogos como a "riqueza tradicional". Não sabemos, por exemplo, se toda mercadoria, ou apenas determinado tipo, pode ser considerada *nêkrêjx*. Não devemos esquecer que os *nêkrêjx*, assim como os nomes, circulam em um sistema estruturado de transmissão vertical, fartamente documentado nas etnografias, além de apresentarem uma associação inextrincável com o sistema ritual. O mesmo aconteceria com as mercadorias? Entre os Xikrin, aparentemente, isso não ocorre. De qualquer maneira, nenhum dos dois autores deteve-se nesses problemas (pois havia outros, igualmente importantes, para serem analisados).

Cabe perguntar, afinal, quais são efetivamente as *continuidades e descontinuidades* entre esses dois tipos de riqueza ou valor. Seria, de fato, adequado utilizar o termo "riqueza" para conceituar tais objetos e valores tradicionais, uma vez que ele remete a uma ideia excessivamente economicista? E quanto à riqueza atual (o dinheiro e as mercadorias), ela guardaria alguma qualidade da riqueza tradicional? Qual a relação entre essas duas formas de valoração social? Seria possível tratá-las como expressões de um mesmo princípio? Além disso, é conveniente investigar de que modo a riqueza atual e a tradicional estão vinculadas às casas xikrin e, de modo mais amplo, à constituição de identidades coletivas, independentemente de serem ou não definidas nos termos de Vanessa Lea.

Aquisições e incorporações

Um detalhe essencial na correlação entre *nêkrêjx* e mercadoria já foi observado pelos dois autores (Lea, 1986, p.348; Turner, 1993a, p.63). Assim como os objetos manufaturados que hoje fazem parte da vida mebêngôkre, os *nêkrêjx* são concebidos como *importações do exterior*. Foram roubados, conquistados ou adquiridos, no passado mitológico e no recente, de outros sujeitos não mebêngôkre – coletivos humanos, ou seres da natureza. Eis um ponto fundamental, pois, seguindo a formulação dos índios e a percepção dos antropólogos, meu procedimento de procurar entender melhor as continuidades e descontinuidades entre os *nêkrêjx* e as mercadorias, vistos como apropriações do exterior, é o gancho que permite indagar se é possível pensar o atual consumismo xikrin, essa espécie de tropismo na direção dos objetos industrializados, como uma *forma de predação ontológica*, tal como formulada por Viveiros de Castro (1993; 2002) – tema tão recorrente na etnologia amazônica (Descola, 1987, 1993; Erikson, 1986; Fausto, 2001; Menget, 1985; Villaça, 1992; Viveiros de Castro, 1986a, 1993), mas relativamente ausente dos estudos sobre os povos jê. O material mebêngôkre visto à luz de minha etnografia xikrin permite suspeitar que sim; ou, pelo menos, que vale a pena explorar detidamente o assunto, nem que seja para saber onde se encontra o fim da linha.

Mas o procedimento não é tão simples: implica retroceder, abandonar por um momento as mercadorias e o presente etnográfico xikrin e (re)colocar em foco a discussão sobre os *nêkrêjx* tradicionais, e principalmente sobre o tema geral das incorporações do exterior e da guerra na sociedade mebêngôkre. Esse é outro assunto pregnante na literatura, aparecendo tanto nas reconstruções etno-históricas quanto no *corpus* narrativo indígena, sob forma de um conjunto importante de mitos e contos de guerra e contatos diversos (Vidal, 1977; Wilbert, 1978; Verswijver, 1985, 1992). Cumpre destacar o trabalho de Verswijver, que relaciona explicitamente a guerra kayapó – ou uma das modalidades da guerra, especificamente contra outros povos não mebêngôkre – ao motivo da apropriação do butim, e cujos dados apresentam ressonâncias significativas com o material recolhido por mim. A guerra no interior da comunidade linguística, isto é, entre diferentes grupos Mebêngôkre que se reconheciam compartilhando uma mesma origem, apresenta características diferentes da guerra com estrangeiros, como se verá.

Aliás, é essa mesma característica bélica e expansionista dos Mebêngôkre que tem dificultado sua adequação em algumas tipologias dos regimes sociocosmológicos indígenas, como a de Fausto (2001). Esse autor opõe sistemas que denominou *centrípetos* – "fundados na acumulação e transmissão interna de capacidades e riquezas simbólicas" e que descreveriam melhor os grupos Jê do Brasil Central – a sistemas *centrífugos* – fundados na apropriação externa de capacidades agentivas cuja transmissão é limitada ou inexistente (descrevendo melhor grupos Tupi, Jívaro e Yanomami, por exemplo). Como ele próprio observa: "há sistemas dominantemente centrípetos que praticam guerra ofensiva sistemática, dos quais os Kayapó são o exemplo mais conhecido" (2001, p.535).

Penso que o tema da predação ontológica e das incorporações não foi tratado de maneira satisfatória pelos antropólogos que estudaram os Mebêngôkre e os Jê em geral. Ou, em outras palavras, talvez os dados acumulados até hoje não tenham sido explorados de modo a causar o devido impacto no entendimento de seu regime sociocosmológico, muito marcado pela consolidação de uma imagem tradicional definida por comunidades autônomas e autossuficientes do ponto de vista de sua reprodução, como se pode ver, por exemplo, nas descrições de Turner (1979a, p.174, 1992, p.317, 1993a, p.57).[5]

Nesse ponto, acedemos a um outro nível de descrição, visto que a abordagem se afasta da situação concreta dos Xikrin em direção a aspectos mais gerais e estruturais da socialidade mebêngôkre e ameríndia. Partindo do tema das incorporações ou apropriações de capacidades externas, expresso tanto nas narrativas históricas quanto na mitologia (ou nas narrativas de tempos próximos e distantes, para ser mais fiel à formulação dos índios), pretendo inquirir mais sobre os aspectos "centrífugos" – nos termos de Fausto – presentes na etnografia mebêngôkre e tirar daí algumas consequências. Veremos surgir, assim, um complexo

---

5 Ver Verswijver (1985, 1992), Lea (1986), Fisher (1991) e Giannini (1991), cujos trabalhos já apontavam a insuficiência ou inadequação dessa imagem.

jogo de interações, predações e contrapredações dos Mebêngôkre com outros coletivos estrangeiros ou inimigos (*kubē*), humanos, índios ou brancos – mas também com seres da natureza e com diversos Outros de tempos míticos –, cuja reiteração consistente no mito, no passado e no presente, parece indicativa de que esse é um elemento essencial e não contingencial de sua economia simbólica.[6]

Ao contrário da ideia de fechamento e centripetismo, suponho que haja aí uma verdadeira teoria do contato e do contágio sociocosmológico, que atravessa de cima a baixo o universo mebêngôkre, incidindo diretamente na constituição da pessoa e no regime de subjetivação. Sugiro, por conseguinte, que há um problema geral da incorporação pelos Xikrin e Kayapó de capacidades exteriores, que se manifesta em múltiplos domínios, e que, portanto, a atual apropriação da cultura material dos brancos não é um simples *efeito* de mudanças históricas, mas tem conexões profundas com a cosmologia, com os modos de conceber e experimentar a relação com a alteridade, e com a constituição da pessoa e da coletividade mebêngôkre. Sugiro, enfim, que essa apropriação tem a ver com uma tópica amazônica muito mais geral, em que a questão da diferença e da relação com o Outro, codificada em uma simbólica da predação, adquire valor central na constituição dos coletivos indígenas.

Entretanto, há que se notar, *e isso é importante*, que a expressão substantiva da incorporação e da predação como forma prototípica da relação entre sujeito e objeto (Viveiros de Castro, 2002a, p.165) manifesta uma inflexão particular entre os Mebêngôkre, uma ênfase, que os distancia de complexos guerreiro-canibais descritos na Amazônia. Porque, aqui, para os Mebêngôkre, não se trata efetivamente de comer o inimigo, ou arrancar-lhe a cabeça, ou domesticar-lhe a alma. Trata-se menos de capturar o corpo (ou partes do corpo) e o espírito do inimigo do que sua *cultura* (imaterial e material), ou sua *riqueza*, sua *beleza*, enfim, suas

---

[6] E aqui me reporto especificamente a Turner (1991b, p.27-8). O autor não nega, por certo, que, no curso de sua história, os grupos Mebêngôkre tenham interagido com outros povos estrangeiros, mas considera que, originalmente (isto é, no tempo da suposta autonomia mebêngôkre), tais contatos foram meros efeitos do acaso (*"casual contact"*), nada tendo a ver com os princípios cosmológicos e a organização social.

propriedades não imediatamente corpóreas, mas relacionadas ao corpo: nomes, cantos, adornos, matérias-primas, formas, coisas. A predação mebêngôkre destina-se a absorver a diferença do estrangeiro objetivada em sua cultura material, seu conhecimento, seus saberes, sua *expressividade técnica e estética*. Mas porque talvez seja *esse* o corpo e o espírito, ou a parte do corpo e do espírito, do inimigo que interessa e convém aos Mebêngôkre: aquilo que há de potencial criativo e regenerativo.

Do espírito propriamente dito do inimigo – o *karõ* –, deste não se pode absorver nada, como de resto de nenhum *karõ*. Não há o que se roubar dos *mekarõ* (espíritos incorpóreos). Ao contrário, estes é que nos roubam – e nos roubam de nosso próprio *karõ* – e podem nos canibalizar desde dentro, se se infiltram no corpo vivo de alguém; mas o resultado é o mesmo. É preciso se livrar dele o quanto antes. Se *kukràdjà* é algo que permanece no tempo positiva e criativamente, o *karõ* é algo que permanece no tempo negativamente, não há como reaproveitá-lo para fazer novas pessoas.

Há, talvez, um aspecto temporal importante a se considerar na relação dos Mebêngôkre com a alteridade. Eu diria que podemos pensar em uma alteridade futura e uma alteridade pretérita. Esta última remete à esterilidade do *karõ*. Ele, fora do corpo, é a antipessoa. Com isso, posso dizer que concordo com Carneiro da Cunha (1978) a respeito de ser a oposição entre vivos e mortos um operador classificatório primário entre os Jê, mas não subscrevo sua formulação, ou melhor, os termos utilizados em sua análise, que contribuem para diluir esse componente temporal associando inadvertidamente "mortos" a "estrangeiros" (ou "inimigos" em sentido restrito). Creio que essa linguagem causa confusão: Outros, sim; mas *karõ* é uma coisa, *kubẽ* é outra; aquele é o passado, este pode ser o futuro. Além disso, essa temporalidade se vincula, como bem apontou Coelho de Souza (2002, Cap. 7), à questão da corporalidade:

> Essas figuras da alteridade não são todas equivalentes ... Entre os mortos, os animais, e os "estranhos", há diferenças importantes: quero sugerir que elas se referem à corporalidade, e ao processo de aparentamento que corresponde à construção de um corpo humano. Os animais se definem por ter um corpo não humano, e que, mostra a experiência, não pode

ser construído como tal (senão muito parcialmente, como no caso dos animais de estimação). Os mortos já tiveram um corpo humano (e estão em vias de adquirir um corpo animal); são ex-humanos. Os "estranhos" (*kuben*)... ; pode-se talvez tentar aparentá-los e dar a eles corpos humanos; ou, quem sabe, pode-se tentar fazer o próprio corpo um corpo como o deles; ou apoderar-se do que eles tiverem a oferecer ... (Coelho de Souza, 2002, p.381)

Seja como for, é possível dizer que no caso mebêngôkre, diferentemente do caso tupi, a morte de um inimigo tem menor produtividade que aquilo que fenomenologicamente aparece-nos como um *'roubo'*. O signo da apropriação mebêngôkre não é o canibalismo – sabemos que eles não são canibais, não comem o inimigo –, *o signo é uma espécie de captura*. Conhece-se a importância do tema do 'saque' em um conjunto de mitos e narrativas mebêngôkre: o fogo da onça, a origem do milho, captura de adornos (Vidal, 1977; Wilbert, 1978, 1984). No que concerne às práticas mais cotidianas, Vanessa Lea (1986, 1992) sempre insistiu na questão do roubo de nomes e *nêkrêjx*. Registre-se também o ótimo ensaio de Seeger (1993) sobre o furto praticado pelos índios Suyá contra a expedição de Von den Steinen. Não deve ser à toa, portanto – de fato, me parece uma tradução em idioma do senso comum diante da percepção de uma determinada forma de relação –, que entre os regionais da bacia do rio Itacaiunas, onde viviam os Xikrin, "un stéréotype courant dans la région les dépeint comme des voleurs" (Caron, 1971, p.17).

Nesse sentido, através do prisma mebêngôkre, sou obrigado a discordar de Fausto, onde este autor pretende generalizar a afirmação de que "uma dimensão importante da guerra [amazônica] é a destruição de corpos ou, mais exatamente, da pessoa em seus constituintes materiais e imateriais" (2001, p.328). Na predação mebêngôkre, em alguma medida, a destruição física do inimigo pode ser dispensável. Aqui a ênfase está menos na morte que no butim: objetos, materiais, adornos, enfeites, armas, cantos, ou nos termos xikrin, *möja mejx* (coisas belas). Mas é porque essas coisas – *kukràdjà* ou *nêkrêjx* – são 'partes' de pessoas. Certamente, não estou dizendo que não há produtividade alguma na morte do inimigo. Sabemos que ela acarreta mudanças de *status* dos matadores mebêngôkre, que se inscrevem no corpo, por exemplo, sob a forma de cicatrizes e outras marcas (Verswijver, 1992, p.188-96). Registre-se, entretanto, uma consideração crucial de Verswijver:

> Quando discutiam sobre a morte de um inimigo, os informantes normalmente não davam importância alguma para determinar quem havia sido o matador efetivo. O ato em si não tem relevância para os Mekrãnoti, posto que a vítima nunca é atingida por um único guerreiro, mas por um grupo de guerreiros, cada um dos quais desfere golpes mortais. *O matador efetivo, no entanto, é o homem que se apodera dos pertences da vítima.* (1992, p.179, grifo meu)

Um exemplo que pode iluminar brevemente a diferença entre essas formas ou modalidades de relação predatória, por assim dizer, sai da comparação entre a assimilação de cantos de inimigo, respectivamente pelos Araweté e pelos Xikrin, na época em que esses grupos ainda faziam guerra. Resumindo uma exposição de Viveiros de Castro (2002a, p.272-8), e sem entrar no mérito do complexo jogo de perspectivas que o autor aponta, lembro que o inimigo de um guerreiro araweté precisava ser "verdadeiramente morto" (seu corpo era deixado na floresta) para que seu espírito, então familiarizado, transmitisse os cantos ao matador durante o sono. Entre os Xikrin, o inimigo (e, muitas vezes, uma mulher, já que era *mais fácil de amansar* – isto é, não seria preciso matá-la) era trazido *in corpore*, familiarizado *vivo*, para que, então, ensinasse os cantos ao raptor. Os cantos, danças e até cerimônias inteiras assim apreendidos passavam a fazer parte do patrimônio pessoal de conhecimentos (*kukràdjà*) e podiam ser, posteriormente, transmitidos a netos e sobrinhos conforme a regra. Depois disso, o inimigo tornava-se relativamente desnecessário, podia ser morto, podia fugir, podia ser aproveitado para fins sexuais, podia ser aparentado, mas isso já não era *tão* importante.[7]

Nos capítulos que se seguem, tento explorar o viés centrífugo do sistema mebêngôkre e a importância das relações de alteridade para a apropriação de determinados valores e capacidades considerados essen-

---

7 Diferente de quando se raptavam mulheres mebêngôkre, pois o objetivo aí era obter cônjuges. Vidal (1977, p.47) observa a importância para os Xikrin de que os cônjuges falassem a mesma língua, e portanto a preferência de casar com mulheres mebêngôkre.

ciais para a constituição da pessoa e dos grupos ou segmentos que formam uma comunidade mebêngôkre. Veremos que é possível traçar uma continuidade entre o tema geral das incorporações – da figura do estrangeiro (*kubē*) e das relações predatórias com uma alteridade circundante ao universo sociológico mebêngôkre – e o significado da produção material dos brancos no momento inicial do contato.

Contudo, nossa marcha requer um outro movimento, que deve ser desenvolvido em articulação com o primeiro, visto que a socialidade mebêngôkre não se reduz à sua dimensão centrífuga, bem o sabemos. As capacidades importadas do exterior, ou partes de pessoas, ou objetivações de relações sociais com a alteridade, passam a compor e recompor as pessoas mebêngôkre por meio, entre outros, de um mecanismo de transmissão vertical (seu aspecto centrípeto, nos termos de Fausto), que se manifesta no contexto ritual – fato que introduz uma outra diferença em relação aos regimes sociocosmológicos dos grupos amazônicos predominantemente centrífugos. Evoco, a propósito, uma passagem de Viveiros de Castro, autor que examinou os contrastes entre os grupos Jê e Tupi. Refletindo sobre a frouxa estruturação interna da organização social Araweté, ele observa: "essa desmarcação ou indiferenciação interna, contudo, está sempre a serviço de uma diferença radical, de um impulso para fora de si mesma, uma paixão pela exterioridade ... " (1986, p.26). Eu arriscaria dizer que, no caso mebêngôkre, tudo se passa como se o inverso ocorresse, pois é a paixão pela exterioridade e o impulso para fora que estão a serviço (mas, ao mesmo tempo, são a condição) de uma marcação ou diferenciação interna *não radical*, posto que de grau – uma questão de mais ou menos *beleza* (*mejx*), digamos assim.

Portanto, para completar o modelo mebêngôkre, a descrição se volta para uma ordem, por falta de melhor termo, sociológica interna, na qual o objetivo é entender como as apropriações do exterior são postas a circular na sociedade mebêngôkre e que efeitos tal circulação acarreta. Sinteticamente, procuro dar conta do caráter, ao mesmo tempo, centrífugo e centrípeto do regime mebêngôkre, arriscando uma hipótese sobre a articulação entre esses modos.

O eixo dessa hipótese está ancorado, de alguma forma, em ideias de Turner e Vanessa Lea, de cujas partes de seus modelos fui me apropriando, para montar uma visão própria. Acolho a intuição fundamental do primeiro de que a questão do controle, da hierarquia e da distribuição desigual de valor é central na socialidade mebêngôkre. Como ele, penso que a sociologia mebêngôkre é atravessada pela motivação da distinção, da absorção diferencial do valor social, e o prestígio é algo que está permanentemente em jogo. Mas divirjo dele e me aproximo de Vanessa Lea quanto à 'matéria' dessa economia política, que será outra, pois a concepção de pessoa será outra. Procuro mostrar ainda que continuamos no reino de dominância e beleza, mas que não se trata de uma simples oposição categorial entre homens e velhos, de um lado *versus* mulheres e jovens de outro, mas de uma complexa operação pelo valor diferencial da pessoa (isto é, a 'beleza'), que inclui guerreiros, xamãs, chefes, negociadores, homens e mulheres, famílias e casas. Porém, afasto-me dessa autora na medida em que minimizo a ênfase nos aspectos totêmicos e metafóricos de nomes e *nêkrêjx* (e no caráter corporado e linhageiro das casas), em favor de seus aspectos *sacrificais* e metonímicos, tomados aqui nos termos propostos por Viveiros de Castro (2002b). Acredito que a relação dos Mebêngôkre com a exterioridade não é de ordem exclusivamente totêmica, conforme a imagem das sociedades jê compostas de grupos recortados por oposições sociocentradas de igual valor.

Por fim, sugiro que essa mesma característica não totêmica imprime um elemento paradoxal na economia política de pessoas e no sistema de personificação ou subjetivação mebêngôkre: um processo de circulação cujo efeito pode ser a *desvalorização* dos *nêkrêjx* e dos objetos que conferem valor, ou melhor, uma perda progressiva de valor de alguns desses objetos. Tal caráter dinamiza o movimento centrífugo e a natureza expansionista desses grupos.

Fora do domínio particular da etnografia regional mebêngôkre, e do ponto de vista mais geral da etnologia das terras baixas, penso que é possível entender o movimento da tese como um pêndulo que oscila entre dois estilos analíticos dos estudos amazônicos nomeados por Viveiros de Castro (1996a). Para responder as questões a que me propus, procurei trabalhar em dois registros, tentando uma espécie de composição entre a economia simbólica da alteridade e a economia política do controle, como meio para iluminar o universo sociocosmológico xikrin e mebêngôkre em geral.

Num último movimento, poderei, finalmente, voltar do modelo mais abstrato do regime mebêngôkre para uma de suas formas atuais, isto é, para o consumismo xikrin e sua relação com as mercadorias, na tentativa de responder, afinal, qual a natureza da mudança. Terá sido necessário introduzir um componente diacrônico na análise, pois não julgo serem desimportantes as transformações históricas que afetaram a realidade sociopolítica xikrin no último século. Claro está que admito haver uma continuidade entre o fenômeno atual do consumismo e os mecanismos gerais de reprodução sociossimbólica dos Mebêngôkre. Postular uma continuidade, todavia, não significa negar as mudanças, esvaziando a história e os efeitos das interações entre formações socioculturais fundadas em diferentes bases filosóficas, ontológicas e o que mais se queira, como é o caso dos Mebêngôkre Xikrin e a sociedade capitalista industrial. Não significa imaginar, portanto, uma *simples* continuidade, mas acolher o fato de que *não podendo ser outra coisa,* o consumismo *xikrin* deve se mostrar como uma *transformação* de mecanismos inerentes ao seu regime sociocosmológico.

A transformação do universo relacional, a fixação em um território limitado, o fim da mobilidade e das guerras, o aumento do contato intensivo com os brancos e a consequente diminuição do contato com outros grupos indígenas, bem como a necessidade dos mecanismos de incorporação operarem presentemente sobre sistemas de produção e troca capitalista, em que os objetos (mercadorias) possuem características peculiares, tudo isso tem implicações não triviais na maquinaria sociocosmológica mebêngôkre. O objetivo deste livro é entender quais são elas.

Isso talvez explique o caráter recursivo do trabalho – começando pela questão das mercadorias na situação presente dos Xikrin, prosseguindo, sempre de maneira intercalada, em direção a discussões mais abstratas sobre o regime sociocosmológico mebêngôkre, para, assim, retornar às mercadorias e ao consumismo atual – recursividade que por muito tempo fez que me sentisse, apropriando um imagem de Gregory Bateson, *"floundering methodologically"* (Yans-McLaughlin, 1986, p.190). Espero ter encontrado um eixo e o equilíbrio.

Dito isso... aos Xikrin, então.

3
Guerra e paz do Araguaia ao Cateté

Os Xikrin do Cateté

Os Xikrin vivem hoje na margem esquerda do rio Cateté, na bacia do rio Itacaiunas, afluente do Médio Tocantins. São aproximadamente novecentos indivíduos, 82% dos quais com até trinta anos.[1] São descendentes de grupos Mebêngôkre que habitam a região desde, pelo menos, metade do século XIX. De 1964 até o início dos anos 1990, reuniram-se em uma única aldeia, com um pequeno intervalo entre 1984 e 1985, quando algumas famílias deslocaram-se 20 km ao sul, para um local de acampamento denominado Kamkrokro. Hoje o grupo vive em duas aldeias, distantes apenas 15 km: a maior e mais antiga chamada Cateté (ou Pykatingrà) e a mais recente denominada Djudjêkô.[2] Cada uma delas possui uma organização política própria, com seus respectivos

---

[1] Dados de 2005. A distribuição demográfica encontra-se nos Anexos.
[2] Topônimos que indicam determinados pontos do rio Cateté. Pykatingrá, praia ou areia seca (*pykati* ≈: areia; *ngrà* ≈ seca). *Djudjêkô*, pau de [fazer] arco (*djudjê* ≈ arco; *kô* ≈ pau, borduna).

chefes e líderes de grupos masculinos, além de contarem cada qual com um Posto Indígena da Funai, além de associações civis que os representa perante a sociedade brasileira (Associação Indígena Bep-Nói e Associação Indígena Kàkàrekre).

A despeito da separação, os Xikrin podem considerar-se uma única "comunidade", distinta dos outros grupos Kayapó e de seus parentes xikrin do Bacajá, com quem, não obstante, partilham uma origem comum e unidade linguística. Mas, é preciso notar a natureza contextual dessa classificação: na maioria dos casos, as aldeias do Cateté e Djudjêkô percebem-se e atuam como conjuntos distintos e, até mesmo, rivais. Tal "relatividade" da classificação etnopolítica e sua dependência de níveis e contextos contrastivos evoca a segmentaridade nuer, descrita e tornada clássica por Evans-Pritchard (1940, p.159). Em determinadas circunstâncias, todas as seguintes oposições, entre outras, podem ser ativadas: Cateté *versus* Djudjêkô; Xikrin do Cateté (Cateté + Djudjêkô) *versus* Xikrin do Bacajá; Xikrin (Cateté + Bacajá) *versus* Kayapó; todos Mebêngôkre (Xikrin + Kayapó) *versus* kubẽ (ou seja, os outros índios e/ou brancos); todos os índios (Mebêngôkre ou não) *versus* brasileiros; todos os brasileiros (índios + brasileiros) *versus* estrangeiros de outros países, e assim por diante. De qualquer modo, as fronteiras comunitárias são permeáveis e continua existindo, como no passado, mobilidade de pessoas (e objetos), notadamente entre as diferentes aldeias xikrin e kayapó, incluindo visitas, indivíduos ou famílias adventícios que tomam residência provisória ou definitiva, e intercasamentos. Portanto, ainda que considerem possuir uma identidade própria, os Xikrin veem sua comunidade atual como um produto de interações de longo prazo com outros. Por outras palavras, a comunidade aldeã traz inscrita na sua própria conformação uma história de relações entre diferentes aldeias.

Além da origem comum, os Xikrin compartilham com os outros grupos Kayapó, evidentemente, diversas características socioculturais já bastante conhecidas e descritas pela literatura antropológica: formato circular de aldeia, dispondo uma periferia de casas e uma praça central, o *ngà* (onde hoje erguem uma casa) – espaço público que é local de reunião dos homens e foco da atividade política e ritual; grande investimento na vida cerimonial, com destaque para as festas de nominação e iniciação; divisão da coletividade em grupos masculinos que podem se manifestar como facções políticas; importância da classificação etária – o ciclo de vida pessoal é marcado por categorias de idade; uxorilocalidade como norma de residência conjugal; entre outras (Turner, 1966, 1979; Vidal, 1977; Verswijver, 1985, 1992; Lea, 1986; Fisher, 1991).

Os Xikrin baseavam-se, tradicionalmente, no seminomadismo, com alternância de um período passado na aldeia, durante o qual o grupo vivia basicamente de produtos agrícolas (mas também da caça, pesca e coleta realizada no entorno aldeão), e outro marcado pela dispersão e perambulação da comunidade pelo território, em expedições de caça e coleta (denominado *me'y*), que transcorriam durante meses. Entretanto, conforme já sublinhou Turner (1992), esses dois modos complementares de organização da vida comunitária não podem ser considerados como mero resultado de necessidades de subsistência e produção material; ao contrário, eles devem ser entendidos em função da dinâmica sociopolítica e, de modo geral, da socialidade mebêngôkre.

Idealmente, há uma nítida divisão sexual do trabalho. A caça, a pesca, bem como a derrubada e a coivara dos roçados é tarefa masculina; os homens são responsáveis também pela confecção dos principais itens da cultura material, cestaria, armas e ornamentos. O plantio e a colheita dos produtos agrícolas, bem como o preparo dos alimentos, ficam a cargo das mulheres, que são responsáveis também pela pintura corporal. Entretanto, atualmente, não é raro que os homens auxiliem suas esposas nas atividades de plantio e cultivo nas roças familiares. Os homens também se encarregam do plantio das grandes roças coletivas (*puru rajx*, literalmente 'roça grande'), sob a responsabilidade de cada turma ou associação masculina e sob a coordenação de seus respectivos líderes.

Hoje, os Xikrin já não realizam as longas expedições coletivas de outrora, limitando-se a curtas temporadas de caça, com duração de poucos dias a duas semanas no máximo, associadas ao ciclo cerimonial. Apesar de cultivarem roças e consumirem alimentos industrializados, os Xikrin continuam aficionados por caça, atividade de suma importância para os homens, e que ocorre durante todo o ano. A pesca é menos importante, mas, nos períodos de seca, os índios podem fazer grandes pescarias coletivas com timbó, relacionadas igualmente a certas cerimônias de nominação.

A Terra Indígena Xikrin do Cateté está demarcada desde os anos 1980 e se localiza no município de Parauapebas (ver Figura 2), estado do Pará, entre a grande serra de Carajás ao norte e a rodovia PA 279 ao sul; e entre o rio Itacaiunas a leste e uma área desmatada a oeste, composta de diversas fazendas constituídas após a criação da cidade de Tucumã, durante o período de desenvolvimento econômico que se seguiu à abertura da estrada, com a instalação de garimpos de ouro, projetos de assentamento e início da extração de madeira.[3] Situa-se em uma região de floresta tropical, com trechos de vegetação variada, onde predomina a mata aberta de cipó, com árvores cujas copas mais altas atingem cerca de 15 a 25 metros, muito rica em cocais como o babaçu, em castanha-do-pará e mogno (hoje de incidência mais rara após alguns anos de exploração desordenada). Também apresenta trechos de floresta mais densa, ocupando as encostas de serras, principalmente na porção nordeste. Além das espécies arbóreas, há no sub-bosque muitas plantas herbáceas e arbustivas, grande quantidade de trepadeiras e lenhosas, formando um emaranhado, muitas vezes, denso, que, somado aos cipós, dificulta as caminhadas na mata. A topografia, de modo geral, apresenta-se ondulada a suave-ondulada, e os solos são ácidos, com fertilidade baixa e textura argilosa. Nas proximidades da aldeia, há também solos arenosos, preferidos pelos índios para a agricultura. Nas áreas de baixada, onde o chão encontra-se mais umedecido, podem ocorrer grandes concentrações de palmeira açaí e também buritizais.

A bacia do rio Itacaiunas era uma área rica em castanhais, que, no início do século XX (ainda muito mais abundantes que no presente), impulsionaram o desenvolvimento da cidade de Marabá. Hoje, após o grande desmatamento que acompanhou a expansão econômica, os grandes castanhais só são encontrados em unidades de conservação, tais como a área Cateté e as Flonas de Carajás, Aquiri e Itacaiunas. Essas

---

[3] A Terra Indígena Xikrin do Cateté possui oficialmente 439.150,5 ha de superfície, com perímetro de 372,6 km. Encontra-se demarcada desde 1981 (processo n. Funai/BSB/03746/77), tendo sido homologada por decreto do Presidente da República em 24 de dezembro de 1991 (n.384) e registrada no cartório da comarca do município de Parauapebas e na Delegacia do Patrimônio da União do estado do Pará, sob a certidão n.02/94.

áreas de proteção ambiental fazem parte do território do Programa Grande Carajás (CVRD) e marcam os limites da terra xikrin, funcionando como zonas tampão, em toda a porção norte e leste. Por outro lado, sempre foram mais vulneráveis os limites sul, sobretudo por causa da proximidade com a rodovia, e oeste. A demarcação deixou de fora uma faixa de terra entre o limite sul e a rodovia, onde vieram a se formar diversas fazendas, favorecendo os conflitos fundiários. Por ali ocorreram todas as invasões, por madeireiros e posseiros na década de 1980. Mesmo assim, a área, de um modo geral, ainda é bem preservada, e os recursos florestais de fauna e flora permitem aos Xikrin manter suas atividades tradicionais de caça, coleta e pesca.

Domina toda a região um clima quente e úmido, com altos índices pluviométricos e nítida divisão entre um período chuvoso e outro seco, chamados 'inverno' (*na kam*) e 'verão' (*amejx kam* ou *na kêt kam*).[4] Este varia de três a cinco meses, de abril a agosto, quando praticamente não se verifica a ocorrência de chuvas. No território há um mosaico de rios, igarapés e grotões temporários, dos quais se destaca o Cateté, que corta toda a área xikrin no sentido SW-NE, até desembocar no Itacaiunas. O rio tem águas tranquilas, embora apresente diversos trechos muito encachoeirados que o tornam navegável apenas no período de cheia. Assim como o Itacaiunas, é um rio de difícil transposição em boa parte do ano, desafiando a perícia dos pilotos mais experientes. Nas vazantes, a travessia torna-se, no mais das vezes, penosa, e, em diversos trechos de cachoeira, é necessário passar por terra.

Até 1966, quando foi construída a pista de pouso próximo à aldeia, o único acesso aos Xikrin era por via fluvial, desde Marabá, pois ainda não havia estradas cortando a região. O missionário dominicano Raymond Caron, que visitava e assistia a comunidade na década de 1960, conta que se levava mais de uma semana de Marabá à aldeia xikrin (Caron, 1971, p.58); ao passo que a volta, aproveitando a correnteza, cerca de três dias. Hoje, para sair da aldeia de barco, não é necessário descer todo o Itacaiunas

---

4 Literalmente 'época de chuva' e 'época de tempo bom ou sem chuva' – *na* ≈ chuva; *kam* ≈ posp. em, sobre, entre, locativo; *amejx* ≈ seca, verão (tempo bom); *kêt* ≈ negativo.

até Marabá. O mais comum é chegar até uma localidade denominada Caldeirão (antigo acampamento da Docegeo, subsidiária da CVRD voltada para pesquisa geológica e mineração), que se localiza na unidade de conservação Flona de Carajás, em um trajeto que dura algumas horas. De lá, apenas mais duas horas de carro por estrada até o núcleo urbano da CVRD.

Se pelo rio o acesso dá-se apenas no inverno, ingressar na área por automóvel é mais fácil no verão. O regime de chuvas castiga fortemente as precárias estradas de terra (na área xikrin, nas fazendas em direção a Tucumã e mesmo na PA-279), que podem se tornar imprestáveis depois do inverno. Somente em 1999, no âmbito do convênio de assistência, e como parte da infraestrutura necessária ao projeto de manejo florestal, a CVRD destinou recursos suficientes para a construção de uma boa estrada, ligando as duas aldeias ao município de Água Azul, ao sul da reserva.

As aldeias do Cateté (6°15'42" S, 50°48'11" W) e Djudjêkô (6°18'28" S e 50°54'23" W) distam aproximadamente 200 km em linha reta da cidade de Marabá, trajeto que se vence em menos de uma hora de avião monomotor. Apesar do alto custo, o transporte aéreo é o meio mais rápido e confortável de entrar e sair da área, sendo preferido pelos Xikrin. De automóvel, partindo de Marabá ou Carajás por exemplo, é preciso fazer uma longa volta, pela rodovia PA 150 (aproximadamente 240 km pavimentados) até Xinguara, e daí tomar a direção de Tucumã (e São Félix do Xingu), pela rodovia PA 279, para entrar na área xikrin por seu limite oeste, após um percurso de quase 300 km de estrada de terra.[5] Pouco adiante de Xinguara, transpõem-se primeiramente o alto curso do rio Parauapebas e, depois, o Itacaiunas, ambos correndo risco de assoreamento naquelas paragens.

Por ali, percorre-se um cenário razoavelmente homogêneo. De um lado e de outro, veem-se pastagens salpicadas de palmeiras de babaçu e castanheiras mortas, que nos evocam as histórias da penetração das frentes econômicas na região no século que passou: a borracha, a castanha, o gado, a mineração e a exploração de madeira. Serra Pelada não fica longe, hoje

---

5 Recentemente, a construção da nova estrada, partindo de Água Azul até as duas aldeias, encurtou esse trajeto em mais de 200 km.

abandonada, onde restam ainda poucas famílias de garimpeiros vivendo em corrutelas, em condições sanitárias péssimas. Os casebres, ranchos e pequeno comércio de beira de estrada são pobres e contrastam com o crescente grau de urbanização por que passam os municípios de Marabá e Parauapebas, após duas décadas de implantação do Programa Grande Carajás. A estrada esburacada e poeirenta nos permite ver, ao longe, o contorno das grandes serras que circundam a região. Se a época é de estiagem, frequentemente se veem caminhões carregados de madeira e algumas gaiolas de gado, sacolejando na pista acidentada.

No entanto, a transformação da paisagem é brusca quando cruzamos o posto de vigilância Bekware, no limite oeste da área indígena: para trás ficam os grandes tratos de pasto, que cedem lugar à bela vegetação de floresta. É aí que encontramos os Xikrin, vivendo num ambiente natural que se alterou relativamente pouco desde que chegaram no século XIX, ao contrário do entorno de sua reserva, que passou por transformações radicais na paisagem ambiental e humana.

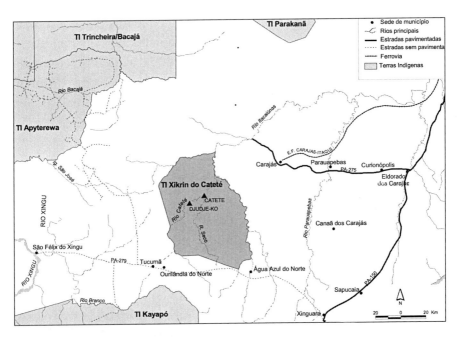

FIGURA 2 – Mapa da Terra Indígena Xikrin do Cateté.

Tempo de homens bravos

A história xikrin nos últimos 150 anos traz as características da expansão dos grupos Mebêngôkre e é um intricado amálgama, marcado por intensa mobilidade territorial, diversas separações e fusões aldeãs, além de estar sem dúvida estreitamente associada à história das outras etnias indígenas que habitavam a região e ao povoamento levado a cabo pelas frentes de ocupação brasileiras e pelos ciclos extrativistas. O padrão de ocupação territorial, que ocorreu por uma espécie de difusão de grupos que se segmentaram – implicando deslocamentos, contatos diversos com outras populações, parcerias estáveis ou não, hostilidades e guerras, além de grande flexibilidade na organização comunitária –, tem razões complexas, que não se explicam unicamente pela história da expansão colonial brasileira, mas estão ligadas ao próprio modo de reprodução social dos grupos Mebêngôkre em geral e a seus mecanismos de diferenciação.

Bill Fisher, em seu estudo sobre os Xikrin do Bacajá (1991), chamava atenção para o tema, indicando que a cronologia dos eventos históricos por que passaram os Mebêngôkre precisava ser desenvolvida mais a fundo para mostrar a particularidade desses acontecimentos em sua relação tanto ao que chamou de "fatores externos", quanto a "fatores internos" à sociedade xikrin. Em trabalho posterior (2000), o autor procurou desenvolver a ideia de que as comunidades xikrin e kayapó, longe de terem estado isoladas, sempre fizeram parte de um "campo social" mais amplo, ocupando uma área continuamente afetada pela proximidade com o Estado brasileiro (representado aqui pelas frentes de expansão colonial), mas, ao mesmo tempo, afastada da administração estatal direta.[6]

Essa dupla característica de fazer parte de um sistema de relações sociais mais amplo (*tribal zone*) e, ao mesmo tempo, até metade do século XX, fluido, em que a presença das instituições estatais sempre foi fraca e onde a colonização brasileira dependeu, em grande medida, de esforços esparsos e da iniciativa de pioneiros (*hollow frontier*), foi suficiente para garantir aos Mebêngôkre um relativo controle sobre a dinâmica

---

[6] Fisher tem em mente os conceitos de *"tribal zone"* (zona ou área tribal) sugerido por Ferguson & Whitehead, e *"hollow frontier"* (fronteira oca) de Russel-Woods.

de aproximação e afastamento em relação aos brancos. Em outras palavras, a localização geográfica dos Mebêngôkre, nas bordas mais afastadas da frente de expansão colonial, de certa forma, possibilitou que eles permanecessem livres dos impactos mais diretos da economia brasileira em expansão, mas, ao mesmo tempo, permitiu que estivessem expostos às inovações materiais e organizacionais envolvidas.

O movimento empreendido pelos Xikrin integra um processo migratório mais amplo dos grupos Mebêngôkre, iniciado não se sabe exatamente quando, mas que já ocorria, é provável, em meados do século XVIII – período que coincide grosseiramente com a pressão colonizadora sobre os campos naturais do Maranhão (antigo território dos índios Timbira) e com o relativo despovoamento da região entre o Xingu e o Tocantins nos seus cursos baixo e médio, antes maciçamente habitada por grupos Tupi que foram dizimados pela escravidão, descimentos jesuíticos e sucessivas epidemias (Velho, 1972, p.18-21; Fausto, 2001, p.45-50).

Podemos considerar que hoje essa verdadeira marcha indígena para o oeste está terminada. Atualmente, os grupos Mebêngôkre mais ocidentais, próximos ao meridiano 55 (entre a bacia de formadores do rio Iriri no Pará e o rio Xingu), encontram-se cerca de 900 km do suposto ponto de dispersão original, no meridiano 48 (atual estado do Tocantins). A população total, incluindo Xikrin e Kayapó, está estimada em oito mil (ISA, 2003) e ocupa um vasto território em áreas demarcadas, nos estados do Pará e Mato Grosso, onde os Mebêngôkre terão de enfrentar as novas condições históricas no século que se inicia.

Apesar da enorme dificuldade em retraçar a sequência de eventos e de alguns problemas conceituais nas reconstruções,[7] diversos estudos (Turner, 1966, 1992; Vidal, 1977; Verswijver, 1992) indicam que os grupos Mebêngôkre teriam deixado a região do interflúvio Tocantins e Araguaia, atravessado para a margem esquerda deste último e, dali, ao

---

7 O principal deles repousa, para mim, no modo como os autores procuraram combinar a tradição oral e as narrativas indígenas com os registros documentais dos primeiros exploradores, como se se tratasse de uma *mesma história* contida naquelas e nestes, ainda que expressa apenas de *forma distinta*. Daí decorrem, penso, as tentativas desses autores de depurar o que haveria de mítico e o que haveria de histórico na tradição oral mebêngôkre. Veja-se, por exemplo, Vidal (1977, p.22) e Turner (1988a)

longo dos anos, teriam-se propagado para diversos locais, cada vez mais a oeste e noroeste: campos do Pau d'Arco (próximo ao que é hoje o município de Redenção), bacia do Itacaiunas, médio Xingu e Bacajá. Ali, os Mebêngôkre depararam-se com uma região razoavelmente vazia, de floresta transicional, entre a hileia amazônica e os campos planaltinos, onde puderam se fixar. As populações indígenas que viviam na área achavam-se já mais ou menos dispersas e não ofereceram grande resistência ao avanço mebêngôkre. Ainda assim, como notou Viveiros de Castro (1986a, p.141), sua expansão produziu "profundas transformações na situação de grupos Tupi-guarani, Juruna e Arara, provocando extensos deslocamentos e causando grandes baixas".

As primeiras informações confiáveis sobre os Xikrin são também as mais confiáveis sobre os Mebêngôkre em geral, e foram registradas pelo corógrafo Henri Coudreau no curso de suas viagens pelas regiões do Araguaia, Xingu e Itacaiunas, no final do século XIX. Elas foram obtidas principalmente por intermédio do missionário dominicano Gil Jules] Villanova e de informantes irã'ãmranhre do Pau d'Arco, grupo mebêngôkre que estava em contato com uma missão estabelecida em Santa Maria do Araguaia (Vidal, 1977, p.13-4; Verswijver, 1992, p.86). Os Irã'ãmranhre foram os primeiros a travar contato pacífico com os brancos e ficaram conhecidos na literatura como os Kayapó do Pau d'Arco. As fontes novecentistas registram-nos como Gradaú, termo supostamente de origem karajá. Somente após a instalação da missão dominicana perto de suas aldeias é que os missionários souberam que esses Gradaú denominavam-se Irã'ãmranhre (Turner, 1992, p.314).

As notícias davam conta da existência, desde a década de 1850 aproximadamente, de outros três grupos ou facções mebêngôkre, além dos Irã'ãmranhre (eles mesmos já divididos em, pelo menos, quatro aldeias), ocupando a região da margem esquerda do Araguaia: os *Gorotire*, grupo de mais de mil indivíduos que viviam a oeste nas matas do rio Xingu;[8] os *Purukarôt*, também numerosos, que habitavam a noroeste do Pau d'Arco; e um grupo um pouco menor, os *Xikrin*, ao norte, na região do

---

[8] Os Gorotire e os demais grupos que deles se originaram ficaram conhecidos também como Kayapó do Xingu (Verswijver, 1992, p.91).

rio Vermelho, entre os rios Araguaia e Parauapebas, que haviam estabelecido uma aliança temporária com um grupo karajá, chegando até mesmo a empreender uma ofensiva conjunta contra os Irã'ãmranhre pouco tempo antes (Turner, 1992, p.314; Vidal, 1977, p.16).

Pesquisas posteriores comprovaram que toda a área compreendida pelo rio Itacaiunas desde as cabeceiras até a foz, pelas nascentes do Parauapebas e pelo rio Vermelho, foi, durante muito tempo, zona de perambulação dos antepassados xikrin e local onde se fixaram no processo de migração em direção a oeste, que culminou com sua passagem definitiva dos campos de cerrado à zona de floresta em que se encontram hoje. No entanto, ainda é incerta a origem do nome Xikrin, que não constituía inicialmente uma autoidentificação.

Os Xikrin, como os demais grupos Kayapó Setentrionais, passaram em algum momento a denominar-se genericamente Mebêngôkre,[9] mas hoje se reconhecem plenamente pelo termo Xikrin, já consagrado e institucionalizado. Alguns autores, como Frikel (1968, p.7), informavam que a palavra não pertencia à língua mebêngôkre, sendo um apelido

---

[9] A expressão Mebêngôkre pode ser glosada por 'gente do buraco d'água', 'os [que vêm] do olho d'água' (onde *mẽ* ≈ coletivizador, plural; *bê* ≈ posp., essivo, indicador de estado, estar; *ngô* ≈ água ou rio; *kre* ≈ buraco, orifício, cova, cavidade, espaço; além de verbo *plantar*. Não creio ser correta a sugestão de Turner (1966, p.3, n.1, 1992, p.314) de que o termo possa ser traduzido por "espaço entre as águas", aventando que se tratasse do local originário de dispersão dos grupos, no interflúvio Tocantins--Araguaia. Os Xikrin não reconheceram absolutamente tal tradução, enfatizando que se trata de um buraco *dentro* d'água. Do ponto de vista sincrônico, conforme observou o linguista Andres Salanova (com. pessoal), ainda que se possa traduzir *kre* por espaço em alguns contextos, a construção genitiva em língua mebêngôkre, tal como expressa no sintagma *ngô-kre*, é muito específica e não permite "descrever relações que não sejam estritamente parte-todo ou possuidor-possuído". Como diversos autores já notaram (Turner, 1992, p.311; Vidal, 1977, p.14), o nome *Kayapó* parece ter origem tupi. A etimologia sugerida por Viveiros de Castro (apud Coelho de Souza, 2002, p.222, n.36), para quem o termo poderia fazer referência a "mão [pó] de macaco-prego [kay(a)]", me parece interessante se lembrarmos que as mulheres mebêngôkre trazem usualmente a mão direita negra, em virtude da utilização constante da tintura de jenipapo. Porém, Turner (1992, p.311) garante que o epíteto Kayapó não foi originalmente aplicado aos Mebêngôkre (Kayapó Setentrionais), mas a um outro povo jê, aparentado porém distinto, os Kayapó Meridionais.

dado pelos brancos, conforme lhe teriam explicado os índios. Vidal discorda e esclarece, com base nos relatos de Coudreau: Xikrin "era a denominação dada pelos Kayapó Irã'ãmranhre ao grupo situado a nordeste de suas aldeias ... a pronúncia é Tchikrin, e este nome existe" (1977, p.14). Porém, ela não dá outras informações além disso. Para Fisher (2000, p.25), a origem do etnônimo continua um mistério.

Eu sugiro que o termo seja uma corruptela da expressão *xêj krin*; onde *xêj* ≈ 'grupo' ou 'turma', e *krin* ≈ 'aldeia', 'local' [de assentamento]; mas é também verbo com sentido habitual ou iterativo, 'sentar', 'estar sentado'.

Entre os Kayapó, *xêj* ou *tchêt*, como a palavra foi grafada por Turner (1966), referia-se aos grupos políticos masculinos baseados na idade, que já foram descritos na literatura, por exemplo, como sociedades ou associações masculinas.[10] Fisher, que também estudou grupos faccionais entre os Xikrin do Bacajá, lembra que o termo não é utilizado em todas as aldeias mebêngôkre (1991, p.403). E de fato, no Cateté, até onde me foi possível verificar, os Xikrin não parecem empregá-lo, preferindo a expressão *mẽ'õ àpêj* para designar justamente o grupo de homens que trabalham para um certo chefe.[11] Usualmente, utilizam a expressão em português "turma" e, mais recentemente, "grupo". Mas é possível que nos campos do Pau d'Arco, próximo ao final do século XIX, os Kayapó Irã'ãmranhre utilizassem-no e, para indicar aos missionários dominicanos a localização de uma das facções mebêngôkre que habitavam mais ao norte de seu território, tenham se valido, em algum contexto, da expressão *xêj krin* ou coisa semelhante.[12]

---

10 Turner (1966, p.44) também traduziu *tchêt* por 'cozido, assado ou queimado (*roasted, burnt, cooked*)'. Mas penso que se trata de duas palavras distintas: *xêt* (ou *xêre*) ≈ v. queimar, assar – como na frase *na ba puru xêt* ('estou queimando a roça'); e *xêj* ≈ turma, grupo, facção – como em *möj xê[j]na?* ('que turma é?').

11 Onde *àpêj* ≈ v. trabalhar; *mẽ'õ* ≈ alguém (mas *mẽ* ≈ col. ou plural, sbst. gente; *õ* ou *nhõ* ≈ part. possessiva). A expressão tem o sentido de 'aqueles que trabalham [para alguém]' ou 'trabalhadores'.

12 Note-se que, do ponto de vista sincrônico, tomando-se o substantivo *krin* com o sentido de aldeia, a construção *xêj krin* é provavelmente agramatical (Salanova, com. pessoal), visto que *krin* é um nome de posse alienável, exigindo a posposição *nhõ*. Assim, *xêj nhô krin* seria a expressão gramaticalmente correta para dizer 'aldeia da turma'. No entanto, é provável que o sentido de aldeia ou assentamento tenha deri-

Quando Coudreau visitou o Araguaia e o Itacaiunas, o termo *Xikrin* já funcionava como etnônimo e era de uso corrente entre os dominicanos, como se pode observar, por exemplo, pela correspondência de frei Gil Villanova ao explorador e corógrafo francês (1898, p.47). Por hipótese, portanto, proponho que o nome tenha tido origem nos Kayapó do Pau d'Arco e designado um local de assentamento ou aldeamento de um dos grupos, facções ou turmas mebêngôkre, que teriam sido os ancestrais dos atuais Xikrin.

Após os trabalhos de Vidal (1977) e posteriormente Fisher (1991, 2000), pode-se afirmar, com segurança, que aqueles dois grupos situados ao norte do Pau d'Arco, um mais a oeste (Purukarôt) e outro mais a leste (Xikrin), são antepassados diretos dos atuais Xikrin, mesmo que a cronologia e a sequência das separações, fusões e rearranjos que ocorreram até as primeiras décadas do século XX, bem como as relações entre os grupos que se cindiam, ainda não tenham sido mais bem esclarecidas. Pela reconstrução de Vidal, é possível verificar também que, diferentemente do que ocorreu com os Kayapó, cujas denominações derivaram, muitas vezes, das sociedades masculinas (por exemplo: Gorotire, Metyktire, Mekrãnoti),[13] os grupos Xikrin passaram a ser conhecidos pelos nomes atribuídos aos aldeamentos mais importantes que ocuparam: Djore (Xikrin), Porekrô, Purukarôt e Kàkàrekre.[14]

---

vado do uso do adjetivo *krin* (sentado, assentado), o que permitiria licenciar o complemento diretamente, sem necessidade da posposição. Turner (1966, p.44) registrou também o sintagma *mẽ rõ'ã krin* ('those who sit together'), com a mesma estrutura sintática, referindo-se às sociedades masculinas; portanto, a expressão *xêj krin* poderia ser glosada como 'turma assentada', ou 'onde [um]a turma se senta'. De qualquer modo, é preciso lembrar que o termo surgiu na interação com os missionários, o que responderia por possíveis interferências, simplificações ou alterações gramaticais.

13 Em outros casos, a denominação do grupo podia referir-se a um determinado chefe ou guerreiro de biografia marcante, por exemplo, Kubenkrãkênh e Kôkrajmôrô.

14 É possível que os nomes *Xikrin* e *Djore* tenham designado um mesmo grupamento, sendo que o primeiro nome teria sido utilizado pelos Irã'ãmranhre, e o segundo, pelos Purukarôt e Gorotire. Sobre o significado dos etnônimos: 1) *Djore* ou *Djôre* aparentemente refere-se a uma espécie de abelha (Frikel, 1963, p.146; Vidal, 1977, p.25, n.36), *Trigona heideri*, abundante na região do rio Vermelho – ainda hoje os Xikrin referem-se a esse rio como *Djore nhõ ngô* ('rio dos Djore', ou 'rio das abelhas'). *Purukarôt* parece significar 'roça abundante, inchada' (*puru* ≈ roça; *karôt* ≈ espremer,

Porém, não sabemos exatamente quando e como ocorreu a separação entre o grupo ocidental – da região do alto Itacaiunas – e oriental – do rio Vermelho. Isso ocorre, fundamentalmente, pelas dificuldades em traçar, com base nas narrativas dos informantes, uma cronologia razoavelmente consistente, que assuma um ponto de vista único e dê conta globalmente dos inúmeros e complexos movimentos de pessoas, facções e subgrupos em tempos antigos. Sabemos que as expedições sazonais eram mais longas e resultavam na formação de diversos acampamentos mais ou menos permanentes. Tais expedições eram, geralmente, organizadas em torno dos grupos masculinos, que exploravam porções diferenciadas da macrorregião. Pelo que podemos inferir da etnografia dos grupos Mebêngôkre atuais, a mobilidade de indivíduos e famílias entre as aldeias já assentadas também deveria ser muito grande no passado. Portanto, é complicado para os próprios informantes recuperar com exatidão as migrações e deslocamentos temporários.

---

retorcer, mas também grumoso, saliente, ressaltado, inchado). Fisher (2000) (ver abaixo) narra um episódio de furto de uma roça que parece explicar a origem do termo. 2) *Kàkàrekre* é o nome pelo qual os Xikrin designam o rio Parauapebas e refere-se a um ninho de uma espécie de aratinga (pistacídeo) que não consegui identificar, mas que Giannini (1991, p.68) dá como *Aratinga jandaya* (*kàkàre* ≈ aratinga; *kre* ≈ buraco). 3) *Porekrô* designa um local onde abundavam touceiras de taquara ou taboca (*pore* ≈ taboca ou taquara; *krô* ≈ muito, abundante).
A localização desses grupos também não é consensualmente estabelecida na literatura. Vidal (1977, p.25) afirma que o grupo Pore-kru (*sic*) situava-se nos campos, próximo aos Gorotire. Segundo meus informantes, esse grupo localizava-se não muito longe da aldeia Purukarôt (que ficava no Alto Itacaiunas), em uma região entre este e o rio Parauapebas. A referência às taquaras ou tabocas (*pore*) talvez permita inferir sua localização. De acordo com Coudreau (1898, p.65), que explorou esses dois rios em 1897, as margens do Parauapebas, na região acima da confluência com o Itacaiunas, tinham a seguinte peculiaridade: "ao lado das gigantescas castanheiras existem touceirinhas de bambuzinho denominado taboca, que emprestou o nome à célebre cachoeira do Tocantins ... Entremeadas com as moitas de taboca ... veem-se algumas touceirias de taquara ... Por fim, mesclando-se num todo denso, bosquetes formados de gigantescas árvores e de bambus, ora brotando do chão em feixes, ora formando tufos e touceiras". Frikel, que esteve com os Xikrin na década de 1960, faz uma observação interessante: "não existindo taquara na região do Caiteté [*sic*], os Xikrin têm que baixar até a serra da Redenção, no rio Itacaiunas, para obtê-la, a uma distância de dois a três dias de viagem, a pé (1968, p.28)". Mesmo não podendo precisar a que serra exatamente Frikel reportava-se, é possível imaginar que a região

Além disso, o fato de que os Xikrin costumavam voltar diversas vezes para locais ou acampamentos conhecidos acarreta dificuldades de estabelecer datas ou uma sequência precisa de ocupação. As versões de informantes distintos são parciais e não coincidem totalmente, e isso se reflete nas reconstruções dos antropólogos, como atestam as diferenças entre Vidal (1977) e Fisher (2000). A primeira autora sugere que a ocupação da região do rio Vermelho pelos Djore foi posterior à ocupação da bacia do Itacaiunas, tendo resultado de uma cisão do grupo denominado Kàkàrekre (este, formado por uma divisão dos Porekrô). As indicações de Fisher, ao contrário, sugerem que, inicialmente, havia um grupo que se considerava Djore e que se dividiu, posteriormente, em Porekrô e Purukarôt. Após um violento conflito entre os dois lados, motivado pelo roubo da roça, os Porekrô teriam praticamente exterminado a população masculina do outro grupo, capturando e absorvendo suas mulheres e filhos.

---

de taquaras (Porekrô?) estivesse perto do local descrito por Coudreau. Fisher (2000, p.22) sustenta que os Porekrô – também chamados pelo nome da associação masculina Mekukakinti ('aqueles com cabelo na testa') – teriam vivido próximo aos Purukarôt, com os quais teriam cooperado no cultivo de uma roça conjunta (p.20). A subtração à sorrelfa, pelo grupo Mekukakinti, dos produtos desta roça, desencadeou a ruptura e uma luta fratricida entre os dois lados.

Verswijver, por sua vez, parece equivocar-se na localização do grupo do Kàkàrekre, em virtude de uma confusão com o nome do rio Parauapebas (1992, p.337-8, m.3-4). Algumas fontes (SPI 1952, ver tb. Vidal, 1977, p.16; Caron, 1971, p.26m) denominavam esse rio também por "rio Branco". Ocorre que há um outro rio Branco, ao sul da serra da Seringa, bem próximo ao que é hoje a cidade de Ourilândia do Norte, limitando a nordeste a atual TI Kayapó. É neste último rio Branco que Verswijver erroneamente localiza a aldeia Kàkàrekre. Ora, os Xikrin são taxativos em dizer que o Kàkàrekre localiza-se ao lado do que é hoje o núcleo urbano de Parauapebas, e portanto a mais de 150 km ao norte do rio Branco indicado por Verswijver. Além disso, Vidal (1977, p.36, n.60), a partir de informações de Hilmar Kluck (sertanista do SPI que participou do processo de atração dos Xikrin), fornece uma localização do Kàkàrekre que me parece bastante precisa: 50°5'W e 6°25'S. Verificando o mapa, percebe-se que este ponto cai próximo ao centro de Parauapebas, de modo que as indicações de Kluck coincidem exatamente com o que é dito pelos índios, o que parece dirimir qualquer dúvida, infirmando a sugestão de Verswijver. A aldeia Xikrin situada no sopé da Serra da Seringa denominava-se Rojti Djãm. Pelas indicações dos Xikrin (além de Vidal, 1977, p.28; e Fisher, 2000, p.25), esta aldeia ficava perto do que é hoje a cidade de Tucumã. Note-se que *rojti* ≈ tucum ou tucumã [*Astrocaryum vulgare*]; *djãm* ≈ estar em pé, ficar em pé – de forma que os topônimos em xikrin e português teriam provavelmente se apoiado na mesma característica da vegetação.

Não obstante, hoje os Xikrin consideram-se descendentes de pessoas que viveram em todos aqueles grupamentos: Djore, Purukarôt, Porekrô e Kàkàrekre. Aqui não tentarei empreender esforços para realizar uma reconstrução histórica detalhada, que resultaria apenas em mais uma versão a se somar às dos pesquisadores que me precederam. O que desejo recuperar são informações básicas que permitam compreender a formação atual da comunidade Xikrin do Cateté, enfatizando no caminho a importância das relações extracomunitárias no processo histórico por eles vivenciado.

Histórias de Mebêngôkre e *kubẽ*

Ao longo do século XIX, os Xikrin entretiveram relações com outros grupos indígenas. Essas relações podiam ser de conflito, marcadas por embates contra aqueles que os Xikrin denominaram *kubẽ bravos* (Vidal, 1977, p.26), isto é, povos Tupi que foram repelidos à medida que os Xikrin exploravam o novo território. Mas podiam acontecer por meio de parcerias pacíficas, ainda que temporárias, como foi o caso com os Karajá (Xambioá) do baixo Araguaia. Adjetivando em português o nome *kubẽ*, os informantes queriam indicar, claramente, que se tratava de grupos *indígenas* (não pacificados) e não dos *brancos*, a quem os Xikrin costumam atualmente designar simplesmente pelo substantivo *kubẽ*.[15] Todos os outros *kubẽ* são, em geral, adjetivados e podem ser subsumidos na expressão *kubẽ kakrit* (onde *kakrit* ≈ ordinário, comum, vulgar, de pouco valor).

O termo *kubẽ*, como soem ser tais palavras classificatórias indígenas, é complexo, de difícil tradução, indicando, em geral, indivíduos ou grupos reconhecidos pelo enunciador como partilhando uma identidade outra que a sua. Ou seja, geralmente um *não Mebêngôkre*. Por isso, vem sendo comumente glosado pelos antropólogos por 'estrangeiro', 'inimigo', 'bárbaro'. Mas sua aplicação é mais ou menos elástica, tendo sido, em alguns casos, utilizado para referir-se, inclusive, a comunidades re-

---

15 Embora os Kayapó, segundo Verswijver (1992, p.133), tenham inicialmente denominado os brancos de *kubẽ kryt*, isto é, 'estrangeiro/bárbaro de cor clara, translúcido'.

conhecidas pelos índios como mebêngôkre (ainda que não a comunidade do próprio falante), passando a compor etnônimos, como Kubenkrãkênh. O termo cai naquela categoria de indicadores de *posição* enunciativa mais do que de um substantivo, que Viveiros de Castro chamou de *pronomes cosmológicos* (1996). Seguindo a trilha, Coelho de Souza (2002a, Cap.7) discute o significado e os usos da palavra entre os Mebêngôkre e sugere que se possa opor termos com a raiz *mẽ* (como Mebêngôkre) a *kubẽ*, de maneira a capturar uma marcação entre as posições de sujeito (enunciativo e cosmológico) e objeto. Porém, a possibilidade de intercâmbio que designativos formados por *mẽ* e por *kubẽ* apresentam (sem falar das dificuldades de sua análise sintática) parece contrária à sugestão de Coelho de Souza. A questão ainda está em aberto.

Os grupos Xikrin mais próximos aos Karajá eram os Djore do rio Vermelho e o do Kàkàrekre, localizado a apenas 90 km a noroeste dos primeiros. Durante certo período, os Xikrin fizeram várias visitas a uma aldeia Karajá, cujo objetivo principal era o de observar seus costumes, conhecer cerimônias e itens rituais, bem como obter objetos manufaturados (contas, machados e facões), pelos quais forneciam produtos florestais (Fisher, 2000, p.19). De fato, dos Karajá, os Xikrin incorporaram as máscaras e cantos Aruanã (*bô ngrere* ≈ 'cantos da [máscara de] palha de babaçu', e *bô kam metóro* ≈ 'festa/dança da palha de babaçu'), além de itens como o cachimbo tubular (*warikoko*) e a caixa de palha (*warabaê*).[16] Esse padrão de trocas com os Karajá foi interrompido quando um homem xikrin cometeu uma ofensa grave (furtando algo ou manifestando avareza durante um escambo), sendo obrigado a fugir da aldeia de seus hóspedes, acusado de roubo pelo chefe karajá.

---

16 De acordo com Fisher, uma mulher xikrin (Ngre-nibêjti) teria mantido relacionamentos amorosos com homens karajá. Supostamente, foi ela a primeira aprendiz e dona dos cantos e *performances* do Aruanã (2000, p.19). Recordo também Vidal (p.16): "... os índios dizem [que] há muito tempo os do Kokorekre [sic] chamavam os Karajá de parentes (*õmbikwa*) e acrescentam que os do Kokorekre junto com os Karajá hostilizavam os Irã-ã-mray-re". Há dúvidas sobre a origem da caixa de palha *warabaê*. Apesar de Krause (apud Vidal, 1977, p.50, n.94) anotar a palavra Karajá *wrabahi* para o mesmo objeto, alguns Xikrin informaram que o item foi apropriado dos *kubẽ kamrêk* (ver tb. Frikel, 1960, p.39, e Vidal, 1977, p.156).

Quanto aos grupos com quem guerrearam, os Xikrin mencionam sempre os *kubē kamrêk* ('estrangeiros vermelhos', hoje identificados aos Assurini e/ou Araweté) e os (*mēbê-* ou *kubē-*) *akàkakôre* ('gente com tembetá ou labrete labial', identificados aos Parakanã), bem como os *mydjêtire* ('gente com estojo peniano grande', Suruí), os *krājôkàra* (Vidal: *krā-iakóro*, 'gente com a cabeça raspada', talvez referindo-se aos Arara) e os *ikrekakôtire* ('gente com grandes botoques auriculares', provavelmente um grupo Timbira – Gavião ou Krinkati).

Infelizmente, não há relatos registrados de encontros dessa natureza que tenham ocorrido antes do século XX. Como minha investigação etnográfica não focalizava, especificamente, a história xikrin, não coletei narrativas sobre tais contatos. Sabemos, no entanto, que a eles se deve a incorporação de alguns itens de cultura material, tais como as cestinhas de palha (*pêjà'jaê* ≈ 'ninho de japim [ou joão-congo]') tomadas supostamente aos *kubē kamrêk* – mas que podem ter sido adquiridas mais recentemente, como sugere Vidal (1977, p.156); flautas ou apitos longitudinais (*àkjara'i* ≈ literalmente osso de asa de ave), que nunca vi, mas foram descritos por Frikel (1968, p.60) como originários também daquele grupo indígena; o adorno de pescoço feito de pequenas plaquetas de nácar (*ngàp õkredjê*, onde *ngàp* ≈ nácar, concha; [*nh*]*õkre* ≈ garganta, parte da frente do pescoço; *djê* ≈ enfeite, amarra, nó); e ainda, provavelmente, os machados de pedra, que os Xikrin afirmaram ter obtido de "grupos vizinhos" (ibidem, p.46), e o estojo peniano (Caron, 1971, p.17).

Paralelamente às relações com 'estrangeiros' ou *kubē*, as relações entre os diferentes grupos Mebêngôkre variavam também da cooperação amistosa à guerra. As cisões faccionais muitas vezes derivavam para relações de hostilidade, sobretudo, nem sempre era o caso, quando a separação ocorria depois de uma disputa interna violenta, decidida por meio de um combate formalizado (*aben tak*),[17] ou por causa de acusações de feitiçaria, relações extraconjugais, roubos, disputas por direitos e prerrogativas, ou ainda por quaisquer outros eventos de forte carga emocional, uma vez que eles fomentavam ressentimentos e desejos de vingança.

---

17 Literalmente bater-se uns aos outros (*aben* ≈ flex. recíproco; *tak* ≈ bater). Ver a descrição de Turner sobre um desses duelos (1966, p.51, 274).

Certamente, havia outros fatores envolvidos nos recontros guerreiros entre os diferentes grupos Mebêngôkre para além da vingança, como observou com muita acuidade Verswijver (1992, p.166). Não há como subestimar aqui a importância do que o autor apontou como os "valores da masculinidade" (ou as virtudes masculinas), manifestos no contexto da guerra por meio da "exibição de bravura, destemor e beligerância" (p.165) – e que eu definiria, de maneira mais ampla, como *um aspecto do processo de diferenciação*, individual e coletivo, geral a esses grupos, cuja motivação é a de objetivar-se, ou extrair-se desse processo, como um melhor, mais belo (*mejx*), mais forte (*töjx*), mais valente (*àkrê*) e mais genuíno (*kumrẽx*) Mebêngôkre. Os embates entre diferentes grupos, recém-separados ou não, serviam de contexto para a afirmação de valores e virtudes (fundamentais para a identidade mebêngôkre), tanto de determinados indivíduos, guerreiros e líderes, quanto da comunidade como um todo.

Dentro dessa moldura, os confrontos 'intraétnicos' (ou seja, entre os grupos Mebêngôkre que se reconheciam partilhando idioma e origem) visavam também ao rapto de mulheres e crianças, configurando uma espécie de reciprocidade negativa, em que mulheres circulavam entre as aldeias por meio da força. E, finalmente, se observamos, por exemplo, que conflitos entre os Xikrin e os grupos Kayapó Irã'ãmranhre e Gorotire que permaneceram na região do Pau d'Arco e do Xingu se estenderam durante quase um século (intensificando-se em algumas fases), é possível perceber um certo padrão, no qual grupos que se encontravam mais afastados dos colonos brasileiros procuravam garantir algum acesso aos bens industrializados dos brancos, por meios indiretos, isto é, por intermédio daqueles que se encontravam em uma posição de contato mais regular.

Vale recuperar, brevemente, aqui a tipologia da guerra mebêngôkre formulada por Verswijver (1992). O autor descreve com detalhes as diferentes modalidades de ataques guerreiros, levando em conta as táticas empregadas pelos índios e as principais motivações e objetivos. Ele distingue dois tipos, que chamou de "guerra interna" (guerra entre comunidades política e culturalmente similares – isto é, basicamente as guerras entre os grupos Mebêngôkre)[18] e "guerra externa" (realizada contra grupos considerados culturalmente distintos, isto é, não Mebêngôkre).

O ponto que me parece crucial nessa classificação foi bem percebido por Verswijver e diz respeito aos objetivos dos ataques. Com efeito, a principal diferença entre as guerras "internas" e "externas" estava no fato de que nas últimas o *butim* tinha importância central – os Mekrãnoti enfatizavam explicitamente seu interesse em adquirir itens de cultura material, bem como outras expressões técnicas e estéticas, dos 'estrangeiros'; ao passo que nas primeiras, o foco voltava-se muito mais para a aquisição de *pessoas* (pelo rapto de mulheres e crianças), além da afirmação de força e poderio.[19]

Certamente, os Mebêngôkre também tomaram cativos de grupos estrangeiros, em especial mulheres e crianças. No entanto, como observei na introdução, com base nas informações do próprio Verswijver e igualmente de Vidal (1977), as mulheres estrangeiras eram capturadas com o motivo explícito de que ensinassem cantos e cerimônias, daí a preferência pelo rapto de moças jovens (Verswijver, 1992, p.152; Vidal, 1977, p.47). As informações de Vidal e Verswijver são consistentes ao sugerir que as relações sexuais e/ou casamento com tais jovens estrangeiras não ocorriam antes que elas passassem por um processo de 'domesticação' ou 'socialização' (por outras palavras, aparentamento),

---

18 Neste caso, ele incluía também os ataques dos Kayapó contra os Krãjôkàrà ('gente com cabeça raspada [ao modo mebêngôkre, isto é, na altura do osso frontal]'), ou seja, os Panará (ou Krenakarore, como ficaram também conhecidos), vistos pelos Mekrãnoti como muito semelhantes a si mesmos.

19 O caso Panará ocupa, na verdade, uma posição intermediária, pois, como afirma Verswijver (1992, p.141), o butim, principalmente armas e ornamentos, também era tomado desse grupo. Mas o autor frisa que apenas dois tipos de artefatos chamaram a atenção e foram apropriados pelos Mekrãnoti – um arranjo de penas que adornava um tipo de flecha e um adorno auricular nacarado – uma vez que, nas palavras do autor, tais itens eram "ligeiramente diferentes daqueles dos Mekrãnoti" (*slightly different from the Mekrãnoti one[s]*. À parte isso, prossegue Verswijver "assim como no caso de ataques a outras aldeias kayapó, o butim tinha pouca importância no caso de ataques aos Kreen Akrôre" (ibidem), justamente porque outros aspectos da cultura panará, bem como diversos artefatos, eram muito semelhantes aos dos Mekrãnoti e provocaram pouco interesse.

marcado, no discurso dos informantes, sobretudo no que toca ao aprendizado da língua.[20] Por isso, era comum o fato de que muitas cativas eventualmente fugissem e acabassem retornando a suas aldeias de origem. Do ponto de vista mebêngôkre, após terem obtido das estrangeiras aquilo que mais interessava – cantos e cerimônias – a relação tornava-se como que residual e circunstancial.

Voltando à história xikrin, sabemos que o grupo do Kàkàrekre (ou os Djore) atacava os Irã'ãmranhre e, eventualmente, os Gorotire. Os Purukarôt, que viviam mais a oeste, também realizaram assaltos contra o Kàkàrekre e, posteriormente, contra os Djore. Já no início do século XX, estes últimos, por sua vez, dispondo de armas, investiram contra o grupo do Kàkàrekre, quase aniquilando uma de suas associações masculinas (Vidal, 1977, p.26).

Porém, podia acontecer que parentes separados tentassem uma reaproximação, e, conforme me contaram os Xikrin, grupos de pessoas ou famílias podiam, algumas vezes, retornar pacificamente para a aldeia de onde haviam, junto com a facção derrotada, previamente partido. Em outros casos, a divisão ocorria por motivos de estratégia política (para evitar um ataque ou contra-ataque de grupo inimigo) ou ecológica (explorar distintas zonas em busca de matérias-primas diferenciadas), não havendo nenhum impedimento a reunificações e visitas em que se trocavam produtos, novidades e participações cerimoniais. Minhas informações coadunam-se com as de Fisher, quando afirma que "os assentamentos separados não constituíam propriamente comunidades autônomas, já que entre eles permaneciam laços de parentesco, responsabilidades rituais e a expectativa de que, dadas condições adequadas, os grupos poderiam tranquilamente reunir-se de novo em uma única aldeia" (2000, p.21).

Um desses momentos de reaproximação ocorreu no início do século XX, por volta dos anos 1910 (ou pouco depois), quando segmentos

---

20 Verswijver (1992, p.153): "... depois que as cativas aprendiam a falar kayapó com alguma fluência, elas eram plenamente integradas à sociedade e consideradas aptas para o relacionamento sexual". Vidal (1977, p.47): "Perguntei [aos Xikrin] se pegavam essas mulheres para fins sexuais imediatos, disseram: 'não, não sabem falar; primeiro amansar, falar e depois casar'".

dos grupos Xikrin reuniram-se em uma aldeia denominada *Rojti Djãm*, no sopé da serra da Seringa, próximo ao que hoje é a cidade de Tucumã, cerca de 130 km ao sul da aldeia do Kàkàrekre. Ali houve casamentos entre indivíduos originários desta última aldeia e dos Purukarôt, que haviam se mudado para ali havia pouco, vindos de aldeamentos nos rios Cateté (aldeia *Màtikre* ≈ 'ninho de arara') e Kamkrokro ou Seco (*Kamkrokro* ≈ 'local do papa-mel ou irara').

O deslocamento na direção das cabeceiras do Itacaiunas, onde se localizava a aldeia *Rojti Djãm*, parece ter sido motivado por confrontos com seringueiros e seringalistas que vinham estabelecendo-se nas matas e percorrendo os rios Itacaiunas e Parauapebas. Note-se que, inicialmente, tanto o grupo do Kàkàrekre quanto o do Cateté procuraram manter relações amistosas com alguns brancos, mas elas deterioraram-se em pouco tempo, e a estratégia foi recuar e construir a aldeia mais ao sul. O grupo do Cateté sofreu algumas baixas em conflitos com fazendeiros estabelecidos no rio Seco bem perto de sua aldeia (Frikel, 1963, p.147). Mas o do Kàkàrekre foi mais duramente atingido em um ataque à traição organizado pelo seringalista Chico Trajano, que praticamente exterminou a associação masculina dos Mebumtire. As informações de Vidal indicam que esse ataque teve a participação dos Djore (Vidal, 1977, p.28).

Parte dos Djore (o grupo mais oriental) permaneceu, todavia, na região do rio Vermelho, entretendo contatos com colonos brasileiros extratores de borracha, que logo em seguida (década de 1920) iniciariam a fase de exploração da castanha-do-pará. Este último grupo sofrerá contínua depopulação a partir daí, desaparecendo em torno dos anos 1950.

As últimas notícias dos Djore do rio Vermelho são fornecidas em 1952 pelo inspetor da 2ª Inspetoria Regional do SPI, Dorival Pamplona Nunes, responsável pela turma de atração e pacificação dos Xikrin. À época, um reduzido número desses Xikrin encontrava-se encurralado entre os castanhais particulares e "colocações" de castanheiros, junto ao rio Sororozinho, afluente do Sororó – região conhecida como Polígono dos Castanhais, próximo ao que é hoje a Terra Indígena Sororó, dos índios Suruí –, realizando pequenos furtos às barracas, sem, no entanto, tentar qualquer ataque direto aos regionais. O missionário dominicano da Prelazia de Conceição do Araguaia, frei Gil Gomes, procurava, na mesma ocasião, "uma aproximação amigável com aquele bando, chamando-os à civilização e colhendo a glória do feito para a poderosa Ordem de São Domingos" (SPI, 1952, p.3). Segundo Frikel (1963, p.149), os últimos sobreviventes foram incorporados aos Xikrin do Cateté no final dos anos 1950, após a pacificação e o reagrupamento na região do Cateté.

Filhos de Wakmekaprã: os brancos e sua indústria

É preciso tratar da presença desse outro personagem no território xikrin, com o qual os índios começaram a se confrontar diretamente no final do século XIX: os brancos, ou *kubẽ*, termo pelo qual são atualmente designados todos os brasileiros não indígenas. Sua origem e natureza foram tematizadas pela mitologia mebêngôkre no quadro das narrativas de origem dos estrangeiros e inimigos (filhos de cobra, térmitas) e, particularmente, pelo mito de Wakmekaprã (Wilbert & Simoneau, 1984), equivalente mebêngôkre do célebre mito timbira de Aukê, analisado por autores como Roberto da Matta (1970) e Turner (1988a). De maneira mais geral, as histórias mebêngôkre de origem dos brancos estão associadas quase sempre ao tema da *má escolha* e da *vida breve*, como ocorre entre outros grupos jê, na mitologia dos índios do alto Xingu, nos grupos do rio Negro e entre os Tupi (Viveiros de Castro, 1992, p.30-1). As diferentes versões são constantes no ponto central da narrativa: a certa altura, aos índios é dada a chance de optar entre as armas de fogo e o arco e flecha. Acabam por escolher os últimos, e disso resulta sua pobreza material. Os que escolhem as primeiras tornam-se os homens brancos, opulentos e numerosos.

As versões mebêngôkre falam deste personagem, Wakmekaprã, índio que, desde o nascimento, comporta-se inadequadamente. Amedrontados com suas demonstrações antissociais e não propriamente humanas, seus parentes resolvem assassiná-lo. Mas Wakmekaprã é imortal: ou não se deixa matar ou ressurge das cinzas. Por fim, desiste da convivência, pois os parentes não o querem. Tempos depois, no local onde foi visto pela última vez, estes o reencontram, vivendo como branco (*kubẽ*), de posse de toda a sorte de bens industrializados: panelas, roupas, armas, sal. Após tentativas frustradas de reaproximação, a história termina com a separação de Wakmekaprã, transmudado em branco, de seus antigos parentes indígenas. Ele fica em sua fazenda, que logo se transforma em cidade, ao passo que seus parentes retornam à vida na aldeia (Gordon, 2001).

Até o início do século XIX, os grupos Mebêngôkre não haviam sofrido de maneira direta a pressão das frentes de penetração brasileira no Araguaia-Tocantins.[21] A provável localização dos Mebêngôkre, mais interiorizada – a oeste dos Timbira; ao sul da cachoeira do Itaboca (divisor entre o curso inferior do Tocantins, de fácil navegação, e seu curso médio, onde a navegação era mais penosa), distante o suficiente do litoral paraense e maranhense; e ao norte do cerrado goiano e mineiro –, livrou-os da presença direta do colonizador no final dos Setecentos e início dos Oitocentos. Em meados do século XIX, ao contrário, os Mebêngôkre passam a se defrontar diretamente com os pioneiros das frentes nordestina e goiana, que vieram a se fundir.[22]

O povoamento pelos brasileiros tanto da região dos campos do Pau d'Arco quanto da área do rio Itacaiunas (Marabá) se origina de famílias de criadores de gado vindos do Maranhão que haviam se fixado em Boa Vista do Tocantins (atual Tocantinópolis, na divisa entre os estados do TO e MA), mas que abandonaram o povoado durante os conflitos republicanos e religiosos que culminaram com o cerco de Boa Vista (Carvalho, 1924; Moreira Neto, 1960; Velho, 1972). Em 1892, um grupo funda a vila de Santana da Barreira, às margens do Araguaia, na região dos campos do Pau d'Arco. São esses colonos que encontram os Irã'ãmranhre já, desde algumas décadas, estabelecendo contatos pacíficos com os

---

[21] Estas haviam atingido de norte para sul os grupos Tupi que ocupavam o Médio e Baixo Tocantins (Fausto, 2001); de leste a oeste, vindas da Bahia e Maranhão em busca de campos para pecuária, alcançam o território Timbira (Nimuendaju, 1946; Matta & Laraia, 1978 [1967]; Mellati, 1967); e vindas do sul, pelo sertão de Minas Gerais e Goiás, entram em contato com grupos Jê Centrais e Kayapó meridionais.

[22] Tem a mesma origem a frente pastoril que avançou sobre o território timbira no Maranhão, conhecido como Pastos Bons, e que um século depois faz sobrevir "a reiteração do processo atuante sobre outros grupos Jê: os Irã'ãmrajre Kayapó dos campos do Pau d'Arco" (Moreira Neto, 1960, p.13).

missionários dominicanos: data de 1859 a fundação da Missão de Santa Maria Nova; no final do século, alguns índios Irã'ãmranhre haviam aprendido o português estudando no Colégio Isabel, criado por Couto de Magalhães (Moreira Neto, 1960, p.12).

A relação amistosa com os Irã'ãmranhre certamente favoreceu a atividade pastoril: trilhas indígenas foram as primeiras estradas boiadeiras, e algumas aldeias serviram de base de fixação nos campos do interior, e fonte de suprimento. Grande parte da região ocupada pelos Irã'ãmranhre foi transformada em pasto, e muitas de suas roças usuais nas matas ciliares dos rios Arraias e Pau d'Arco foram ampliadas e postas a serviço da frente expansionista. Segundo Moreira Neto, "os índios sofreram tentativas de aliciamento para se engajarem nas atividades pastoris". Frustrado o engajamento, entretanto, os colonos tiveram de optar pela atração dos índios para junto da missão de Conceição do Araguaia. Essa providência atendia ao duplo objetivo de deixar livres os campos à ocupação pelo gado e atrair os índios para se fixarem permanentemente nas proximidades da missão, onde a catequese poderia se dar de modo mais constante e efetivo.

Por certo, essas eram as razões práticas da frente pastoril, que se afinavam com os motivos catequistas e civilizatórios dos dominicanos. No entanto, do outro lado, os Mebêngôkre também tinham os seus próprios motivos para se aproximar dos brancos. E, entre esses motivos, estavam os bens manufaturados. De fato, os Irã'ãmranhre responderam amistosamente às tentativas de contato de missionários e colonos, iniciando muito rapidamente um esquema de trocas comerciais. Mesmo antes, "os Irã'a'mrayre trocavam animais (caititus são a espécie mencionada) por ferramentas e miçangas com o destacamento do forte que tinha sido fundado em Santa Maria" (Turner, 1992, p.314). A estratégia acabaria mostrando-se uma escolha sem volta para os Irã'ãmranhre, haja vista o rápido declínio populacional e finalmente o desaparecimento do grupo. Mas sua experiência parece ter servido, no início, como baliza para os outros grupos Mebêngôkre que ocupavam as matas mais a oeste, como os Gorotire e os Xikrin, que inicialmente puderam se relacionar de modo indireto com os brancos. As narrativas dos Xikrin recolhidas por Fisher (2000, p.28) indicam claramente que havia algum tipo de contato entre os Kayapó Irã'ã'mranhre missionarizados e os Kayapó 'selvagens' das facções Gorotire e Xikrin.

Em 1896, outro grupo de pioneiros oriundos de Boa Vista vai fundar o Burgo Agrícola do Itacaiunas, pouco abaixo da sua confluência com o Tocantins, que dará origem à cidade de Marabá. Na região do Itacaiunas, a despeito da crença que perdurou durante anos, não havia campos naturais, malogrando a iniciativa pecuarista (Velho, 1972, p.30). Mas os povoadores do Burgo descobriram o caucho (*Castilloa ulei*), levando a que Marabá experimentasse também sua febre da borracha, atraindo, a partir daí, um grande número de colonos e mercadores, cujas relações estruturaram-se no tão conhecido sistema de aviamento.[23]

A fase áurea da extração do látex ali não chegou a durar vinte anos. Os anos de 1898 e 1919 marcam os polos, na memória social, mas o declínio começou antes, dando vez logo em seguida à exploração maciça da castanha-do-pará (*Bertholletia excelsa*), que prosseguiria por várias décadas, tendo sido a grande empresa extrativista de Marabá no início do século XX. O período de depressão econômica e depopulação que atingiu a Amazônia com o declínio da borracha não se fez sentir de

---

[23] Mais ao sul, em Conceição do Araguaia, teve início também a exploração do caucho, que rapidamente estendeu-se às matas do rio Fresco, resultando na intensificação do contato dos Kayapó Gorotire com os brancos. Data desse período a formação dos povoados de São Félix do Xingu, Nova Olinda e Novo Horizonte. Com o avanço dos seringueiros e crescimento de rotas de comerciantes por dentro do território Gorotire, foram surgindo conflitos, que se desenvolveram *in crescendo* (Verswijver, 1992, p.94ss.). Após a depopulação que se seguiu ao declínio da borracha (embora a indústria castanheira tenha mantido alguns fazendeiros na área), os Kayapó viram-se em posição militarmente favorável, a tal ponto que, desde a década de 1920, os índios eram considerados uma ameaça e mesmo um empecilho incontornável para a colonização brasileira da região. A pressão dos empreendedores para que o governo iniciasse a atração e pacificação dos Kayapó se fazia acompanhar de expedições punitivas (para *amansar bichos*). A prelazia de Conceição do Araguaia, na figura do frei Sebastião Thomas, intensifica as atividades de catequese nos anos 30, e consegue um contato pacífico com os Gorotire em 1936. Mas até a década de 1950, mesmo após a instalação de postos do SPI no Xingu, seringalistas que apostaram no curto *boom* da Segunda Guerra Mundial ainda faziam *lobby* no Rio de Janeiro, então capital federal, contra os Kayapó (Mekrãnoti), como se vê em reportagem de *O Globo*, de 17 de julho de 1951. Cf. também Turner (1992, p.328).

modo tão radical na região de Marabá e do Itacaiunas, em função da indústria castanheira (Velho, 1972, p.41-57).

É a partir desse momento de florescimento de indústrias extrativistas que os grupos Xikrin, até então pouco afetados pelas frentes de expansão, passam a se haver diretamente com os brancos. Fisher (2000, p.33-42) faz uma boa análise do período, mostrando como os Xikrin, sobretudo o grupo oriental Djore (mas também o do Kàkàrekre), participariam de maneira razoavelmente ativa no sistema de produção da borracha, alternando trocas e acordos pacíficos com patrões seringalistas, com saques e ataques rápidos contra pequenos grupos de seringueiros a serviço de patrões desconhecidos dos índios. Os Xikrin falam desse momento como uma fase interessante de intercâmbio com os brancos, em que puderam observá-los mais de perto em seus hábitos, experimentar sua comida e, principalmente, adquirir novos objetos. Alguns índios chegaram a trabalhar nos cauchais e a acompanhar os brancos em expedições, visitas a vilas e mesmo à cidade de Belém.

Durante o período, havia entre os Xikrin alguns homens reputados especialistas em "fazer os brancos aparecer" (*kubẽ o apôj djwöj*) mediante práticas xamânicas.[24] Esse novo conhecimento sobre os brancos e seus objetos franqueava prestígio, e como sugere Fisher, "os Xikrin consideravam aqueles que detinham conhecimento sobre os costumes dos brancos como um valioso recurso comunitário". Manter bom relacionamento com os índios podia ser vantajoso para o patrão-seringalista garantir o controle de uma porção do território, impedindo sua exploração pela concorrência, uma vez que uma das características da empresa seringueira era seu caráter livre. A contrapartida dos patrões era o fornecimento de bens industrializados, alimentos, ferramentas e armas que os Xikrin desejavam.

No entanto, tais relações continham evidentemente um potencial de conflito, que se acentuou, do ponto de vista xikrin, quando doenças contagiosas começaram a afetar os grupos mais próximos aos *kubẽ*. Sus-

---

24 Especialidade análoga à de atrair animais de caça. Giannini (1991, p.185) descreve como os xamãs atraíam diversos tipos de animais e indicavam aos caçadores sua localização na floresta.

peitas de feitiçaria (isto é, de que as doenças eram enviadas propositalmente pelos brancos), incidentes em que o escambo resultava frustrante para os Xikrin, além de alguns furtos e saques praticados por eles (que provocaram reações dos brancos), tudo isso concorria para envenenar as relações e desembocar em conflitos, que realmente vieram a ocorrer. Em argumento interessante, Fisher (p.41) interpreta o aumento das hostilidades como resultado da decadência de economia da borracha, que diminuiu o fluxo de mercadorias que azeitava a diplomacia entre os brasileiros e os Xikrin. É possível, pois, como o autor observa, as hostilidades eram resultado de tensões que surgiam no curso de interações e trocas, e não ao primeiro contato; os adversários conheciam-se pelo nome.

Essas informações históricas são importantes, pois ajudam a desmontar o argumento da dependência político-econômica que se teria forjado a partir dos primeiros contatos com os brasileiros, tal como sustentada por Turner (1991a, 1992, 1993a). Vê-se que havia por parte dos índios um interesse original pelos objetos dos brancos, que os motivou a estabelecer algum tipo de interação e troca, mesmo que instável e repleto de desconfiança de lado a lado. Interesse, portanto, que precedia a alegada dependência.

Certamente, o relacionamento tinha seus custos e riscos, que os Xikrin evidentemente iam conhecendo, à medida que percebiam que, além da questão das doenças, os brancos podiam ser um inimigo incômodo, não pela valentia ou destreza em combate (eles nunca consideraram os brancos grandes guerreiros), mas pelo poder das armas. As doenças e o ataque de Chico Trajano, por exemplo, enfraqueceram violentamente o grupo do Kàkàrekre, que resolveu afastar-se da rota comercial, reunindo-se no Rojti Djãm, como dissemos há pouco.

Sobrepujar os (ex)parentes

Nessa época, por volta de 1910, intensificaram-se os conflitos entre os grupos Xikrin e Kayapó, particularmente Gorotire. Conforme relata Vidal (1977, p.30), o período é marcado por "vários episódios, em que os índios [Xikrin] instalavam-se em aldeias provisórias" na região próxima à atual Tucumã, procurando evitar os ataques, mas dali saindo também para fustigar os Gorotire, que, por sua vez, empreendiam novos contra-ataques, causando inúmeras baixas.[25] Atualmente, quando relembram essa fase, os Xikrin dão mais destaque aos embates com os Gorotire do que aos entreveros com os brancos. E de fato, o levantamento genealógico tomado a indivíduos mais velhos no Cateté mostra dramaticamente os efeitos desses conflitos: muitos nomeiam pelo menos um parente morto ou raptado pelos Gorotire. Vem daí uma relação prolongada de rivalidade entre os dois grupos, cujos ecos permanecem até hoje, ainda que de modo muito atenuado e difuso, manifesto em uma atitude de desconfiança e suspeita latentes.

Evidentemente, não se pode dizer que tal sentimento de desconfiança seja compartilhado por todas as pessoas no Cateté, mesmo porque, hoje, há indivíduos oriundos de outras aldeias kayapó e gente moça que não conhece bem essas histórias. Ele está presente sobretudo na memória das famílias que sofreram diretamente os ataques e, ainda assim, vai atenuando-se nas gerações mais jovens. Todavia, não se pode desconsiderar que algum ressentimento ainda existe e que pode, muitas vezes, aflorar, balizando, em certas circunstâncias, o modo como alguns indivíduos xikrin, não necessariamente os mais velhos, relacionam-se com outros de origem gorotire e kubenkrãkenh.

As causas do incremento bélico entre os Xikrin e os Gorotire nessa época não são de todo claras, e nem seria o caso de investigá-las aqui, já que implicaria uma descrição mais detalhada do momento histórico vivenciado então pelos Gorotire, de que não dispomos.[26] Pelas indicações

---

[25] Vidal (p.29-30) levantou o nome de três desses assentamentos: *Kojti'ô'kôku* ('cerca de palha de tucum'?), *Kôka'yry* ('cerca trançada, paliçada'), e *Kôkôku'ê'djà* ('lugar onde Kôkô [nome feminino] jaz de pé'). Os dois primeiros nomes indicam que a aldeia ou a casa dos homens (*atykbe*) eram cercadas por paliçada para proteger contra ataques dos Gorotire. Cf. Vidal, loc.cit., n.47 e fig.7. O último nome poderia indicar que ali foi realizada uma cerimônia de nominação das meninas Kôkô, mas não pude confirmar isso.

[26] Lamentavelmente, há uma lacuna a esse respeito nas reconstruções de Verswijver (1992) e Turner (1966). As informações detalhadas sobre os Gorotire saltam dos anos 1900-1910 (da separação do grupo Mekrãnoti até a destruição da aldeia Pykatôti por brasileiros) para meados da década de 1930 (época da separação dos Kararaô e Kubenkrãkênh e posterior contato pacífico com os brasileiros).

dos Xikrin, elas parecem relacionadas a um déficit de mulheres desposáveis, além do armamentismo propiciado pelas relações com os brancos. Tanto os Xikrin quanto os Gorotire vinham de processos fissionais que haviam reduzido o tamanho de suas comunidades: entre os anos 1905-1910, aproximadamente duzentas pessoas haviam deixado a aldeia dos Gorotire para formar o grupo Mekrãnoti, deslocando-se a uma distância considerável de cerca de 300 km a sudoeste (Verswijver, 1992, p.93) – as tentativas de reunir os grupos recém-separados não deram certo, e, posteriormente, novas cisões ocorreram. Ademais, após um breve período de contatos razoavelmente tranquilos com os seringueiros, tanto os Xikrin quanto os Gorotire haviam sofrido ataques por volta do final da primeira década dos 1900, resultando em perdas populacionais.[27] Ao mesmo tempo, mais a leste, os Irã'ãmranhre passavam também por violenta depopulação e integração aos núcleos regionais, o mesmo dando-se com os Djore, que ademais, aparentemente, encontravam-se mais bem armados que os Gorotire.

Uma observação de Fisher recolhida entre os Xikrin do Bacajá parece dar conta do paroxismo a que chegaram as investidas gorotire: algumas mulheres eram capturadas, logravam fugir da aldeia gorotire, apenas para serem recapturadas pouco depois num ataque subsequente (2000, p.42). Porém, cumpre registrar que as hostilidades com os Gorotire se intensificaram *após* a fusão entre os grupos Xikrin do Cateté e do Kàkàrekre na aldeia Rojti Djãm. Fusão que deu ensejo a casamentos entre indivíduos dessas duas comunidades. Ainda que não se possa afirmar realmente que a reunificação tenha sido suficiente para compensar o déficit de mulheres desposáveis (que, aliás, já é uma suposição, pois não existem dados confiáveis), o fato de o incremento dos ataques contra os Gorotire ocorrer depois do reagrupamento permite suspeitar da explicação ou, pelo menos, circunscrevê-la a um determinado nível.

Não estou afirmando, evidentemente, que a captura de mulheres e crianças não tenha sido um objetivo importante nos confrontos entre os grupos Mebêngôkre – até porque isso significaria negar todo um

---

[27] Segundo Nimuendaju (1952, p.428), por volta dos anos 1910, os Gorotire sofreram um duro ataque por caucheiros que destruíram sua principal aldeia, Pykatôti.

conjunto de informações etnográficas e históricas que o afirmam explicitamente. O que estou sugerindo é que a captura de mulheres pode ser vista dentro de um quadro motivacional mais geral. Nessa argumentação faço eco a Verswijver, de quem empresto uma passagem:

> Mostrar beligerância e bravura era uma das principais motivações para atacar outras aldeias Kayapó. Uma tropa de guerreiros só era considerada bem-sucedida quando sua performance mostrava inequivocamente supremacia sobre o grupo acometido. A captura de mulheres e crianças (geralmente meninas) era apenas uma das formas de demonstrar essa superioridade. (Verswijver, 1992, p.166)

Aqui novamente, penso que é necessário considerar a importância dos ataques intercomunitários para a aquisição de *status*, afirmação política de determinados líderes e consolidação dos valores associados à masculinidade, em especial a qualidade da bravura, expresso pelo termo *àkrê*. Quando os Xikrin falam dos eventos, muito embora expressem seu rancor ao inimigo gorotire, sempre enfatizam neles a valentia e o caráter bravio (*àkrê*), a força e a resistência (*töjx*). Reafirmo, portanto, que não pode ser minimizada a natureza agonística das rivalidades intercomunitárias, em que estava em jogo garantir uma *distintividade* e ascender a uma posição de superioridade moral (e política) – por meio do belicismo e do roubo de mulheres, nesse caso. Por outras palavras, e recuperando o argumento do capítulo anterior, tratar-se-ia no fundo de uma questão de *dominância* e *beleza*. Não por acaso, alguns desses ataques podiam resultar em que parte da comunidade assaltada, ou mesmo toda ela, voltasse a se reintegrar no grupo dos assaltantes, numa reorganização política que reconhecia, ainda que temporariamente em muitos casos, a supremacia destes últimos.[28]

Nesse sentido, é possível obter novo entendimento sobre a dita "corrida armamentista" que acometeu os grupos Mebêngôkre no início

---

28 Muitos ataques intercomunitários ocorreram também após uma cisão, quando a facção derrotada, sendo obrigada a abandonar a própria aldeia, integrava-se em uma outra. Dali, os recém-chegados incitavam os guerreiros a empreender uma ofensiva justamente contra sua amiga aldeia, como demonstração de força (Verswijver, 1992, p.104).

do século XX, a qual Turner (1992, p.328-9) interpreta como "a inexorável entrada numa relação de dependência com a sociedade nacional". Segundo o autor:

> A motivação original para a intensificação dos ataques ... foi a busca de armas de fogo. Efetuada originalmente pelos grupos mais orientais em resposta aos ataques por brasileiros, tornou-se mais tarde generalizada como parte de uma corrida armamentista entre os próprios bandos kayapó, em que os grupos desarmados sofriam ataques devastadores por parte de outros que já possuíam armas de fogo. (Turner, 1992, p.328)

Entretanto, Turner parece tomar como autoevidente, e por conseguinte não fornece nenhuma explicação para, a suposta mudança de orientação – ou a dupla orientação – do armamentismo. Os Mebêngôkre teriam inicialmente buscado armar-se para responder aos ataques dos *kubẽ* e, como num passe de mágica, começaram a atacar-se uns aos outros. Ora, os dados etno-históricos aqui arrolados (muitos dos quais presentes nos próprios trabalhos de Turner) parecem indicar que a procura pelas armas tinha menos (ou tanto) a ver com os brancos do que com questões 'internas' à socialidade mebêngôkre e à dinâmica intercomunitária. Ademais, a interpretação de Turner é incompatível com informações históricas apresentadas por ele mesmo, como a que se segue: "*comerciando* com colonos das redondezas, os Kayapó do Araguaia, conhecidos ... como Pau d'Arco, obtiveram armas de fogo, que utilizaram para atacar outros grupos kayapó" (1992, p.327, grifo meu).

É preciso lembrar que, desde os primeiros contatos com os missionários, na década de 1850, os Irã'ãmranhre do Pau d'Arco não demonstraram disposição de armarem-se para enfrentar os estrangeiros brancos. Realmente, a confiar nos estudos de Moreira Neto (1960, p.13): "fato muito raro em relações interétnicas desse tipo, não registra a bibliografia existente ou a memória de quantos informantes foram consultados, um só caso de hostilidade dos Irã'ãmrãjre aos invasores de seus territórios". Muito provavelmente porque não os considerassem exclusivamente *invasores*, mas possíveis parceiros. Ao contrário, o problema maior dos Irã'ãmranhre parecia vir de outros grupos Mebêngôkre, como atesta o ataque que sofreram da coalizão xikrin-karajá – "que tinham tentado raptar suas crianças" (Turner, 1992, p.314) – pouco tempo antes da chegada dos dominicanos.

Xikrin *versus* Xikrin: Cateté e Bacajá

Tal era a situação por volta das décadas de 1920 ou 1930, quando ocorre outra separação importante e definitiva para os Xikrin: parte do grupo deixa a bacia do Itacaiunas e toma o rumo norte, indo habitar a região dos rios Pacajá e Bacajá. A despeito de algumas tentativas sempre malogradas de reunificação, a partir desse momento os dois grupos – Cateté e Bacajá – passam a viver separados. No entanto, continuaram (e continuam) ligados por vínculos de parentesco, e intercasamentos ocorreram (e continuam ocorrendo) principalmente depois da pacificação nos anos 1950, quando um segmento da aldeia do Bacajá voltou a reunir-se aos do Cateté.

Mais uma vez, as versões do episódio narradas pelos Xikrin variam ligeiramente, como se verifica em Vidal (1977, p.30-1 e Fisher (2000, p.45-50) e nos dados que eu mesmo coletei em campo, sendo necessário fazer apenas uma recapitulação. Os Xikrin estavam, então, vivendo outra vez na aldeia do Kàkàrekre, provavelmente porque ela situava-se num ponto mais afastado do raio de ação dos Gorotire. Mesmo assim, sofreram um ataque, no qual os Gorotire raptaram uma menina de cinco anos (*kureretire*), filha de um líder do grupo dos homens jovens e, em seguida, pilharam uma das roças dos Xikrin.

Alguns informantes dizem que, depois disso, todo o grupo deixou a aldeia na direção das cabeceiras do rio Pacajá, mas algumas famílias retornaram logo depois, pois não teriam gostado do lugar. Outros dizem que apenas uma parte da aldeia decidiu partir. Parece certo que, tendo ou não se deslocado por inteiro, um segmento da comunidade retornou em pouco tempo ao Kàkàrekre. Alguns dizem que voltaram porque haviam deixado uma roça por colher. Outros relatam um incidente no qual um Xikrin foi morto por um disparo acidental de um companheiro. Ante a consternação dos parentes da vítima, e para evitar mais conflitos, o agressor decidiu retornar com os seus para o Kàkàrekre (Fisher, 2000, p.48).

Além disso, o movimento das famílias que migraram não ocorreu de uma única vez. Os Xikrin do Cateté indicam claramente uma sequência de deslocamentos, citando os nomes dos primeiros indivíduos que partiram para o Bacajá, bem como daqueles que se juntaram ao grupo em seguida. Em diferentes momentos durante as jornadas, os Xikrin confrontaram-se com os *Mydjetire* – Suruí do Sororó –, no baixo Itacaiunas, em sua margem esquerda, próximo à confluência com o Parauapebas, e confrontaram-se com os *kubẽ kamrêk* – Assurini, segundo alguns informantes, Araweté de acordo com Fisher (2000, p.48) –, já na região do rio Pacajá, de quem os Xikrin se apropriaram de uma grande roça de milho, após vencê-los em combate rápido e desigual, pois apenas os Xikrin possuíam espingardas.[29]

As primeiras famílias a emigrar foram a de um homem chamado Kamrêk (coincidentemente, 'vermelho'), e de Bep-kôti, seu irmão classificatório (*kamy ka'àk*), que "ficaram com a casa dos *kubẽ kamrêk*". Outros apontam Bep-ngrati (ou Ngrakrere, pai de Kamrêk) como o primeiro a visitar as cabeceiras do Pacajá, em busca de uma grande concentração de pés de urucum (*py*), que sabia existir na área. Logo depois, um evento precipitou a debandada de outro grupo de pessoas. Karangré (ou Bep-ka'êkti), líder muito respeitado, considerado um guerreiro de extremo denodo, foi ferido na coxa por um pecari durante uma caçada, morrendo em seguida de hemorragia, provavelmente pelo rompimento da artéria femural. Abalados pela perda de um guerreiro intrépido, que provavelmente impunha respeito também aos inimigos, cresceu no grupo o temor de novos ataques dos Gorotire. Daí, resolveram partir para o Pacajá as famílias de Ipore e Kukrãnhti (irmãos de Kamrêk), Tepore ("chorou e foi embora"), Be-moti (irmão de Karangré), Ngôrārāti, Bep-tyk, Meõprekti, Be-pry (filho de Bep-djôti e primo paralelo patrilateral de Karangré), os irmãos Be-kàrà e Möjxkô, Nenhõ'ire, Bô'pôkre, Brinhõkré e seu irmão Prinhõrõ, Kamêa'ô, entre outros.

---

29 É provável que se tratasse realmente dos Araweté, conforme argumenta Fisher, apoiando-se nas informações de Viveiros de Castro (1986) de que esse grupo utilizava-se abundantemente do urucum para tingir o corpo de vermelho (daí o epíteto em mebêngôkre), além de ter no milho seu principal cultivar.

Importa observar os motivos que levaram o grupo a cindir-se, e nisso alguns informantes do Cateté concordam. A principal causa da migração não teria sido a presença dos brancos, mas sim evitar novos confrontos com os Gorotire, ou nas palavras do velho chefe Bemoti: *mẽ mã Gorotire puma kam tẽ* ('tiveram medo dos Gorotire por isso foram embora'). Entre os Xikrin do Bacajá, Fisher identificou três justificativas: ameaças de confrontos armados, doenças e diminuição de recursos naturais. Para ele, o grupo que emigrou estaria "renunciando à fronteira", decidindo afastar-se da região do Itacaiunas e do fluxo de comércio e trocas que havia se estabelecido, o que incluía as relações com os Gorotire e com os brancos (2000, p.47).

A leitura do episódio feita pelos descendentes das famílias que permaneceram no Kàkàrekre (ou para ali retornaram logo depois) sublinha a coragem dos que ficaram, atribuindo-lhes, em alguma medida, valores morais mais sólidos do que os do grupo que partiu. É comum, rememorando o episódio, que os mais velhos falem com orgulho do fato de seus pais não terem abandonado a região: *mẽ uabô kêt kam mẽ arek dja* ('os que não eram covardes ficaram'). Essas famílias irão considerar-se uma espécie de núcleo duro da atual comunidade Xikrin do Cateté.

A partir da separação, os Xikrin do Cateté e do Bacajá, de fato, parecem ter estabelecido estratégias diferenciadas de relação com outros grupos Mebêngôkre e com os brancos. Após o retorno dos últimos parentes à região do Itacaiunas, o grupo do Bacajá fixou-se na aldeia chamada *Bàripranõrõ* ('local onde jazia madeira utilizada como carvão para pintura corporal'), mas logo passou por uma série de divisões internas, vindo a ocupar nos anos seguintes três ou quatro assentamentos, embora, de acordo com Fisher (2000, p.55), realizassem as cerimônias em conjunto. O período é marcado por grande mobilidade territorial, em que as expedições coletivas deslocavam a aldeia por inteiro, tão logo as roças estivessem devidamente semeadas. No entanto, ainda segundo Fisher (p.63), não havia objetivos militares nessas expedições; ao contrário, os Xikrin do Bacajá trilhavam uma ampla região evitando o contato com outros grupos e mesmo com os parentes do Cateté. Igualmente, procuravam manter-se afastados dos brancos, como visto. Não deixavam, porém, de tentar rápidas e furtivas aproximações aos vilarejos, nas quais o objetivo era apoderar-se de objetos e utensílios, além de assaltar algumas roças. Como essas aproximações eram esporádicas, as expedições anuais não resultavam na aquisição de objetos industrializados.

Se a reconstrução de Fisher para os anos 1930 a 1950 é correta, e o grupo do Bacajá buscou realmente o isolamento – ou, nos seus termos, decidiu "renunciar à fronteira" –, afastando-se do sistema regional e, consequentemente, do fluxo de bens industrializados, do outro lado, no Cateté, os Xikrin mantiveram a política de contatos intermitentes, e isso parece explicar por que meus informantes não mencionam a ameaça dos brancos como uma das motivações da migração para o Bacajá. Os que ficaram na região do Cateté instalaram-se em uma aldeia bem próxima ao Kàkàrekre (Parauapebas), denominada *Bayprö* ('palha de milho'). Dali saíam para incursões à região do rio Vermelho, onde chegaram a fazer acampamentos, na tentativa de manter o acesso aos objetos manufaturados (e "coletar mel", segundo Vidal, 1977, p.33).[30] Posteriormente, a aldeia *Bayprö* foi atacada e incendiada por regionais, em retaliação a uma investida dos índios (Vidal, loc.cit.). Os Xikrin retornaram ao Kàkàrekre, depois construíram outra aldeia (*Putôtidjãm*, 'local da xixá'),[31] mas permaneceram firmes na estratégia de aproximação, realizando expedições a leste, na direção dos núcleos regionais em torno de Conceição do Araguaia. Esses movimentos prosseguiriam nos anos vindouros, resultando em novos confrontos com colonos e castanheiros, até o estabelecimento, em 1952, de contatos permanentes com o posto indígena Las Casas.

Paralelamente, ao sul, os Gorotire também passavam por uma fase de agitação política que resultou em sucessivas cisões (Turner, 1966), e começavam a aceitar a possibilidade de contato pacífico com os brasileiros, sobretudo com os padres dominicanos da prelazia de Conceição e com a Unevangelized Fields Mission, na figura de Horace Banner (Nimuendaju, 1952, p.428-33; Turner, 1991b; Verswijver, 1992, p.100). Segundo relato de frei Sebastião Thomas (Missões Dominicanas, 1936), em

---

30 É provável, então, que o ataque sofrido pelo grupo Gorotire na década de 1930, registrado pelo padre Sebastião Thomas (1936), tenha sido realizado pelos Xikrin do Cateté.

31 Putôti ≈ árvore xixá (*Sterculia chicha* ou *Sterculia apetala*); *djãm* ≈ lugar, estar ou permanecer em pé.

1928, os Gorotire teriam atacado um sítio próximo a Novo Horizonte, onde viviam Irã'ãmranhre cristianizados, ali raptando a mulher de um índio chamado Jacinto. Nos anos 1930, um grupo de aproximadamente cem índios Gorotire, contatados pelo padre, haviam, pouco antes, empreendido um ataque aos Djore a leste, mas defrontaram-se com este último grupo fortemente armado, e foram obrigados a recuar rapidamente (1936, p.55). O chefe desses Gorotire, Kukungrati (*sic*), informou ao padre que os Djore contra-atacaram em seguida e raptaram mulheres e crianças. Comentou também que, se tivesse armas de fogo, não temeria os Djore, propondo, ato contínuo, deixar que o padre levasse um de seus filhos para a missão em troca de um rifle. O padre recusou-se, mas presenteou o chefe com um facão, além de prometer muitos brindes e coisas bonitas, (caso os Gorotire permitissem que seus filhos de seis ou sete anos fossem com ele. No fim da negociação, frei Sebastião consegue levar duas meninas órfãs, um menino doente e outros dois adolescentes (que acabaram fugindo no meio do caminho), e Kukungrati fica com o rifle, que praticamente precisou arrancar das mãos do padre. Pouco depois desse encontro, um grupo de cerca de oitocentos índios apresentou-se pacificamente na vila de Nova Olinda, no rio Fresco (Nimuendaju, 1952, p.429).

O governo brasileiro, então, por meio do órgão indigenista, começava a responder à necessidade de interromper os ataques dos (e contra os) grupos Mebêngôkre, que afetavam significativamente a economia extrativista da região, dando início a um esforço mais sistemático de atração e pacificação, mediante instalação de postos do SPI nas áreas de perambulação e assentamento indígena.

***

Ao encerrar este capítulo, é útil fazer algumas observações breves sobre a intensificação dos contatos entre os grupos Mebêngôkre e a população brasileira das frentes pioneiras. De modo geral, e contra as hipóteses de Turner (1992) e Verswijver (1992, p.181-3), quero sustentar que a presença mais constante dos brancos no território mebêngôkre, a partir do final do século XIX, não deve ser vista como um fenômeno disruptivo do sistema de relações ali estabelecido, senão como um processo cujo efeito foi o de *potencializar a dinâmica sociopolítica indígena*, em três níveis: do ponto de vista *intracomunitário* – uma vez que as estratégias sobre o que fazer e de que modo se relacionar com os brancos, além das possibilidades abertas pela aquisição de seus objetos, tornaram-se *novos focos* importantes de tensão; do ponto de vista *intercomunitário* – na medida em que renovava os meios (obtenção de armas de fogo, por exemplo) e fomentava novos contextos e condições de atuação dos diferentes grupos que se concebiam partilhando da mesma origem e língua, em busca de supremacia política e manifestação de grandeza; e finalmente do ponto de vista 'interétnico' – com o incremento de relações com 'estrangeiros' (*kubẽ*), isto é, gente reconhecida pelos índios como não Mebêngôkre, fonte de recursos e novos meios para levar a cabo os projetos que mobilizavam os dois níveis anteriores.

Não custa observar que, no caso mebêngôkre, os níveis intra- e intercomunitário imbricam-se de maneira complexa, como se verifica justamente ao exame da história dos grupos, caracterizada por sequências de fissões e fusões aldeãs, em que segmentos de uma mesma comunidade, em dado momento, podem tornar-se comunidades separadas (mas em relação, mesmo que hostil) em outro, e segmentos destas, novamente, reunir-se em uma terceira ou na mesma, e assim por diante.

Claro está que o período imediatamente posterior à expansão colonizadora no território mebêngôkre acabou conduzindo a um aumento bélico generalizado e a uma velocidade muito grande de fissões e rearranjos comunitários. Mas a visão de que esse tenha sido um processo "disruptivo" (Verswijver, 1992, p.183), ou "de mudança radical" (Turner, 1992, p.317), só se sustenta na medida em que esses autores enfatizam excessivamente seja uma pregressa estabilidade aldeã, como faz Verswijver, seja uma total autonomia e autossuficiência, como faz Turner. De fato, é justo concordar em parte com Verswijver quanto à maior estabilidade, pois sabemos que as aldeias antigas eram maiores. Mas não custa lembrar que, no momento mesmo em que os grupos Mebêngôkre tornam-se conhecidos, eles já se encontravam, há anos, divididos em pelo menos três blocos (Xingu, Araguaia e Tocantins) – por seu turno já internamente subdivididos, como era o caso dos Xikrin e dos Irã'ãmranhre. Os dados indicam um fluxo de informação entre esses grupos, e eventualmente o conflito aberto, *antes* do período de intensificação dos contatos com os brasileiros. Isso sugere que devemos falar de uma *estabilidade relativa* já naquela época. Talvez ela pudesse ser articulada a uma influência mais difusa dos brancos: uma reverberação da pressão sobre o território timbira a leste. Mas não há dados que nos permitam estabelecer essas relações e, por conseguinte, o comportamento político e a dinâmica comunitária mebêngôkre antes do século XIX.

No que concerne às relações 'interétnicas', ademais, os brancos não foram os primeiros estrangeiros com quem os Mebêngôkre mantiveram relações de troca ou guerreiras, como vimos. Menos do que uma ruptura, portanto, o que parece ter ocorrido com a entrada em cena dos *kubẽ-kryt* (brancos) foi um processo de *catálise*, a acelerar a complexa maquinaria política indígena, cujo resultado nos primeiros cinquenta anos foi problemático para os Mebêngôkre (e isso não se nega, evidentemente), que perderam boa parte de sua população, sobretudo os grupos mais orientais.

Parece não restar dúvida que o elemento catalisador foi a cultura material dos brancos, que interessou aos Mebêngôkre desde os primeiros encontros. É ilustrativo, portanto, que, após décadas de relações conflituosas, no momento em que os brancos começaram a renovar insistentemente as promessas de fornecer os objetos desejados, os Mebêngôkre tenham resolvido interromper os saques e os ataques à população regional, aceitando a paz. De fato, no decurso dos anos 1950, em resposta à atuação do SPI e dos esforços missionários, quase todas as comunidades mebêngôkre decidiram estabelecer contato sistemático e pacífico com os brasileiros. Em troca do fim das hostilidades, o *kubẽ* aparecia agora oferecendo voluntariamente, na forma de presentes, os objetos e produtos que os índios só vinham logrando obter mediante pilhagem ou trocas soeiramente desvantajosas e arriscadas. Para Turner (1991, p.292), nesse sentido, estabelecer a paz com os brancos apareceu aos Mebêngôkre como uma espécie de princípio clausewitziano: a continuação da guerra por outros meios. Da mesma forma, acrescento eu, como a guerra havia sido a continuação de um breve período de paz, na época do *boom* da borracha. Guerra ou paz, o interesse dos Mebêngôkre não era tanto o *kubẽ* em si, mas aquilo em que ele se objetivava e que dele se pretendia apropriar: seus objetos, sua cultura material, sua expressividade técnica e estética.

4
O fim das guerras

Pacificando índios, amansando brancos

Desde o final dos anos 1940, os Xikrin do Cateté davam mostras de que desejavam retomar relações pacíficas com os brancos, aproximando-se mais uma vez dos povoados e fazendas na região dos rios Vermelho e Pau d'Arco. Os Xikrin contam que observavam ranchos e colocações de castanheiros à socapa, algumas vezes aproveitando a ocasião para subtrair o que podiam; outras vezes, procurando comunicar-se com os brancos e pedir-lhes algo. Nem sempre eram bem recebidos pela população amedrontada, o que se confirma, por exemplo, pela observação de Vidal (1977, p.33): "... numa dessas viagens ... um grupo de índios, chegando numa casa de regionais, pediu farinha e foi recebido a tiros. No dia seguinte, os índios atacaram, matando todos os habitantes, menos uma menina pequena que Bemoti trouxe para a aldeia do Kàkàrekre para que o pai criasse".

Durante essas expedições, é provável que tenham tomado conhecimento da existência do posto indígena Padre Las Casas, instalado pelo SPI para atração dos Gorotire e chefiado, nessa época, pelo sertanista Miguel de Araújo. No final dos anos 1940, viviam aproximadamente cinquenta índios Gorotire no posto (SPI, 1949c). Em 1949, em relatório enviado ao inspetor Dorival Pereira Nunes da Inspetoria Regional de Conceição do Araguaia, Miguel Araújo informava a respeito do aparecimento de um grupo de aproximadamente cem índios Xikrin nas proximidades do posto (SPI, 1949a). Nos dias 19 e 20 de maio, eles achegaram-se pacificamente de rancheiros, dizendo em português: "índio capitão amigo; cristão amigo?". Disseram ainda aos fazendeiros que regionais haviam se apropriado de suas roças e que, por isso, vinham pedir farinha – o que talvez tenha sido um argumento evasivo, pois meus informantes não se recordavam realmente de uma carência de alimentos nesse período. Os encontros foram breves, sem incidentes. Ao final, os Xikrin levaram machados, facões, fumo, uma galinha e roupas, deixando em troca uma borduna, um arco, quatro flechas e uma lança.

O contato, embora sem desventuras, preocupou a inspetoria do SPI, precipitando a formação de uma turma de atração específica para os Xikrin, liderada pelo inspetor Dorival Nunes (SPI, 1952a). No entanto, conforme relatam Vidal (1977, p.33-6) e Ferreira (1953), o SPI teve o trabalho poupado, pois, em 1952, uma desavença entre o líder dos homens mais velhos (Bep-karôti) e seu filho Bemoti, que liderava um grupo de jovens, fez que este último, acompanhado de seus seguidores, aparecesse pacificamente em Las Casas. Eles teriam contado com a assistência de um índio gorotire chamado Paulo, residente no posto, mas que caçava nas cercanias. Ele sugeriu aos Xikrin deixar todas as armas no caminho, para não mais lutar com os brancos (Vidal, 1977, p.34). Bemoti recorda-se que era madrugada quando pressentiu a aproximação de alguém, preparando-se para atacar. Escutou, então, a voz de Paulo: *"Kati. Ba im' kurê kêt. Ba ibengôkre. Ba kubē kêt, ba ibêngôkre"* ('Alto! Não vim brigar, sou Mebêngôkre. Não sou estrangeiro, sou Mebêngôkre'). Notaram que Paulo trajava vestimentas dos brancos (*kubēkà*),[1] e seguiram

---

[1] Literalmente pele, couro ou envoltório de *kubē*. Neologismo mebêngôkre para roupa ou peça de vestuário.

com ele até Las Casas. Lá, viram roças de arroz, que experimentaram com feijão e farinha, tomaram café. E resolveram ficar.

Pouco depois, em agosto, o chefe Bep-karôti, com outros 180 homens, baixou também no posto, com o intuito de levar de volta o filho para o Kàkàrekre. Na ocasião, Leonardo Villas Boas havia sido deslocado para Las Casas com a tarefa de conduzir a pacificação dos Xikrin. Segundo Ferreira (1953), os homens de Bep-karôti cogitaram um ataque. Após uma negociação tensa, Villas Boas convenceu os Xikrin a retornar em paz para a região do Itacaiunas, prometendo auxílio, explicando as intenções do SPI de proteger os índios, fornecer-lhes presentes e mercadorias. Os Xikrin permaneceram treze dias no posto.

Nesse ínterim, um pequeno grupo do Bacajá, dentre os quais o xamã (*wajangá*) Nhiãkrekampin, havia fugido de aldeia *Bàripràn*õ*r*õ sob acusação de feitiçaria, recebendo acolhida de seus parentes no Cateté. A morte de um homem chamado Ipore fora atribuída por seu irmão (Kukrãnhti) e por seu filho (Ngroanhõrõ) a malefícios (*udjy*) dos xamãs Nhiãkrekampin, Be-kabê e Kre'akatingre.[2] Jurados de vingança, não lhes restou alternativa senão fugir para o Cateté, levando um pequeno número de parentes consigo. Na ocasião, os Xikrin ocupavam duas aldeias, o que se explica pelo seguinte: após um conflito, resolvido pelo duelo formal (*aben tak*), os derrotados mudaram-se para o Cateté (*Màtikre*), enquanto Bep-karôti e sua turma continuaram na aldeia do Kàkàrekre.

Seis meses depois do primeiro contato, Bemoti voltou a Las Casas acompanhado de cerca de cinquenta guerreiros, para cobrar as promessas e receber mercadorias, sendo seguido novamente por Bep-karôti, que, no entanto, não permaneceu no local. Depois disso, durante um período, os Xikrin, em grupos, fizeram várias visitas ao posto, e muitos deles ali ficaram. Até que, em razão das dificuldades e das precárias condições de assistência (uma epidemia de sarampo prenunciava um número alto de mortes), em junho de 1953, o novo encarregado do posto – Hilmar Kluck – decidiu conduzir todos os Xikrin que ali permaneciam (mais ou menos trezentas pessoas, segundo ele) de volta ao Cateté (Vidal, 1977,

---

[2] Outra versão sustenta que teria recaído sobre Nhiãkrekampin a responsabilidade pela morte de uma mulher, Nhàk-kati.

p.36). Apenas vinte índios ficaram no posto, integrando-se aos Gorotire anos depois, em torno de 1960.[3]

O contato razoavelmente bem-sucedido com os brancos – que garantiu na ocasião, segundo Bemoti, certa quantidade de bens manufaturados –, aliado ao incitamento constante de Nhiãkrekampin, fez surgir no grupo do Cateté o desejo de tentar uma reaproximação, não necessariamente pacífica, com os parentes do Bacajá. Isso ocorreu por volta de 1954. Uma primeira expedição não chegou à aldeia *Bàripranõrõ*, onde vivia o grupo do Bacajá, mas acabou resultando na morte de três integrantes desse grupo, com quem os guerreiros do Cateté toparam no meio do caminho (Vidal, 1977, p.37; Fisher, 2000, p.65). Os do Bacajá esboçaram um ataque em desagravo, que foi abortado, todavia. Algum tempo depois, os do Cateté empreenderam uma segunda expedição, sendo bem recebidos pelo parentes do Bacajá: fizeram juntos uma refeição, conversaram e trocaram alguns presentes, entre os quais armas, que o grupo do Bacajá ofereceu aos do Cateté: elas não lhes tinham utilidade, desprovidos que estavam de munição. Porém, novamente, o encontro terminou mal, pois tão logo deixaram a aldeia, o grupo de Bep-karôti retornou subitamente e atacou os homens que descansavam no *atyk*, a alguns metros da aldeia.[4]

---

3 Entre eles: Ropkrore, Poropot, Be-kanhê, Katendjö, Katàp-ti, Bep-to, Bep-nho. Em 1962, o Posto Las Casas foi desativado. Dos Xikrin que foram viver com os Gorotire, lá casando e procriando, alguns retornaram posteriormente ao Cateté. Outros continuaram na aldeia Gorotire. Recentemente (1997), um pequeno grupo, dos que vivem com os Gorotire, estabeleceu-se novamente em Las Casas (aldeia Tekrejarôtire), e em 1999 reivindicou à Funai a demarcação da área. O processo de identificação foi iniciado em 2001.

4 Aparentemente, não usual entre os outros grupos Mebêngôkre (mas ver Lea 1986, p.142), o *atyk* Xikrin (ou *atykbê*, onde *atyk* ≈ área dos fundos ao redor das casas; *bê* ≈ posposição essiva e locativa) era a casa de reunião dos homens e dormida dos solteiros que se situava, como o nome diz, fora do círculo de casas da aldeia, afastada alguns metros, como um espaço intermediário entre esta e a mata circundante. A presença entre os Xikrin desse espaço coletivo masculino, complementar ao *ngà* (ou *ngàbê*) no centro da aldeia, evoca as famosas metades sazonais timbira *atykma* e *kàma* – ou *atykmakra* ≈ 'filhos do *atyk*', associados a exterior, periferia, negro, noite, chuva etc; e *kàmakra* ≈ 'filhos do *ka*', associados a centro e praça da aldeia, interior, vermelho, dia, estação seca etc. (Nimuendaju, 1946). Não há dúvida de que as palavras são

A ofensiva mostrou-se decisiva para o grupo do Bacajá, que se cindiu imediatamente após o ocorrido. Parte cedeu à 'sedução' de Bep-karôti (ou sentiu-se em posição desvantajosa, com temor de outros ataques) e reintegrou-se ao grupo do Cateté. Estima-se que cerca de sessenta indivíduos voltaram ao Cateté. Ao que parece, foram muito bem acolhidos, e a nova fusão favoreceu, nos anos subsequentes, uma série de mais de vinte casamentos entre membros das duas comunidades.[5] Na geração seguinte, reiteraram-se algumas alianças matrimoniais com indivíduos identificados a uma origem Bacajá, mas já nascidos no Cateté; e posteriormente, outros casamentos puderam ser arranjados entre os dois grupos, notadamente quando os deslocamentos foram facilitados após a abertura de estradas na região e a construção de pistas de pouso nas aldeias. Tais relações matrimoniais intercomunitárias continuam ocorrendo hoje em dia.

No Bacajá, após a cisão, os remanescentes resolveram abandonar a aldeia *Bàripranõrõ* e, segundo Fisher (2000, p.68), modificaram radicalmente sua estratégia de atuação e ocupação. Decidiram não mais abrir roças, nem se fixar por muito tempo em assentamentos permanentes, decisão que os faria vulneráveis a novos ataques. Intensificaram as andanças, subsistindo da coleta de produtos florestais e da caça, tentando, sempre que possível, assaltar as plantações de populações indígenas vizinhas. Se, anteriormente, os Xikrin do Bacajá evitavam aproximações aos brancos, agora castanheiros, seringueiros e garimpeiros tornavam-se alvos de suas investidas.

Esse novo movimento assemelhava-se, em muitos pontos, com o deslocamento da região do Cateté para o Bacajá, realizado décadas antes.

---

as mesmas nas duas línguas. Lembro que, segundo Davis (1968), o fonema /ng/ torna-se /k/ nas línguas timbira orientais, exceto quando antecede vogais nasais. Desde meados dos anos 1980, os Xikrin não mais constroem a casa no *atyk*, e os jovens solteiros dormem na casa de seus pais ou no *ngà*.

5 Em 1969, Vidal (apontamentos de campo inéditos) identificou entre a população adulta do Cateté 38 pessoas originárias dessa aldeia (ou do Kàkàrekre), sendo vinte homens e dezoito mulheres; e 35 pessoas originárias do Bacajá (dezoito homens e dezessete mulheres). De 32 matrimônios levantados, 24 eram mistos: exatamente doze homens e doze mulheres do Cateté haviam se casado com pessoas vindas do Bacajá.

Mas agora, ao invés de evitar o contato com outros povos indígenas, eles os procuravam avidamente e os atacavam com o objetivo de se apossar das roças e dos alimentos estocados. Ao mesmo tempo, eles também expandiram as investidas contra os brancos que trabalhavam na extração. (Fisher, 2000, p.68)

Portanto, o modo como o grupo do Cateté conduzia suas relações com os brancos teve um efeito importante sobre o grupo do Bacajá. A partir daí, na tentativa de reverter a 'inferioridade', estes também assumem uma posição mais agressiva em relação a outros grupos indígenas e aos brancos. Isso resultará, em poucos anos, no estabelecimento de interação pacífica com representantes do SPI – cujas intenções eles já conheciam depois do encontro com o pessoal do Cateté. No final dos anos 1950, o grupo aceitou as ofertas do órgão indigenista, fixando-se no Posto Francisco Meirelles (em homenagem ao sertanista que coordenava a atração), na porção inferior do rio Bacajá. A aldeia, posteriormente, veio a se chamar Trincheira (Fisher, 2000, p.71). Num espaço curto de tempo, os Xikrin estariam engajados nas atividades extrativistas da região de Altamira, no baixo rio Xingu: o comércio de peles de animais silvestres e a castanha-do-pará.[6]

Enquanto isso, no Cateté, logo depois da pacificação, os Xikrin, agora em maior número, perceberam, porém, que o problema da obtenção de manufaturados e de assistência não havia sido satisfatoriamente solucionado. Eles não sabiam que o SPI vivia, então, o início de uma séria crise institucional que culminaria na extinção do órgão em 1967. Mas, logo notaram que as promessas feitas em Las Casas não seriam cumpridas. Assim, nos anos seguintes, o jovem chefe Bemoti iniciou uma fase de mobilização e articulação política com os brancos, visitando as cidades de Belém e, por algumas vezes, Marabá (cf. Vidal, 1977, p.37-8). Ele procurava, assim, assumir um papel-chave no processo de obtenção de produtos industrializados e recursos, pretendendo fortalecer e ampliar seu raio de influência, mediando a relação com os brancos, seja por

---

6 Nesse ponto, abandono os desdobramentos da história do grupo do Bacajá, remetendo o leitor ao trabalho de Fisher (2000), que descreve com detalhes as mudanças ocorridas em sua organização social e política, da pacificação ao presente.

meio de uma dinâmica de redistribuição de mercadorias, seja cavando oportunidades de oferecer-se, com o seu grupo, como mão de obra em atividades extrativistas ou nas fazendas da região.

Em 1962, o etnólogo Protásio Frikel encontrou os Xikrin às margens do rio Cateté, na recém-construída aldeia Pykatingrà. Após terem absorvido parte do pessoal do Bacajá, bem como os últimos remanescentes dos Djore, o grupo contava, à época, com uma população de 164 pessoas (65 homens, cinquenta mulheres, 21 meninos que não frequentavam a casa dos homens e 28 meninas), segundo censo daquele autor (1963, p.149). Ao retornar um ano depois, Frikel descreve uma situação diferente.

> ... registra-se uma cisão no grupo, motivada pela atitude em relação aos civilizados, ou em termos mais gerais, em relação aos produtos da civilização. Uma parte dos Xikrin foi habitar à boca do rio Cateté, parte essa representada pela geração mais jovem ou pelo menos mais disposta a se adaptar à sociedade nacional, e desejosa de se integrar, como força de trabalho, no sistema econômico local do [rio] Itacaiunas, para eles a única forma de obter meios para satisfazer as novas necessidades culturais, adquiridas com o contato. (Frikel, 1963, p.152)

De acordo com o etnólogo alemão, essa separação não teria ocorrido por novas rivalidades internas, mas pelo que chamou de "motivações econômicas diferenciais" entre uma ala mais "conservadora", representada pelo chefe mais velho (Bep-karôti) e seus seguidores, e uma ala mais "progressista", representada pelo líder dos mais jovens (Bemoti), que continuava procurando se aproximar dos *kubẽ*. Na verdade, era mesmo uma questão de rivalidade, ou antes de *distintividade*, o que levava Bemoti, então jovem solteiro, a aproximar-se novamente do fluxo de mercadorias. De todo modo, a separação, que aconteceu, inicialmente, ao longo das categorias de idade, como já apontou Vidal (1977, p.39), expressava mais uma vez o padrão de estratégias diferenciadas de relacionamento com os brancos que já ocorria há anos. A turma mais jovem (*meabatàjnyre* ou *mekranyre*),[7] liderada por Belmoti, deslocou-se cerca de

---

7 Meabatàjnyre ≈ adultos novos, adultos há pouco tempo; Mekranyre ≈ homens que têm filhos há pouco tempo ou filhos pequenos; recém-casados.

20 km rio abaixo, na direção do entroncamento do rios Cateté e Itacaiunas, construindo ali uma aldeia de tipo 'arruado', com cinco casas, que passou a se chamar *Bikjêre* ('divisão de um rio, entroncamento'), ou, em português, "aldeia da Boca". A turma do velho Bep-karôti moveu-se na direção contrária, rio acima, instalando-se na região do Kamkrokro (rio Seco), onde abriram uma roça. Bep-karôti dizia não confiar nos *kubê*, pois eles faziam feitiços, causavam doenças e males.

A mudança dava prosseguimento às intenções de Bemoti: pelo rio Itacaiunas passava quase toda a produção extrativista comercializada à época, majoritariamente a castanha, mas também outros produtos silvestres, borracha e couros. E seu interesse imediato, conforme relatou-me, era obter armas, munições, terçados, panelas e redes para levar ao Cateté. Visitando a aldeia, Frikel demonstrou-se pessimista quanto ao futuro do grupo, que lhe parecia exposto, como nunca, às influências da população castanheira que trafegava no alto curso do rio, e que passara a utilizar a aldeia da Boca como ponto de parada, "hotel e bordel" (1963, p.155), porquanto as mulheres dessa aldeia, eventualmente, entregavam-se aos brasileiros em troca de manufaturados. Preocupava-lhe a descaracterização da vida tribal, a ausência do padrão aldeão circular e da casa dos homens, a diminuição das atividades de caça e agricultura, bem como da periodicidade cerimonial, coisas que os índios pareciam negligenciar – "passando às vezes dias inteiros com fome" (p.153) –, atraídos que estavam pelo comércio e o escambo com os castanheiros.

Retrospectivamente, porém, os Xikrin rejeitam a interpretação alarmista de Frikel. Segundo aqueles com quem conversei a respeito desses assuntos, de fato, a separação não havia sido causada por desentendimentos internos e não resultara de nenhum combate formalizado; tampouco seria definitiva, uma vez que os dois grupos permaneciam estreitamente ligados, atuando em colaboração mútua. A ausência de cerimônias, dizem alguns, decorria, exclusivamente, do reduzido tamanho do assentamento e do número insuficiente de residentes. "Quando juntássemos de novo haveria festas", asseguram. Também negam terminantemente terem passado fome: fizeram duas roças pequenas e caçavam bastante, "se acabasse a comida os parentes mandavam mais, ou alguém ia caçar. Havia também comida do *kubê*". Por sua vez, aqueles que permaneceram na parte alta do Cateté não estavam optando por uma recusa aos objetos manufaturados, mas apenas às trocas imediatas com os brancos, pois, como o próprio Frikel anota,

> ... passou-se a estabelecer uma certa divisão social de trabalho entre as duas facções. O segmento tradicionalista abastecia o outro com gêneros alimentícios [produtos florestais e cultivados] e, através dele, comercializava artigos, tais como peles de animais, a que correspondiam, por sua vez, fornecimentos de utensílios e objetos de ferro, como facas, terçados, machados etc., por parte do grupo progressista. (1963, p.152)

Não se tratava, portanto, de "motivações econômicas diferenciais", mas de estratégias distintas de interação e obtenção de mercadorias, além de uma busca por parte de homens jovens, solteiros e recém-casados de assumirem uma posição social de destaque por intermédio da relação com o estrangeiro e da apropriação de seus objetos e riquezas. Mesmo porque, lembra Bemoti, houve um momento, curto é verdade, em que toda a comunidade passou a residir na aldeia da Boca. A questão não passou despercebida a Frikel, como se vê:

> Nestas circunstâncias [reunidos em poucas casas na aldeia da Boca], as famílias de parentesco mais próximo se congregavam, dando origem, pelo ajuntamento, a núcleos que, na vida social, agem como pequenos 'grupos políticos', disputando entre si poder e influência. Os mais fracos, os da 'minoria', têm que se sujeitar aos grupos mais fortes, o que fazem a contragosto. (p.153)

Seria, decerto, um exagero dizer que havia qualquer tipo de sujeição. Conforme relataram-me os Xikrin, ninguém era obrigado a ficar ou realizar qualquer atividade, só o fazendo mediante recebimento de bens e alimentos, ou na expectativa de recebê-los. Se frustrados, podiam voltar ao alto Cateté, ou arriscar por conta própria um trabalho, negociando diretamente com os brancos. Mas alguns informantes afirmam que, trabalhando sozinhos, aumentavam as chances de serem trapaceados pelos brasileiros: "naquela época, o *kubẽ* podia roubar muito da gente, porque ninguém sabia contar, não conhecia o dinheiro".

Mas o grande problema, de acordo com os Xikrin, foram as doenças. Mais uma vez, eles percebiam que, embora desejada, a interação com o *kubẽ* podia acarretar estragos. E esses estragos, de fato, manifestaram-se em epidemias de gripe, dermatoses, doenças venéreas e outras moléstias, que resultaram em quase duas dezenas de mortes (de velhos, adultos e crianças), além de cinco casos de hemiplegia, apesar dos esforços de Frikel, que lhes ministrou medicamentos enquanto se encontrava na aldeia. Com as mortes, alguns viúvos casaram-se entre si ou com jovens solteiros, em uniões que não mais se desfizeram, como foi o caso do próprio Bemoti, que se juntou à viúva de Be-maiti; de Nhikà'êre (irmã de Bemoti, falecida recentemente em 1999), que enviuvou de Mabôre, casando-se com Tàkàk-7, por sua vez viúvo de Bekwöj-nhoka; de Tàkàk-3, que perdeu a esposa Bekwöj-re, casando-se com a viúva de Bep-karôti (não o velho chefe, mas seu *tàbdjwö* homônimo); entre outros.

Não demorou, portanto, a crescer a insatisfação e o ressentimento com os castanheiros e regatões. Gerou-se um clima de tensão que caminhava perigosamente, afirma Frikel (p.157), para um possível confronto entre índios e regionais, quando parte dos Xikrin começou a armazenar armas e munições para enfrentar os *kubẽ punu* ('estrangeiros ruins'). Finalmente, atendendo às sugestões de Frikel, do etnólogo suíço René Fuerst e do missionário francês Caron, que os visitou pela primeira vez em abril de 1963, os Xikrin decidiram retornar à parte mais alta do Cateté e abandonaram a aldeia da Boca, queimando todas as casas. Mas alguns homens ainda trabalhavam no extrativismo ou empreendiam viagens a Marabá, e o reagrupamento não foi imediato, a despeito dos esforços do frei Caron, que teve razoável influência no retorno dos jovens Xikrin à aldeia do Cateté, prometendo que lhes conseguiria mais mercadorias, desde que o deixassem ajudá-los.

O auxílio fazia parte do programa missionário de Caron, que se poderia resumir, um tanto dramaticamente, como uma espécie de '*eutanásia cultural*'. Confrontado com o que se lhe afigurava uma inexorável perda ou "morte" cultural das sociedades indígenas após o contato com a civilização, o bom padre fazia um prognóstico sombrio, cujo teor nos é apresentado logo na introdução de seu livro de memórias (Caron, 1971, p.27-36): "mesmo que eles venham a desaparecer num futuro próximo, devemos garantir-lhes, plenamente, justiça, liberdade e dignidade. Devemos ajudá-los a morrer, não como escravos e subprodutos da humanidade, mas como homens dignos de respeito e amizade".

Concordemos ou não com os pressupostos, a atuação de Caron foi importante em muitos aspectos. Ele deu início a um atendimento médico-sanitário, que ajudou a reduzir a taxa de mortalidade, e congregou, direta ou indiretamente, pessoas para trabalhar em auxílio dos Xikrin. Segundo Vidal, que conviveu com o padre: "o primeiro objetivo da assistência missionária era estabilizar o grupo, trazer de volta os que tinham abandonado a aldeia e evitar que o índio procurasse os regionais para fazer trocas desvantajosas ou empreendesse grandes viagens a Marabá, onde só podia contrair doenças e ser explorado" (Vidal, 1977, p.40). De fato, para Caron, era essencial afastar os Xikrin do contato direto com os brasileiros. Para isso, assumiu ele próprio a mediação da relação, regulamentando um sistema protegido de trocas comerciais. Os Xikrin, já frustrados com tantas mortes e com a dificuldade em negociar com os brancos (mas entendendo também que já não mais cabia retornar ao esquema guerreiro), aceitaram a colaboração de Caron, a quem enxergaram como um diligente *wajangá* (pajé). Os Xikrin, então, sobem outra vez o rio e constroem uma nova aldeia à margem esquerda do Cateté, quase no mesmo ponto onde se ergue a aldeia atual.

Por fim, em 1966, com o retorno de todos os jovens à aldeia, os Xikrin estavam novamente reunidos no Cateté; eram agora 110 pessoas, distribuídas em oito casas (Caron, 1971, p.46-8). O objetivo de conter a 'destribalização' fora atingido, mas Caron teve que se haver com a crescente demanda por produtos manufaturados, principalmente espingardas, cartuchos, facões e ferramentas para roça, forno de torrefação da farinha de mandioca, além de redes, cobertas, miçangas etc. O padre tomou nas mãos a organização das trocas mercantis, instaurando procedimentos de obtenção e redistribuição dos produtos. Os Xikrin continuavam realizando atividades ligadas ao mercado regional, como a coleta de castanha, só que agora o padre organizava a produção, encarregava-se de procurar compradores em Marabá, cuidava do acerto dos preços, das vendas e das contas.[8] A renda obtida era "integralmente revertida

---

[8] Desde essa época, a colheita da castanha-do-pará passou a fazer parte das atividades habituais dos Xikrin, embora de maneira assistemática até recentemente. Hoje a colheita é parte integrante do ciclo anual. A título de curiosidade, a produção cas-

em benefício do grupo sob a forma de bens coletivos e repartidos equitativamente entre as famílias e também o atendimento a requisições individuais" (Vidal, 1977, p.42). O próprio padre descia a Marabá para fazer as compras, retornando o mais breve possível com os cobertores, enxadas, rifles e cartuchos para distribuir aos Xikrin. Roupas eram poucas na época. Os Xikrin ainda andavam nus; a única vestimenta era o estojo peniano masculino (*mydjê*).

Nesse mesmo ano, Caron organizou o trabalho de construção da pista de pouso, para encurtar a distância de Marabá e facilitar a assistência.[9] Os mais velhos lembram que o padre trabalhava muito. Caron estava sempre subindo e descendo o rio, fazendo acertos, programando viagens, listas de compras, trazendo à aldeia enfermeiros, técnicos sanitários, incentivando a agricultura. Seu igualitarismo, porém, era uma questão de princípio e passava por cima da organização e da economia política Xikrin, ainda que o trabalho dos homens na coleta da castanha continuasse a ser realizado sob coordenação dos líderes de turmas de idade. Segundo Vidal (1977, p.196), o procedimento de Caron na questão da distribuição das mercadorias desagradava um pouco o jovem chefe Bemoti, que preferia estar à frente da situação. Mas o relativo prestígio do frei – que alegava não haver bens manufaturados na sociedade tradicional e por isso não lhe parecia oportuno dar aos chefes um poder que não dispunham tradicionalmente –, além de uma dose de autoritarismo, amorteciam as reclamações do chefe. Já velho, poucos anos antes de seu falecimento, o chefe Bemoti rememorou a história a meu pedido. Quando lhe perguntei se o padre poderia ser visto como uma espécie de *benadjwörö* (chefe), tal como o próprio Bemoti e seu pai Bep-karôti, respondeu prontamente: "Kati [não], era só *wajangá*... " mas completou depois de um instante em silêncio: "*Nà* [sim], frei Caron era quase chefe – *kubê kàjbê benadjwörö* ['remotamente/ligeiramente chefe']".

---

tanheira dos Xikrin em 1966 foi de 100 hectolitros (Caron, 1971, p.55). Nos anos 2000 e 2001, obtiveram em média 1.500 hectolitros. Cada hectolitro de castanha bruta pesa de 50 a 60 kg.

9 A pista acabou ficando muito curta. O primeiro pouso transcorreu sem problemas, mas a primeira decolagem, no mesmo dia e levando apenas os dois pilotos, resultou em um acidente, felizmente sem vítimas (Caron, 1971, p.73). Os Xikrin voltaram a trabalhar na pista, que sofreu sucessivos alargamentos, até tornar-se segura.

O chamado da madeira podre e do rio doce

No final de 1970, Caron encerra sua atuação missionária por motivos de saúde. Pouco antes, porém, os Xikrin haviam sofrido perda maior: aos 20 de novembro morreu o velho chefe Bep-karôti (Caron, 1971, p.359). Bemoti assume a chefia da aldeia e do grupo de homens maduros (*mekrakrãmti*). Seu irmão Tàkàk-2 lidera o grupo de homens jovens (*mekranyre* e *menõrõnyre*). Morto o pai, os dois homens passam a disputar a herança de seu prestígio político. E com a saída do padre, a tendência foi o fortalecimento dos dois chefes como redistribuidores de mercadorias. Entre 1970 e 1972, Caron foi substituído por outro missionário dominicano, que, ao que parece, não permaneceu muito tempo com os Xikrin. Em 1973, a Funai instala um posto na área, na tentativa de manter o atendimento aos índios, complementando a atuação não governamental do Comitê de Assistência aos Xikrin.[10]

A tendência de concentrar os objetos nas mãos do chefe era facilitada pela forma de atuação dos funcionários do órgão indigenista. No entanto, os Xikrin trataram de deixar claro ao encarregado do posto como a aldeia se organizava politicamente. Cito Vidal: "o resultado imediato no ato da primeira remessa de mercadorias por parte de Alceu [o encarregado da Funai] foi que o jovem Bep-djare [liderança ascendente, da idade *mekranyre*, que fazia parte da turma de Tàkàk-2] informou peremptoriamente a Alceu que havia dois chefes na aldeia e que doravante teria que remeter metade ... " das mercadorias a cada um deles. A aldeia, assim, como que se dividiu em duas metades, que se manifestavam mais claramente no contexto das relações com o posto indígena: isto é, no que concerne à aquisição dos manufaturados. A rivalidade dos dois grupos parece ter acentuado o sentimento de distância e vergonha (*pia'àm*) entre os dois chefes irmãos, que perdurou até a morte de Bemoti em 2004.

Começam a surgir entre os Xikrin novas formas de atuação política, em um processo que sobreveio de modo semelhante em outras comuni-

---

[10] Fomentado por Caron e do qual participavam Lux Vidal, o médico e professor da Escola Paulista de Medicina João Paulo Botelho Vieira Filho e o padre Eduardo Lamaitre.

dades kayapó no período posterior ao contato, com o estabelecimento de postos da Funai nas aldeias. Trata-se do aparecimento de cargos ou papéis de 'auxiliares' ou 'secretários' dos chefes, ocupados por jovens aspirantes a liderança, que possuíam conhecimentos valiosos para as negociações com o *kubẽ* no novo contexto regional, tais como melhor domínio da língua portuguesa e noções de aritmética.[11] Assim, entre os Xikrin, em 1975, instituiu-se um secretário para cada um dos chefes: jovens da categoria *mekranyre* que haviam passado tempos na cidade, aprendendo razoavelmente o português. Um deles esteve por alguns anos residindo na aldeia dos Gavião do Mãe-Maria, perto de Marabá, em contato próximo com funcionários do SPI; o outro, razoável falante de português, tornar-se-ia chefe de uma das turmas no Cateté. Ambos haviam sido líderes da categoria dos solteiros (*menõrõny*).

Os Xikrin experimentavam um momento de maior estabilidade e rápido crescimento demográfico. Em fins dos anos 70, somavam mais de duzentas pessoas; uma aldeia nova e maior havia sido construída (1976) a poucos metros da antiga. Nesse período, talvez experimentando uma crise quanto à sua influência política, o chefe Bemoti preferiu erguer sua casa fora da aldeia, perto do posto da Funai, do outro lado da pista de pouso.

Enquanto isso, no âmbito nacional, as décadas de 1970 e 1980 marcam uma fase de grandes transformações na região amazônica e no sul do Pará, que se seguiram aos projetos desenvolvimentistas do governo federal, com profundos impactos na vida das populações indígenas. Um deles, como sabemos, terá importância particular para os Xikrin: o Programa Grande Carajás.[12] Nesse ínterim, tem início o processo de delimitação e demarcação de sua área. Em face do súbito crescimento popula-

---

11 O surgimento dessa nova geração de lideranças especializadas em assuntos externos já foi tematizado pelos antropólogos que estudaram os Kayapó, como Lea (1986, p.XXXIX), que comenta a existência de uma "elite administrativa" entre os Mekrãnoti do Xingu; Turner (1993a), que fala em uma "nova elite de tecnocratas e diplomatas"; e recentemente com detalhes por Inglez de Souza (2000), que a define como "elite negocial".

12 Não será necessário aqui apresentar informações mais detalhadas sobre a implantação do PGC na região. O leitor pode consultar, por exemplo, Almeida Jr. (1986) e Hall (1989).

cional da região, com grande afluxo de mão de obra migrante nordestina, com projetos de assentamento estatais e privados, surgimento de estradas e cidades, os Xikrin começam a perceber a necessidade de proteger seu território tradicional, já que o *kubẽ* vinha tomando conta de tudo.

Em 1982, a Funai assina com a CVRD um convênio de assistência, como requisito de financiamento do Banco Mundial ao Programa Grande Carajás e parte da política compensatória do governo diante do impacto ambiental (especificamente, a construção da ferrovia ligando Carajás ao porto de Itaqui, no Maranhão), causado pela presença da mineradora na área de influência do projeto, o que incluía a Serra dos Carajás, limite nordeste da terra xikrin.[13] Em relação ao apoio à comunidade xikrin, afora alguma melhoria na infraestrutura do posto indígena da Funai e nos serviços básicos de saúde, boa parcela dos recursos perderam-se na burocracia e na desorganização, para dizer o mínimo. Mesmo assim, eles foram suficientes para garantir aos Xikrin uma quantidade maior de bens industrializados, alimentos e agora também roupas, calçados e sandálias havaianas, que passaram a ser incorporados no dia a dia da comunidade. Na época, a população havia saltado para 263 pessoas – 129 do sexo masculino e 134 do feminino, pelo censo de Vidal (1982, p.77) –, e as demandas por produtos e serviços se aceleravam. Desde 1981, todas as casas eram de taipa, construídas no estilo regional; mas os Xikrin começavam a nutrir a vontade de tê-las em madeira e cobertura de brasilite (Vidal, 1986, p.3). O tempo dos homens *àkrê* (bravos, selvagens, perigosos) havia terminado; os Xikrin agora consideravam-se *uabô* (mansos, domesticados, pacíficos).[14]

---

13 O Convênio 059/82, assinado em 25 de junho por Paulo Moreira Leal (pela Funai) e Eliezer Batista da Silva (pela CVRD), vigia por cinco anos e tinha por objetivo, em sua cláusula primeira: "a prestação pela CVRD de apoio financeiro à Funai, para implantação de projetos socioeconômicos beneficiando as comunidades indígenas localizadas na área de influência do Projeto Ferro-Carajás, nos estados do Pará, Maranhão e Goiás, garantindo-lhes recursos no valor de US$ 13.600.000 (treze milhões e seiscentos mil dólares) ... ". Diversas comunidades indígenas no Pará e no Maranhão foram contempladas, mas os recursos, no geral, foram malversados, não evitaram invasões e degradação dos territórios, contribuindo pouco, tendo-se em vista o volume de recursos, para a melhoria das condições de vida das populações em questão.

14 Será mesmo? Em certo sentido, certamente sim. Lembro que, falando sobre a pacificação em Las Casas, os Xikrin fizeram a mesma consideração a Vidal (1977, p.34).

No final da década de 1980, a face da região já estava muito modificada, e as interações dos Xikrin com o contexto regional, cada dia mais intensas. Na aldeia muita coisa havia mudado. Os Xikrin viviam uma fase de maior sedentarismo, abandonando as antigas perambulações. Estabelecera-se uma nova geração de lideranças, havia uma escola ao lado do Posto, serviço de enfermagem e assistência médica permanentes; os índios começavam a utilizar-se ativamente do rádio, comunicando-se com outras comunidades kayapó e criando uma verdadeira rede de informação mebêngôkre. Tornara-se mais fácil deslocar-se da aldeia para as cidades vizinhas. Com isso, abriam-se também novas possibilidades de obtenção de mercadorias e dinheiro, por meio das atividades extrativistas do garimpo e da madeira. A narrativa testemunhal de Vidal dá bem o tom da época. Ela visitava os Xikrin, em 1986, realizando atividades de acompanhamento do Convênio Funai-CVRD. Tomo a liberdade de reproduzir um trecho de suas anotações inéditas:

> Janeiro de 1986: São Paulo-Belém-Carajás-Cateté. O percurso já é parte de minha rotina. Desta vez, porém, algo mudou. [Bep-9] me recebeu eufórico: "vamos vender madeira, vamos ter o nosso dinheiro, dinheiro só de nós mesmos. O pessoal está lá na fazenda [Grã Reata]; nós já pegamos o Laudelino e botamos pra correr.[15] [Tàkàk-2] e mais dois estão em Tucumã, mas logo voltam". ...

E, visitando a casa de Bep-3, filho do chefe Bemoti, observa:

> Em cima da cama, uma pasta de executivo. Uma vez aberta, [Bep-3] exibe-me com cuidado suas novas aquisições: uma caneta Bic, um cader-

---

Mas Isabelle Giannini (1991, p.110) ouviu coisa diferente de um informante, que afirmou em 1987: "A Funai diz que [Xikrin] tá manso. Não tá manso não". Esse é um ponto sobre o qual é preciso ir mais fundo. Voltarei a ele no Capítulo 6.

15 Os Xikrin haviam acabado de expulsar definitivamente da área o empresário Laudelino Henneman (Indústria Madeireira Pau d'Arco), que dez anos antes invadira a terra Xikrin pelo limite sul, desmatando grande quantidade de floresta para abrir pastagens e constituir a Fazenda Grã Reata. O imbróglio se arrastou por anos, ante a inépcia da Funai. Os Xikrin, por diversas vezes, tentaram recuperar a área, e os invasores de tudo faziam para mantê-la, oferecendo presentes e tentando subornar os índios (Cedi, 1985). Finalmente, cansados de esperar por uma solução institucional, os Xikrin agiram por conta própria.

no, um pacote de cigarros, uma máquina fotográfica ... Ainda na pasta, dobradinhas, algumas notas de dinheiro. "Lux, quanto tem?" "Tem quatro milhões". "É meu, eu quero tirar meus documentos e abrir uma conta na Caixa Econômica. O Ferreira [chefe da Ajudância da Funai de Marabá] me disse: 'não faça isso, rapaz, o dinheiro é da comunidade'. Mas eu quero o meu dinheiro, em meu nome, em separado."

Esse era o clima, quando os Xikrin, como de resto os outros grupos Mebêngôkre, foram alvos do ataque econômico de empresas madeireiras que haviam se estabelecido no sul do Pará, interessadas na exploração do mogno, abundante em seu território. Mas aí, novamente, vale ressaltar a importância das relações internas às comunidades mebêngôkre nas estratégias de atuação dos Xikrin. Desde o início da década, os Kayapó-Gorotire engajavam-se em atividades de garimpo e, posteriormente, de extração de madeira, realizadas em seu território, sobre as quais cobravam taxas e *royalties*, que se transformaram em considerável fonte de renda e aquisição de mercadorias, que fizeram a fama recente dos Kayapó. Nesse período de grande riqueza, lideranças gorotire, sobretudo da aldeia Kikretum, fizeram algumas visitas jactanciosas aos Xikrin, que se sentiram estimulados a adotar os mesmos procedimentos. Passaram, então, a deslocar-se constantemente para a recém-criada cidade de Tucumã, centro das atividades garimpeiras e madeireiras, travando conhecimento com 'empresários' do setor. Logo depois, lideranças xikrin – com anuência da Funai – firmaram contratos com empresas madeireiras, dando início ao envolvimento da comunidade no sistema de exploração predatório do mogno, documentado por Vidal & Giannini (1991) e Giannini (1996).

Giannini percebeu bem o que ocorria, ao criticar algumas explicações que atribuíam a ligação dos Xikrin com a atividade de extração de madeira "simplesmente à necessidade de bens e serviços básicos que o Estado, embora legalmente responsável, não era capaz de fazer". Segundo a autora, havia outros aspectos relevantes:

> Do ponto de vista kayapó, há outros valores em jogo, como a afirmação de sua identidade étnica perante os não índios, o controle direto sobre recursos monetários e bens sem passar pela assistência tutelada da Funai e, o que é muito importante, a *competição política e por prestígio entre a*

comunidade e a sociedade envolvente, entre as chefias das diferentes comunidades e, dentro de cada uma, entre as facções que tradicionalmente conformam sua organização social. (Giannini, 1996, p.390, grifo meu)

Paralelamente, em fins de 1989, apoiados por Vidal e pelo Cedi-NDI, que procuravam garantir a manutenção da assistência e do Convênio (interrompidos desde 1987), e livrá-los da ameaça das relações espoliativas com os madeireiros, que se afiguravam cada vez mais concretas, os Xikrin obtêm uma conquista importante. Assinam com a CVRD novo convênio de assistência, dessa vez particular da comunidade Xikrin do Cateté, embora ainda assistido e administrado pela Funai, para regular o auxílio que a companhia deveria prestar às populações indígenas existentes nas proximidades da área explorada por ela, na Província Mineral de Carajás (Convênio n.453/89, Funai, 31/7/1989).

A possibilidade de firmar um novo convênio teve por base a resolução 0331, de 5/12/1986, do Senado Federal (*Diário Oficial da União*, 11/12/1986, p.18561), que concedeu à CVRD o direito real, e por tempo indeterminado, de uso de uma área de 411.948 ha, adjacente à Província Mineral de Carajás (área imediatamente vizinha aos Xikrin, compreendendo o que é, hoje, a Floresta Nacional de Carajás, unidade de conservação federal). No seu artigo 3º, item E, a resolução estabelecia como *obrigação* da CVRD o "amparo das populações indígenas existentes às proximidades da área concedida e na forma do que dispuser convênio com a Fundação Nacional do Índio – FUNAI ou quem suas vezes fizer". Além dos Xikrin do Cateté, foram beneficiados também os Gavião Parakatejê, que assinaram com CVRD e Funai um outro convênio particular.

Com a denominação de "Programa Xikrin", a CVRD comprometia-se a destinar recursos anuais e por tempo indeterminado à população xikrin, no que se refere a cinco pontos: saúde, educação, atividades produtivas, vigilância da área e administração. Além disso, destinava uma quantia fixa (com correção monetária), a ser depositada mensalmente em conta-corrente em nome da comunidade, para prover suas necessidades imediatas: "como estímulo e reforço à autossuficiência da Comunidade Xikrin, enquanto os projetos de manejo florestais e agropastoris, entendidos como atividades produtivas, alvitrados pelo Programa Xikrin ... não atingirem resultados econômicos-financeiros satisfatórios para a autossustentação da comunidade ... " (Convênio 453/89, cl. 4ª, §3º). Desde a assinatura desse convênio e o posterior rompimento com as madeireiras, a CVRD passa a ser a grande fonte de recursos dos Xikrin, movimentando vultosos gastos anuais, como veremos nos próximos capítulos.[16]

Voltando às relações com os madeireiros, é preciso notar que, apesar de coletivamente experimentarem um momento de intensificação das demandas por dinheiro, mercadorias e serviços, não era a comunidade por inteiro que argumentava em favor dos contratos e do engajamento na indústria extrativista. O interesse imediato partia, novamente, de um conjunto de lideranças, que se beneficiava mais direta e largamente dos recursos obtidos por tal meio. Reiterando, em novos tempos, um padrão já conhecido de relacionamento perante os brasileiros, um dos jovens chefes xikrin (filho de Tàkàk-2) adquiriu, por exemplo, com o dinheiro da venda do mogno, uma pequena propriedade na cidade de Tucumã, onde passou a residir temporariamente, "para ficar mais perto dos negócios".

No entanto, uma outra parcela da comunidade sentia-se lesada por não receber dividendos provenientes da extração da madeira, e, após a interlocução iniciada com o CEDI (na figura de Isabelle Giannini), cresceu a rejeição às atividades de extração e ao padrão de acordos estabelecido. Novamente, portanto, um movimento mais incisivo dos Xikrin em busca de bens, produtos e serviços dos brancos fez-se acompanhar de turbulência política, resultando, de um lado, no aumento do padrão de consumo do grupo, particularmente de alguns indivíduos e suas famílias, de outro, um quadro de insatisfação ou frustração potencialmente gerador de crise.

Um dos resultados desse processo foi uma segmentação da comunidade, em 1993, quando Tàkàk-4, o citado chefe, isolado em sua insistência em continuar negociando com as madeireiras, perdeu sustentação na aldeia, colocando em posição delicada também seu pai – Tàkàk-2 –, líder do grupo de homens velhos e principal chefe da comunidade, agora que seu irmão Bemoti, idoso, achava-se distanciado da vida política, passando a atuar mais como um prestigioso líder cerimonial. A situação colaborou

---

16 Daqui em diante, a menos que anotado, é a este convênio de 1989 que me refiro, quando mencionar o Convênio com a CVRD.

assim para que Tàkàk-2 se instalasse, com um grupo de seguidores, em nova aldeia (batizada Djudjêkô), onde vinham abrindo roças e caçando desde 1991 (Giannini, 1996, p.390-2).[17] Pouco tempo depois, retornando de um período em Tucumã, Tàkàk-4 muda-se também para lá, e hoje é o chefe da aldeia nova. Em 1999, construiu-se uma pista de pouso, e uma portaria da Funai criou ali o Posto Djudjêkô, consolidando a separação física e institucional das duas aldeias.

O resto da história madeireira já sabemos, e ele está bem documentado por Giannini (1996, 2000). Como ocorrera na década de 1960, os Xikrin novamente acatam auxílio externo para desenredar a situação. Rompem com os madeireiros e aceitam a parceria com a ONG Instituto Socioambiental (ISA). É interessante observar que a atuação do ISA entre os Xikrin, sobretudo no que diz respeito ao projeto de manejo florestal, guarda semelhanças notáveis com a ação do padre Caron quase três décadas antes. O padre, confrontado com "une situation de fait" – isto é, o envolvimento dos Xikrin com a economia extrativista regional e com o salto que teriam dado em direção ao mundo dos bens industrializados –, pensou por bem, dada a inexorabilidade do caso, evitar, a todo custo, os efeitos colaterais do contato os quais, naquele momento, julgava desastrosos. Explica-se, desse modo, seu esforço de organizar, regular, adequar o sistema de trocas que os Xikrin haviam instituído por conta própria. Igualmente, explica-se sua quase obsessão com "intermináveis detalhes de contas, viagens e possíveis contatos comerciais com Marabá, sem passar pelos intermediários obrigatórios do sistema" (1971, p.20).

Ora, trinta anos depois, não deixa de ser isso o que a ação indigenista realiza atualmente entre os Xikrin. Confrontado com uma "situação de fato", ou seja, as demandas dos Xikrin por mercadorias e o sistema de trocas comerciais que estabeleceram com a indústria extrativista de

---

17 Em razão do sedentarismo – motivado por sua vez pelas novas condições de vida junto ao posto (assistência médica constante, fluxo de mercadorias etc.) –, do aumento demográfico e do longo período habitando o mesmo local, os Xikrin ressentiam-se de certo esgotamento dos recursos florestais (caça e coleta) no entorno do Cateté e da dificuldade de encontrar bons terrenos para abrir as roças. O chefe Tàkàk-2, junto com um grupo de homens velhos, vinha então fazendo roças e construindo abrigos num ponto menos explorado, alguns quilômetros rio acima. O palco já estava armado para a separação desse grupo, o que ocorreria tão logo a situação política se acirrou.

madeira, o ISA, dada a inexorabilidade do caso, procurou minorar os efeitos colaterais de um conjunto de práticas que se afiguravam desastrosas, por meio da racionalização e organização de um sistema "sustentável" de exploração e comércio florestal, sem passar pelos madeireiros da região e suas práticas espoliativas ("os intermediários obrigatórios do sistema"). Em ambos os casos, trata-se de suavizar, dosar, sublimar o movimento xikrin em direção aos brancos, naqueles seus aspectos que parecem desmesurados. Não se trata de ir contra os supostos objetivos ou finalidades xikrin, mas de agir sobre seus meios.

Mesmo que seja possível ver isso tudo de forma mais matizada, fica claro que a reiteração de um tipo de atuação indigenista entre os Xikrin não pode ser vista como obra do acaso. Na verdade, é plausível pensar que ela seja uma resposta de alguns brancos – missionários, antropólogos e indigenistas – aos efeitos da própria forma indígena de incorporação de objetos do mundo dos brancos.

Outros combates

No início do livro, aludi à relação atual dos Xikrin com os objetos produzidos pelos brancos, caracterizando-a de consumismo. Assim procedi para enfatizar minha percepção de que sua grande demanda por mercadorias e dinheiro não é suficientemente explicada pelo argumento da necessidade, entendida aí, do ponto de vista econômico, como o conjunto das condições básicas de subsistência, ainda que se considere que tais condições tenham sido modificadas pela situação de contato, notadamente após o período da pacificação. Tal percepção poderia ser sintetizada no argumento de que o atual consumo xikrin não é da ordem da necessidade (econômica), mas talvez uma 'necessidade' de outra ordem.

É evidente que o resultado do processo histórico, promovendo mudanças no modo de vida xikrin e nos contextos mais amplos de relação em que estão inseridos, foi que as mercadorias e o dinheiro estão, hoje, totalmente incorporados ao seu cotidiano, sendo difícil imaginá-los sem esses objetos. Decorre daí que é mais ou menos natural vê-los (os objetos e mercadorias) simplesmente como *novas necessidades* culturais, criadas a partir da interação com os brancos. De um ponto de vista histórico, essa visão se apoia na hipótese da *dependência*, tal como lemos nos autores que abordaram o tema das mercadorias e do consumo de industrializados entre os Xikrin (Fisher, 2000) e Kayapó (Turner, 1991a, 1993). Turner, por exemplo, sugere que:

> Por serem bons guerreiros, os Kayapó *tornaram-se dependentes* dos bens ocidentais, sobretudo de armas e munição, antes da pacificação. Todos os anos, eles faziam incursões contra fazendeiros, seringueiros e coletores de castanha, *para satisfazer seu desejo por mercadorias – desejo surgido a partir das primeiras trocas com brasileiros* ou de relações hostis com outros grupos indígenas que porventura possuíssem armas e bens. (1991, p.292, ênfases do próprio autor suprimidas, ênfases minhas adicionadas)

No mesmo tom, Fisher comenta sobre os Xikrin:

> Se as mudanças nas comunidades xikrin estão relacionadas, em alguma medida, a processos de fronteira mais abrangentes, *o resultado final foi a dependência de determinados utensílios e ferramentas* que os Xikrin não tinham condições de fabricar. Os Xikrin *tornaram-se 'dependentes'* no sentido clássico de que, *por si mesmos, não eram mais capazes de produzir todas as precondições necessárias* para a reprodução de suas relações sociais. (2000, p.13, grifo meu)

Como disse anteriormente, essa abordagem não me satisfaz, na medida em que a demanda pelas mercadorias é vista aí, em última instância, como *'epifenômeno' da história do contato:* uma espécie de resposta automática e inexorável dos grupos Xikrin e Kayapó às mudanças nas condições externas de sua realidade sociopolítica. Curiosamente, em tal abordagem, ao mesmo tempo em que a demanda (ou o desejo) indígena é vista como *contingência*, as mercadorias e os bens produzidos pelos brancos (e estes próprios) adquirem insuspeitada *concretude*.

Ora, bem ao contrário, creio que nessa matéria é preciso fazer uma "rotação de perspectiva", para usar uma imagem de Viveiros de Castro (1999, p.114). Minha sugestão é a de que, se dependência existe, ela não é exatamente *de mercadorias* (ou do dinheiro), nem *resultado* do contato com os brancos. Se dependência existe, ou melhor, se se pretende falar em dependência (talvez fosse melhor falar em *desejo*), me parece justo pensar que ela está em outro nível e é de outra ordem: quem sabe uma 'dependência', ou um *'desejo'* sociocosmológico mais geral do *'Outro'* e dos *'objetos estrangeiros'*, sendo os *brancos* e as *mercadorias* a 'contingência' nessa história.

É sempre temerário argumentar lançando mão de termos como 'contingência', pois se pode dar a impressão de que se crê no seu contrário, e que haveria algo que se pudesse finalmente circunscrever como a 'essência' sociocultural indígena. Não é isso que se postula aqui. O que quero sublinhar é o fato de que, para abordar a questão, parece-me produtivo retirar a ênfase de certa predominância ontológica dos brancos e das mercadorias, abandonar certo tipo de 'historicismo', a fim de voltar os olhos para uma forma ou princípio mais geral de relação dos Mebêngôkre com aquilo que é definido por eles como Outro.

Por óbvio, talvez nem fosse preciso enunciá-lo, o fato de serem 'históricos' (de terem feito, e serem, parte da *história Mebêngôkre*) não os faz, brancos e mercadorias, menos importantes. E minha ideia também é tentar entender as implicações dessa 'contingência' na sociologia mebêngôkre. Isto é, procurar esboçar minimamente os processos pelos quais determinados princípios gerais de relação – vinculados aos mecanismos de produção e reprodução social (constituição de identidades e diferenças pessoais e coletivas) – atualizam-se numa situação histórica particular, a saber, aquela em que os brancos parecem ocupar o espaço de uma alteridade preponderante, e os objetos estrangeiros que se apresentam, maciçamente, são aqueles que os brancos produzem – o dinheiro e as mercadorias.[18]

Assim, como passo de demonstração, este capítulo e o anterior tiveram como objetivo apresentar um panorama da história xikrin no século XX, de modo a mostrar a insuficiência do argumento de que o contato inicial com os brancos teve por efeito a criação imediata de "novas necessidades". Procurei indicar, com base essencialmente nos mesmos materiais etno-históricos utilizados pelos autores para construir a hipótese da "dependência", que os Xikrin, bem como os outros grupos mebêngôkre, *desejaram* os objetos dos brancos desde muito cedo, e que esse desejo motivou uma intensa mobilização guerreira e política nas décadas que se seguiram. Tentei mostrar que, ao mesmo tempo em que a economia brasileira avançava sobre o território mebêngôkre (interessada nos produtos florestais de suas terras, como valores econômicos), os

---

18 O leitor treinado em antropologia reconhecerá aqui uma proximidade com os escritos de Sahlins (1985), notadamente sua noção de "estrutura da conjuntura" (*the structure of the conjuncture*).

Mebêngôkre 'avançavam' – mas também recuavam, estrategicamente – sobre os brancos, interessados que estavam em seus objetos, desde o início percebidos pelos índios como objetos de valor. Que tipo de valor os Mebêngôkre atribuíram a esses objetos é o que se precisa entender, algo que os antropólogos pouco problematizaram. Exceto, como já foi mencionado, Turner (1993a), que procurou articular, embora rapidamente, as mercadorias aos *nêkrêjx*. Mas tal associação aparece como uma espécie de resquício da "cosmologia tradicional" kayapó. O argumento mais forte do autor é o de que a apropriação das mercadorias funciona para os Kayapó como instrumento de resistência e luta étnico-política.

De todo modo, eu quis destacar o que me afigurava ser uma continuidade ou uma recursividade na história dos Xikrin, que, em diversos momentos, pareciam lançar-se na direção dos brancos, em busca de seus objetos. Além disso, procurei mostrar, também, que essa relação histórica com os brancos é mais bem entendida de uma perspectiva mais ampla, capaz de integrar as relações 'externas' dos diferentes grupos Mebêngôkre com a sociedade nacional às relações 'internas' ao seu universo, isto é, às relações no interior das aldeias (ou comunidades) e entre elas. O alvo aí era criticar o postulado de uma excessiva autonomia das aldeias mebêngôkre (no período pré-contato), pensadas como microcosmo autocontido e autorreprodutivo. A questão, certamente, transborda os limites do capítulo, mas espero que os dados históricos sejam suficientes para, ao menos, indicar uma articulação entre as relações dos Mebêngôkre com aqueles que definem como 'estrangeiros' (*kubẽ*) ou 'não Mebêngôkre' (entre os quais os brancos, mas não apenas os brancos) e as relações e dinâmicas que se processam nos níveis intracomunitário e intercomunitário mebêngôkre. Sugeri *en passant* que, de alguma maneira, tal articulação vincula-se a um processo geral de *diferenciação* – que é, simultaneamente, um processo de produção de identidades, mas que, de um ponto de vista 'microssociológico', corresponde a uma motivação por *beleza* e *predominância*, envolvendo a questão do prestígio e do 'poder' nessa sociedade.

Enfim, após essas observações, creio que estamos em melhores condições de examinar com detalhes o problema, lançando um olhar para os Xikrin no mundo das mercadorias *hoje*, ou, mais propriamente, para as mercadorias no mundo xikrin.

5
Tempos do dinheiro

As duas aldeias xikrin, Cateté e Djudjêkô, apresentam o *layout* característico mebêngôkre: um círculo formado pelas residências familiares (*kikre*), cingindo uma praça em cujo centro (*ipôkre*) ergue-se a casa de reunião dos homens (*ngà* ou *ngàbê*), local onde se discutem questões políticas e de interesse público.[1] É ali também, no centro da aldeia, dentro do *ngàbê* e do lado de fora, no *metorodjà* ('local de danças'), onde transcorre a maior parte das cerimônias. O desenho atual reflete algumas mudanças em relação a tempos antigos. Até meados dos anos 1980, não havia a casa no centro; o *ngàbê* era constituído por um tapete de folhas de babaçu, sobre o qual se sentavam os homens ao anoitecer (Vidal, 1977, p.65). Além disso, havia uma casa construída fora do círculo aldeão, afastada alguns metros, o *atyk* (ou *atykbê*), que servia de

---

1 Na verdade, a palavra para o 'centro' ou 'casa dos homens' é apenas *ngà*, sendo *bê* uma posposição, com sentido essivo, translativo ou locativo ('estar', 'em' etc.). Assim, a locução *ngàbê* significa propriamente 'na casa dos homens'. No entanto, na interação com os brancos, *ngàbê* cristalizou-se como palavra, sendo hoje francamente utilizado. Os Xikrin dizem, em português, por exemplo: "vamos fazer reunião no *ngàbê*". De modo que mantenho aqui esse uso.

local de encontro dos homens durante o dia, e dormida dos rapazes solteiros, à noite. Era um espaço intermediário entre a mata circundante (*bà*) e a aldeia (*krinbê*), onde os homens preparavam-se coletivamente para as atividades cotidianas e para os rituais, pintando-se de urucum e adornando-se, onde se reuniam após uma caçada ou expedição e se repartia a carne de caça, antes de ser levada às casas.

Em tempos ainda mais antigos, os jovens não dormiam no *atykbê*, mas sobre as palhas do *ngàbê*. O importante é que a vida dos homens transcorria entre dois polos: "o atukbe, a casa dos homens por excelência, e o ngobe, o conselho [político] e dormitório dos solteiros" (Vidal, 1977, p.67). Hoje, não existe o *atykbê*, e o *ngàbe* não é mais exatamente o dormitório dos adolescentes e jovens solteiros. Eles, em geral, vivem na casa materna até o casamento, dormindo apenas eventualmente no *ngàbe*, sobretudo nos períodos rituais.

As casas do anel aldeão abrigam as unidades domésticas: famílias nucleares e extensas uxorilocais. A regra de casamento uxorilocal, comum no cenário jê e centro brasileiro, é bastante generalizada entre os Xikrin. Em alguns casos, porém, a residência de um novo casal pode se iniciar por um período virilocal – que, às vezes, perdura mesmo com o nascimento do primeiro filho –, passando, posteriormente, à forma uxorilocal. Os pais do noivo costumam justificar tal procedimento dizendo que é necessário "acostumar". Além disso, a uxorilocalidade pode ser quebrada em outras instâncias, particularmente, mas não só, quando se trata de famílias de prestígio (isto é, famílias de chefe): no Cateté e no Djudjêkô, os filhos dos antigos chefes Bemoti e Tàkàk-2 residem virilocalmente, seja construindo casa ao lado dos pais (caso dos atuais chefes do Cateté e Djudjêkô), seja residindo na própria casa dos pais, mesmo em idade adulta, casados e com filhos. Há também exemplos, mais raros, de neolocalidade, como o de um dos auxiliares de enfermagem do Djudjêkô (casa 3, no croqui do Djudjêkô, p.442). Ele mora ao lado de seu irmão (casa 4, cujos sogros residem no Cateté).

Em geral, cada casa é composta por um casal mais velho, suas filhas casadas, genros e netos, além dos filhos e filhas solteiras. Mas, evidentemente, existe uma razoável variabilidade na composição das unidades domésticas, em decorrência do seu próprio ciclo de desenvolvimento, além das histórias pessoais e contingências diversas. O núcleo da família extensa é o grupo de irmãs corresidentes (e sua mãe), que colaboram estreitamente nas atividades cotidianas, compartilhando a produção, preparo e consumo de alimentos – o que Fisher (1991, p.191) denominou de *ki group* – grupo de parentas que compartilham o forno de pedra chamado *ki*. Usualmente, cada família nuclear possui sua própria roça, mas o grupo de irmãs pode trabalhar conjuntamente nas roças umas das outras. Normalmente, as casas, como as roças, são ditas pertencer ao casal (quanto às casas, mais propriamente, ao casal mais velho que ali reside).[2]

Portanto, ainda que a periferia das casas seja um espaço associado às mulheres e o centro da aldeia, aos homens, os Xikrin costumam se referir tanto ao homem mais velho quanto à mulher mais velha como os donos da casa. A diferença é que, em casos de separação dos cônjuges, o homem deixa a casa e a mulher permanece. Ocorre que são extremamente raras as separações de casais mais velhos, da categoria *mebêngêt* ('gente velha, com netos'), *mekrakràmti* ('com muitos filhos'), ou genericamente *mẽ'abatàjtum* ('adultos há muito tempo'). Os casamentos tornam-se muito sólidos a partir da fase que Turner (1979b, p.191) chamou de "dispersão da família de procriação", isto é, quando os filhos do casal entram na adolescência e começam a engajar-se matrimonialmente. Ao contrário, há maior fluidez nos casamentos de pouco tempo (sem filhos), com poucos filhos e/ou filhos pequenos, sendo frequentes as separações e novos rearranjos, confirmando, nesse particular, a análise de Turner sobre a fraca integração do jovem esposo na estrutura familiar uxorilocal e sua posterior forte integração, quando mais velho (1979b).

No Cateté, todas as casas são de alvenaria, construídas no final da década de 1980, a princípio a cargo das empresas madeireiras que negociavam com os Xikrin, e depois por meio do convênio com a CVRD. No Djudjêkô, da última vez que lá estive, algumas poucas casas ainda eram feitas de taipa e colmo, mas já se haviam iniciado as obras para substi-

---

2 Para uma discussão sobre a propriedade das roças entre os Xikrin, veja-se Fisher (1991, p.204-11).

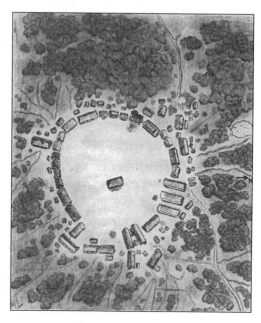

FIGURA 3 – Aldeia Cateté, 2000.

tuir todas elas por modelos de alvenaria e madeira.[3] As residências no Cateté variam de tipo e tamanho, revelando as fases diferentes em que foram construídas – as menores medindo 10 x 7m (três quartos e uma sala) e as maiores 25 x 10m (cinco quartos, além de um amplo copiar). Esse modelo é o preferido, pois os Xikrin podem acomodar facilmente uma família nuclear por quarto ou cômodo, num arranjo ótimo que faz coincidir a família extensa com a casa (construção arquitetônica). Todas as casas possuem pelo menos uma porta dando para o centro da aldeia (*kikre kôj karêre* ou *kikre kukakôj* – 'área da frente da casa'), e uma porta traseira, abrindo-se para o *kikre burum* ('área de trás da casa').[4]

---

[3] Os croquis das duas aldeias (p.441-2) foram feitos entre 1998 e 1999, refletindo, sem maiores ajustes, a situação até o início de 2001. A partir desse período, intensificaram--se as obras de substituição e construção de novas casas nas duas aldeias.

[4] Não consegui averiguar se esse padrão arquitetônico foi, originalmente, quando das primeiras construções, uma exigência dos Xikrin, ou sugestão de alguém de fora (Funai, empresas construtoras, antropólogos). Por falta de espaço, algumas casas tiveram que ser construídas transversalmente à circunferência da aldeia (ver croquis).

Na área de fundo de cada residência, os Xikrin constroem um barracão, normalmente aberto, de madeira e palha, ao modo tradicional, que funciona como uma espécie de "cozinha" (que é como os Xikrin designam-no em português), também chamado *kikre*. De dia, quando não estão nas roças ou caçando, é ali que passam a maior parte do tempo, descansando em redes, conversando, fazendo as refeições e recebendo visitas. Se a casa possui uma varanda, não é raro que algumas famílias repousem e conversem ali também durante o dia. Alguns meninos, rapazes e moças, escutando música ou fazendo os deveres escolares, podem passar mais tempo dentro das casas. Mas os Xikrin, no geral, parecem preferir o *kikre burum*, pois é um local arejado, de ventilação e, principalmente, de observação do que acontece nas casas vizinhas durante o dia. É também ali, e não dentro das casas, que as mulheres constroem o tradicional *ki* ('forno de pedra') e o *omrõ djà* ('fogão'). Esse é, na verdade, uma fogueira, ou um pequeno fogareiro retangular de tijolos soltos, sobre a qual se põe uma grelha, para cozinhar alimentos em panelas e frigideiras, tais como feijão, arroz, macarrão, esquentar água do café etc. O termo *omrõ djà* é empregado pelos Xikrin para distinguir as duas formas de preparo de alimento, uma tradicional e outra mais recente. Em 1999, um homem comprou para sua esposa um fogão de verdade (também chamado *omrõ djà*), que foi cuidadosamente instalado dentro de casa e não na "cozinha". Mas até pouco tempo, esse fogão nunca havia sido usado, pois as mulheres da casa não sabiam como proceder, preferindo continuar usando o *ki* e o *omrõ djà* comum. Recentemente, porém, outras famílias começaram a adquirir fogões industrializados, que, pouco a pouco, tornam-se um utensílio doméstico mais comum na aldeia. Atendendo a pedidos, os chefes começaram a procurar cozinheiras brancas que se disponham a dar cursos de preparação de alimentos em fogão industrializado para as mulheres xikrin.

Quando a "cozinha" pertence a um líder de grupo masculino, serve também de local de reunião e bate-papo para os membros do grupo. De manhã, a "turma" se senta, toma o primeiro cafezinho do dia, oferecido pelo líder, conversa e se prepara para as atividades, que podem ser o trabalho na roça comunal, capina da pista de pouso, uma curta expedição de caça ou coleta. As mulheres dos membros da turma também se reúnem ali, que é ainda, para elas, o local das sessões de pintura coletiva. Além disso, é em sua "cozinha" que cada chefe de turma costuma organizar, com seus seguidores, a lista de compras comunitárias e, posteriormente, proceder à distribuição das mercadorias trazidas da cidade. Essas "cozinhas" seriam, assim, um espaço semipúblico, evocando, em versão particularizada para cada turma masculina, o antigo *atykbê*.

Mesmo quando a cozinha não é de um chefe, é nela que se recebem as visitas, que raramente adentram as casas propriamente ditas. De certo modo, portanto, as "cozinhas" atrás das casas são um espaço ao mesmo tempo público e doméstico. Seu interior pode ser visto pelas casas próximas.[5] A casa, propriamente dita, marca o espaço doméstico: é fechada, nela não se entra sem ser convidado. Quando os donos se ausentam, podem ser trancadas a chave, com correntes e cadeados, pois ali são armazenados os bens e mantimentos da família.

Ao entardecer, após os Xikrin retornarem do banho e da obrigatória parada na farmácia do Posto para tomar os medicamentos, o local de concentração torna-se a porta da frente das casas, onde as mulheres (e os velhos) se assentam para observar o pátio e tecer os mexericos do fim do dia. No *ngàbê*, enquanto jogam e assistem a animadas partidas de dominó, os homens conversam e discutem, entre outros assuntos, as questões do momento: o dinheiro da CVRD está muito pouco, a comunidade está crescendo rápido, há muitas demandas por mercadorias, é preciso aumentar a renda de todos, construir mais casas.

No crepúsculo, parado em uma das portas laterais do *ngàbê*, tenho uma visão panorâmica de boa parte da aldeia. Ela parece uma pequena cidade ou condomínio, pontilhada de postes de concreto armado que sustentam a eletrificação de todas as casas e do próprio *ngàbê*. Um ruído, quase surdo à distância, mas constante, faz lembrar que o gerador da aldeia trabalha a pleno vapor, ou melhor, a óleo *diesel*, que consome numa taxa média de 10 litros/hora. A praça da aldeia também se encon-

---

5 Entretanto, desde de 1999, no Cateté, algumas pessoas começaram a construir paredes de ripas de madeira, fechando suas cozinhas. Alguns explicaram que a medida visava a impedir a entrada de galinhas e cachorros, mas é possível que o objetivo seja também evitar a intrujice alheia, nesses tempos de consumo e cobiça de mercadorias.

tra iluminada, e alguns *mebôktire*, ainda não vencidos pelo sono, brincam animadamente. Defronte a algumas casas veem-se sobranceiras antenas parabólicas. Das frinchas emana a inconfundível luz azulada do aparelho de televisão. Estamos no século XXI, novos tempos de consumo para os Xikrin.

Nosso próprio dinheiro

Dou prosseguimento à tarefa de entender que tipo de valor os Xikrin atribuem aos objetos dos brancos, qual o significado das mercadorias e do dinheiro, e o efeito de sua incorporação no funcionamento da engrenagem social. O foco recai agora sobre a realidade presente dos Xikrin, e as questões a enfrentar são o 'consumismo', a 'inflação' – esse enorme desejo por dinheiro e mercadorias que parece expansivo. Nos próximos capítulos, descreverei os mecanismos de institucionalização dos recursos provenientes do Convênio com a CVRD, com o objetivo de mostrar como os Xikrin procuram ampliar sempre mais sua aquisição de dinheiro e bens industrializados por meio de sua relação política com a CVRD, que sugiro poder ser vista como uma forma de 'relação predatória'. Descreverei também a forma como organizaram internamente um padrão de divisão de recursos monetários e de distribuição de mercadorias que permite aos chefes concentrar 'riqueza'.

Recordando o que Kopytoff (1986) chamou de "biografia social dos objetos", poderia dizer que os dois capítulos seguintes corresponderiam, *grosso modo*, aos momentos de "aquisição" e "circulação". A questão do "consumo" propriamente fica para depois, após a discussão das concepções e avaliação moral xikrin do dinheiro. Abordar tais questões não pode ser feito, porém, sem que sejam apresentadas e discutidas algumas características da estrutura política xikrin. O presente capítulo trata disso.

Vimos que o final da década de 1980 chega para os Xikrin junto com a expectativa de aumentar seu controle sobre a aquisição de objetos provenientes dos brancos, mediante o desejo de "ter o próprio dinheiro", tal como expressaram a Lux Vidal, em 1986, na passagem que reproduzi poucas páginas acima (p.161). Lido em retrospectiva, o trecho dessas anotações manuscritas de Vidal parece notavelmente iluminador. Seu registro, embora tomado à época casualmente, havia capturado com rara felicidade a dupla dimensão – individual e coletiva em que se assentava a promessa de incrementar a obtenção de dinheiro e consequentemente o consumo de bens. Relembro como as falas dos dois informantes, vistas em conjunto, permitem divisar a questão. Enquanto uma das lideranças dizia animado "vamos vender madeira, vamos ter o *nosso dinheiro*, dinheiro só de nós mesmos", o filho do chefe Bemoti, na ocasião despontando como um dos chefes da aldeia, afirmava "eu quero *o meu dinheiro, em meu nome*, em separado".

Ora, esse projeto de ter o próprio dinheiro, a despeito de especificidades locais, parece ter ocorrido de modo muito semelhante em outros grupos Mebêngôkre, manifestando-se em seu notório engajamento com as indústrias madeireira e garimpeira (como no passado havia sido o engajamento com as indústrias da borracha, da castanha-do-pará e com o comércio de peles), e no surgimento de lideranças prestigiosas e supostamente endinheiradas, como Paulinho Pajakãn, "Coronel" Tyt-Pombo, entre outros – fenômenos bastante comentados na imprensa nacional e estrangeira (Rabben, 1998; Freire, 2001), e já tematizados pelos antropólogos (Turner, 1993a, 1995b; Fisher, 2000; Inglez de Souza, 2000).

Os Xikrin também tiveram seu período de envolvimento com a extração de madeira, até o início dos anos 1990. Mas no seu caso, a intervenção indigenista de antropólogos e ONGs procurou conter o processo, mobilizando o grupo para a experiência do manejo sustentável. Ao mesmo tempo, tal atuação ajudou a fazer que a relação dos índios com a CVRD viesse paulatinamente a ocupar o centro do palco no que toca à obtenção de dinheiro e mercadorias, o que foi, sem dúvida, para os Xikrin, um enorme e importante ganho político. Hoje, praticamente todos os recursos de que os Xikrin dispõem provêm de seu vínculo com a CVRD. O Projeto Kaben Djuoi, pensado inicialmente como uma importante fonte de recursos, demorou oito anos para se implementar como atividade comercial, apesar de as atividades de diagnóstico, pesquisa e articulação política terem sido constantes durante esse tempo. Quando se tornou finalmente realidade, o resultado financeiro ficou abaixo do esperado pelos Xikrin, em termos absolutos, mas sobretudo relativamente, já que, nesse ínterim, os recursos que recebiam do Convênio-CVRD, notadamente a chamada Verba Mensal, tiveram grande crescimento. De 1998 para 2001, a Verba, por exemplo, aumentou em mais de 500%. Uma boa safra de madeira retirada pelo projeto renderia anualmente aos Xikrin o que eles recebem em dois meses de Verba Mensal. Isso também foi um dos motivos para que os índios encerrassem o projeto.

O montante anual dos recursos obtidos pelos Xikrin da CVRD, veremos em detalhes, é considerável, assegurando-lhes condições muito boas de assistência. Curiosamente, ao contrário do que se poderia esperar, a garantia de um fluxo constante de bens e serviços por meio do convênio não vem aplacando o consumismo Xikrin. Questão duplamente problemática: tanto do ponto de vista antropológico, quanto no que concerne às políticas indigenistas.

A aquisição dos objetos importados, portanto, encontrou mecanismos de institucionalização no convênio. Os Xikrin organizaram um sistema de aquisição, divisão do dinheiro e distribuição de mercadorias adquiridas. Mas abordar esse sistema implica abordar previamente a organização política xikrin e a chefia. Como já foi visto, desde o final da atuação missionária do padre Caron e da instalação do posto indígena da Funai, a organização das sociedades masculinas, as chamadas "turmas", esteve na base dos mecanismos de alocação de mercadorias obtidas dos brancos. Os produtos industrializados eram adquiridos pela Funai, enviados ao encarregado do Posto, que os entregava aos dois chefes – um dos quais era considerado o chefe principal da aldeia, ao passo que o outro (seu irmão), chefe de uma turma masculina. Cabia a eles o papel de redistribuidores (Vidal, 1977, p.143-5, 196-7).

O sistema de distribuição por "turma" manteve-se mais ou menos inalterado no período do primeiro convênio da CVRD com a Funai e continua funcionando hoje, depois da implementação do Convênio 453 de 1989, ainda que de maneira bem mais complexa, em virtude do paulatino incremento dos recursos ao longo dos anos, da participação cada vez mais direta dos próprios Xikrin no gerenciamento – culminando com a assunção pela Associação Bep-Nói de toda a gerência dos recursos do convênio –, e da própria dinâmica política e demográfica dos Xikrin, com o aumento populacional, surgimento de novas turmas e lideranças etc.

Desse modo, antes de apresentar o funcionamento do Convênio-CVRD e os momentos de aquisição e distribuição, é necessário determo-nos sobre a estrutura política Xikrin, provendo algumas informações que servem como pano de fundo para a discussão desenvolvida a seguir. O tema é complexo e já foi maciçamente tratado pelos etnógrafos que estudaram os grupos Mebêngôkre (Turner, 1966, 1979a, 1991b; Vidal, 1977; Verswijver, 1978, 1992, 2002; Bamberger, 1979; Werner, 1981, 1982; Fisher, 1991).

Organização política

A vida política de uma comunidade xikrin, bem como, em geral, de qualquer comunidade mebêngôkre, estrutura-se em torno de grupos masculinos, as chamadas sociedades de homens ou turmas, que Turner (1966, 1979a, 1984) descreveu como fazendo parte de um nível mais inclusivo da organização social – a enfeixar os indivíduos com base em princípios outros que o dos laços de parentesco, em oposição às unidades domésticas –, sob o rótulo de "instituições comunais". Tais grupos funcionam como um tipo de "corporação" (Turner, 1966, p.40), cujos membros participam coletivamente de diversas atividades e são chefiados, cada qual, por um líder plenamente reconhecido (ocasionalmente por mais de um líder), um dos quais, em geral, assume também a chefia da aldeia como um todo. As mulheres também se organizam em turmas, paralelas às dos maridos, e as esposas de cada líder de turma masculina geralmente assumem a liderança das respectivas turmas de mulheres. Porém, as turmas femininas, apesar de se constituírem em grupos de reunião e trabalho, não possuem a mesma conspicuidade no que se refere às decisões políticas. Elas realizam conjuntamente as atividades de colheita nas roças grandes, curtas expedições de coleta na mata e, também, sessões de pintura corporal.

A composição dessas sociedades tem por base o sistema de categorias de idade, ainda que exista, para qualquer indivíduo, a liberdade de escolher a que turma se filiar. Resumidamente, e sem mencionar as fases da infância, as categorias de idade são as seguintes: *menõrõnyre* –

jovens que passaram pela iniciação, solteiros ou recém-casados, mas ainda sem filhos (a categoria feminina correspondente é *mekurerere* ou *mekrajtyk*); *mekrare* – todos os homens e mulheres com filhos, categoria que se divide em *mekyranre* ou *mekrapỹnhre* (homens ou mulheres com poucos filhos e/ou filhos pequenos); *mekrakrãmti* ou *mekratumre* (com muitos filhos, em geral mais de quatro, e/ou filhos crescidos); *mebêngêt* (feminino *mebêngêj*) – homens e mulheres já velhos que possuem netos, ou seja, pessoas cujos *filhos* tornaram-se *mekrare*.[6] Essas palavras são descritivas e formadas por composição. Por exemplo, *mekrare* significa 'gente com filho', ou 'os que têm filhos', onde *mẽ* ≈ plural; *kra* ≈ 'filho'/'filha'; *re* ≈ nominalizador e diminutivo.

Pois bem, Fisher (1991, p.403) procurou sintetizar as diferentes possibilidades de organização das turmas masculinas – comparando os dados coligidos por ele mesmo entre os Xikrin do Bacajá com as informações fornecidas por outros etnógrafos –, mostrando que elas tanto podem coincidir basicamente com as divisões de idade quanto apresentarem-se misturadas, isto é, compostas por pessoas de diferentes categorias etárias. Entre os Xikrin, a participação nesses grupos não parece obrigatória, sendo, em tese, possível a qualquer indivíduo eximir-se de tomar parte. Na prática, porém, o isolamento social que adviria de tal decisão tornaria difícil a posição dessa pessoa na vida comunitária. Difícil, mas não impossível, pois há registros desse tipo de 'marginalidade' (Vidal, 1977, p.151; Fisher, 1998).

Formalmente, apenas os homens adultos, casados (ou seja, com filhos) da categoria *mekrare* são membros efetivos e participam das atividades das turmas. Mas os *menõrõnyre* – sobretudo os mais velhos (*menõrõny a tum*) e aqueles que estão prestes a casar, ou recém-casados, mas ainda sem filhos – podem se ajuntar de modo mais ou menos frouxo a uma turma, geralmente àquela em que se agrupam os adultos mais jovens *mekranyre* ou *mekrabdji* (esse termo indica aqueles com apenas um filho, contração de *me-kra-pydji*, onde *pydji* ≈ um, único). De todo modo, os *menõrõnyre* não são considerados membros plenos de uma turma da

---

[6] Para uma descrição completa das categorias de idade entre os Xikrin, ver Vidal (1977, p.57 e Cap. III); e entre os Kayapó, Turner (1966, p.IV).

mesma forma que os *mekrare*. Entre os Xikrin, isso fica visível, por exemplo, em certos momentos de distribuição nominal de recursos financeiros, a cargo dos chefes de turma. Na distribuição de uma parcela dos resultados da exploração do Projeto Kaben Djuoi, em dezembro de 2001, por exemplo, um dos chefes, ao dividir a parte que cabia ao seu grupo, arbitrou um valor nominal de R$ 180,00 para os adultos, e R$ 50,00 para o grupo de *menõrõnyre* ou recém-casados sem filhos. Além disso, a associação mais frouxa dos *menõrõnyre* às turmas é consistente com a posição de sua contraparte feminina: as jovens mulheres solteiras, sem filhos, da categoria de idade correspondente *mekurerere* não integram nenhum grupo de mulheres.

A cooperação em determinado tipo de atividade ou trabalho parece definir bem um aspecto da natureza das turmas, que são denominadas como "grupos de trabalho de um determinado líder": fulano *nhõ àpêj* ou beltrano *nhõ àpêj* (onde *àpêj* ≈ verbo trabalhar, *nhõ* ≈ possessivo). De fato, cada turma xikrin possui uma grande roça (*puru rájx*), também designada pelo nome do líder (fulano *nhõ puru*). Nela os integrantes trabalham conjuntamente na derrubada e queima, eventualmente na semeadura; já a colheita é responsabilidade das mulheres. Caberá ao chefe distribuir a produção para cada família, ou especificar que porções da seara serão destinadas a cada uma, que consumirá individualmente (mas essas roças podem servir também para complementar a produção de alimentos para as cerimônias).

As turmas realizam também a apanha da castanha-do-pará, que se dá no período chuvoso, além de empreender algumas curtas expedições de caça e coleta. Antigamente, muitas das longas expedições eram organizadas com base nas turmas, que costumavam explorar zonas diferenciadas da floresta. Ainda hoje os Xikrin afirmam que, para cada turma, estão determinadas ou definidas algumas áreas na mata próprias para a exploração, no entorno próximo ou distante. As expedições resumem-se, essencialmente, aos períodos cerimoniais, quando, em geral, organizam-se de outra maneira, pois são os irmãos reais e putativos dos patrocinadores das festas que atuam em conjunto. Desse modo, as turmas raramente realizam caçadas longas nos dias de hoje. Suas atividades restringem-se, principalmente, ao trabalho nas roças grandes, na safra da castanha e, por vezes, nos trabalhos de capina da pista de pouso, da limpeza das picadas que conduzem às roças, alguns "mutirões" etc.

Porém, as turmas não devem ser vistas apenas como grupos de trabalho voltados para as atividades produtivas. Costuma haver solidariedade entre seus membros, que devem prestar apoio mútuo em diversos contextos. Espera-se, também, que os membros rendam lealdade ao líder da turma; este, por sua vez, deve atuar para o fortalecimento do grupo e o bem-estar de seus membros. A solidariedade interna à turma tem como contrapartida a possibilidade de disputa *entre* elas. A ascendência de cada chefe, que trabalha no interesse de seus seguidores, sua busca por prestígio, afirmação e legitimidade política têm o efeito de conduzir as relações entre as turmas a uma rivalidade latente. Essa tensão deve ser contrabalançada por uma relação de respeito (*pia'àm*) entre os membros das diferentes turmas. Os Xikrin parecem conscientes da tendência ao faccionalismo, pois, em diversos contextos discursivos, expressam um ideal de que as sociedades de homens devem atuar em harmonia, para o bem da aldeia inteira. Rivalidades acentuadas podem levar a fissões aldeãs, frequentes na história dos grupos Mebêngôkre, como vimos em capítulos anteriores.

De modo geral, portanto, as turmas podem atuar em colaboração, mas também de forma competitiva. As rivalidades podem se manifestar de muitos modos, por exemplo, no que diz respeito aos famosos *epítetos*, que estiveram na base da formação dos nomes de diversas comunidades e etnônimos mebêngôkre. Desde a etnografia de Turner (1966, p.40), sabe-se que as turmas podem possuir nomes ou apelidos. Entre os Xikrin, grande parte desses nomes não é atribuída pelos próprios membros da turma em questão, mas pelos membros das outras, e, quase sempre, com uma conotação jocosa que faz menção a supostas características corporais ou comportamentais, "afecções".[7] Por exemplo: 'os cabeça-inchada' (*mẽ-krã-kam-runh-re*); 'os grandes mentirosos' (*mẽ-ênhi-ti*); 'os

---

[7] Confirmando, aliás, num plano específico, uma observação mais geral de Viveiros de Castro (2002a, p.372): "a objetivação etnonímica incide primordialmente sobre os outros, não sobre quem está na posição de sujeito ... Os etnônimos são nomes de terceiros, pertencem à categoria do *'eles'*, não à categoria do *'nós'* ... nomear é externalizar, separar (d)o sujeito" (itálicos no original).

urubus' (*mẽ-bê-nhônh*) – pois, quando é servida a comida ritual, por exemplo, disputam-na avidamente, como um bando de urubus sobre a carniça; 'os cutia' (*mẽ-bê-kukênh*) – pois, quando chegam as compras, recolhem-nas e guardam-nas rapidamente em casa, como a cutia esconde seu alimento; 'os de pênis pequeno', como o do tamanduá (*mẽ-bê-pàtmy*); entre outros, por vezes ainda mais escatológicos e sexuais. Quando eu perguntava a algum homem o nome de sua própria turma, a resposta era normalmente negativa: "não tem nome". Em vez disso, davam a descrição genérica: *i-nhõ àpêj* ('meu grupo de trabalho'). Porém, sempre me forneciam os nomes das turmas 'rivais', em tom de pilhéria, ressalvando, algumas vezes, que se tratava apenas de 'nomes de brincadeira' (*idji bixaêre*), e que eu não deveria pronunciar o epíteto publicamente ou mencioná-lo na frente do líder da turma assim apelidada, para não lhe provocar irritação e não estimular o antagonismo entre as turmas. Ao contrário do que ocorria quando me confidenciavam os apelidos pessoais de seus próprios companheiros de turma – quase sempre referências ao órgão sexual –, os quais eu era incitado a proclamar em voz alta, pois aí o objetivo era criar um constrangimento divertido para mim e para o apelidado (que, às vezes, manifestava alguma irritação, fingida ou não), em meio às risadas da audiência.

Na prática, a relação entre as turmas pode tender para convergência ou para competição em virtude de uma série complexa de fatores, entre os quais sua composição, a relação entre seus líderes etc. É preciso manter um balanço delicado entre elas para a manutenção da coesão política da aldeia. Por isso mesmo, há certas relações formalizadas de troca entre as turmas, que enfatizam sua complementaridade. Após o término de uma cerimônia de nominação Bep, transcorrida em 1999, as sociedades masculinas realizaram, durante dois dias consecutivos, uma troca de alimentos no *ngàbê*, denominada *mé aben kadji ba* ('oferecer ou dispor alguma coisa uns aos outros') ou *aben kam'o kwö kren o nhy* ('momento de comer a porção que foi reciprocamente oferecida').[8] É um momento em

---

8 Os dados de Fisher (2000, p.59) sobre os anos 1930-1950 entre os Xikrin do Bacajá sugerem que essas trocas de alimentos entre as turmas, hoje esporádicas, podiam ocorrer de forma mais constante em determinado período, estando mesmo na base da organização das atividades produtivas.

que as turmas oferecem-se reciprocamente uma dádiva muito especial que é a comida.

Todavia, embora esses momentos tenham o objetivo de afirmar a complementaridade, a reciprocidade e a colaboração entre as turmas, é sempre possível que a rivalidade se manifeste ali mesmo: por exemplo, em acusações mútuas, mas muitas vezes veladas, de que uma delas não se esforçou suficientemente na troca, ou de que recebeu mais do que ofertou, de que fez 'corpo mole'. Há, portanto, uma dose de instabilidade irredutível nas relações entre as turmas.

A posição dos chefes é central nessas relações e, em última instância, o equilíbrio político depende de sua atuação. Mais ambição por parte de um chefe pode aumentar a tendência agonística entre as turmas, e mesmo no interior delas, caso o chefe seja visto por seus seguidores como excessivamente sovina (*õ djö*). Por outro lado, o faccionalismo pode ser reduzido, de alguma maneira, pela presença de um chefe forte, cuja liderança transcenda os limites das sociedades masculinas, passando a ser reconhecido como chefe da aldeia como um todo.

Na etnografia mebêngôkre, há certa controvérsia quanto à posição do "chefe de aldeia", que decorre da nossa própria dificuldade em lidar com a questão da segmentaridade e com a lógica complexa da relação entre 'parte' e 'todo' na socialidade mebêngôkre. Turner (1966) e Verswijver (2002), por exemplo, sugerem que entre os Kayapó não há, institucionalmente, a figura do chefe único, representando a aldeia inteira. De fato, a posição do chefe kayapó não é definida diretamente em referência à aldeia como um todo, mas inicialmente a cada turma em particular, e em toda aldeia haveria, pelo menos, dois chefes legitimamente reconhecidos. Mas isso decorre justamente – fenômeno que escapou às observações de Turner – do fato de que a aldeia *é* um 'todo' *muito particular, nunca um 'todo' para todo mundo, o tempo todo*. Refraseando a colocação de Turner e Verswjiver, eu diria que não há institucionalmente a figura do chefe único representante da aldeia inteira, porque não existe institucionalmente a aldeia. A aldeia é uma entidade mais ou menos transitória, que pode manter-se como uma unidade por um certo tempo, como pode também fracionar-se em novas unidades, estruturalmente idênticas à anterior. Igualmente, essas unidades podem, em determinadas circunstâncias, condensar-se numa unidade maior. A chefia da aldeia é uma virtualidade, cuja atualização depende da história dos grupos Mebêngôkre.

Entre os Xikrin, a posição de chefe da aldeia, visto como hierarquicamente mais alto que o chefe de turma (um chefe com algo a mais), é reconhecida há muitos anos (Vidal, 1977, p.143, 145, 151). Porém, mesmo nesse caso, como vimos no capítulo anterior, a posição não é plenamente estável. Apesar de ser verdade que, após a morte do velho chefe Bep-karôti, seu filho Bemoti foi reconhecido como chefe da aldeia, isso não impediu que o irmão deste último logo passasse a ocupar importante posição política, tornando-se um segundo chefe. Interessante que, em certo momento e durante alguns anos, esses dois irmãos tenham construído suas casas em pontos diametralmente opostos no círculo da aldeia: Bemoti no lado leste, e Tàkàk-2 no lado oeste. Os filhos primogênitos de cada um deles (atuais chefes das aldeias Cateté e Djudjêkô, respectivamente) moravam em casas construídas ao lado dos pais. Essa era a configuração até 1993, antes da separação entre Cateté e Djudjêkô. Quando foi construída esta última aldeia, Tàkàk-2 fez erguer, então, sua casa no lado *leste*, ocupando o ponto que, no Cateté, era ocupado por seu irmão (ver croqui, p.442).

Além disso, há décadas a chefia da aldeia vem sendo transmitida dentro de uma mesma família, passando de pai para filho e de irmão mais velho a irmão mais novo (Vidal, 1977, p.150). Tudo isso é muito complicado, e é bom ter em mente que a chefia, seja ela mais ou menos influente, é algo que se precisa cavar ou construir, lançando-se mão de diferentes elementos de prestígio e relações sociais. Assim, eventos históricos devem sempre entrar na conta. Considerando, por exemplo, o período de grande faccionalismo até a metade do século XX, as perdas populacionais sofridas (resultando em algumas aldeias formadas por uma única sociedade masculina) podem ter concorrido para que, em algumas aldeias, a chefia se concentrasse. Certamente, o contato com as instâncias estatais brasileiras também pode ter favorecido a ideia de um representante global de toda a aldeia.[9]

---

9 Ver Fisher (2000, p.74), sobre o período em que os Xikrin do Bacajá começaram a falar especificamente de chefes para tratar com os brancos, ou *kubẽ nhõ bendadjwörö*. Ver também Werner (1982), que tece alguns comentários sobre a transmissão hereditária da chefia.

Resumindo a estrutura política xikrin atual, podemos dizer que ela se apresenta como um sistema hierárquico, comportando diferentes posições. Em primeiro lugar, no topo do sistema político, estão o que podemos chamar de 'chefes maiores', que, além de liderarem uma turma, são reconhecidos interna e externamente como chefes de aldeia e são denominados, genericamente, *benadjwörö*,[10] ou mais especificamente *benadjwörö rajx* ('chefe grande'). Em geral, cabe-lhes o ônus da palavra final sobre as decisões que dizem respeito à aldeia como um todo. Além disso eles são os principais articuladores perante as instâncias externas: Funai, CVRD, ISA e outros agentes. Em segundo lugar, estão os 'chefes menores', que são chefes de turma masculina, mas não reconhecidos como chefes da aldeia (podendo, no entanto, aspirar a tal posição). Podem participar de maneira importante das decisões políticas externas e internas, mas sua jurisdição, vamos dizer assim, limita-se à sua turma. Também são chamados de *benadjwörö* ou *ami kôt kute mẽ o ba* ou *mẽobadjwöj* (isto é, 'aquele que se faz seguir, aquele que os outros seguem').[11] Por último, há as chamadas "lideranças", definidas por Inglez de Souza (2000, p.108) como a "elite negocial", que são os 'secretários' ou 'assistentes' de chefes, responsáveis por auxiliá-los na intermediação com as instituições estrangeiras, mas que nutrem, via de regra, aspirações políticas maiores. Finalmente, completando o quadro, além dos chefes de aldeia, dos líderes de turma e das lideranças, há o conselho de homens adultos, muitas vezes, denominados em português "guerreiros", que se apresenta, de maneira geral, hierarquizado com base nas categorias de idade: homens mais velhos (*mebêngêt, mekratum*) têm mais voz que os mais jovens (*mekranyre*) durante as reuniões no *ngàbê* e nas

---

10 Na década de 1970, pelas informações de Vidal (1977, p.134, 144), a chefia era designada pelo termo *ngôkõnbàri* ('detentor do maracá'), e o chefe da aldeia (Bemoti) era distinguido do chefe de turma mais novo (Tàkàk-2) pela adição do adjetivo *tum* ('velho', 'antigo') ou *tum jabatàj* ('velho crescido, adulto') ao primeiro, e *ny* ('novo', 'recente') ao segundo. Atualmente, os Xikrin utilizam o termo *benadjwörö*, também utilizado entre os Kayapó.

11 Onde *ami* ≈ reflexivo; *kôt* ≈ posp. 'com', 'junto de'; *kute* ≈ 3ª p., caso ergativo, 'o qual'; *mẽ* ≈ coletivizador, plural; *o* ≈ posp. de instrumento ou causa; *ba* ≈ estar, andar; *djwöj* ≈ agentivo, fazedor, dono.

questões políticas e comunitárias. Diversamente daqueles, estes últimos raramente expressam publicamente sua opinião e nunca proferem discursos formais.

Esse painel é, na verdade, esquemático, e esconde algumas sutilezas e complexidades importantes. Nem todos os homens mais velhos, como parte de uma categoria de idade, compartilham do mesmo prestígio e autoridade, e nem todos possuem voz ativa nas questões comunitárias, não realizando discursos ou mesmo não se pronunciando durante as reuniões, assumindo, pode-se dizer, uma atitude mais condizente ao grupo de jovens e recém-casados. Por outro lado, alguns adultos jovens (*mekranyre*) podem ter uma participação ativa nas reuniões do conselho, expressando-se, emitindo opiniões e arriscando discursos formais. Prestígio e influência não emanam, automaticamente e por si só, das categorias etárias.

Concretamente, até meados de 2001, tais fatos apresentavam-se da seguinte maneira (ver Figura 4).

Na aldeia Cateté existem três turmas. A dos homens adultos jovens com poucos filhos ou filhos ainda criança, na faixa dos vinte a 35 anos liderados pelo indivíduo (**6**) na figura. É o grupo maior, formado por aproximadamente trinta homens – membros plenamente reconhecidos –, além de outros vinte membros mais jovens (de quinze a vinte anos), recém-

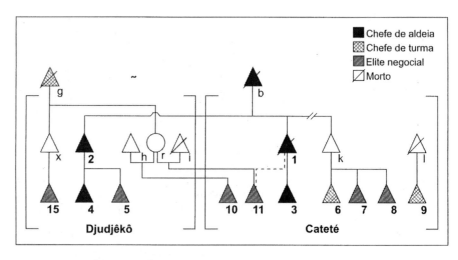

FIGURA 4 – Lideranças xikrin.

-saídos da categoria *menõrõnyre*, incluindo ainda uns poucos solteiros ou recém-casados, porém sem filhos. A segunda turma é a dos homens maduros, casados de muito tempo e com muitos filhos, na faixa dos quarenta anos, que somam aproximadamente vinte homens, liderados por Bep-3 (3) –, que é também reconhecido como o chefe geral da aldeia Cateté. Por fim, existe a turma dos homens mais velhos, por volta dos cinquenta anos em diante, casados há muito tempo e com muitos filhos e netos (das categorias de idade *mebêngêt* ou *meabatàj tum*), somando cerca de 25 homens, sob a liderança do indivíduo (9), que havia sido chefe dos *menõrõnyre* (*ngôkõnbàri ny*) no final dos anos 60, e um dos assistentes de Tàkàk-2 (2) nos anos 70, conforme mencionado na página 158.

Conforme ocorre de maneira geral nos demais grupos Mebêngôkre, os homens realmente idosos da categoria dos *mebêngêt* não mais constituem uma turma. Pode-se dizer que se afastam da vida política, não participam das atividades produtivas empreendidas pelas turmas, vão menos ao *ngàbe*, apesar de poderem atuar como conselheiros ou mestres de cerimônias, já que alguns detêm conhecimentos profundos sobre os procedimentos rituais. É o caso do velho chefe Bemoti – indivíduo (1) na figura –, falecido em 2002, mas que, na ocasião da minha pesquisa, vivia uma espécie de tranquila aposentadoria.

Compondo o grupo das principais lideranças ou assistentes de chefe estão quatro homens, entre 35 e quarenta anos, todos bons falantes de português. Dois deles (7) e (8) são os irmãos mais velhos do chefe de turma Bep-6. Os indivíduos (6), (7) e (8) são todos filhos de um "irmão" (k) de Bemoti e Tàkàk-2. Este homem (k) era filho adotivo do velho Bep-karôti (b). Os outros dois – indivíduos (10) e (11) – são também irmãos (por parte de mãe), e netos por linha materna de Be-kàra (g), que havia sido chefe de turma no Bacajá (Fisher, 2000, p.56), e era um 'amigo formal' (*kràbdjwö*, indicado por 'til' na figura) de Bep-karôti. A propósito, o indivíduo (11) costuma, em certos contextos, apresentar-se como filho putativo do velho chefe Bemoti (relação indicada, na figura, pela linha tracejada), pois durante um período de sua infância teria sido adotado por ele. Extremamente articulado, procura ter intensa atuação política, tem bom trânsito com os funcionários da CVRD e da Funai e experiência no trato com os brancos. Já seu irmão (10) foi investido de um cargo que os Xikrin chamam de *"comprador"* da aldeia, responsável pelo acompanhamento das compras mensais da comunidade.

Na aldeia Djudjêkô, existem apenas duas turmas – a dos mais velhos, com aproximadamente doze homens (de mais de cinquenta anos), cujo líder é Tàkàk-2, indivíduo (2) na figura; e a dos jovens, com cerca de vinte homens (variando dos vinte aos quarenta anos), liderados por Tàkàk-4 (4), seu filho, considerado o chefe da aldeia. Essas duas turmas, apesar de distintas quanto às atividades de produção material (roças, caça etc.), parecem funcionar em estreita associação no que diz respeito à política. Talvez seja possível dizer que pai e filho partilham a liderança da aldeia Djudjêkô, ainda que Tàkàk-4 seja o representante oficial da comunidade. Assim, representei na figura o velho Tàkàk-2 também como chefe de aldeia. Uma geração de cerca de quinze jovens *menõrõnyre* (solteiros) começa a despontar como uma possível turma, talvez sob a liderança de um dos irmãos de Tàkàk-4. Aliás, um de seus irmãos, o indivíduo (5), com cerca de trinta anos, está entre as lideranças, assim como o indivíduo (15), 26 anos, outro neto de Be-kàra, mas por linha paterna. Disseram-me que tal jovem era o "comprador" da aldeia, cargo até 1998 ocupado por seu pai (x). Este último, no entanto, costuma manifestar uma sutil oposição aos dois chefes principais, senão explicitamente, pelo menos em conversas de bastidor. Numa ocasião, quando comentei sobre o fato de seu filho passar a ser o "comprador", ele me respondeu, entre uma crítica e outra aos chefes principais: "não é comprador, não; é *benadjwörö* (chefe) mesmo".

Existem outros homens de prestígio e maior ou menor atuação política, que poderiam ser vistos também como lideranças. Mas decidi registrar apenas os que aparecem na figura (numerados), pois são eles que formam o grupo atual de lideranças 'oficiais', isto é, recebem salários provenientes da verba comunitária para ocupar os cargos de chefia (retomarei esse ponto no próximo capítulo, ao descrever a divisão da chamada Verba Mensal). Excetuando-se Bemoti e Tàkàk-2, mais velhos, que compreendem bem, mas falam apenas razoavelmente o português, todos os outros são bons falantes dessa língua, especialmente Tàkàk-4, bilíngue perfeito.

Parece haver uma relativa conformidade entre a composição das turmas xikrin e as categorias de idade. As turmas se dividem acompanhando razoavelmente a faixa etária de seus membros. Um tanto grosseiramente, se imaginássemos uma sequência dos mais velhos para os mais novos, englobando a população das duas aldeias, teríamos o seguinte: A – Djudjêkô (Tàkàk-2), B – Cateté (Bep-9), C – Cateté (Bep-3), D – Djudjêkô (Tàkàk-4), E – Cateté (Bep-6), e por fim os *menõrõnyre* de ambas as aldeias, que vêm agrupando-se nas turmas E (no Cateté) e D (Djudjêkô), até que surjam novas lideranças capazes de aglutinar esse contingente de rapazes, formando, quem sabe futuramente, outras duas turmas.[12] Lembro que o Djudjêkô foi formado de uma dissidência, e que as composições demográficas das duas aldeias são diferentes. Na aldeia mais nova quase não há indivíduos na faixa dos quarenta, cinquenta anos, e há muito poucos na faixa dos trinta, quarenta anos.

Quanto às possíveis rivalidades entre as turmas, já observei que, no Djudjêkô, pai e filho parecem atuar coordenadamente, de maneira que não pude perceber nenhuma confrontação política entre os dois grupos. No Cateté, as turmas de (3) e (6) me pareceram atuar de maneira mais articulada, ao passo que (9), líder dos mais velhos, mantém uma posição mais independente, muitas vezes manifestando contrariedade à forma como vem sendo conduzida a política da aldeia, e, em algumas ocasiões, expressando desejo de constituir uma aldeia em separado. Sua menor influência nos assuntos que envolvem a aldeia como um todo, contrastando com sua forte legitimidade perante seu grupo de seguidores, talvez se deva ao fato de Bep-9, ao contrário dos outros dois chefes, ser associado ao grupo do Bacajá, mesmo estando desde menino no Cateté. Seu pai, Tôtante, foi um dos que partiram para o Bacajá por volta dos anos 1930, retornando ao Cateté um quarto de século depois (quando Bep-9 deveria ter cerca de dez anos). Tornarei a esse ponto, quando estiver descrevendo a 'política salarial' nas duas aldeias.

---

12 Em 2003, os Xikrin me informaram que havia agora no Cateté uma nova turma, dos *mekrapỹnhre*, liderada pelo filho do chefe Bep-3. É um jovem de vinte anos, que se casou em 1999 e teve seu primeiro filho (na verdade, uma menina) no ano 2000. Logo depois de casado, esse jovem residiu com a esposa na casa do avô materno, portanto, em teoria virilocalmente, não fosse o fato de seus pais residirem apenas alternativamente nesta casa, possuindo uma residência própria (casa 2). Apenas após o nascimento da filha, o jovem casal foi viver uxorilocalmente (casa 5, ver Anexos).

A rivalidade entre as duas aldeias (Cateté e Djudjêkô) é marcada em vários momentos. Quando da inauguração da pista de pouso no Djudjêkô, em 1998, os comentários que escutei, de homens e mulheres, foram: "nossa pista está maior que a do Cateté. Agora tem que haver mais voos para cá do que para o Cateté". Além disso, os chefes costumam jactar-se de seu trabalho e evocam, muitas vezes, como contraponto, a outra aldeia: "Aqui eu estou trabalhando muito para que a aldeia fique bonita (*mejx*), para que a comunidade fique satisfeita (*mẽ mã kĩ nh*). Agora, lá na outra aldeia, não sei". Tàkàk-4 costumava dizer explicitamente que queria a aldeia Djudjêkô mais bonita e com melhor infraestrutura que a do Cateté. Por outro lado, algumas pessoas do Cateté, mencionando a política mais aberta de Tàkàk-4 em relação a outras aldeias kayapó (frequentemente o chefe convida pessoas e famílias kayapó-gorotire, principalmente das aldeias Möjxkàràkô e Kikretum, a passar longas temporadas em sua aldeia, hospedadas, na maioria das vezes, em sua própria casa), me anunciavam: "aqui ninguém gosta de Kayapó, eu não quero Kayapó morando no Cateté. Quem gosta de Kayapó é Tàkàk-4".

Em outra ocasião, no escritório da ABN em Marabá, o chefe de turma Bep-6 contemplava uma tabuleta nova, pendurada numa das paredes, onde se lia: Associação Indígena Bep-Nói de Defesa do Povo Xikrin do Cateté. Depois de uns instantes, com um sorriso maroto, comentou para um grupo de jovens do Djudjêkô: "Eu acho que vocês não deveriam mais receber nenhum dinheiro da Associação. Não está vendo? A Associação não é de defesa dos Xikrin *do Cateté*? Então, vocês são do Djudjêkô! Não têm nada a ver com a Associação. Nós é que somos do Cateté, o *piôkaprin* é todo nosso".

O tom de pilhéria expressava, não obstante, um real sentimento sobre as relações entre as aldeias e sobre o funcionamento político. Tanto que, cerca de dois anos depois, a aldeia do Djudjêkô decidiu realmente fundar uma associação própria (Associação Kàkàrekre de Defesa do Povo Xikrin do Djudjêkô), para gerir separadamente seus negócios com a CVRD.

Eu mesmo experimentei algumas acusações de quebra de lealdade, que eram expressões da rivalidade entre as duas aldeias. Durante grande parte do período de campo, eu alternava minhas estadias, permanecendo cerca de duas semanas em cada uma. Era frequente escutar, num dos meus retornos, mal colocando os pés na aldeia, entre uma e outra saudação, uma repreenda: "o que você está fazendo aqui? Você agora é do Djudjêkô [por exemplo], você só quer saber do Djudjêkô. Volta pra lá". Em outro evento, convidado a apitar uma partida de futebol entre as 'seleções' das duas aldeias, transcorrida no Cateté, marquei um pênalti (que julguei ter sido indiscutível) contra a equipe visitante, que terminou derrotada – não por causa do pênalti, felizmente, para mim, perdido pelo cobrador. Isso me valeu pelo menos uma semana de admoestação e críticas do pessoal do Djudjêkô.

A propósito, partidas de futebol entre as duas aldeias são momentos em que a rivalidade atinge um nível quase perigoso. Há sempre grande expectativa antecedendo o jogo, os chefes (que passam a ser chamados de "presidentes do time") podem apostar caixas de refrigerante, e algumas pessoas apostam individualmente (um relógio, um boné) nas seleções de suas respectivas aldeias. Em uma partida anterior, que também foi realizada no Cateté, houve um momento de tensão, quando o técnico do Djudjêkô, depois de ver seu time ser derrotado por 6 x 0, proferiu um duro discurso no *ngàbê*, acusando o juiz (um jovem *mekrare* do Cateté) de ter favorecido acintosamente o time de sua própria aldeia. Foi preciso que alguns homens mais velhos intercedessem: "vamos todos descansar e comer, depois vocês voltam ao Djudjêkô em paz".

Voltando à partida que eu e o chefe substituto do Posto apitamos,[13] tudo transcorreu de maneira bastante formalizada e em clima de revanche. O pessoal do Djudjêkô chegou poucos minutos antes, no caminhão da comunidade.[14] Os times entraram perfilados, uniformizados, e posaram para fotografia. Soltaram-se fogos de artifício. Os torcedores não se misturaram. Os do Djudjêkô aglomeraram-se no lado oeste, próximo à saída que leva a sua aldeia, posicionando-se em

---

13 Os Xikrin pediram-nos, a nós brancos, que apitássemos visando a justamente evitar acusações como a do outro jogo (que terminou 6 x 0). No final, de fato, a coisa foi mais branda, mas eu não escapei das reclamações.

14 Nessa época, um único caminhão servia às duas aldeias. Posteriormente passaram a ser dois, um para cada aldeia. Depois, vieram outros veículos: um para cada líder de turma. Depois, os veículos particulares dos chefes de aldeia. Hoje a frota de automóveis dos Xikrin é considerável.

frente às casas onde moravam Tàkàk-2 e Tàkàk-4 antes da separação. Os torcedores do Cateté concentraram-se no *ngàbê*. Ao final, com o placar de 2 x 1 para o Cateté, o time vencedor subiu ao caminhão e deu uma volta pela praça, enquanto as mulheres saíam do *ngàbê* pintadas de urucum e, em fila dupla, dançaram e cantaram no *metorodjà*. Por seu turno, os visitantes, derrotados, lamentavam-se e buscavam explicações, sendo a atuação dos juízes uma delas. Ao mesmo tempo, uma 'amiga formal' (*kràbdjwö*) de minha 'mãe' chegou a empreender uma carreira atrás de mim, querendo me aplicar um corretivo (escarificação), para divertimento e risadas dos presentes, tudo porque, antes do jogo, eu teria inadvertidamente 'provocado' a torcida do Cateté, dizendo que a equipe do Djudjêkô venceria desta vez. Finalmente, terminada a volta olímpica, todos se reuniram no *ngàbê*, na presença dos dois chefes da aldeia, que proferiram discursos e prometeram novas partidas, novas apostas e um torneio entre a seleção geral dos Xikrin contra times de aldeias kayapó.

Após esse segundo jogo, fiquei impressionado em ver que o assunto, que eu jamais esperaria ser tratado de forma tão séria, estava sendo debatido por todos no Djudjêkô. Na casa de Tàkàk-2, um grupo de mulheres velhas, incluindo a esposa do chefe, queixava-se da derrota e tecia comentários sobre o desempenho dos jogadores de sua aldeia, sugerindo que eles intensificassem os treinamentos, corressem mais, enfim, atuassem com mais força (*kam töjx*). Um dos jogadores ficou taciturno por dois dias inteiros, dizendo-se triste (*i-kaprin*) e envergonhado (*i-pia'àm*).

Todavia, há outras circunstâncias informais de visita entre parentes das duas aldeias, em que o clima é diferente. Em geral, elas costumam ocorrer nos fins de semana. Os Xikrin aguardam um dia em que um dos dois caminhões da comunidade esteja na aldeia e combinam com o motorista. Nessas ocasiões de visitas familiares, há grande movimentação, trocas de presentes entre os parentes, recados, informações sobre a saúde uns dos outros. Cada um procura logo uma casa de parente para se achegar. Formam grupos diante das casas (*kikre kôj karêre*), muitos circulam, visitando outras casas, outros parentes. Aqui e acolá, o explodir de um choro ritual, alto o suficiente para ser ouvido na aldeia inteira, é o sinal de que um parente querido acaba de chegar. Mas, mesmo assim, nem todos se sentem 'em casa'. Em uma dessas visitas do pessoal do Cateté à aldeia Djudjêkô, o chefe Bep-6 me disse estar "meio perdido", por "não ter nenhum parente ali". Eu contra-argumentei, perguntando sobre seu "pai" terminológico, Tàkàk-2. Ele respondeu que a casa do chefe vive muito cheia, e não sobra comida. E completou em português: "Vou almoçar em casa", isto é, no Cateté.

Enfim, creio que esse panorama da vida política xikrin seja suficiente para que se tenha uma ideia de algumas questões em jogo. Elas reaparecerão à medida que avançarmos na discussão sobre o dinheiro e as mercadorias. É para isso que me volto a seguir, retomando o célebre Convênio com a CVRD.

6
Da fera ao ferro: aquisição

Quem com ferro fere: o Convênio Xikrin – CVRD

A Companhia Vale do Rio Doce, por meio de seu Departamento de Gestão de Meio Ambiente, é a principal fonte de recursos dos Xikrin, movimentando vultosos gastos anuais para cumprir o Convênio 453 de 1989, conforme se pode verificar na Tabela 1. Esses recursos são alocados a diversos programas de assistência – saúde, educação, infraestrutura, vigilância do território, atividades produtivas, transporte, abrangendo ainda boa parte do pessoal envolvido nessas atividades – e incluem uma verba fixa, paga mensalmente, destinada ao consumo de bens não duráveis pelos Xikrin, que foi denominada Verba Mensal. O Convênio garante aos Xikrin um alto padrão de assistência, provavelmente bem melhor do que o da grande maioria das populações indígenas no Brasil, ainda que a CVRD não venha sendo capaz de gestar, junto com os próprios índios, a Funai e outras organizações envolvidas, um verdadeiro "Programa Xikrin", de modo que as atividades e o planejamento sejam entendidos de forma integrada, e não em rubricas estanques e descoordenadas.

Tabela 1 – Resumo financeiro do Convênio de 1994 a 2001 (valores em R$ por ano)

Ano	Valor (R$)
1994	782.630,57
1995	1.266.828,29
1996	827.640,78
1997	718.174,36
1998	671.757,32
1999	1.117.266,59
2000	1.518.366,00*
2001	2.005.654,00**

* Aproximado. Não está computado o gasto dos meses de janeiro, fevereiro e outubro (exceto verba mensal, calculada para os doze meses).

** Aproximado. Não está computado o gasto dos meses de junho, novembro e dezembro (exceto verba mensal, calculada para os doze meses).

Não é preciso entrar em todos pormenores da assistência, bastando apresentar alguns exemplos. No que toca à saúde, os Xikrin contam, em cada aldeia, com uma enfermaria razoavelmente bem equipada e uma farmácia abastecida constantemente de medicamentos e suplementos alimentares para os idosos. O atendimento é permanente, e fica a cargo de três profissionais de nível médio (duas enfermeiras no Cateté, e uma no Djudjêkô), além de quatro monitores indígenas assalariados (atualmente, dois por aldeia). Além disso, equipes volantes, compostas por enfermeiras, laboratoristas e dentistas fazem visitas periódicas às aldeias. As diretrizes para o atendimento à saúde são estabelecidas, em boa medida, pelo médico da Escola Paulista de Medicina, Dr. João Paulo B. Vieira Filho, contratado como consultor pela CVRD, e que realiza visitas anuais aos Xikrin. O Convênio cobre ainda, em caso de necessidade, transporte de avião para Carajás (onde os índios são atendidos no Hospital Yutaka Takeda) e Marabá (onde são atendidos por clínicas e hospitais conveniados com a CVRD).[1] Em 1999, por exemplo, a despesa com a saúde (excetuando-se o pagamento das auxiliares de enfermagem) esteve por volta de R$ 150 mil, dos quais 30% foram gastos em fretes de aeronaves. Em 2001, até outubro, o gasto (afora, novamente, o pagamento das auxiliares) bateu na casa dos R$ 170 mil, dos quais 54% foram utilizados em fretes de aeronaves. Nos últimos anos, parte da assistência à saúde está sendo coberta com recursos da Fundação Nacional de Saúde (Funasa), mediante um convênio com a Apito – Associação dos Povos Indígenas do Tocantins – organização criada em 2000 com essa finalidade.

Em educação, o Convênio garante a manutenção de duas escolas (uma em cada aldeia), além do pagamento de duas professoras (outras duas são contratadas pela Prefeitura de Parauapebas) e de dois monitores de educação indígenas (um em cada aldeia). O ensino restringe-se à formação básica, 1ª a 4ª série, o que põe alguns problemas para sua continuidade. A partir de 2002, o Departamento de Educação da Funai recebeu inúmeros pedidos de matrícula de estudantes xikrin na cidade. Alguns fazem o Curso Supletivo Modular, e, desde 1997, nove índios já passaram pelo processo, dos quais quatro já concluíram e dois deles cursam o segundo grau com auxílio do Telecurso 2000 (Inglez de Souza, 2002). Além disso, há mais de uma dezena de jovens xikrin estudando regularmente fora da aldeia. Os filhos dos chefes das duas aldeias, Cateté e Djudjêkô, estudam em Marabá, e outros meninos – filhos de uma das lideranças – estudam em Parauapebas.

A infraestrutura das aldeias e dos Postos também é boa. Além da eletrificação, que é posta a funcionar geralmente no período das 18h às 23h, os Xikrin contam com poços artesianos, bombas e motores para prover os reservatórios d'água e alimentar os 'chafarizes' coletivos (atualmente todas as casas recebem água diretamente por encanamento). Com recursos do Convênio, os índios adquiriram também veículos (caminhões, caminhonetes e carros de passeio), destinados a transportá-los às cidades próximas e a fazer o carregamento de mantimentos e

---

[1] Em casos mais graves, quando um paciente necessita de tratamento especializado, os Xikrin podem ser enviados a São Paulo, onde contam com apoio do Dr. Vieira Filho.

equipamentos, além de barcos que servem ao mesmo fim no período das chuvas. Há verbas para recuperação e manutenção das estradas no interior da área indígena. As duas aldeias possuem também, cada qual, uma casa de farinha comunitária, com prensa, fornos de torrefação e ralador de mandioca elétrico, alimentado com óleo *diesel*. Ademais, os Xikrin recebem auxílio, como alimentação e hospedagem, quando se encontram em trânsito, fora da área indígena. Na Serra de Carajás, por exemplo, o Convênio mantém uma chácara, alguns quilômetros afastada do núcleo urbano da CVRD, com objetivo de abrigar os índios que se encontram em tratamento médico no hospital da cidade, ou em outras missões diplomáticas (reuniões políticas, por exemplo) ou comerciais (compras). Não raro, grupos de trinta índios ou mais permanecem ali durante dias, recebendo alimentação, que consiste numa espécie de pensão completa, com café da manhã, almoço e jantar.[2] Em Marabá, os Xikrin hospedam-se na Casa do Índio, ou em hotéis (no caso das lideranças), recebendo também auxílio-alimentação. Em meados de 2001, os dois chefes de aldeia alugaram cada qual uma casa em Marabá, com objetivo alegado de reduzir os gastos com hospedagem em hotel, sobretudo depois que seus filhos foram matriculados em escolas na cidade. Essas casas possuem três quartos, dependências completas, ar-condicionado etc. O aluguel ficava entre R$ 800 a 1.000 (em 2001 e 2002), por contratos de um ano em geral, sem fiador ou caução, mas com a garantia, por escrito, de que a ABN possui recursos suficientes para cumprir os compromissos. Depois de instalados, os chefes contrataram empregadas não indígenas para fazerem os serviços domésticos (comida, manutenção e limpeza), pois há sempre muita gente nas casas.

Estão previstos no Convênio recursos para auxílio de atividades produtivas, tais como plantio das roças coletivas e a safra anual de castanha-do-pará, mediante aquisição de ferramentas, equipamentos (motosserras, por exemplo) e insumos diversos, além de pagamento de serviços de terceiros não indígenas para ajudar na derrubada e abertura dos roçados.

---

2 Em março de 1999, por exemplo, foram consumidos por índios das duas aldeias, durante período na cidade, cerca de 1.400 unidades de "marmitex" (prato feito) e cerca de 800 de café da manhã, a um custo de R$ 6 mil reais no total.

Além disso, os Xikrin elaboraram, com o auxílio do ISA, um plano de vigilância e monitoramento do território, abrangendo a manutenção de um veículo (adquirido pela Funai), de uma equipe formada pelos próprios índios (que se revezam em pequenos grupos e recebem ajuda de custo), além de um funcionário da Funai. Ao longo do ano 2000, o plano foi executado em observância às diretrizes formuladas pela antropóloga Isabelle Giannini e custou aproximadamente R$ 100 mil.

Todos esses serviços são muito importantes, não resta dúvida, e os Xikrin reconhecem-nos como uma conquista e um direito, uma vez que a CVRD extrai lucros fabulosos de uma vasta região que, tradicionalmente, afirmam, lhes pertence e faz parte de sua história. No entanto, eles não consideram que os fundos que revertem nessas benfeitorias e facilidades sejam o *'seu'* próprio dinheiro, o "dinheiro só de nós mesmos", com exceção dos salários e da ajuda de custo. Assim, procuram exercer o maior controle possível na condução dos gastos do Convênio, de modo a atender aquilo que mais lhes interessa, que é, sobretudo, a obtenção de mercadorias e bens (maneira indireta de apropriarem-se dos recursos, tornando-os *'seu'* dinheiro) – fato que muitas vezes se choca com os objetivos que os atores não indígenas (brancos) envolvidos imaginam ser o melhor do ponto de vista do atendimento à *"comunidade"*.

Até 1998, os Xikrin não administravam diretamente os recursos do Convênio, que eram gerenciados pela Funai (Administração Regional de Marabá – ADR MAB).[3] Todas as despesas passavam pelo administrador regional, que analisava as solicitações de compras e serviços, discutia com as lideranças a validade ou prioridade dos gastos e os autorizava ou não. Depois da tomada de preços, licitação e compra, o relatório de gastos e as notas eram enviados à CVRD, que só então providenciava o pagamento aos fornecedores. Na outra ponta, a companhia havia designado um gerente para lidar com o Convênio, que procurava, em uma interação pessoal e constante com os Xikrin, conter os gastos. Por diver-

---

3 A CVRD disponibilizava, ainda, verba para manter na sede da Funai ADR Marabá uma pequena equipe de funcionários, contratados por uma das fundações da companhia (Pro-Service, posteriormente Fundação Zoobotânica), com o objetivo de administrar para os Xikrin os recursos do Convênio.

sas ocasiões, os repasses eram feitos gradativamente, sendo insuficientes para cobrir todas as despesas apresentadas no relatório, de maneira que os funcionários da equipe da Funai se viam obrigados a malabarismos, a regatear com os comerciantes fornecedores, solicitando alongamento de prazos de cobrança etc.

A partir de 1999, entretanto, em uma decisão conjunta dos Xikrin, CVRD e ISA, e apesar da posição reticente da administração regional da Funai, os recursos começaram a ser repassados diretamente para a Associação Bep-Nói, que assumiu o gerenciamento integral do Convênio em 2002, com resultados altamente impactantes para suas contas. A ABN havia sido constituída, inicialmente, para gerenciar apenas os recursos obtidos com o projeto de manejo florestal, mas se encontrava quase inativa, pois, até 2000, os Xikrin não haviam realizado exploração de madeira. O objetivo da alteração do sistema de repasses era aproveitar a existência da ABN para agilizar o processo de compras e execução orçamentária do Convênio, visto que a Funai, como órgão público, precisava cumprir uma série de procedimentos burocráticos e licitatórios, que tornavam moroso o atendimento às demandas dos Xikrin e dos próprios servidores em campo (chefe de Posto, auxiliar de enfermagem etc.).

Mais do que isso, a coordenação do ISA, por ter objetivos políticos e estratégicos, reforçou a decisão, acreditando ser importante que os próprios Xikrin iniciassem um processo de "aprendizagem", ou "capacitação", para assumir a gestão de seus recursos, visando, em suma, ao que se costuma chamar, em alguns setores do indigenismo, de "primeirização" – processo que visa a "capacitar" as associações indígenas para que possam, por si mesmas (e com a maior autonomia possível), formular e executar projetos e gerir recursos em seu próprio benefício.[4]

---

4 Paralelamente, o ISA elaborou um "projeto de capacitação da ABN" e destacou uma equipe para realizar o acompanhamento das atividades da Associação. Mas, por uma série de motivos, este projeto não deslanchou. Para além das dificuldades contingenciais desse tipo de atividade, há um problema de fundo, repousando justamente naquilo que está suposto nos programas de "capacitação": que os índios querem administrar sua associação do mesmo jeito que nós, por exemplo, com o foco no *nosso conceito* de "comunidade".

Inicialmente, o escritório da ABN foi erguido no terreno da própria sede da ADR-MAB (ver Caderno de Imagens), tendo uma das funcionárias da equipe mencionada anteriormente (nota 3) como uma espécie de gerente. O ordenamento das despesas era assinado simultaneamente pelo presidente da Associação (Tàkàk-4) e pelo administrador regional da Funai. Por fim, em um processo de autonomização, a ABN afastou-se física e institucionalmente da ADR, com a construção de uma sede própria em Marabá em 2002, e com uma mudança nos procedimentos administrativos, quando o ordenamento de gastos ficou sob a responsabilidade exclusiva do presidente, assessorado pela funcionária 'gerente'.

O estatuto original da Associação (Giannini 1996, p.393, 396) dispõe sobre sua estrutura, constituída por Assembleia Geral, Conselho Consultivo e Diretoria. Até 2002, a Diretoria era formada por Tàkàk-4 (presidente), Bep-3 (vice-presidente), Tàkàk-5 – (5) na Figura 4 –, como secretário, e Bep-10 (10), como tesoureiro. A estrutura decisória foi pensada de modo a refletir a organização política xikrin. Mas, na prática, a coisa não funciona exatamente como se esperava. Esse formato, cujo foco é basicamente categorial, acaba sendo quase uma ficção do ponto de vista da representatividade. Quem termina por decidir e ordenar as despesas são, de fato, os chefes principais, sobretudo Tàkàk-4, Bep-3, Bep-6, o que reflete um conjunto complexo e difuso de demandas, influências e pressões sociais das 'bases', que envolvem vínculos de parentesco e nexos políticos.

O desdobramento evidente da mudança da gestão, dada a forte pressão inflacionária do consumo xikrin, mas não previsto pela CVRD e pelo ISA, foi que a progressiva autonomia da ABN teve como efeito o que passou a ser chamado de 'descontrole' (do ponto de vista dos brancos, bem entendido) nos gastos do Convênio. No terceiro trimestre de 2002, as dívidas da Associação nas praças de Marabá e Parauapebas bateram na casa dos R$ 800 mil, interrompendo o fornecimento de bens e serviços e atrasando o pagamento de pessoal. Esse fato gerou grande insatisfação nos Xikrin, detonando, enfim, uma crise institucional entre os índios, CVRD, ISA, Funai (que acionou inclusive o Ministério Público). Até o fim de 2002, não haviam chegado a uma conclusão de como resolver o problema. Posteriormente, a dívida foi negociada e paga em parcelas pela CVRD.

Mas a crise teve outro efeito. Insatisfeitos com as constantes tensões entre os dois principais chefes por conta da disputa de recursos, e seguindo a tendência de separação de Cateté e Djudjêkô, os índios acharam por bem constituir uma outra associação, denominada Kàkàrekre, para gerir exclusivamente as contas do Djudjêkô. Desde então, todo o planejamento de gastos e desembolso é resolvido por cada uma das aldeias, em separado, com a CVRD. Estabeleceu-se um critério de proporcionalidade demográfica para arbitrar a divisão dos recursos por aldeia. Cada associação detém uma conta-corrente para receber os depósitos da CVRD.

Seria interessante esmiuçar a dinâmica de funcionamento cotidiano dos desembolsos, a lógica e os problemas da administração do Convênio, que cheguei a acompanhar de perto durante os períodos na cidade, notadamente na fase de assessoramento ao ISA. Certamente, tudo isso tem razoável impacto sobre a gestão. Mas escaparíamos muito da discussão aqui proposta, a qual me parece, aliás, mais oportuna se o objetivo é entender o que se passa com os Xikrin. Para o que nos interessa, portanto, basta mencionar que, *grosso modo*, o que se percebe são como dois vetores da gestão: de um lado, boa parte dos brancos tenta puxar os gastos para baixo (isto é, racionalizar as despesas dos Xikrin, tentando maximizar a eficiência do atendimento comunitário) – embora aqui existam fortes indícios de uma série de outros graves problemas de natureza não econômica e muito menos etnológica, por assim dizer. De outro lado, os próprios Xikrin tentam puxar as despesas para cima ('racionalizar' *ao seu modo*, considerando que os recursos da CVRD são insatisfatórios e devem ser aumentados para atender às diferentes expectativas). O chamado 'descontrole' nos gastos, que sobreveio ao processo de maior autonomia da ABN, nada mais é do que o reflexo direto dessa pressão inflacionária na relação dos Xikrin com o dinheiro e o consumo: o 'descontrole' é, portanto, a outra face de um *controle maior pelos Xikrin*. Para entender melhor como eles buscam e efetivam esse controle, vejamos os dois momentos, ou níveis – 'macro' e 'micro' –, da gestão do Convênio.

O *kubẽ* no centro da roda

Muito embora não participassem diretamente da administração dos recursos, coletivamente, do ponto de vista da 'macrogestão', os Xikrin sempre detiveram um considerável controle sobre o destino de boa parte do dinheiro, por meio de viva atuação política, sobretudo na elaboração dos planos anuais de desembolso. Os gastos anuais do Programa Xikrin são orçados normalmente a cada final de ano, ou início do ano-base, em reunião dos índios com representantes da CVRD e da Funai, na casa dos homens no centro da aldeia, ou no núcleo de Carajás, sede da CVRD, ou ainda em Marabá. Nessas ocasiões, os índios estabelecem e apresentam aos encarregados da CVRD as suas prioridades de desembolso: construção de casas, aquisição de barcos e motores, aquisição de caminhões para transportá-los às cidades vizinhas, aumento do valor da Verba Mensal etc.

Muitas vezes, os Xikrin realizam uma única reunião, congregando as duas aldeias. Posteriormente, porém, algumas pessoas do Djudjêkô demonstraram intenção de realizar reuniões em separado, para que cada aldeia cuide de seus próprios problemas. Apesar da atual separação, não há como prever se, de fato, isso será a norma. O importante é que as reuniões são momentos de grande agitação política, durante os quais os Xikrin, em bloco, procuram impor suas demandas diante dos limites orçamentários da CVRD. E, no correr do ano, exercerão pressão regular sobre os representantes da companhia, muitas vezes, convocando outras reuniões, para que o planejamento idealizado seja integralmente cumprido. Em virtude da própria dinâmica da gestão dos recursos, em que os Xikrin e as lideranças procuram exercer influência, podem surgir novas demandas fora do planejado, bem como gastos extraordinários, o que faz com que a CVRD procure a todo custo remanejar o orçamento. Essas mudanças de planos e desvios, frequentemente, impossibilitam o cumprimento do que havia sido estipulado inicialmente. Além disso, porém, a própria desorganização da companhia (nessa matéria), sua complexa estrutura gerencial e política, e sua enorme dificuldade (ou desinteresse) em lidar de modo sistemático e planejado com as questões relativas aos índios são fatores cruciais no que concerne a diversos problemas da gestão do Convênio.

A reunião de planejamento anual é antecedida, durante alguns meses, de uma intensa, difusa e complexa mobilização das 'bases comunitárias'. Mobilização que sofre, evidentemente, interferências múltiplas e heterogêneas de uma série de agentes envolvidos com os Xikrin – representantes da própria CVRD; assessores do Convênio e técnicos do ISA; funcionários do Posto, incluindo os chefes da Funai, pessoal de saúde e educação; funcionários da ABN; terceiros diversos (empreiteiros, por exemplo); cada qual com suas motivações específicas, algumas mal-disfarçadamente direcionadas muito mais aos próprios interesses do que em prol dos índios. Mas é claro que, mesmo as sugestões bem-intencionadas de alguns dos atores não vão sempre ao encontro do que desejam os próprios índios, que muitas vezes acolhem (algumas) sugestões, ainda assim, em intrincadas acomodações políticas, deixando para dias futuros e ocasiões mais propícias o atendimento de alguns dos seus interesses. Outras vezes, ao contrário, endurecem as negociações sobre certos pontos.

No que concerne diretamente aos Xikrin, as demandas têm, geralmente, sua origem no interior das casas. Alguém precisa de uma residência nova ou de uma reforma no telhado. Um outro deseja um motor de popa para seu barco. Uma mulher reclama da falta de uma máquina de costura. Outra diz que é preciso equipar sua cozinha com um fogão, pois mal é possível preparar a comida para as pessoas de sua casa sem o *omrõ djà*. Outra, ainda, lembra que seu filho tirou carteira de motorista, e que seria importante que ele começasse a treinar no caminhão da comunidade, ou em uma viatura nova, substituindo o motorista não indígena. Surgem também assuntos gerais, como aumento da Verba Mensal, construção e melhoria de estradas dentro da área, questões relativas ao Projeto Kaben Djuoi, aumento de verbas para saúde etc. Alguém pode lembrar, por exemplo, do atraso na execução de obras em anos anteriores, fato que deve entrar na pauta, para que não se repita.

Dessa forma, de rumores domésticos, as demandas individuais e coletivas vão lentamente ganhando momento e materialidade, até serem finalmente expressas de modo público no *ngàbê*. Antes disso, porém, muita conversa acontece na casa dos chefes de turma, que serão porta-vozes de um conjunto de reivindicações. Finalmente, nos dias que precedem a grande reunião, todos os homens conversam muito no *ngàbê*. Então, depois de tanto escutar, o chefe da aldeia saca uma lista de solicitações, que será entregue aos representantes da CVRD na hora da reunião.

É certo que nem todos têm suas reivindicações pessoais contempladas na lista. Os chefes se valem de diversos critérios para fixar um conjunto de prioridades, em que são computadas uma gama de obrigações, prestações e dívidas, envolvendo suas relações de parentesco, suas relações com os membros de sua própria turma, com os funcionários da Funai, além de suas próprias motivações individuais. No entanto, esse é um momento em que cresce na aldeia o sentimento de que é importante conquistar o máximo possível para todos, com os seguintes argumentos: "a Vale [CVRD] tem muito *piôkaprin*", "a Vale *é rica*", "isso que nós pedimos não é nada para a Vale", "eu já fui lá na Serra [de Carajás] e vi o tanto de minério que sai todo dia, sem parar". Assim, aqueles que não puderem ser atendidos na lista, em geral, aguardam para o próximo ano (ou para outra ocasião propícia), mas não deixam de comparecer à reunião, incorporando-se ao grupo de "guerreiros".

A seguir, selecionei um exemplo de lista de reivindicações da aldeia Djudjêkô, que foi entregue ao encarregado da CVRD durante uma reunião de planejamento anual de desembolso do Convênio, assinada pelos chefes Tàkàk-2 e Tàkàk-4.

Reunião de planejamento (setembro de 1999)

Lista de reivindicações da Comunidade Indígena Xikrin – aldeia Djudjêkô

Convênio Xikrin/CVRD – Exercício: 2000

01. aumento da Verba Mensal para aldeia Djudjêkô para o valor R$ 25 mil[5]
02. construção de 19 casas c/ 03 quartos e 01 sala
03. construção da escola
04. construção de *ngàbê* (em alvenaria)

---

5 Na ocasião, a Verba Mensal somava R$ 18 mil, que eram divididos entre as duas aldeias.

05. aquisição de 03 viaturas, sendo 02 para a comunidade e 01 para líder Tàkàk-4
06. aquisição e instalação de um grupo-gerador automático p/ aldeia
07. aquisição de 01 barco de madeira
08. aquisição de 01 tanque-cisterna p/ óleo, com bomba manual
09. aquisição de 02 TVs em cores
10. aquisição de 02 antenas parabólicas
11. aquisição de 01 videocassete
12. construção de 23 fogões tipo tropeiro c/ chapa de ferro
13. aquisição de mudas p/ plantio nas roças da comunidade (150 un. cupuaçu, 150 un. coco da praia; 150 un. laranja; 150 un. tangerina; 150 un. jaca; 150 un. manga-rosa; 150 un. pupunha; 150 un. limão; 150 un. acerola)

Essa lista inicial sofre ainda algumas modificações, depois de discussão com os representantes da CVRD, com o administrador da Funai, com o pessoal da associação, entre outros, até que saia um documento oficial de solicitações. Para que se tenha uma ideia, em 2000, as duas aldeias solicitavam os seguintes itens, em carta timbrada da ABN endereçada ao gerente da CVRD:

Tabela 2 – Lista de solicitações das aldeias (planejamento anual do Convênio)

Cateté

1. construção de 01 casa de farinha; aquisição de 01 "caititu" (ralador de mandioca) com motor completo; aquisição de 02 fornos redondos de torrar farinha de mandioca; construção de 01 casa de prensa (casa de farinha); construção de 01 tanque para mandioca; aquisição de 01 máquina beneficiadora de arroz	R$ 25 mil
2. abertura de 02 poços semiartesianos (80 m), equipados com bomba; construção de 01 suporte de concreto armado para sustentação de 02 caixas-d'água de 5.000 l	R$ 50 mil
3. substituição dos telhados de 06 casas e implantação de sistema de distribuição de água	R$ 60 mil
4. construção de varandas em 04 casas	R$ 12 mil

5. manutenção das casas do Posto e da aldeia	R$ 10 mil
6. implantação do Projeto de Vigilância	R$ 15 mil
7. aquisição de 01 roçadeira costal	R$ 1 mil
8. custeio da coleta de castanha	R$ 12 mil

Djudjêkô

1. aquisição de 01 grupo gerador; tanque de 3.000 l para combustível	R$ 41 mil
2. construção de 02 casas para funcionários do Posto	R$ 50 mil
3. construção de 01 escola	R$ 50 mil
4. construção do *ngàbê*	R$ 20 mil
5. aquisição de barco de madeira	R$ 7 mil
6. construções de fogões tipo tropeiro	R$ 3 mil
7. aquisição de 01 máquina beneficiadora de arroz	R$ 7 mil
8. melhoria das instalações da casa de farinha e tanque para mandioca	R$ 2 mil
9. custeio da coleta de castanha	R$ 12 mil
10. aquisição de mudas	R$ 3 mil

O ponto alto de todo esse processo é, sem dúvida, a grande reunião de planejamento, envolta em impressionante *mise-en-scène* por parte dos Xikrin. A(s) aldeia(s) se mobiliza(m) – "*reunião gwaj ba nhipêjx*" ('vamos fazer reunião') – e a maior parte dos "guerreiros" se faz presente, mais os chefes e lideranças, formando um 'exército' de algumas dezenas de homens. As mulheres, normalmente, não participam dessas reuniões, sobretudo quando não ocorrem na aldeia. Mas, eventualmente, podem acercar-se do *ngàbê*, com as crianças, para observar o que se passa. Eles se apresentam pintados e paramentados, com alguns adornos plumários, braceletes, quase sempre portando as antigas armas de guerra: bordunas, arcos e flechas. Reúnem-se no *ngàbê* à espera dos brancos (*kubē kamamàk o nhy*, 'esperando o *kubē*'), em meio a exortações proferidas ora pelos chefes, ora por alguns homens mais velhos. Quando os representantes da CVRD e os outros brancos da Funai e das associações chegam à aldeia, todos os homens já se encontram no *ngàbê*. Em pouco tempo, veem-se cercados por uma massa de índios pintados e ornamentados. A sensação de desconforto para alguns é nítida. Há uma sequência de cumprimentos, que os índios fazem questão de realizar. Depois um dos líderes inicia a reunião, conclamando os representantes da CVRD a colocarem-se no centro do *ngàbê* e prestarem os informes necessários. Em seguida falam os índios. Alguns em tom moderado, outros em duros discursos contra a CVRD, responsabilizada pelas carências da aldeia.

Algumas vezes, os Xikrin fazem coincidir essas reuniões de política externa com o período cerimonial.[6] Ora, os momentos cerimoniais têm como efeito, justamente, produzir certo estado emocional ou *afetivo comum* a todos. De fato, em determinado plano, o ritual xikrin tem o objetivo de criar, por uma série de procedimentos, um estado afetivo partilhado por todos os corresidentes aldeãos, participantes e audiência. Esses procedimentos são de diversas ordens, mas têm como motivo uma espécie de *focalização perceptiva e performativa* que produz uma aproximação ou identidade corporal e psíquica das pessoas: dança-se junto (em fila, de mãos dadas, ou abraçados, com os corpos juntos), canta-se em uníssono (ainda que em vários momentos haja separação entre vozes masculinas e femininas), come-se junto, relembram-se de parentes mortos e histórias de antepassados comuns.

Nos períodos rituais, certos 'sentimentos-afetos' que são cotidianamente partilhados apenas pelo círculo mais restrito de parentes – e que se constituem pelo processo de fabricação de 'corpos-afetos' idênticos: esse *"nhi pydji"* ('corpo único', 'carne única', como dizem os Xikrin), que é característico dos parentes próximos (cognatos) e que já foi definido

---

6 Estou chamando de "período cerimonial" ao que os Xikrin referem-se em geral como *metoro* ('dança', 'festa', onde *me* ≈ plural; *toro* ≈ verbo 'dançar', 'voar'). A vida na aldeia divide-se entre os momentos em que há *metoro* e os momentos em que não há. Assim é possível distinguir sempre uma fase voltada para a realização do *metoro*, dos ritos de nominação e iniciação, que mobiliza coletivamente toda (ou quase toda) a aldeia, e uma fase de maior autonomia das unidades familiares e dos grupos de idade, que se volta para as atividades cotidianas regulares.

na literatura sobre os Jê do Norte como o "grupo de substância" (Matta, 1976, p.244) – podem ser *reconhecidos mais amplamente* em todos os corresidentes (e eventualmente em gente de outras aldeias, já que os rituais podem congregá-las). E são reconhecidos como *os mesmos* 'sentimentos-afetos', constituindo, assim, a ideia de um *único corpo* físico e social, *pois se trata da mesma coisa*. Pode-se dizer, portanto, que tais procedimentos estão na base da constituição da própria 'comunidade' em seu sentido pleno.[7] Nesse sentido, o ritual apareceria como *o ponto mais alto do processo de fabricação do parentesco* e de constituição de coletivos mebêngôkre, pensados como "coletivos de parentes". Mas, talvez por isso mesmo, simultaneamente, o ritual deve abranger ainda outro aspecto, *metamórfico* e *transformativo*, "para que se possam repor as condições a partir das quais a fabricação do parentesco pode proceder" (Coelho de Souza, 2002). São, por conseguinte, dois os vetores do ritual xikrin: *identificação e alteração*. Voltarei a esse ponto oportunamente.

Assim, não me parece casual que os Xikrin definam o momento da reunião com os brancos da CVRD no *ngàbê* com a expressão *aben pydji* ('tornar'-se um').[8] É como se, tal como os rituais tradicionais (incluindo-se as cerimônias que precediam expedições guerreiras, no passado), as reuniões políticas pudessem também criar um estado afetivo comum, um 'corpo' comum, que se contrapõe, então, nesse momento, ao *kubê*.[9] Ou então, ao contrário, podemos supor que o estado de "comunidade" constituído pelo ritual facilite o entendimento e o consenso interno num momento em que é preciso atuar em bloco, homogeneamente, para obter melhores resultados diante de um estrangeiro poderoso.

Há um outro aspecto. Quando a reunião não ocorre na aldeia, os Xikrin preparam-se para ir à cidade de modo totalmente diferente de

---

7 Para uma descrição pormenorizada da "fabricação ritual" desse sentimento comum, veja-se o ótimo artigo de Fisher (1998) sobre o sentido de "comunidade" entre os Xikrin do Bacajá.

8 Onde *aben* ≈ flexão significando 'recíproco', 'uns nos outros'; *pydji* ≈ 'um', 'único'.

9 Com a diferença que, no ritual, esse 'corpo comum' parece abranger os dois sexos, ao passo que, na guerra e na política, ele parece restrito aos homens. Veja-se uma discussão em Fausto (2001, p.239ss.).

quando para lá vão no dia a dia. Em circunstâncias corriqueiras, eles visitam a cidade vestidos com roupas de branco (*kubẽ kà*), e gostam de se apresentar "bem-arrumados", 'civilizados' ("igual a *kubẽ*", dizem). Isto é, procuram apresentar a face 'domesticada' ou 'pacífica' (tradução do termo *djuabô*, ou *uabô*) de sua relação com os estrangeiros. Para os importantes eventos políticos, ao contrário, os Xikrin acorrem à cidade como se estivessem partindo para uma expedição de caça, ou mais propriamente, de guerra. Assumem novamente uma aparência *àkrê* (ou *djàkrê*) – isto é, 'bravia', 'feroz', 'selvagem' – e apresentam-se como se fossem atacar ou predar *um inimigo*, encarnado, naquele instante, na CVRD e seus representantes (ver Caderno de Imagens). Lembro que Turner (1993a, p.50) já havia chamado a atenção para o modo como os Kayapó utilizam conscientemente a imagem que deles fazem os brasileiros, e se valem dos signos de sua reputação de guerreiros ferozes para obter dividendos políticos. O próprio autor (1991d, p.337) havia descrito a expedição dos Kayapó para o célebre "encontro de Altamira", em 1989, como equivalente a uma "caçada coletiva".

O caso é interessante. Vimos, em capítulos anteriores, que os Xikrin não mais se consideram eminentemente *àkrê*, nem se reconhecem efetivamente como guerreiros, isto é, no sentido estrito de não fazer mais 'guerras reais', já que, por outro lado, os homens continuam auto-designando-se, justamente, por *"guerreiros"* (Capítulo 5), talvez porque estejam fazendo *outras* guerras. De qualquer modo, na performance das reuniões, é como se os Xikrin reativassem um estado belicoso, fazendo da sua própria braveza, ou dos símbolos de sua braveza, um código e uma pragmática. Digo isso porque alguns Xikrin foram explícitos em afirmar que se trata de uma estratégia de negociação, para que os *kubẽ* fiquem acuados (*kam uma kadjy* – 'para que tenham medo'), e não de uma ameaça concreta de violência. Assim, paralelamente, destacam a relevância de saber 'falar duro' (*kaben töjx*) com os representantes da CVRD, para que as reivindicações sejam atendidas.

Com efeito, tais reuniões são eventos em que a oratória é extremamente ressaltada. Por isso, também, é importante, hoje, dominar bem o português, sobretudo os chefes, para que se possa impressionar o *kubẽ* com as palavras certas, direitas (*kaben katàt*).[10] No entanto, isso não restringe a performance daqueles que não falam português. Diversos homens dirigem-se aos brancos (e, ao mesmo tempo, ao restante dos presentes) em longas falas em língua mebêngôkre, algumas vezes traduzidas pelas lideranças (quando traduzidas, quase sempre o são apenas em parte). A reunião obedece a um ritmo ou a um roteiro razoavelmente fixo, ditado pelos Xikrin. Eles, normalmente, iniciam falando, a começar pelos chefes, que se pronunciam em português, mas com trechos em mebêngôkre dirigidos à audiência de "guerreiros", entre os quais se destacam várias expressões de incentivo, com função fática (*djãm tãm?* ≈ 'não é isso?'; *djãm kôt?* ≈ 'está certo?'), respondidas em uníssono pelos homens: *Tãm!* ('isso mesmo!') *Nà!* ('sim'). Os chefes são seguidos por outros "guerreiros", cujos discursos apresentam enorme homogeneidade, por vezes tratando-se de repetições e reiterações de trechos já ditos pelos que falaram anteriormente. A título de ilustração, reproduzo um curto trecho da fala proferida pelo chefe Tàkàk-4, em reunião transcorrida na aldeia Cateté, em 10 de outubro de 2000, com a presença dos representantes da CVRD, do administrador da Funai e da secretária da ABN.

> Nós estamos aqui reunidos, hoje, para saber o que vocês [da CVRD] têm a dizer. Todo mundo aqui quer ouvir. Mas primeiro nós vamos falar. Todos aqui querem falar, está ouvindo? Depois vocês falam. Não é de hoje que nós estamos pedindo para fazerem as casas. Todo mundo sabe. Depois você vai ver a casa... Não! Não é casa de cachorro; não é galinheiro, não. Tem que fazer casa bacana para os índios. Casa bonita, igual na cidade.

Depois, seguem-se as propostas e explicações dos representantes da companhia, com as quais os índios podem, ou não, darem-se por satisfeitos. Quando não, por muitas vezes, as negociações tornam-se tensas, os Xikrin voltam a falar, endurecendo a conversa, eventualmente 'ameaçando' a CVRD de atitudes mais extremas: "se continuar assim", diz por exemplo, um dos chefes, "eu não vou ter como segurar o pessoal, e vai todo mundo lá na Serra [de Carajás] trancar a estrada".

---

10 Onde *kaben* ≈ língua, palavra, fala; *katàt* ≈ direito, reto, correto.

Fechar as estradas de acesso à Serra de Carajás, paralisando algumas das operações da CVRD, é uma das ameaças constantes dos Xikrin, caso a CVRD descumpra os acordos estabelecidos com eles em reuniões prévias. E os Xikrin podem, de fato, invadir a Serra de Carajás e fechar a estrada ou a ferrovia, como já ocorreu, recentemente, em algumas ocasiões, com a nítida disposição de obter, por pressão, o que fora acertado (e, do seu ponto de vista, descumprido) com a CVRD. Esses momentos podem desdobrar-se em eventos bastante tensos e problemáticos, nos quais os Xikrin podem tornar-se, suponho, verdadeiramente *àkrê*. A questão é delicada. Aliás, esse é um ponto em que os índios insistem enfaticamente, dizendo que só tomam medidas mais enérgicas quando percebem que estão sendo "enrolados" até o limite, segundo dizem, pela companhia. Isto é, quando os encarregados não têm como explicar atrasos, erros na execução dos orçamentos, má qualidade dos serviços e, principalmente, quando aquilo que foi previamente acertado e prometido a eles deixa de ser realizado sem qualquer justificativa. Os Xikrin afirmam que sua experiência acumulada lhes diz que não se pode confiar sempre no *kubẽ*, pois esses "mentem em demasia" (*kubẽ ênhire*), ou, como costumam descrever jocosamente, têm "duas bocas" (*japê kre ame*): "falam uma coisa aqui, outra ali", "esquecem o que dizem", "não têm palavra", "prometem e não cumprem".

Àkti: o espírito da predação

Faço uma interrupção na descrição das reuniões para aprofundar a questão da performance e do estado *àkrê*, pois tudo isso é mais complexo do que parece à primeira vista. Para evitar mal-entendidos, é preciso dizer que essa atitude não diz respeito apenas a um estado afetivo. Ela está no cerne mesmo da relação dos Xikrin com os brancos e com o *kubẽ* em geral e, mais do que isso, possui conexões profundas com a própria ideia de agência na cosmologia mebêngôkre. Estou avançando sobre um ponto que, talvez, devesse ser elaborado com mais minúcia, além de não estar apresentando uma análise mais fina do campo semântico e dos usos dos termos *àkrê* e *uabô*, que podem ser glosados como se segue: *àkrê/djàkrê* ≈ bravo, valente, selvagem, feroz, perigoso, corajoso, irado, irritadiço; *uabô/djuabô* ≈ manso, covarde, fraco, pacífico, tratável, dócil, domesticado, subjugado, meigo, suave, brando, gentil, humilde.[11] De maneira tentativa, porém, quero recuperar um mito mebêngôkre que poderíamos considerar como o mito da origem da bravura e da origem dos adornos plumários (*nêkrêjx*), e que faz parte da saga dos irmãos heróis Kukryt-uire e Kukryt-kakô – especialmente o episódio em que os heróis matam a Grande Ave Predadora *Àkti* (nome que designa também o gavião-real, *Harpia harpyja*), apropriando-se de suas plumas.[12]

Há várias versões, coletadas por autores diversos (Banner, 1957 apud Wilbert, 1978, p.456ss; Lukesch, 1976, p.57; Vidal 1977, p.224; Lea, 1986, p.295; Giannini, 1991, p.120), em distintos períodos e em diferentes aldeias mebêngôkre, mas elas variam apenas em detalhes menores. Aqui apresento uma versão sintética:

> Antigamente os índios eram mansos, fracos e não tinham armas. Eles viviam à mercê de *Àkti*, o gavião gigante, que os caçava, carregava-os pelo céu até seu ninho e os devorava. Um dia uma mulher velha foi ao mato com seus dois sobrinhos (netos)[13] pequenos para tirar palmito. Ali ela foi atacada por *Àkti* diante dos meninos, que fugiram aterrorizados para a aldeia. O pai (ou tio) dos meninos (irmão da mulher devorada pelo grande gavião), movido pelo sentimento de vingança, descobre um meio de liquidar o monstro, transformando seus sobrinhos em super-homens. Ele coloca os meninos dentro de um grotão, alimentando-os com beiju, banana e tubérculos para que cresçam bastante e fiquem fortes. Passam-se os dias e é como se os meninos fermentassem dentro d'água. Depois de um

---

11 Veja-se Fisher (2001, p.121 ss.) e Salanova (s/d) para uma tentativa de lexicalização.
12 A palavra mebêngôkre *àk* é um termo classificatório geral para 'ave'; mais especificamente designa também a família dos falconiformes (ver Giannini, 1991, p.47ss para o sistema xikrin de classificação da avifauna). *Àkti* pode ser glosado como 'Grande Ave' (onde *ti* ≈ aumentativo, 'grande', 'enorme'), epítome de todas as aves.
13 Sobrinho ou neto é a tradução para *tàbdjwö*, termo de parentesco mebêngôkre que indica as posições genealógicas ChCh, além de BCh (para ego feminino) e ZCh (para ego masculino), entre outras, não tendo equivalência exata em português. O termo correspondente a 'tia/avó' é *kwatyj* (FZ, MM, FM, MBW etc.). O termo correspondente a 'tio/avô' é *ngêt* (MB, MF, FF, FZH etc.). Para um quadro completo da terminologia de parentesco mebêngôkre, consultar Anexos.

tempo, eles haviam crescido e tornado-se enormes, mais fortes e capazes que qualquer índio. Caçavam antas e outras caças grandes como se elas fossem pequenos roedores. Um dia, então, Kukry-uire e Kukry-kakô saem para caçar o *Àkti*, munidos de borduna, lança e um apito de taquara, armas feitas pelo tio. Ergueram um abrigo de palha no chão, de onde se via o ninho do gavião. Ao pé da árvore, havia uma pilha de restos humanos, como ossos e cabelos. Os irmãos atraíram *Àkti*, soprando o apito. A imensa ave descia pronta para o ataque, mas eles escondiam-se no abrigo, deixando-a desnorteada. Fizeram assim muitas vezes, deixando o pássaro cada vez mais furioso e desorientado, até que mostrou sinais de cansaço. Os irmãos, então, mataram-no com lança e borduna. Como troféu, tiraram penas de *Àkti* e puseram na cabeça. Cantaram. Celebraram. Depois depenaram a ave e retalharam-na em pedaços pequenos. Sopraram as penas e elas foram transformando-se em pássaro. As penas maiores deram origem às aves maiores (gavião, urubu, arara), as plumas menores deram origem aos pequenos pássaros como o beija-flor.

Esse belo mito, que Banner intitula "O pai dos pássaros" (Wilbert, 1978, p.456) parece-me exprimir uma passagem (lógica) fundamental em que os Mebêngôkre podem deixar de estar no mundo na condição de *presa* (*uabô*), isto é, de *objeto da ação* de outrem (*Àkti*), tornando-se eles mesmos *àkrê* e *sujeitos da ação*, isto é 'agentes'. Eles o fazem, simultaneamente, apropriando-se dos instrumentos da ação predatória – o próprio estado *àkrê* (até então exclusivo de *Àkti*), além de armas. E *criam as aves* (*àk*), enquanto *objeto de sua própria ação*, dos pedaços da Grande Ave morta.[14] Todavia, as plumas apropriadas de *Àkti* e, doravante, das aves, permanecerão como *signo* ou índice da incorporação da potência

---

14 Lembro ainda que, de acordo com alguns mitos (Wilbert, 1978, p.158; Lukesch, 1969, p.191; Giannini 1991, p.79-80), é uma outra ave maléfica – *Àkrāre* – quem introduz a morte por doença. Numa etimologia altamente especulativa, talvez se pudesse aventar alguma derivação entre as palavras (*dj*)*àk* ('ave') e (*dj*)*àkrê* ('bravo'). Recordo que existe um verbo *rê* ou *rêrê*, significando 'tirar', 'arrancar', por exemplo: *no'ô rê* ≈ 'arrancar pestana' (*no* ≈ olho, *'ô* ≈ pelo), *tep kà kurê* ≈ 'descamar peixe' (Salanova, s/d). Mas o verbo (ou outro, homônimo) também pode ter o significado de 'irritar-se, discutir, brigar', donde, provavelmente, *kurê* ≈ 'odiar, detestar', *kurê djwöj* ≈ 'inimigo', 'aquele que é odiado/odeia'. Daí, quem sabe *àkrê* tenha tido o sentido de 'brigar com ave, odiar ave, ter ave por inimigo', ou mesmo 'extrair ave', imbuir-se de certo 'estado-ave'.

agentiva da 'ave-predadora', signo da *mudança do sentido da relação* 'agente-paciente' (ou 'sujeito-objeto'), que será revivificada no ritual. Não é à toa que todos os cocares de pena são genericamente designados pela palavra *meàkà*, quer dizer *'roupa de ave'* (onde *mẽ* ≈ plural; *àk* ≈ ave, pássaro; *kà* ≈ pele, couro, invólucro, roupa).

São bem conhecidos a importância da emplumação ritual e todo o simbolismo cerimonial da transformação em ave no universo mebêngôkre, para que seja necessário comentar muito a respeito (Turner, 1991c; Giannini, 1991). Basta lembrar que o foco do adornamento ritual é a plumária, particularmente rica e elaborada entre os mebêngôkre (além de utilização de penugem cobrindo o corpo, casca de ovos de aves etc.). O próprio sentido das cerimônias está contido na palavra para 'festa' e 'dança' – *metoro* –, que significa também 'voo' (*toro* ≈ voar). Os rituais mebêngôkre, portanto, são o momento de recriação dessa passagem mítica, por meio da transformação em ave. Essa interpretação responde, em parte, uma pergunta levantada por Isabelle Giannini há alguns anos, ao refletir sobre o simbolismo da ave entre os Xikrin e sobre desejo deles de virar ave para tornar-se plenamente humano. Ela escrevia (1991, p.190): "por que os Xikrin não se satisfazem com sua 'condição humana' e transformam-se ritualmente em aves?".

Uma resposta possível é que a ave mítica *Àkti*, assim como o jaguar (este outro grande predador amazônico), é a origem lógica, a fonte cósmica originária da *àkrê-ez*, isto é, da capacidade de predar ao invés de ser a presa, da capacidade de assumir a posição de sujeito ao invés de objeto da ação de outrem.[15] O mito revela como os Mebêngôkre concebem todas as aves existentes como partes corporificadas, vestígios, de uma grande ave potência. *Àkti* é o epítome do próprio *espírito da predação* (ou a predação em espírito). Note-se a interessante inversão da narrativa,

---

15 Provavelmente, não é por acaso, também, que em um ritual descrito por Giannini entre os Xikrin (1991, p.139) "a onça ornamenta-se e grita como o gavião indicando que ela é essencialmente e simultaneamente as duas coisas" [onça e gavião]. Recordo ainda que o gavião-real ou harpia (*Harpia harpyja*) é a maior, mais poderosa e majestosa ave de rapina das Américas, podendo atingir 1 m de altura, 2 m de envergadura e 10 kg.

que menciona inicialmente as partes objetificadas *dos índios* (cabelos e ossos) abandonados sob o ninho de *Àkti*.

O mito estaria, assim, estabelecendo algumas condições sob as quais a ação humana (dos Mebêngôkre) poderá operar daí em diante. Adquirida a capacidade de assumir o ponto de vista do sujeito (por meio da ação predatória sobre um outro), bem como os instrumentos desta ação, os Mebêngôkre podem então continuar, por meio de novas ações, seu processo de aquisição de *outras* capacidades diferenciais, oriundas de outros seres, objetivadas em outros signos – capacidades que serão parte também do seu processo de constituição enquanto um tipo de gente específico, capaz de se reproduzir e seguir vivendo. Outros mitos estabelecem outras condições, ou possuem como tema questão semelhante. Por exemplo, a obtenção do fogo da onça e, consequentemente, da cozinha (Lévi-Strauss, 1971; Turner, 1988a, 1988b) é outro pré-requisito de distinção entre 'humanos' e 'animais': doravante, isto é, após a aquisição da capacidade de cozer a carne, eliminando (secando) o sangue, que é o veículo da alma (*karõ*) do outro, será possível aos índios comer os animais, sem que isso implique uma metamorfose mortífera.[16] O cozimento é o que permite ingerir a carne da caça, sem incorporar seu espírito vital, o *karõ*, isto é, seu ponto de vista. O que equivale a dizer que o cozimento permite a dessubjetivação do animal caçado. Deixar-se penetrar pelo *karõ* do outro resultaria numa luta, no interior do corpo, pelo ponto de vista do sujeito: um único corpo passa a ser suporte para mais de um ponto de vista. Há o enorme risco de ser tomado pela outra subjetividade e, consequentemente, de tornar-se objeto daquele ponto de vista: condenado a virar presa e morrer, tal qual a condição dos Mebêngôkre subjugados por *Àkti*.

Há, por conseguinte, uma íntima correlação entre o mito de origem do fogo (que fala do roubo de uma capacidade antes restrita ao jaguar), e a história de *Àkti*: ambos tematizam ideias mebêngôkre sobre a importância de predar e não ser predado (ser o predador, e não a presa),

---

[16] Sobre a ideia do sangue como suporte e veículo da alma entre os Mebêngôkre, veja-se, por exemplo, Giannini, 1991.

estabelecendo determinadas condições para viabilizar a existência, condições que são, também, técnicas e modos de operar sobre o mundo.

O estado *uabô* puro, por assim dizer, é o estado potencial da presa. Implica ausência total de capacidade de predação e, em última instância, de "agência" ou subjetividade; se hipoteticamente atingido, é absolutamente insustentável, significando nem mais nem menos que a morte, como o mito descreve. A propósito, uma observação de Clarice Cohn sobre os Xikrin do Bacajá ressalta bem a importância da qualidade *àkrê* em três domínios fundamentais da 'agência' mebêngôkre: caça, guerra e política (oratória). Segundo a autora: "um homem que não é feliz na caça ou não vai com a frequência necessária a ela é *uabô*. Além do mal caçador, [o termo] indica também o guerreiro que não é [... corajoso], e o homem que não fala publicamente" (2000a, p.94).

Entretanto, como um outro episódio da saga dos heróis Kukryt-kakô e Kukryt-uire parece explicitar (Vidal, 1977, p.229), é preciso impor limites à capacidade *àkrê* e à ferocidade, pois, se descontroladas ou incontidas, também conduzem à morte, na medida em que não permitem constituir o parentesco, promovendo a destruição por autopredação generalizada. Não ser capaz de dosar a força *àkrê* tem como efeito a predação constante sobre o outro e a impossibilidade de reconhecer nele uma 'comunidade', um corpo comum, uma identidade. Ser bravo é não ouvir (*kuma* ≈ ouvir, atender, entender) os parentes. Por isso, os Xikrin costumam dizer que uma pessoa muito feroz, um guerreiro tomado de fúria, por exemplo, "não escuta, é surdo" (*amakre kêt* ≈ literalmente 'sem ouvido'). É como se seu corpo fosse um corpo de fera, de onça, ou como se ela já estivesse quase saindo do seu estado corpóreo: não sente dor, não sente fome, não sente medo, não desvia dos obstáculos na mata, anda sempre em frente, em linha reta, atravessando cipoal, galhos, tudo. Puro espírito da predação. Não é por outro motivo, também, que os animais-símbolo da qualidade *àkrê* sejam animais solitários como o gavião-real e o jaguar.

Em resumo, ambos estados, *àkrê* e *uabô*, possuem *dois aspectos* ou potencialidades: um positivo, produtivo e criativo; outro negativo e destrutivo. A primeira permite a posição de sujeito, de predador (e não de presa). É uma qualidade adequada para o relacionamento com a alteridade, com forças cósmicas e naturais. É a qualidade da *'alter* objetificação' e da '*auto*ssubjetificação'. No limite, ela impede a auto-objetificação, necessária para a constituição de parentes, de corpos mutuamente reconhecíveis e identificáveis como o mesmo. Eis, portanto, a necessidade de uma força em sentido inverso, a qualidade *uabô* (que, no limite, impede a autossubjetificação).

A vida mebêngôkre, portanto, depende de um equilíbrio entre esses dois estados ou qualidades. Por isso mesmo, eles não podem ser igualmente distribuídos entre as pessoas. Mulheres, no geral, devem ser mais *uabô*; homens, mais *àkrê*; chefes precisam ser *àkrê*, mas devem, ao mesmo tempo, exercer a generosidade, aprendendo a ouvir e ponderar; feiticeiros e xamãs também são *àkrê* e assim por diante. E essas características são efetivamente produzidas nas pessoas, mediante uma série de procedimentos controlados de transformação 'afeto-corporal', a que são submetidas desde criança, e que incluem: ingestão de certos alimentos, ordálios e provas de fogo (no caso da qualidade agressiva); desenvolvimento da audição, do entendimento e do respeito/vergonha (*pia'àm*), enfim, de uma moralidade comunitária (no caso da qualidade domesticada ou mansa). Além disso, é interessante, por outro lado, notar que existem determinados alimentos ingeridos pelos caçadores – por exemplo, uma certa espécie de arara (Cohn, 2000a, p.130) – cuja finalidade é afetar o *objeto*, tornando a presa mais *uabô*, facilitando, assim, a caçada: "a caça fica mansa (*uabô*), e com os olhos fracos (*mry no rerekre*)" (ibidem, p.130).

Os dois vetores da relação

Voltemos ao tempo presente e às nossas reuniões de planejamento no âmbito do Convênio-CVRD. Como não poderia deixar de ser, considerando o que discutimos acima, o tornar-se *àkrê* que se nos é dado desvelar nesses momentos – expresso na modificação corporal, no uso das pinturas e armas, no tom ameaçador – é muito mais que uma simples *performance* ou um simples 'teatro', como deram a entender alguns

Xikrin, mais precisamente, alguns dos chefes,[17] compreendendo 'teatro' aí como mentira, como uma representação falseada ou fingida do que se passa. Ao contrário, sugiro que tais eventos políticos, em que os Xikrin apresentam-se em seu aspecto *àkrê*, são momentos em que as coisas aparecem como elas 'são', ou como, pelo menos, devem ser, do ponto de vista Xikrin; isto é, onde se ressalta que Mebêngôkre é Mebêngôkre e *kubẽ* é *kubẽ*, e que essa relação se constitui, de certa maneira, pelo sentido da ação: um é o agente da ação, o outro, seu objeto. Ainda que, ponto importante, só se faça do *kubẽ* objeto da ação porque nele se reconhecem determinadas capacidades diferenciais, distintivas, belas (*mejx*) e poderosas (*àkrê*) que os Xikrin desejam apropriar.

Evidentemente, esses são momentos em que a relação se desloca para um determinado plano em que devem ser descontadas ou desconsideradas as sutilezas e multiplicidades da interação ordinária. É certo que nem todos os *kubẽ* são iguais – há brancos antropólogos, missionários, agentes de Funai, funcionários do Posto, da CVRD, madeireiros, enfim, de todos os tipos. Igualmente, nem todos os Mebêngôkre o são da mesma forma (podendo ser mais ou menos parentes, mais ou menos amigos), além de ser possível, do ponto de vista Xikrin, e dadas certas condições, transformar um tipo de gente em outra. Deve-se descontar, portanto, o fato de que, no dia a dia, os Xikrin estabelecem relações *verdadeiramente amistosas e cordiais* com diversos *kubẽ*.

O estado *uabô*, assumido pelos Xikrin em sua relação com os brancos após o processo de pacificação empreendido pelo Estado brasileiro resultando na cessação de uma disposição geral para a guerra –, implicava, entre outras coisas, tratar o *kubẽ* como 'amigo' (*ombikwá*, que é a mesma palavra para *parente*). Em certo sentido, é exatamente isto: tratava-se de considerar o *kubẽ* como um *parente*. Não só os brancos foram

---

17 Noto que uma característica da fala dos chefes e de alguns homens pode ser o oficialismo, como notou Lea (1986, p.XXXIII) entre os Mekrãnoti: "[os chefes] devem falar bonito (*kaben mets*), ou seja, de acordo com os ideais ... e não de acordo com a realidade ... no seu trato com os caraíba [brancos] procuram esconder tudo que não esteja de acordo com o que imaginam ser os padrões morais dos caraíba" (p.XXXIV).

assim considerados, mas também os outros índios de outras 'etnias'. No meu primeiro mês de campo, o chefe Bep-3 me afirmou o seguinte, de maneira bastante oficialista:

> A gente não deve brigar [fazer guerra, matar] com outros índios, pois *somos todos parentes*. Antigamente nossos avós não sabiam que estavam matando parente, mas hoje a gente sabe. E *kubē* também não devemos [matar], *pois somos todos gente*. (grifos meus)

Embora ressalvando o oficialismo do discurso, acredito que seja isso mesmo, num certo nível, o que pensa o chefe e o que experimentam os Xikrin.[18] Há um alargamento, politicamente estratégico e socialmente necessário, do universo dos parentes e de uma concepção do humano mebêngôkre (gente como os Mebêngôkre) a círculos muito amplos, tais como os índios brasileiros, todos os brasileiros, e todo *kubē*. Por isso, em sua análise das mudanças culturais kayapó, Terence Turner é levado a dizer que na "nova visão de mundo kayapó ... os brasileiros foram admitidos ... enquanto seres plenamente humanos e sociais" (1993, p.58). Ele descreveu corretamente uma face do fenômeno. Porém, há outra: até onde é possível continuar sendo Mebêngôkre, pensados como uma gente diferente de outras gentes (do *kubē*, por exemplo), se todos forem indiscriminadamente 'gente'?

Mas, de fato, é assim – pacificamente – que, desde um momento recente da história, os Xikrin (e os outros Mebêngôkre) aceitaram ou acharam por bem fazer, e vêm fazendo de maneira geral. De sorte que, evidentemente, o estado pacífico não é, por sua vez, uma outra '*performance*' ou dissimulação. Em certo sentido, é bem verdade que os Xikrin, hoje, podem considerar-se mais *uabô* e menos *àkrê* do que foram um dia.

---

18 Congruente com o que descreve Lea (1986, p.L) sobre os Kayapó do Xingu: "... os Metyktire enfatizam, em suas conversas com outros grupos do PIX [Parque Indígena do Xingu], que os índios amansados são todos irmãos e não devem brigar entre si, guardando suas forças para lutar com os caraíba que porventura invadam suas terras". Veja-se, como contraste, a passagem de um informante de Giannini (1991, p.110), reproduzida na nota 14, do Capítulo 4. O contexto era particularmente interessante, pois os Xikrin haviam acabado de atacar um pequeno grupo de índios Araweté, que foram encontrados vagando no interior da área Cateté.

Mas é porque, justamente, esse é um *processo infinito e de mão dupla*, que lhes ocorre desde o princípio dos tempos. Sua história pode ser vista, a partir do momento em que puderam tornar-se *àkrê*, como um contínuo deixar de ser *àkrê*, não deixando nunca de o ser. Não custa recordar um dos modos recorrentes dos Xikrin referirem-se aos tempos idos (*amrêbê*): seus antepassados "comiam cru, pois não possuíam o fogo" (como hoje faz o jaguar de quem subtraíram o fogo), "comiam pau podre, pois não possuíam roças de batata", "dormiam como porcão [queixada], porque não tinham redes", "matavam por qualquer coisa, à toa (*kubin kajgó*)", e por aí vai.

A utilização cotidiana das vestimentas dos brancos, suas roupas, sua 'pele' (*kubẽ kà*, literalmente *'pele/couro/invólucro'* de *kubẽ*, é a palavra mebêngôkre para 'roupa'), enfim, aparece como sinal desse estado pacífico, e dessa relação de amizade – desse certo grau de aparentamento. No entanto, apesar disso tudo, no caso de sua relação com os brancos, tal aparentamento encontra limites muito claros e é, mesmo, negado em certas circunstâncias. Até onde me foi possível perceber, de um ponto de vista geral, os Xikrin manifestam repúdio em transformar-se em branco, a menos que essa transformação seja *ritual*. O risco, para eles, é que ela não o seja (voltarei a esse ponto ao final do livro). Tampouco expressam qualquer desejo de transformar os brancos em afins verdadeiros, através do casamento. Muito ao contrário, afirmam enfaticamente que o casamento com brancos é algo moralmente ruim (*punure, mejx kêt*), e criticam o fato de outros Kayapó eventualmente fazerem-no.[19]

O fato é que tal aparentamento precisa ser negado, se os Xikrin – como parece ser o caso – acham-se dispostos a continuar 'sendo/estando

---

19 Ainda que relações sexuais esporádicas entre homens xikrin com mulheres brancas seja prática comum e valorizada por eles, contendo um aspecto aventuresco. Minha posição não era confortável para inquirir as mulheres xikrin sobre suas relações com homens brancos. Talvez por isso mesmo, as poucas a quem perguntei responderam ser errado (*punure*). De qualquer forma, as mulheres vão menos à cidade, e quando o fazem em geral vão acompanhadas dos maridos, ou pai e mãe, o que reduz suas possibilidades de encontros desse tipo.

Xikrin', ou seja, prosseguir com o objetivo de produzir *pessoas mebêngôkre*, ao invés de 'pessoas-branco' ou 'pessoas-*kubẽ*'. Desse modo, a relação com os brancos só pode ser uma relação de afinidade potencial ("afinidade sem afins"), como diria Viveiros de Castro (1993, 2000a). Logo, mais uma vez, percebe-se a importância de manter sempre um quociente de '*àkrê-ez*' na relação. Com efeito, em algum momento, é preciso recolocar o *kubẽ* (algum *kubẽ*) em sua posição de não parente, em sua posição de 'estrangeiro', manifestando-se contra ele pela ação predatória, isto é, de um modo *àkrê* que ressalte no *kubẽ* a diferença, a alteridade, ao mesmo tempo que reconheça nele determinadas capacidades diferenciais ou diferenciadoras, que permitirão realimentar o processo de reprodução social em funcionamento.

Resta dizer que esse modo de relação não é absolutamente novo aos Xikrin. Ao longo da sua história, como vimos, seus antepassados, ainda que considerados (retrospectivamente) pelos próprios Xikrin como eminentemente *àkrê* (ou mais *àkrê* do que são hoje), podiam estabelecer relações amistosas e de troca pacífica com *kubẽ*, indígenas ou brancos. Assim ocorreu, por exemplo, em suas relações com os Karajá, a quem chamaram de parente e amigo (Vidal, 1977, p.16), e com seringueiros e castanheiros, no início do século passado. Verswijver também já havia registrado a existência de relações de contato e troca pacíficas, mantidas pelos Kayapó Mekrãnoti com outros grupos não mebêngôkre, classificadas pelo autor em duas modalidades – "contato indireto" e "contato direto". Em ambos os casos, porém, Verswijver notava que: "os dados mostram que o contato pacífico com grupos não jê *nunca* se *mantinham por longos períodos* e eventualmente convertiam-se em franca hostilidade" (1992, p.141, grifo meu). E prosseguia: "Nos ataques a índios não jê, os Kayapó sempre procuravam arrebatar todos os ornamentos e artefatos que podiam" (ibidem, p.142).

De fato, essas parcerias eram intrinsecamente instáveis e podiam ser desfeitas a qualquer momento, desembocando em guerra. Como vimos no Capítulo 3, era comum que esse padrão de trocas fosse interrompido por um ato predatório cometido pelos Xikrin: um furto, ou uma trapaça – tal foi o caso com os Karajá (Fisher, 2000, p.20), e, muitas vezes, com os brancos, que acusavam os Xikrin de ladrões.

Pelo exposto, é possível entender por que relações pacíficas, mais ou menos duradouras, não são garantia contra ação predatória ou contra a irrupção dos valores *àkrê*, que ocorrem seja na guerra, seja na paz. Assim, ainda que, hoje, os Xikrin se digam de maneira geral *uabô* (ou mais *uabô* do que já foram outrora), continuam tornando-se *àkrê* em certas relações, muito embora isso não se manifeste necessariamente em combates armados ou violência real, mas sim, predominantemente, em situações políticas, como são as reuniões com CVRD. O tornar-se *àkrê* implicaria, como disse, recolocar o *kubẽ* (os brancos) na posição de estranho, externo, e isso se faz também pela ação predatória, ou mais especificamente por uma espécie muito particular de *captura*. Não por acaso, muitas vezes, os representantes da CVRD consideram-se "coagidos" em sua relação com os índios. Um dos altos encarregados pelo Convênio confidenciou-me que havia desistido de participar das reuniões, porque se sentia constantemente "assaltado" pelos Xikrin. Seria interessante averiguar se os madeireiros envolvidos com os grupos Mebêngôkre também se sentem assim. A questão parece implicar uma *inversão do sentido* da expressão "modelo de exploração predatória", que se costuma atribuir às relações que se estabeleceram entre os índios mebêngôkre e as empresas madeireiras do Sul do Pará. Turner (1993, p.50) mostra que a relação dos Kayapó com os garimpeiros de Maria Bonita dá-se em moldes semelhantes ao descrito aqui. Essas relações podem ser ditas "predatórias" pelo discurso ambientalista e indigenista, mas parece que, por muito tempo, não percebemos, de outro ponto de vista, quem estava predando quem.

Saber se as ameaças de violência xikrin podem ou não se concretizar, parece-me uma questão secundária – para a análise, ao menos, já que para as relações institucionais entre os Xikrin, a CVRD e o Estado a questão é importante. A violência pode, com efeito, efetivar-se, nunca se sabe. Eventualmente, a predação simbólica e política se transforma em predação 'real'. E, como mencionei anteriormente, muitas vezes as ameaças tornam-se concretas: os Xikrin invadem a Serra de Carajás e "trancam a estrada" (como já o fizeram anteriormente), tomam funcionários da CVRD como reféns e podem até saquear o comércio do núcleo de Carajás.

Esse tipo de atitude é incomum, mas ocasionalmente ocorre, não só contra a CVRD, mas contra outros brancos da vizinhança. Apesar de, no geral, relacionarem-se de maneira perfeitamente *uabô* nas cidades, pode acontecer de grupos de Xikrin resolverem fazer uma espécie de pressão predatória sobre algum pequeno estabelecimento comercial da região, consumindo produtos maciçamente e deixando a dívida 'pendurada', que o comerciante, constrangido, é obrigado a aceitar. Dívida, aliás, que pode nunca ser paga. O dono do estabelecimento, então, vai bater às portas da Funai (e mais recentemente da ABN), para reclamar e cobrar a dívida, dessa feita tratando diretamente com os funcionários brancos. Porém, muitas vezes, esses são potencialmente os momentos de 'contrapredação' dos brancos, pois vários comerciantes bem podem aparecer com dívidas inexistentes, notas e faturas falsificadas e superfaturadas, que a ABN acaba absorvendo, renovando o ciclo, já que os Xikrin, no fim das contas, irão cobrar da CVRD, convocando reuniões. Em outras ocasiões, ocorre até uma subtração, quando grupos de *mekranyre* vão à cidade, consomem bebidas alcoólicas e fazem pequenos saques. Prática repudiada pelos mais velhos e pelas lideranças.

Abro um parêntese para observar que uma das justificativas de alguns homens xikrin para o fato de consumirem bebidas alcoólicas refere-se, precisamente, ao estado de 'valentia' e 'coragem' obtido pelos efeitos do álcool. Um homem assim me explicou, em uma das demonstrações de saudosismo e valorização do caráter *àkrê*, que mencionei no Capítulo 1:

> Antigamente, os *menõrõny* e *mekranyre* não se cansavam, andavam no mato, corriam, iam longe, não cansavam. Só velhos cansavam. Hoje, toma-se café, toma-se refrigerante, ingere-se sal ... cansa-se à toa. E tem-se medo. Eu mesmo, bebo *kadjuati kangô* ('sumo de cana', literalmente 'cana em [estado] líquido') [termo que usam para bebidas alcoólicas] para não ter medo [*kam uma kêt kadjy*], para ficar valente [*kam àkrê*].

Tais acontecimentos (em que a predação torna-se 'real', por assim dizer) são raros, como disse – e os Xikrin *querem manter*, e sabem que precisam manter, suas relações de amizade com os brancos. Todavia, independentemente da 'braveza' Xikrin manifestar-se em atos concretos de guerra, eles continuam tornando-se *àkrê* como disse – *pois essa é a forma da relação com o kubẽ*. Em larga medida, eles precisam continuar virando *àkrê* para permanecer Mebêngôkre. E a CVRD (mas não só ela), pelo menos em determinados momentos de sua relação política com os índios, ocupa a posição do *kubẽ* a ser predado.

〰️

Antes de encerrar esse tópico, gostaria de voltar à questão do controle que os Xikrin procuram exercer sobre os recursos do Convênio, mas, agora, do ponto de vista do que chamei acima de 'microgestão'. Com efeito, aqui também, é como se esse controle se configurasse, para a CVRD, numa espécie de trapaça cometida pelos Xikrin. Da perspectiva dos brancos envolvidos, os índios, por meio dessa atuação, estariam "desvirtuando" os objetivos do Convênio, o que resulta mais uma vez na pressão inflacionária e no aumento de gastos. Não me estenderei demais nesse ponto, bastando para a argumentação uns poucos exemplos.

A administração (feita pelos brancos da Funai, e atualmente da ABN) dos recursos do Convênio compreende o estabelecimento de um plano de contas e de orçamentos dos serviços, distribuídos em diversas rubricas. Por exemplo, o orçamento para os serviços de transporte inclui certo número de voos emergenciais para retirada de doentes (em geral um por semana), a manutenção dos caminhões (calculada com base em certo número de viagens, considerado suficiente para atender as necessidades). O orçamento para as atividades produtivas inclui os custos da safra anual de castanha (compra de ferramentas, alguns mantimentos) e assim por diante. Com base nesses orçamentos e no cálculo do custo das outras solicitações dos Xikrin, acertadas nas reuniões, a CVRD pode prever seus custos anuais e providenciar o repasse mensal para a conta da ABN.

Ocorre que, no cotidiano, os Xikrin vão criando mecanismos próprios de se apropriar dos recursos, desarranjando o orçamento, de sorte que o resultado é invariavelmente uma tendência de aumento nos gastos do Convênio. Os chefes podem, por exemplo, solicitar voos extras para trazer parentes de outras aldeias kayapó, ou para providenciar o deslocamento de pajés até as aldeias do Cateté. Um desses casos é ilustrativo. O chefe Tàkàk-4 retornara da aldeia do Möjxkàràkô no caminhão da comunidade, trazendo consigo alguns parentes que lá residiam. Apenas dois dias depois de sua chegada, comunicou-se pelo rádio com a Funai (na época a ABN ainda não havia assumido o Convênio), exigindo que fosse fretado um avião de Tucumã ao Möjxkàràkô (ida e volta) com objetivo de buscar um pajé para curar sua tia (FZ) que se encontrava muito doente, diante da incompreensão do funcionário, que lhe perguntou, afinal, por que o pajé não viera junto no caminhão. Bem, há uma lógica: Tàkàk-4 me disse que precisava consultar primeiro seu *ngêt* (FZH) e *kwatyj* (FZ), além de outros parentes, para saber se eles queriam mesmo a presença do *wajangá*. Mas, enfim...

Alguns índios, não sendo chefes, e não tendo como ordenar gastos com transporte, podem, entretanto, fazer pressão sobre as atendentes de saúde, para que elas solicitem voos "de emergência" para a cidade, mesmo quando, segundo elas, os índios não estão realmente doentes, ou quando o tratamento poderia perfeitamente ser realizado na aldeia. Em certas ocasiões, quando o avião chega, cria-se um impasse na pista, pois diversas pessoas querem embarcar, alegando que precisam ir à cidade por qualquer motivo (e o motivo tácito é, quase sempre, conseguir comprar alguma coisa). Muitas vezes, os chefes são acionados pelo chefe do Posto para resolver a pendenga (o tempo começa a fechar, ameaçando chuva, o piloto se impacienta), e a solução em geral é mandar o piloto realizar outras "pernas" (trechos de voo, indo à cidade e voltando), para que todos sejam atendidos, para desconsolo da funcionária da ABN, que vê os recursos anuais destinados ao transporte aéreo esgotarem-se, com frequência, ainda no primeiro semestre.

O período da safra de castanha é um outro bom exemplo. A ideia do "projeto castanha", segundo a CVRD, é suprir os insumos necessários – transporte para levar os Xikrin ao local da coleta, ferramentas, alimentação básica – a uma atividade que deveria ter fim lucrativo. Isto é, a companhia garante o investimento, para que os Xikrin fiquem com os lucros. Porém, os Xikrin aproveitam a ocasião, deslocando-se em massa para a região onde é feita a exploração, exigindo que a ABN (ou melhor, a CVRD) pague o fornecimento de 'quentinhas' para alimentação e adquira uma gama de produtos que não têm relação direta com as atividades da coleta, elevando estratosfericamente os custos do projeto. Isso ocorre também com a equipe indígena deslocada para as atividades de vigilância, que aproveita as missões de fiscalização para renovar o vestuário, comprando, por exemplo, bonés, sapatos, tênis, roupas para suas mulheres e filhos. Em suma, os Xikrin utilizam os projetos no âmbito do Convênio como uma forma de obter as mercadorias que desejam.

Esses poucos exemplos talvez não deem a dimensão exata do problema que isso pode representar para a CVRD, ABN, Funai, enfim, para os gestores brancos. E potencialmente para os próprios Xikrin, do ponto de vista da política institucional com os brancos, já que essa dinâmica pode ameaçar, um dia, a própria continuidade do Convênio. Em 2002, a ADR-Funai de Marabá, em vista da situação da ABN, cujas dívidas acumulavam-se, intermediou uma reunião entre os Xikrin e o procurador da Justiça do estado do Pará. O procurador – que, segundo os Xikrin, *"kaben töjx"* ('falou duramente') – alertou os índios para que não *"desvirtuassem"* o Convênio, que era um instrumento tão importante para a qualidade de vida dos Xikrin.

Em termos numéricos isso se evidencia melhor. O investimento para as atividades da safra de castanha de 1999/2000, por exemplo, foi orçado em R$ 24 mil (para as duas aldeias), mas o custo real foi de R$ 163 mil – para uma receita total de cerca de R$ 60 mil, depois de comercializada toda a castanha coletada pelos índios. Ora, em uma das reuniões que procurei descrever acima, os Xikrin exigiram que a CVRD arcasse com o prejuízo. Uma passagem do relatório elaborado pelo antropólogo Inglez de Souza para o ISA, em 2002, ilustra perfeitamente a questão:

> A safra da castanha de 2002 é um exemplo dessa situação e considerada [pelos atores brancos] como um dos pontos principais para a atual situação de débitos da ABN. Apesar do valor orçado para a atividade ter sido de R$ 117.000,00 [já consideravelmente alto, para uma receita que gira em torno dos R$ 50 mil]; o *descontrole total na gestão* fez com que se gastasse mais de R$ 400.000,00, muitas vezes em itens como *geladeiras, fogões, colchões, que dificilmente poderiam ser justificados como necessários para realizar os trabalhos nos castanhais*. Durante a safra, os Xikrin instalaram-se próximos ao Caldeirão para a coleta, propiciando um trânsito permanente para a cidade e onerando espantosamente os gastos. (Inglez de Souza, 2002, grifo meu)

O resultado, como não poderia deixar de ser, é um ciclo retroalimentado, que vai da 'micro' à 'macrogestão', e que se fecha sobre a origem dos recursos, já que os índios irão cobrar da CVRD os acréscimos inflacionários. Tudo isso, enfim, decorre da atuação dos Xikrin, em suas tentativas de efetivar o controle – individual e coletivo – sobre o dinheiro proveniente dos *kubẽ*. Em outras palavras, fazer desse dinheiro o seu "dinheiro só de nós mesmos". Mas, aqui, já estamos na interface da aquisição 'externa' e dos problemas colocados pela circulação 'interna' dos recursos do Convênio e das mercadorias obtidas por intermédio dele. Além disso, as formas que acabei de descrever, sob a denominação um tanto capenga de 'microgestão', poderiam ser vistas como formas 'extraoficiais' (pequenas trapaças, do ponto de vista dos brancos) de se obter as mercadorias, por assim dizer. Passemos, então, às formas 'oficiais', que se estabeleceram com a instituição da Verba Mensal e dos salários.

Caderno de imagens

Virando pássaro: nominação das meninas *Be-kwöj* (Cateté, 1999).

Dança dos peixes: cerimônia de nominação *Bep* (Cateté, 1999).

Cerimônia de nominação das meninas *Pãjnh* (1999).

Economia selvagem

Pesca com timbó (1999).

Associação Bep-Nói: antiga sede no pátio da Administração da Funai, Marabá (2000).

Dinheiro na mão e roupa *kubẽ* para fazer compras na cidade de Tucumã (2001).

"Guerreiros" xikrin descem o rio Cateté para realizar reunião de planejamento do Convênio com a CVRD ...

Economia selvagem

... enquanto mulheres e crianças despedem-se, observando a partida da beira do rio janeiro de 1999).

No centro da roda: chefes comandam reunião na casa dos homens, com a presença do administrador da Funai (2001).

Representantes da CVRD ouvem solicitações dos índios em reunião de planejamento (2001).

Bô kadjy metoro: festa da palha (Djudjêkô, 2000).

Economia selvagem

Benadywörö rajx: chefe (Djudjêkô, 2000).

Canteiro de obras: construção de casas e eletrificação (Cateté, 2001).

Televisão (2001).

Máquina (1999).

Economia selvagem

Reflexões (2000).

7
Irmão (des)conhece irmão: circulação

'Riqueza' ou incorporação diferencial: Verba Mensal e salários

A Verba Mensal é uma rubrica especial dentro do orçamento geral do Convênio com a CVRD, gerenciada diretamente pelos Xikrin, que a consideram "seu próprio dinheiro" – ou, como dizem também, "dinheiro dos Xikrin" (*mebêngôkre nhõ piôkaprin*) –, ao lado dos salários individuais, dos benefícios previdenciários do INSS (concedidos aos maiores de 65 anos e aos viúvos), e dos dividendos que obtêm dos diferentes "projetos" comunitários, tais como o Projeto Kaben Djuoi, a safra da castanha e outros que porventura sejam implementados. Os recursos da Verba Mensal são previstos desde a assinatura do Convênio em 1989, conforme visto no Capítulo 4. Inicialmente, o valor estipulado, registrado nos termos do documento, foi de 7,5 UM.[1] I Representantes da CVRD, em

---

[1] Passo a utilizar aqui uma *unidade monetária fictícia* (UM = unidade monetária) em substituição aos valores reais em moeda corrente (R$). Tal unidade é na verdade um indexador criado por mim, que mantém a exata proporcionalidade dos valores da

entrevista a Inglez de Souza em 2002, calcularam que o montante equivale a um valor presente à época de aproximadamente 15 UM. Segundo eles, ainda, de 1990 a 1993, esse valor era atualizado de diversas formas, de acordo com a variação cambial e inflação. Pelos relatórios de desembolso do Convênio, que obtive da CVRD e na própria ABN, no entanto, a Verba Mensal não foi paga nos anos de 1989 (o Convênio foi assinado em julho) e 1990, ou então, foi dissolvida nas outras rubricas orçamentárias (não havia plano de contas disponível). Finalmente, de 1994 a 1998, com a estabilização da moeda brasileira, o valor foi fixado em 9 UM por mês.

Embora sendo igualmente o "dinheiro dos Xikrin", ao contrário dos salários e aposentadorias, que são *individuais*, a Verba Mensal (bem como os lucros de projetos) é vista especificamente pelos índios como *mekràmti nhõ piôkaprin*, isto é, 'dinheiro de muitos', entendendo-se com isso que é um dinheiro cuja destinação deve ser generalizada a todas as casas da aldeia.[2] Em outras palavras, o dinheiro da 'comunidade'. E, nesse sentido,

---

Verba Mensal e dos salários, apenas que convertidos por um fator de divisão. As informações sobre os números reais não são sigilosas, mas preferi omiti-las, visto que isso não interfere no argumento, além de preservar um grau de privacidade aos Xikrin. Os valores da Verba Mensal foram obtidos nos documentos do Convênio e em entrevistas com os índios, com os membros da Associação Bep-Nói, e representantes da CVRD. Igualmente, todas as informações sobre valores dos vencimentos dos chefes e lideranças foram obtidas com os próprios. Em nenhum momento os que recebem salários demonstraram qualquer sinal de constrangimento ou contrariedade ao falar comigo sobre o assunto, revelando-me sempre com naturalidade os valores, apesar de perguntarem, evidentemente, por que eu estava interessado em saber. Há um caráter oficial nos salários, reconhecido por todos, embora eu não tenha podido avaliar até que ponto todos os não chefes têm conhecimento exato dos valores: alguns o têm, outros apenas dizem que "é muito" – *piôkaprin kumejx*. De todo modo, apesar de os chefes não tratarem a questão como segredo, optei por não apresentar os valores salariais em moeda corrente, mas sim por meio de um indexador.

2 *Kràmti* ou *krãmti* ≈ muitos, abundantes. A expressão *mekràmti* é com frequência traduzida pelos Xikrin por 'todo o pessoal', 'todo mundo'. Mas em muitos contextos é utilizada para contrapor os chefes aos que não são chefes, de forma análoga à utilização em português do termo "comunidade" (veja Capítulo 1, nota 7, p. 56). Quando os Xikrin querem referir-se a todos da aldeia sem distinção, incluindo os líderes, em geral usam a expressão *mẽ-ba-kunin*, onde *mẽ-ba* ≈ pronome de 1ª e 2ª pessoas no plural ilimitado, ou 'nós (grupo grande) inclusivo' (isto é, quando o falante e os ouvintes formam um grupo grande de pessoas); *kunin* ≈ 'todos', 'tudo'. A

pode opor-se ao que os indivíduos não chefes chamam de *mebenadjwörö nhõ piôkaprin* ('dinheiro dos chefes'). Como já mencionei, a verba é utilizada basicamente para suprir as demandas xikrin por bens não duráveis e alimentos (voltarei logo a esse ponto). Ocorre que, desde 1995, uma parte da Verba Mensal passou a ser utilizada para pagar salários dos quatro chefes maiores: Bemoti (já falecido), Bep-3, Tàkàk-2 e Tàkàk-4.

Segundo informações de Isabelle Giannini (com. pessoal), o processo que instituiu salários dos chefes ocorreu da seguinte maneira. Em 1993, após o declínio dos negócios com as madeireiras, os principais líderes deram início a conversas com a CVRD, propondo a implantação de uma espécie de política salarial no âmbito do Convênio (eles não usaram esse termo, mas era disso que se tratava). Eles alegavam que "estava muito difícil controlar o pessoal", durante as tensas reuniões com a companhia, e que a posição de chefia custava-lhes enorme trabalho. Certamente, tratava-se de um tipo de compensação e uma tentativa de voltar a dispor de recursos próprios, já que o rompimento das relações com os madeireiros incidiu diretamente sobre o controle que os chefes mantinham sobre dinheiro, mercadoria e serviços. Isso mostra que, com a diminuição no movimento da madeira, os chefes saíram perdendo, embora houvesse indícios de que alguns deles tenham continuado a manter alguma relação com os madeireiros. De todo modo, esses negócios tornaram-se residuais. Tanto que o foco voltou-se progressiva e crescentemente para os recursos da CVRD. Ainda de acordo com Giannini, parte dos Xikrin – isto é, os *mekràmti* ('comunidade') e algumas lideranças – não queria que o pagamento dos salários saísse de parte da Verba Mensal e, sim, de outra rubrica qualquer do Convênio, mas a CVRD entendeu que não havia como incluir esse item, a menos que fosse na cláusula quarta (ver Cap. 4).

---

tradução seria 'todos, eu e vós (grupo grande)', ou 'eu e todos vós (grupo grande)'. Se o falante quer referir-se a um grupo grande, que o inclui, mas não inclui o ouvinte, dirá: *mē-i-kunin*, onde *mē-i* ≈ 1ª e 3ª pessoas, no plural ilimitado, ou 'nós (grupo grande) exclusivo'; e a tradução seria 'eu e eles todos (grupo grande), sem tu/vós'. Se o grupo for pequeno (plural limitado) as expressões são respectivamente *gwaj-ba-kunin* ('eu e todos vós') e *ar-i-kunin* ('eu e eles todos'). Sobre o sistema pronominal mebêngôkre ver Jefferson (1991).

Inicialmente, portanto, somente os quatro chefes maiores (chefes de aldeia) passaram a receber vencimentos, que representavam um volume de cerca de 10% da Verba Mensal. Os demonstrativos de gastos do ano de 1998 registram que cada um deles recebia um salário de 0,45 UM.[3] Eles começaram, então, a dispor de uma parte de seus próprios vencimentos para remunerar os "secretários", mas logo perceberam que poderiam ampliar o sistema salarial (Giannini, com. pessoal). Não acompanhei o processo, tampouco consegui obter mais informações, de modo que não sei como isso foi implementado, se houve discussões no *ngàbê*, com aceitação geral da comunidade, ou se os chefes trataram apenas com os brancos da CVRD e da Funai. O certo é que, em pouco tempo, alguns chefes menores (chefes de turma) e lideranças passaram a contar com vencimentos próprios. Nesse momento, foi instituído o cargo de "comprador", acompanhante das compras da aldeia. Com base nos demonstrativos, vê-se que, em 1998, outras três lideranças haviam entrado na folha salarial. No Catetê: Bep-6, recebendo 0,25 UM; e Bep-10, recebendo 0,15 UM. No Djudjêkô: Tàkàk-6, recebendo 0,20 UM. De quatro, vamos a *sete* lideranças assalariadas.

Na ocasião, o valor da Verba Mensal era considerado muito baixo pelos Xikrin, que anos antes já haviam solicitado um aumento, não atendido pela CVRD (Giannini, 1996, p.391). Em instantes, descreverei com mais detalhes o sistema de compras, mas é preciso adiantar que é por intermédio dos chefes que o dinheiro da Verba Mensal reverte para a "comunidade" na forma de produtos. Cada chefe de turma é responsável pela distribuição das mercadorias entre os membros de seu grupo, mediante a elaboração de uma "lista de compras". Essa lista é definida coletivamente, em reunião que ocorre na casa do chefe, com a presença de seus parceiros de idade. Pois bem, o baixo valor da Verba Mensal, naquela época, exigia intensa negociação por parte dos chefes de turma, para que as demandas por mercadorias de seu grupo de seguidores fossem

---

3 Esses demonstrativos de gastos do Convênio deveriam ser apresentados mensalmente no *ngàbê*, para discussão com a comunidade. Ao que me consta, isso nunca foi feito até 2002. Eles eram enviados regularmente à aldeia, mas iam sendo empilhados e acumulando poeira num armário na casa do chefe do Posto da Funai.

atingidas. Muitas vezes, os chefes eram obrigados a utilizar um sistema de rodízio: a cada mês, uma turma efetuava a compra, enquanto as outras esperavam. Os recursos eram sempre considerados insuficientes, implicando uma constante tensão entre os chefes de turma, bem como no interior de cada uma delas.

Em fins de janeiro de 1999, os Xikrin desceram o rio de barco para uma reunião com a CVRD, em Carajás, inapelavelmente decididos a obter um aumento da Verba Mensal. Partiram, alguns dias antes da data marcada, pintados e armados, dizendo que fechariam as estradas e a ferrovia da CVRD por uma semana, caso não fossem atendidos.[4] Não testemunhei a reunião, mas o resultado foi que conseguiram dobrar o valor da Verba Mensal para 18 UM naquele ano. Os Xikrin, então, estabeleceram uma divisão fixa entre as duas aldeias, com base em uma proporção demográfica e solicitaram ao administrador da Funai que fizesse os cálculos. O resultado ficou em 11,15 UM para Cateté (62%) e 6,85 UM para Djudjêkô (38%).

Em março do mesmo ano, os salários dos chefes maiores aumentaram na mesma proporção que a Verba Mensal (100%). Além disso, a folha salarial incorporou mais algumas lideranças. Os quatro principais líderes passaram a receber 0,90 UM. No Cateté, Bep-6 foi 'aumentado' para 0,45 UM e Bep-10 para 0,20 UM. E agora havia nessa aldeia outros três novos assalariados: Bep-9, chefe da turma dos mais velhos, passou a receber 0,25 UM; Bep-11, irmão de Bep-10, 0,25 UM; e Bep-7, irmão do chefe de turma dos jovens, 0,25 UM. No Djudjêkô, Tàkàk-15 substituía seu pai Tàkàk-6, recebendo 0,25 UM. Dessa vez, os Xikrin disseram que a ideia havia sido discutida no *ngàbê* e acolhida pelo conselho. De sete, vamos a *dez* lideranças assalariadas.

Entretanto, esses valores logo foram considerados insuficientes pelos Xikrin. No início de 2001, houve nova reunião de planejamento (nos moldes de sempre) e, mais uma vez, a CVRD viu-se diante da pressão dos "guerreiros", obrigada a reajustar o valor da Verba Mensal, estipulado então em 50 UM, resultando em novo aumento de salários. Mas o

---

4 Um pequeno grupo, dentre os quais alguns líderes, permaneceu na aldeia, esperando para se deslocar até Carajás na própria data da reunião, em voo fretado pela CVRD.

processo parece continuar, indefinidamente. Em 2003, os Xikrin chegaram a falar em um aumento para 500 UM. Não conseguiram o almejado, mas, a partir de 2004, a Verba Mensal passou a 100 UM (um aumento de mais de 1.000% em seis anos!). Em 2005, quando de minha visita mais recente aos Xikrin, as duas aldeias já contavam com suas próprias associações, e cada uma dispunha de Verba Mensal de 100 UM.

Mas voltemos à divisão da Verba em 2001 e 2002. No que toca aos salários, manteve-se a mesma tendência inflacionária, em seus dois movimentos: 1) aumento real dos vencimentos para os chefes e lideranças que já os recebiam; 2) uma extensão da folha salarial que passa a incorporar novos indivíduos, quase sempre relacionados aos chefes, por consanguinidade ou afinidade. Assim, no Cateté, mais quatro indivíduos entraram na lista de pagamento: Bep-8, outro irmão do chefe de turma Bep-6; além de três jovens – Bep-13, filho do chefe Bep-3;[5] Bep-12, sobrinho (ZS) do chefe da aldeia e neto do velho Bemoti; e finalmente Bep-14, casado com a filha da irmã do chefe da aldeia. No Djudjêkô, Tàkàk-5, irmão do chefe da aldeia, entrou na folha. De dez, vamos a quinze assalariados. A divisão completa dos recursos da Verba Mensal nesse período encontra-se nas Tabelas 3 e 4, a seguir (ver também figura 5 para posições genealógicas).

Tabela 3 – Divisão da Verba Mensal, Cateté (2002)

Aldeia Cateté	Valor total (UM)
	35 UM
a) salários diretos	Valor (UM)
Bemoti chefe velho	1,5 UM
Bep-3 chefe de aldeia atual	1,5 UM
Bep-6 líder de turma	1,0 UM
Bep-7 liderança	0,5 UM
Bep-11 liderança	0,5 UM
Subtotal	5 UM

---

5 Em 2003 esse rapaz já possuía dois filhos e foi alçado a chefe de turma dos mais jovens (aumentando o número de turmas de três para quatro no Cateté) (ver Capítulo 5, p.189, nota 12). A intenção de Bep-3 é ver seu filho como chefe da aldeia, seu sucessor, no futuro.

Aldeia Cateté (cont.)	
b) turma de Bep-3	Valor (UM)
	10 UM
Distribuição:	
turma ("comunidade")	9,22 UM
Bep-12 jovem liderança	0,26 UM
Bep-13 jovem liderança	0,26 UM
Bep-14 jovem liderança	0,26 UM
c) turma de Bep-6	Valor (UM)
	10 UM
Distribuição:	
turma ("comunidade")	9,65 UM
Bep-10 liderança (comprador)	0,35 UM
d) turma de Bep-9	Valor (UM)
	10 UM
Distribuição:	
turma ("comunidade")	8,65 UM
Bep-9 líder de turma	1,00 UM
Bep-8 liderança (comprador)	0,35 UM

Tabela 4 – Divisão da Verba Mensal, Djudjêkô (2002)

Aldeia Djudjêkô	Valor total (UM)
	15 UM
Distribuição:	
Tàkàk-2 chefe velho	1,5 UM
Tàkàk-4 chefe de aldeia	1,5 UM
Tàkàk-5 liderança	0,5 UM
Tàkàk-15 liderança (comprador)	0,5 UM
"comunidade"	11 UM

Tal divisão, definida pelos próprios índios,[6] nos ensina bastante sobre a organização política e a estrutura hierárquica do prestígio nas duas aldeias xikrin. No momento em que a Verba Mensal atingiu um valor razoável, a lógica global da partilha fez ressaltar um sistema mais ou menos segmentar. Primeiramente, como de praxe, os Xikrin dividiram os valores entre as duas aldeias; depois, procederam à divisão entre as turmas (somente no Cateté); e por fim, estabeleceram uma separação no interior de cada turma, entre chefes (e lideranças) e o restante da "comunidade". Entre as aldeias, a partilha seguiu novamente a proporção demográfica: Cateté ficou com uma parte de 35 UM (70%), ao passo que Djudjêkô, com 15 UM (30%). No Cateté, dos 35 UM que lhe couberam, foram separados 5 UM para pagamento direto de vencimentos de cinco lideranças. O restante foi equitativamente dividido entre as três turmas (10 UM para cada).

A hierarquia entre as lideranças é marcada pelo valor dos vencimentos. Em outras palavras, significativamente, a estrutura política e o prestígio foram *quantificados*. Os dois chefes maiores (pai e filho) receberam os mais altos salários (1,5 UM). São seguidos pelo chefe de turma Bep-6 (1 UM) e por duas lideranças (0,50 UM). Depois, aparecem os "compradores" (0,35 UM), incluindo-se Bep-8, que passou a ser considerado o responsável pelas compras da turma de Bep-9. E, finalmente, a jovem e incipiente "elite negocial", com os menores vencimentos (0,26 UM). Note-se que o líder da turma dos mais velhos, Bep-9, recebe um salário de 1 UM (equivalente ao de Bep-6), porém, com uma diferença importante: Bep-9 precisa *retirar seus vencimentos do quinhão de sua própria turma*, ao contrário dos outros líderes de turma e aldeia – bem como outras duas lideranças, (Bep-7 e Bep-11) –, *que recebem salários diretos,*

---

6 A divisão foi firmada em ata, após reunião, em março, na sede da ABN, em que estiveram presentes quatro chefes Xikrin (Tàkàk-2, Bep-3, Bep-6 e Bep-9), o administrador da Funai Marabá e a funcionária-gerente da ABN. Segundo o documento, esses dois procuraram: "orienta[r] aos índios Xikrin que os caciques deveriam receber mensalmente a ajuda de custo em valores iguais, como também os líderes e os acompanhantes das compras, para que não haja divergência entre os mesmos".

isto é, à parte do quinhão destinado a suas respectivas turmas. Desse modo, se o salário de Bep-9 é equivalente ao dos demais chefes de turma, *sua turma* acaba recebendo menos que as outras duas.

Em resumo, afora os salários de cinco pessoas, todos os outros vencimentos saem de uma parte do montante destinado a cada turma: Bep-3 retira uma pequena parcela do valor total destinado à sua turma (pouco menos de 10%) para pagar os salários das três jovens lideranças; Bep-6 retira pouco mais de 3% para pagar um dos "compradores"; e Bep-9 destina uma parte do total de sua turma (pouco mais de 10%) para pagar o seu próprio salário, além do salário do outro "comprador".

No Djudjêkô, por sua vez, os recursos da Verba Mensal não foram divididos entre as duas turmas, mas reunidos em uma única parte (15 UM), referente à "comunidade" como um todo, já descontados os salários dos líderes. Isso parece exprimir uma composição entre pai e filho na liderança da aldeia, de sorte que as turmas, aqui, parecem objetivar-se mais no seu aspecto de grupo de trabalho do que em grupos políticos. A estrutura hierárquica do prestígio apresenta-se expressa, igualmente, no valor dos vencimentos: os dois chefes maiores (pai e filho) recebem os salários mais altos e equivalentes aos dos dois chefes maiores do Cateté. Os dois integrantes da "elite negocial" (ou lideranças) recebem os salários mais baixos, equivalentes ao de duas lideranças do Cateté, mas menores que o dos chefes de turma dessa aldeia.

Portanto, percebe-se que a mesma tendência inflacionária que acomete a gestão do Convênio como um todo ocorre no nível da gestão da Verba Mensal. Ela é 'puxada' para cima, ante a pressão de todos: "comunidade", que não vê suas demandas por mercadorias satisfatoriamente atendidas, e chefes, que buscam um acesso *diferencial* aos recursos. Por conseguinte, à medida que a Verba Mensal cresce, aumenta, de modo proporcional, a parte que os chefes incorporam para si. E o ciclo recomeça, exigindo novo aumento do montante da Verba, e assim por diante.

Num exercício de caráter apenas ilustrativo, vemos que, se a Verba Mensal fosse destinada, de modo integralmente equânime, para todas as famílias, teríamos as seguintes figuras (com base em dados censitários de 2000):

Tabela 5 – Distribuição igualitária hipotética da Verba Mensal

Cateté	
Verba Mensal	35 UM
Número de casas	39
Verba/casa	0,90 UM
Média de famílias/casa	2,62
VM/família nuclear	0,34 UM

Djudjêkô	
Verba Mensal	15 UM
Número de casas	24
Verba/casa	6,25 UM
Média de famílias/casa	2,17
VM/família nuclear	0,29 UM

No Cateté, a parte dos 35 UM que corresponde a salários de chefes e elite negocial soma quase 7,5 UM. Ou seja, 2% da população da aldeia do Cateté fica com mais de 21% da Verba Mensal. O montante por família nuclear seria de 0,27 UM por mês, se o restante fosse dividido igualitariamente em espécie. No Djudjêkô, a realidade é semelhante: dos 15 UM da Verba Mensal que cabem à aldeia, 4 UM servem aos salários de chefes. Ou seja, menos de 2% da aldeia apropria-se de quase 27% dos recursos. Se o restante fosse dividido igualmente, em espécie, por família nuclear, cada uma receberia, ainda assim, 0,21 UM. No cômputo geral, somando-se as duas aldeias, o quinhão da Verba Mensal destinada ao pagamento dos líderes – 15 indivíduos, ou cerca de 2% da população total – chega a 23% (11,5 de um total de 50 UM). Somente daí, portanto, os líderes obtêm, em média, quase quinze vezes mais do que cada Xikrin não chefe. Além disso, já foi visto, o acesso diferencial dos chefes a recursos provenientes do Convênio não se limita à Verba Mensal, atingindo outras rubricas destinadas a outros programas de assistência, como transporte, hospedagem etc. Contudo, essa é só uma das faces da questão, pois, como veremos adiante, os chefes precisam também distribuir.

Remeto o leitor à Figura 5, na tentativa de mostrar como as principais posições de chefia e prestígio entre os Xikrin – quantificadas, atualmente, por meio do acesso diferencial ao dinheiro e às mercadorias – vêm sendo concentradas e transmitidas, há bastante tempo, no interior de um mesmo grupo de parentes, ligados bilateralmente. Além disso, as demais posições de chefia e liderança parecem gravitar em torno deste forte núcleo. Todas as pessoas que entraram na folha salarial da Verba Mensal estão, de alguma maneira, relacionadas (por vínculos imediatamente reconhecíveis) a pessoas que ocuparam alguma posição de liderança e destaque no passado.

Quero chamar a atenção, aqui, para o fato de que o dinheiro não pode ser visto, nesse caso, apenas como a *fonte* e a origem do prestígio e da posição dos chefes atuais, mas também como um *signo* atual do prestígio – prestígio esse que se compõe de diversos elementos, herdados de relações prévias. Assim, não basta dizer que alguns Xikrin concentram os recursos *para* serem chefes, sendo necessário adicionar que, em larga medida, eles também concentram tais recursos *por* serem chefes (e parentes de chefe). No caso xikrin, dizer, como aventaram alguns antropólogos (por exemplo, Turner, 1993, p.53), que o controle do dinheiro e o papel de negociadores exercido em face dos representantes da sociedade nacional configura uma *nova elite* kayapó parece-me simplificar um pouco o fenômeno.

Tal terminologia pode sugerir que uma sociedade eminentemente igualitária – ou cuja diferença interna ancorava-se (como em Turner) em uma oposição estrutural entre velhos e jovens (denominada pelo autor de "hierarquia rotativa") – foi subitamente sacudida pelo germe da desigualdade que os objetos do mundo capitalista carregam. Os dados xikrin parecem mostrar, ao contrário, que há uma continuidade na dinâmica pela qual os elementos que constituem prestígio, podendo consolidar posições de liderança política, tendem a ser disputados por determinadas famílias ou parentelas, concentrados nas mãos dessas famílias, e hierarquizados. O que ocorre é que a quantificação monetária torna mais visível para nós essas relações, anteriormente objetificadas, notadamente, por meio dos nomes pessoais e prerrogativas rituais (*nomes* e *nêkrêjx*).

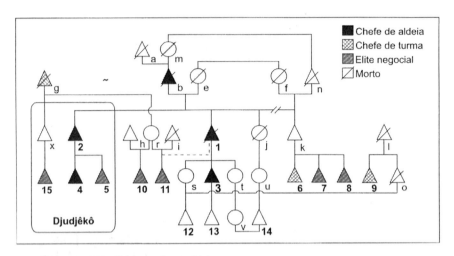

FIGURA 5 – Distribuição dos salários.

Na figura acima, que é uma repetição da Figura 4 (p.186) acrescida de algumas posições, estão numerados de 1 a 15 todos os indivíduos que recebem salários com recursos da Verba Mensal até 2002: chefes maiores, chefes menores (isto é, de turma) e "elite negocial" (lideranças, compradores). Pelo levantamento genealógico, percebe-se que o grupo mais importante de lideranças (1 a 8), incluindo, além disso, uma geração mais nova, que começa a despontar – 12, 13 e 14 –, é todo formado por descendentes de duas irmãs reais, chamadas Nhàk-kryt (e) e Kokonó (f). Essas duas mulheres eram irmãs mais novas do valoroso chefe Karangré do Kàkàrekre (não aparece na figura), cuja morte resultou na migração de parte dos Xikrin para a região do Bacajá, nas primeiras décadas do século XX (ver Capítulo 3). Elas casaram-se com dois homens de prestígio. A primeira esposou o velho chefe Bep-karôti (b) – filho de Kupatô (a), considerado pelos Xikrin um grande *benadjwörö* antigo. A segunda casou-se com o tio materno (MB) – Tekàre (n)[7] – de

---

7 Não consegui saber se Tekàre exerceu liderança de algum grupo masculino. Sei que Kokonó foi anteriormente casada com um homem chamado Bep-tum, que foi um dos chefes de turma do grupo de Bacajá, alguns anos após a separação dos dois blocos (Fisher, 2000, p.55). Nas genealogias que coletei, aparece um outro Bep-tum (filho de Karangré), que pode ter sido nomeado, então, pelo marido de Kokonó, isto é, por seu FZH.

Bep-karôti. Tekàre era irmão de Mytpari (m), esposa de Kupatô. Ou seja, Nhàk-kryt (e) e Kokonó (f) casaram-se com dois homens ligados a Mytpari (m) – um deles era seu filho com Kupatô, outro seu irmão mais novo –, revelando uma aliança firme estabelecida pelas parentelas de dois personagens importantes da história xikrin: Kupatô e Karangré. Daí, seguem-se várias gerações de líderes.

Os chefes Bemoti (1) e Tàkàk-2 (2) são filhos de Nhàk-kryt com Bep-karôti, e netos de Kupatô e Mytpari (por parte de pai), e de Krôpiti e Ngre-nibêjti (por parte de mãe).[8] Eles carregam os nomes dos antigos parentes, que outrora se destacaram como importantes figuras da história xikrin. Bemoti, por exemplo, portava alguns nomes do irmão de Karangré (isto é, de seu MB); e Tàkàk-2 porta nomes do próprio Kupatô (ou seja, seu FF). Kokonó, por sua vez, gerou (com Tekàre) o indivíduo identificado pela letra (k), hoje com cerca de setenta anos e que, até onde sei, nunca exerceu posição de chefia, embora seja, evidentemente, um homem de prestígio, haja vista o fato de três de seus filhos (6), (7), (8) ocuparem atualmente posições de liderança. Assim, temos um grupo de três "irmãos" – dos quais (1) e (2) são irmãos reais, e (k) é um irmão classificatório próximo (matrilateral) dos outros dois, que o dizem *inã kanikwöj kam kra* (literalmente: 'filho da irmã da minha mãe')[9] – que geraram um grupo de seis "irmãos" (primos paralelos) patrilaterais (3, 4, 5, 6, 7, 8), todos eles ocupando posição de liderança e recebendo salários.

A situação é ainda mais intrincada. Com auxílio da Figura 6, noto que, desse conjunto de seis chefes atuais, com exceção de Bep-3 (3), todos os outros estão diretamente relacionados a pessoas que ocuparam posição de destaque no passado, *tanto pelo lado paterno, quanto pelo lado materno*. Isso, porque (2) e (k) – respectivamente filhos e netos dos antigos chefes Bep-karôti (b) e Kupatô (a) – casaram-se com duas

---
[8] Ngre-nibêjti foi o nome dado pelo informante de Fisher (2000) referindo-se a uma importante personagem da história xikrin, supostamente a primeira dona da festa do Aruanã tomado aos Karajá (Capítulo 3). Não há como saber se é a mesma pessoa, mas o importante é que se trata de um nome de alguém de valor, por ter obtido um item cultural dos estrangeiros.
[9] Ademais, Kokonó morreu quando Bep-7 (k) era menino, e ele passou a ser criado por sua MZ, Nhàk-kryt.

irmãs, (p) e (q), respectivamente filhas e netas de Kukrãnhti (d) e Ngrakrere (c). Esses dois homens, como vimos no Capítulo 3, lideraram os Xikrin que migraram para a região do Bacajá.[10]

Voltemos à Figura 5, para completar as informações. A geração mais recente de assalariados é composta pelo filho (13) do chefe Bep-3; pelo filho (12) de uma de suas irmãs (s) – ambos os rapazes portam diferentes nomes do velho Bemoti, que é FF do primeiro e MF do segundo –; e, finalmente, pelo jovem esposo (14) da filha (v) da outra irmã (t) de Bep-3. Se observarmos, mais uma vez, as conexões bilaterais que vêm da geração ascendente, notamos que esse rapaz é filho de uma das filhas (u) de Nhikà'êre (j) – irmã de Bemoti e Tàkàk-2, falecida recentemente em 1999. Quando da morte do chefe Bemoti em 2004, sua viúva passou a receber os vencimentos. Sendo ela muito velha, porém, na prática o controle e a administração do dinheiro ficam nas mãos de seu genro, esposo de (t) e cunhado do chefe Bep-3.

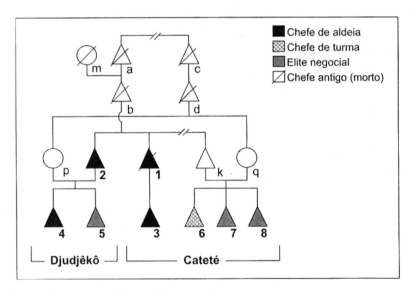

FIGURA 6 – Herança bilateral do 'prestígio'.

---

10 Ngrakrere, tido como o primeiro a migrar para o Bacajá, era irmão putativo (*kamy ka'àk*) de Kupatô. Não foi possível saber exatamente quando Ngrakrere e/ou Kukrãnhti retornaram do Bacajá. Mas é certo que em 1969, época em que Lux Vidal

Passando aos outros líderes remunerados, que não pertencem diretamente a esse grupo de parentes, noto que quase todos descendem também de algum antigo líder. A diferença é que, ao passo que os indivíduos mencionados anteriormente descendiam, em especial, de chefes e pessoas prestigiosas *associadas ao grupo do Cateté* (vindos da antiga aldeia Kàkàrekre) e que há algum tempo se vincularam por aliança a pessoas prestigiosas (e de família de chefes) do Bacajá, esse outro conjunto de lideranças está vinculado mais estreitamente *apenas a antigos líderes do Bacajá*. Por exemplo, já mencionei que o indivíduo (15) é neto de Be-kàra (antigo chefe de turma no Bacajá) pelo lado paterno. Já os irmãos (10) e (11) são netos de Be-kàra pelo lado materno. No entanto, esses dois irmãos são filhos (um real e outro *ka'àk*) do indivíduo (h), atualmente bastante idoso e muito considerado na aldeia por ser profundo conhecedor de alguns cantos e cerimônias. Ora, esse homem (h) é um dos filhos de Bep-tyk (não aparece na figura), antigo chefe do Bacajá (ver nota 10). E o "comprador" do Cateté (10) porta esse nome (Bep-tyk) de seu avô paterno (FF).

Finalmente, examinemos o que concerne ao chefe de turma dos mais velhos no Cateté, Bep-9 (9). Não consegui estabelecer relação direta de seus ascendentes com antigos chefes. Sei que seu pai, Tôtante (l), foi um dos que retornaram do Bacajá na década de 1950. Mas Bep-9 considera-se "irmão" (*kamy ka'àk*) de (p) e (q), portanto, "filho" de Kukrãnhti. Note-se, ainda, que há uma relação recente de aliança com a família dos chefes Bemoti e Bep-3, já que um irmão de Bep-9, chamado Bep-nho (falecido há pouco mais de dez anos), casou-se com uma das duas irmãs (s) de Bep-3, sendo pai do jovem (12). Bep-9 ocupa a posição estrutural, por assim dizer, de um genro de Bemoti e cunhado de Bep-3.

E a tendência a uma certa 'nucleação' desse grupo de parentes cognáticos parece prosseguir. Por exemplo, o jovem (12) casou-se há uns três anos com sua MF"B"SD: filha de (8). São alianças que se reiteram

---

esteve pela primeira vez entre os Xikrin, os casamentos de Tàkàk-2 (2) com Nhàk-p (p), e (k) com Nhàk-q (q) já haviam ocorrido. O último, aliás, havia contraído anteriormente casamento com uma filha (que veio a falecer) de outro chefe do Bacajá, chamado Bep-tyk (Fisher, 2000, p.55).

há quatro ou cinco gerações, ajudando a constituir e manter um núcleo de pessoas importantes, de prestígio, que ocupam as principais posições de liderança.

∿∿

Observei anteriormente que a propensão para concentrar os recursos obtidos dos brancos não se limita à Verba Mensal. De fato, ela pôde ser percebida em diversos momentos de minha experiência com os Xikrin, e estendia-se, evidentemente, a outros domínios para além do Convênio (como foi o caso durante a relação com as madeireiras). Já comentei o assunto, mas recupero-o aqui, por meio de alguns exemplos.

Quando estive pela primeira vez na aldeia Djudjêkô, levei alguns presentes para a comunidade. Ao chegar, entreguei-os ao chefe Tàkàk-2, esperando que ele fosse distribuí-los. Mas, não. O chefe agradeceu, recolheu os objetos e guardou-os em casa. No mesmo dia, pelo menos quatro pessoas vieram advertir-me: se eu quisesse que os presentes chegassem a todo o pessoal (*mekràmti*), deveria eu mesmo distribuí-los. No que concerne ao Projeto Kaben Djuoi, por exemplo, a equipe do ISA teve a mesma dificuldade, de maneira recorrente. Por mais de uma vez, os chefes lançaram mão de algumas parcelas dos lucros da venda da madeira, que eram depositadas em uma conta da ABN. Isso se repetiu até que diversas pessoas começaram a nos solicitar que trouxéssemos o dinheiro em espécie para a aldeia, e distribuíssemos pessoalmente para cada chefe de família. No dia em que o fizemos pela primeira vez, em dezembro de 2001, após levarmos à aldeia um malote de R$ 20 mil em notas de dez (!), dividindo-as entre as turmas e entregando-as nominalmente a cada um, o chefe Tàkàk-2 mostrou-se extremamente desagradado, negando-se a receber os R$ 200,00 que lhe couberam, chamados por ele de *"meprinre nhõ piôkaprin"* ('dinheiro de criança'). Por fim, sua esposa recolheu o dinheiro, guardando-o em uma bolsinha de couro preta. Ele arrematou, para mim: "se for isso o Projeto, eu não quero mais Projeto. Você tem que fazer assim: quando sair uma venda da madeira, tira primeiro uma parte para mim, para o seu *ngêt* [eu o chamava por esse termo de parentesco], depois divide o resto para a comunidade".

Outro caso concreto, agora no âmbito Convênio, é interessante para mostrar como, mais uma vez, esse grupo de pessoas importantes da comunidade Xikrin, a quem poderíamos aplicar o termo *mẽ rajx* ('gente notável'),[11] procura 'capitalizar-se' de modo a manter o dinheiro e as posições assalariadas sob seu controle. Há pouco mencionei a existência de outros cargos remunerados pelo Programa Xikrin, mas independentes da Verba Mensal, que são o de monitor de educação e o de agente de saúde (os recursos saem da verba de custeio, das rubricas "educação" e "saúde"). Hoje, há um monitor educacional e dois agentes de saúde por aldeia, recebendo vencimentos. Os salários de "professor" e agente de saúde são iguais, relativamente baixos se comparados ao dos chefes principais – no final de 2000, esses salários valiam 0,23 UM (uma taxa de aproximadamente 1:7 em relação ao salário dos chefes maiores). Essas posições, certamente, dependem de uma série de fatores, dentre as quais, aptidões pessoais, oportunidades de ter recebido alguma formação técnica, entre outras. De qualquer forma, a disputa por esses cargos remunerados envolve uma complexa negociação, ativando uma série de relações sociais. O caso que quero examinar e que ilustra bem a situação envolve a substituição de um agente de saúde da aldeia Cateté por dois novos agentes.

Até o final de 1999, havia um único agente de saúde para cada aldeia. No Cateté, o cargo era ocupado por um jovem, oriundo da aldeia kayapó Gorotire (filho de Kubytka'àk e Orát). Ele havia se mudado para o Cateté ainda *nõrõny* (adolescente), no início dos anos 1980, creio eu, acompanhando seu avô materno – um homem xikrin que havia permanecido no Posto Las Casas após a pacificação e que, posteriormente, integrou-se à aldeia Gorotire.[12] Esse rapaz, então, fincou raízes no Cateté,

---

11 Segundo Verswijver (1992, p.63), entre os Mekrãnoti: "*mẽ rajx* refere-se àquelas pessoas reconhecidas por sua liderança, suas funções rituais ou conhecimentos especiais, e status, por meio das quais se obtém e aumenta o prestígio na comunidade".

12 No Djudjêkô, o agente de saúde era outro jovem com raízes no Gorotire. Seu pai também foi um dos Xikrin que permaneceram em Las Casas, mudando-se depois para aquela aldeia kayapó. Por um período, no entanto, antes de ir viver no Djudjêkô, ele atuou junto com o outro agente de saúde na aldeia Cateté. Até que uma séria querela, motivada por adultério, fez com que sua família resolvesse ir morar no Djudjêkô.

casando-se com uma moça xikrin, "irmã" (FBD) da esposa do chefe Bep-3. Jovem inteligente, ótimo falante de português (língua que aprendeu criança, na aldeia Gorotire), mostrava grande aptidão para as atividades no setor de saúde, aplicando-se nos cursos de aperfeiçoamento, tendo feito, inclusive, estágios em clínicas de São Paulo sob orientação do Dr. Vieira Filho. Agradável e galante e muito querido pelos funcionários brancos, ele começou a ver sua situação complicar-se na aldeia quando seu envolvimento amoroso com a esposa do chefe Bep-3 veio a público. Na ocasião, irritadíssimo, o chefe chegou a ameaçá-lo e decidiu expulsá-lo da aldeia. Mas, aos poucos, os ânimos foram apaziguados, com intervenções dos servidores da Funai e de outros brancos, que procuraram convencer o chefe da importância do rapaz no setor de saúde, e ele acabou permanecendo.

Todavia, algum tempo depois, foi dado o troco. Em agosto de 1999, em meio aos preparativos para uma festa de nominação *Bep* e às vésperas de um encontro em Redenção, reunindo diversos agentes de saúde das aldeias da região, a Funai envia um radiograma para o Cateté, fazendo saber ao chefe do Posto e às servidoras da saúde que "a comunidade, através de suas lideranças, solicitava o afastamento [do agente de saúde] por tempo indeterminado, até dar uma solução definitiva ao caso". Foram muitas as justificativas que me deu o chefe Bep-3, quando lhe perguntei os motivos daquilo – todas elas, diga-se de passagem, negadas terminantemente pelo acusado.

As justificativas: 1) uma história dizia que, em um outro encontro de agentes de saúde em Redenção, Bep-20 (o acusado) teria afirmado, conforme denunciou o outro agente de saúde do Djudjêkô (também presente no encontro), que os Xikrin "são burros, não prestam e não sabem fazer as coisas direito"; 2) outra versão contava que a esposa de Bep-20 estaria "esnobando" as outras mulheres da aldeia, recusando-se a participar das atividades coletivas, alegando que o marido "é formado, sabe ler, trabalha e ganha dinheiro", e que, portanto, ela não precisava trabalhar com as outras; 3) por fim, alguém afirmava que, numa ocasião em que nenhum dos chefes encontrava-se na aldeia, o sogro de Bep-20 teria ido à casa de (k) reclamar porque tinha ouvido dizer que o chefe Tàkàk-4 iria convidar um índio kayapó-gorotire para viver na aldeia e, quem sabe, chefiar o Posto do Djudjêkô, ao que a família de (k) teria sentido-se ofendida, argumentando que "se, afinal de contas, ele [o sogro de Bep-20] não gosta de Kayapó, por que diabos dá suas filhas para se casarem com eles?"[13] E, em represália, teriam demandado a saída de Bep-20 da enfermaria.

A suspensão, afinal, revelou-se definitiva, a despeito dos apelos das funcionárias da enfermaria e dos conselhos do chefe de Posto. O jovem agente de saúde teve que abandonar suas funções. No Cateté, aberta a vaga, restava saber quem iria ser designado. Não havia nenhum índio com a formação técnica de Bep-20, ou mesmo com o mínimo de treinamento. Independentemente disso, pouco depois, os chefes apareceram com a definição do nome, resolvida, segundo eles, em discussão no *ngàbê* (a qual não me lembro de ter ocorrido, mas não posso assegurar, evidentemente). Não era apenas um o escolhido, mas *dois*: jovens que, a partir daquele momento, deveriam começar a ser treinados pelas servidoras da saúde e, posteriormente, participar de um programa de treinamento, realizando cursos fora da aldeia, além de passarem a receber os vencimentos correspondentes à função. Quem eram? Um deles vinha a ser justamente um *irmão* do indivíduo (14), na Figura 5. O outro, um *genro* (corresidente) de (k), isto é, cunhado do chefe de turma Bep-6 e de seus irmãos (7) e (8), todos eles líderes assalariados. Além disso, esse rapaz é filho de um homem (Bep-40) cuja família, vinda do Bacajá nos anos 1950, mantém várias outras relações de aliança com (k): uma filha de (k) é casada com um irmão mais novo de Bep-40; uma outra filha de (k) é casada com um filho de uma irmã de Bep-40; e o chefe de turma Bep-6, filho de (k), foi casado (separou-se há um ano e meio) com uma filha dessa mesma irmã de Bep-40. Note-se ainda que um outro filho de Bep-40 é o monitor de educação na aldeia Djudjêkô.[14]

---

13 Uma outra filha desse homem é casada com um índio kayapó do A'ukre.
14 Para completar o naipe de posições assalariadas, o monitor de educação na aldeia Cateté é filho de um homem que foi "secretário" do chefe Bemoti nos anos 1970 (ver Capítulo 4). Até recentemente, esse jovem esteve casado com uma irmã real da esposa do chefe Bep-3. Em 2001, esse monitor e o chefe de turma Bep-6 trocaram cerimonialmente as esposas (*aben pãnh*), prática comum entre amigos e companheiros

No fim das contas, Bep-20 acabou reassumindo suas funções, não mais na aldeia Cateté, mas no Djudjêkô, para onde foi convidado pelo chefe Tàkàk-4. Fato coerente, afinal, com a política mais transaldeã desse chefe, mais aberta e favorável a gente de diversas aldeias kayapó. Porém, isso não significa que Tàkàk-4 esteja abrindo mão da disputa sobre posições e do controle sobre os recursos. Trata-se tão somente de uma outra estratégia possível. Uma vez que sua posição entre os da aldeia Cateté foi enfraquecida após todo o processo madeireiro, Tàkàk-4 procura ampliar seu raio de atuação (e prestígio) para além das fronteiras do Cateté (e Djudjêkô), seja cooptando os descontentes ou despejados, seja atraindo pessoas oriundas de outras comunidades.

Destarte, acolheu Bep-20, afirmando querer "o melhor para minha comunidade", já que o jovem está devidamente capacitado para as funções, ao passo que os outros "ainda estão começando, ainda não sabem trabalhar direito". Da mesma forma como havia acolhido o outro agente de saúde, também de origem kayapó, conforme mencionei, e 'coincidentemente' egresso do Cateté com sua família, após um conflito envolvendo adultério. De fato, como foi mencionado, Tàkàk-4 costuma atrair visitantes de outras aldeias kayapó, que se hospedam por longos períodos em sua casa, passando a viver, durante um tempo, sob seus auspícios. Às vezes mudam-se definitivamente para o Djudjêkô. E, assim, o chefe vai colecionando gratidão e créditos.

As listas de compras da "comunidade"

Os chefes não apenas incorporam uma parte da Verba Mensal por meio da instituição dos salários, como também cabe a eles organizar o modo como esse recurso reverterá em mercadorias para o restante da aldeia. Em larga medida, eles mediam a obtenção de bens industrializados para todos os membros da comunidade que não ocupam posições

---

de turma, durante determinados períodos rituais. Mas, no final, a então esposa de Bep-6 não quis desfazer a troca, e os dois casais foram rearranjados: Bep-6 ficou com a esposa do monitor de educação e vice-versa.

assalariadas (com exceção também do caso dos índios aposentados pelo INSS, que utilizam seus próprios vencimentos para obter parte das mercadorias desejadas). Outrossim, o dinheiro da Verba Mensal, o chamado *mekràmti nhõ piôkaprin*, mais especificamente a parte que cabe de fato à "comunidade", descontados os salários, não é distribuído em espécie – seja nominalmente para os membros de cada turma, seja para as famílias –, mas na forma de produtos.[15]

De maneira análoga ao que ocorre nas questões relativas ao planejamento anual do Convênio, só que em periodicidade e escala distintas, os Xikrin materializam suas demandas por mercadorias definindo listas de compras mensais, denominadas "compras da comunidade". Note-se que essas compras "comunitárias" são organizadas, como já foi mencionado, pelas turmas. As listas são estabelecidas em reuniões realizadas na casa do chefe de cada turma, quando ele e os membros acertam as prioridades de aquisição. Essas reuniões podem ou não contar com a presença das mulheres; porém, mesmo que elas não estejam presentes, já terão atuado ativamente na definição do que se deve comprar neste ou naquele mês, cabendo a seus maridos transmitir aos chefes algumas de suas demandas. Contudo, as mulheres não participam da distribuição dos produtos quando estes chegam à aldeia. Tal tarefa cabe aos homens, sob a direção dos chefes de turma.

Não há necessidade de que as listas sejam escritas, nem que os produtos sejam determinados nominalmente para cada família nuclear. Muitas vezes, definem-se os produtos de maneira genérica (sem especificação de quantidade), de acordo com as necessidades da

---

15 Em 2005, porém, durante minha mais recente visita aos Xikrin, a coisa havia mudado um pouco. Depois do racha na Associação Bep-Nói que resultou na criação da Associação Kàkàrekre, e do aumento da Verba Mensal a um patamar de 100 UM para cada aldeia, o sistema de distribuição foi modificado. Os chefes passaram a realizar o pagamento nominal em espécie para cada membro de sua turma. Todavia, isso não implicou mudança do sentido inflacionário apontado acima. Os salários dos chefes tiveram um aumento considerável: Bep-3, por exemplo, começou a receber 6 UM mensais. Houve nova extensão da folha salarial: Bep-3 instituiu uma novidade, a saber, salário para líder de turma das mulheres (no caso, sua esposa); uma filha de (k), viúva, também entrou na lista de assalariados; além do irmão mais novo do chefe Tàkàk-4, que reside no Cateté. Não pude verificar a situação no Djudjêkô.

ocasião – por exemplo, tecidos, linha de costura, cobertas, munição para caça, pilhas para lanterna, lâminas do tipo gilete (para o corte de cabelo) –, e o chefe calcula certa quantidade para cada família e estima o total, com base no número dos membros de sua turma. É bom que todos estejam presentes, para que não haja risco de que o chefe esqueça alguém, comprometendo posteriormente a distribuição. Mas, em geral, os chefes procuram incluir na lista todos os participantes de seu grupo. Alimentos são adquiridos com maior regularidade: arroz, feijão, farinha de trigo, açúcar, sal, café, óleo, macarrão, bolachas. Assim como tabaco. E, normalmente, os chefes já têm de cabeça uma estimativa das quantidades.[16] Peças de vestuário (como calções, calcinhas, sandálias havaianas) também são adquiridas periodicamente. Há outros itens específicos, cuja compra é mais espaçada ou eventual, tais como colchões, mosquiteiros (sobretudo em períodos de surto de malária), garrafas térmicas (para café), panelas, refrigerantes, sabão, fraldas de bebê etc. As miçangas são intensamente desejadas, mas curiosamente nunca vi uma compra coletiva desse item, talvez em virtude do alto preço.[17] Em geral, os Xikrin procuram obtê-las dos visitantes brancos (antropólogos, equipe do ISA, jornalistas, entre outros), seja na forma de 'presentes', seja como 'pagamento' por peças de artesanato e, até, por informações etnográficas.

Em outras ocasiões, cada chefe de família nuclear pode apresentar nominalmente suas prioridades de consumo, que são anotadas. Com o aumento substantivo da Verba Mensal, as turmas passaram a ter maior autonomia na definição dos produtos a serem adquiridos no mês. Isso ressaltou algumas diferenças no consumo entre os mais jovens e os mais velhos, por exemplo. Os jovens podem aproveitar que seus corresidentes mais velhos (avós, sogros, ou pais) fizeram uma lista de produtos

---

16 Em uma das compras de alimentos para uma das turmas com cerca de vinte famílias, o chefe adquiriu e distribuiu: oito fardos de arroz (30 kg cada), quatro de farinha de trigo, três de açúcar, dois de feijão, três caixas de óleo (72 latas) e seis panelas de pressão.

17 As miçangas que se encontram no mercado brasileiro são importadas da República Checa ou da China e seu preço flutua de acordo com a variação cambial do dólar. Em 2002, cada quilo chegava a custar R$ 100,00 no Rio de Janeiro.

alimentícios, para tentar adquirir, naquele mês, bens de uso pessoal, como roupas e acessórios.

A seguir, veja-se um exemplo de lista de compras da turma dos mais jovens, liderada por Bep-6 (Tabela 6). Era setembro de 2000, e a Verba Mensal valia 18 UM, sendo necessário o rodízio entre as turmas. No Cateté, o chefe Bep-3 havia realizado as compras da sua turma em agosto. Bep-6 ficou com os meses de setembro e outubro, por causa do maior número de pessoas em sua turma. E Bep-9, líder da turma dos mais velhos, aguardou até novembro. Essa ordem foi acertada previamente por Bep-3, chefe da aldeia, após conversas com os outros dois chefes de turma. A lista foi preparada da seguinte maneira: Os homens de Bep-6 reuniram-se ao entardecer na casa do chefe. Já sabiam que metade receberia naquele mês, e a outra metade no mês seguinte. O monitor de educação, membro do grupo, auxiliou o líder, ficando encarregado de anotar em um caderno os nomes e os pedidos respectivos de cada um. Um dos participantes da turma estava fora da aldeia e se fez representar por sua mulher. Outras cinco jovens mulheres, mães solteiras (*kuprö*), foram contempladas (ver os cinco últimos números na tabela). Um por um, os presentes anunciavam em voz alta suas demandas, que eram registradas pelo monitor.

Na tabela, os nomes foram suprimidos e substituídos por números. Inserções minhas vão entre colchetes.

Tabela 6 – Lista de compras da comunidade (turma de Bep-6): recurso Verba Mensal, setembro/2000

1.	uma rede malhadeira (20 m), uma coberta, dois *shorts*, dois pares de havaianas (números 38 e 42), 2 m de tecido
2.	uma rede, um *short*, uma camisa, duas cobertas, 3 m de tecido, um par de tênis (número 37)
3.	uma televisão colorida
4.	4 m de tecido, uma panela de pressão, três pares de havaiana (número 36), duas cobertas, duas bermudas, um par de tênis (número 40)
5.	uma bicicleta, um *CD-player* portátil
6.	três redes, três cobertas, dois pares de havaianas (número 36), 3 m de tecido
7.	uma rede, uma coberta, uma camisa manga comprida, uma bermuda

8.	um colchão solteiro, uma rede, uma coberta, 2 m de tecido, uma calça (número 38), dois pares de havaianas (número 38)
9.	um saco de arroz, uma caixa de óleo, um fardo de açúcar, uma caixa de biscoito; um fardo de café, uma coberta; uma rede; 3 m de tecido [estava ausente, a esposa fez o pedido]
10.	um saco de arroz, 2 m de tecido, uma bermuda *jeans*
11.	uma antena parabólica, um relógio de pulso
12.	uma bicicleta, 2 m de tecido, duas bermudas, dois pares de havaianas (números 37 e 40), um saco de arroz
13.	um toca-fitas gravador com dois alto-falantes (tipo *system*), duas cobertas, 5 m de tecido
14.	um fogão quatro bocas, uma botija de gás, 4 m de tecido, um par de tênis (número 40)
15.	um gravador toca-fitas (dois alto-falantes), 4 m de tecido, duas bermudas *jeans*, três *shorts* para criança, um par de tênis (número 40)
16.	três bermudas (número 40), um par de tênis (número 40), uma camisa manga comprida, uma mala, 4 m de tecido
17.	3 m de tecido, dois pares de havaianas (número 40), dois *shorts*, duas cuecas, uma camiseta regata, uma chuteira Munique (número 37)
18.	um gravador toca-fitas, duas cobertas, duas redes, 2 m de tecido, duas bermudas *jeans*, uma par de tênis (número 39)
19.	uma chuteira (número 40), três bermudas, três camisas, três cuecas, 4 m de tecido
20.	uma tarrafa grande, três calças *jeans* (número 38), 3 m de tecido
21.	uma chuteira Penalty (número 38), 4 m de tecido, três bermudas (número 40), duas camisas, três *shorts* (infantil), um chinelo Rider (número 38)
22.	um gravador toca-fitas (dois alto-falantes) [assalariado: monitor de saúde]
23.	uma bicicleta para criança, duas bermudas *jeans* [assalariado: monitor de saúde]
24.	dois *shorts* (infantil), um colchão casal, uma coberta, 2 m de tecido, um par de havaianas (número 36)
25.	uma rede, uma coberta, 3 m de tecido, dois pares de havaianas (número 38), quatro *shorts* para criança de quatro anos
26.	2 m de tecido, duas havaianas (número 40), duas cobertas, uma rede, três camisas
27.	uma rede, uma coberta, três calcinhas, dois pares de havaianas (número 38), 2 m de tecido, três *shorts* (infantil), um toca-fitas
28.	uma coberta, uma rede, 2 m de tecido, duas calcinhas, dois pares de havaianas (número 36)

Não é necessário amiudar os exemplos de listas de compras, pois a vasta gama de produtos desejados pelos Xikrin se repete a cada lista. Definida a lista, os chefes de turma deslocam-se para a cidade, com o "comprador", para providenciar a aquisição. As mercadorias são transportadas posteriormente para a aldeia, pelo caminhão da comunidade, ou em voos fretados, dependendo da quantidade.[18] Todos ficam na expectativa da chegada dos produtos, e algumas pessoas monitoram, em mensagens pelo rádio à Funai ou à sede da ABN, o andamento da situação. Quando as mercadorias apartam na aldeia, são imediatamente conduzidas até a casa dos chefes de turma. Os chefes, em geral, aguardam até o dia seguinte para proceder à distribuição, estocando as mercadorias em um dos quartos de sua casa, que é trancado a chave, de modo que todos tenham tempo de saber do carregamento – muita gente pode estar trabalhando nas roças, ou caçando.

Pela manhã, os membros de cada turma voltam a se reunir na "cozinha" do líder. Muitas vezes, a distribuição ocorre simultaneamente na casa de cada um deles. Novamente, como no caso da definição da lista, as mulheres podem ou não estar presentes. Sua presença pode depender dos produtos a serem entregues: quando se trata de objetos de uso eminentemente masculino, como cartuchos de munição, por exemplo, elas não aparecem. Mas, mesmo no caso de outras mercadorias, os maridos ficam à vontade para receber por elas. De todo modo, não consegui perceber uma sistemática nessa divisão por sexo. Certa vez em que o líder Bep-9 distribuía os alimentos adquiridos no mês (na véspera havia distribuído cobertores, cortes de pano, calções, cuecas e redes para os homens), somente as mulheres, em número de 25 aproximadamente, incumbiram-se de receber, obtendo cada uma: dois pacotes de sal, açúcar, café, macarrão e farinha de trigo; duas latas de óleo de soja; um pacote de pimenta-do-reino – feijão e arroz eram despejados diretamente em sacos e panelas que cada uma havia levado à casa do chefe especificamente para isso. O fato constante é que as mulheres não participam da distribuição propriamente dita, isto é, da seleção e divisão dos produtos

---

18 Quando os chefes de turma realizam suas compras simultaneamente, não há como transportá-las por avião.

e quantidades, antes de serem entregues. Toda a operação é realizada pelos homens, coordenada pelo chefe de turma que, em geral, designa um ou mais assistentes de ocasião (não remunerados) para auxiliar na tarefa de separar e entregar os produtos. Alguns desses 'secretários' não remunerados realizam tais funções assiduamente, e sempre esperam receber benesses do chefe. O chefe da turma nunca toma parte nessas tarefas, limitando-se a observar e dirigir os trabalhos.

Mais ou menos os mesmos procedimentos são realizados quando se trata de outras compras, não vinculadas à Verba Mensal. É o caso dos recursos do Convênio destinados a auxiliar as atividades nas grandes roças coletivas. Aí, os homens aproveitam o ensejo para obter outras mercadorias, como facões, machados, enxadas. Visto que todo ano há sempre algum recurso voltado para as atividades agrícolas comunitárias, existe, no geral, uma razoável abundância de ferramentas nas duas aldeias e nenhum homem ou mulher se vê privado de qualquer ferramenta para trabalhar em suas próprias roças familiares.[19]

Em outubro de 1999, por exemplo, os Xikrin preparavam-se para iniciar a derrubada, queima e plantio das roças coletivas. No Cateté, os três chefes de turma adquiriram os mesmos produtos, que variaram apenas na quantidade, em razão do número de homens participantes. Um deles, por exemplo, comprou: uma motosserra marca Stihl, trinta machados e trinta cabos, trinta enxadas e trinta cabos, sessenta "cavadores", seis caixas de lima (10 un. cada), seis caixas de limatão, trinta pares de botina, trinta copos plásticos, 50 m de plástico preto (para barracas de acampamento), além de alimentos (arroz, cebola, óleo, charque, farinha de trigo e milho, café, açúcar, sal, suco em pó), sabão, fumo e cigarros, diversas redes de pano e caixas de velas. No Djudjêkô, o chefe Tàkàk-4 fez um pedido geral para as duas turmas, mas contratou os serviços de um trabalhador não indígena para realizar a primeira

---

19 Isso difere completamente da situação descrita por Fisher (2000, p.85-6), entre os Xikrin do Bacajá. Segundo o autor, os chefes passaram a deter o controle dos meios de produção material, de modo que os outros homens são, de certa forma, *obrigados* a trabalhar para eles, de quem *dependem* para obter insumos necessários à sua própria produção doméstica de subsistência.

derrubada das duas grandes roças. Os pedidos foram três motosserras Stihl, dez caixas de enxada, dez caixas de ancinho, seis caixas de lima chata, duas caixas de limatão, dez "cavadores" (do tipo boca-de-lobo), dez "cavadores" (simples), 120 chapéus de palha, 100 l de gasolina, além de alimentos (arroz, feijão, charque, macarrão, café, óleo, açúcar).

Vemos, assim, que a regularidade dos recursos garantidos por meio do Convênio consolidou um sistema organizado de distribuição, para que todos sejam razoavelmente bem atendidos em suas solicitações. No entanto, em virtude das intensas demandas e da múltipla gama de mercadorias desejadas pelos Xikrin, nem sempre os recursos são suficientes para atender a todos, e nem todos os produtos solicitados em lista por algumas pessoas são efetivamente adquiridos. Considerando, por exemplo, a lista da Tabela 6, noto que nenhum equipamento eletrônico foi comprado nessa ocasião, nem antena parabólica, ou fogão.[20] Certamente, o problema era mais agudo quando o valor da Verba Mensal era menor. Porém, como tento demonstrar ao longo do capítulo, o volume de recursos parece ser uma variável mais ou menos independente, pois o mesmo processo se repete, a cada aumento da Verba. Do ponto de vista dos não chefes, há sempre alguma defasagem entre aquilo que se quer e aquilo que se tem. Do ponto de vista dos chefes, é preciso sempre manter uma posição de vanguarda no que diz respeito àquilo que eles próprios possuem (ou controlam) e o que os *mekràmti*, não chefes, possuem ou controlam. É uma corrida de gato e rato.

Sendo os recursos sempre insuficientes para atender a todos o tempo todo, os chefes podem lançar mão de um conjunto de critérios para definir que pessoas terão prioridade no momento da distribuição, em que são computadas relações de parentesco, afinidades pessoais, maior ou menor lealdade e colaboração de certos membros da turma etc. Há, certamente, todo um cálculo político na distribuição. Um exemplo pode iluminar melhor a questão.

Os chefes de turma costumam organizar mutirões para realizar determinadas atividades, como a capina da pista de pouso ou de trechos

---

20 Os pedidos de televisão e antena parabólica foram motivados pelo fato de que alguns chefes haviam recentemente adquirido tais equipamentos (ver Capítulo 9).

das trilhas que conduzem às roças, encarregando-se de prover alimentos e bebida aos que trabalham. Em geral, são os chefes de turma que coordenam tais mutirões, mas eles podem ser realizados sob os auspícios de qualquer chefe de família ou de qualquer unidade doméstica que tenha condições de arcar com o fornecimento de comida aos participantes (cf. Vidal, 1977, p.146). Certa vez, o chefe de turma Bep-6 mobilizou parte do seu pessoal (cerca de dez homens) para construir a nova "cozinha" de uma mulher idosa, já viúva. A dona da casa forneceu uma porção de comida, e o chefe complementou com seus próprios recursos. Quando perguntados sobre o assunto, alguns homens do grupo informaram que não era apenas pelo 'pagamento' imediato de comida e bebida que eles estavam ali – pois isso eles tinham em casa. Em primeiro lugar, eles estavam *colaborando*, pois a mulher não teria como construir a casa sozinha, e não é correto deixar qualquer pessoa sem casa. E era certo que recebessem alimento em troca, uma vez que estavam ali ajudando (*kôt o kangô*). Mas havia um outro crédito importante. Segundo eles, os membros da turma que mais participam desse tipo de atividade coordenada pelo líder poderão ter primazia na hora de receber os produtos das compras mensais ou outras de suas solicitações. Esse não será o único critério utilizado pelo chefe, evidentemente, todavia entra no cômputo no momento de definir as prioridades de distribuição. Um dos homens, adicionou: "antigamente os Xikrin trabalhavam de graça (*àpêjx kajgó*), não havia 'pagamentos', porque os chefes ainda não tinham ideias boas e nem acesso aos objetos dos brancos".

No âmbito da Verba Mensal, a organização de um sistema de salários, garantindo aos chefes (e seus parentes) um acesso diferencial às mercadorias, bem como de um sistema de compras organizado coletivamente, dando aos chefes de turma amplo controle institucional do processo pelo qual os objetos industrializados entram e circulam na aldeia – além da possibilidade de comandar o ordenamento de despesas de outros recursos do Convênio –, tudo isso é o que define a atual 'riqueza' dos chefes. Essa 'riqueza' é plenamente reconhecida pelos comuns (ou seja, não chefes, utilizando o termo de Fisher [2000]), que a declaram explicitamente, mas não diretamente aos chefes, em diversos contextos, como destaquei na frase de um informante, logo no início do livro: "chefe tem dinheiro, chefe é rico".

A segunda parte da fala do informante – "comunidade é pobre" – pode ser tomada agora em seu caráter *relativo*. Se a comunidade é pobre, somente o pode ser em relação aos chefes, que são 'ricos', pois, do ponto de vista da 'comunidade como um todo', os Xikrin do Cateté (chefes e não chefes) reconhecem que sua comunidade é 'rica', ou pelo menos mais rica que outras, como por exemplo seus parentes do Bacajá, e outros Kayapó. Depois de visitarem algumas aldeias, os Xikrin comentavam: *"Kikre ngrire, Cesar. Mẽ nhõ mõja kêt"* ('a aldeia é pequenina, eles não têm nada, são pobres'). Havia aqueles que ressaltavam, porém, que os *benadjwörö* de lá, daquelas aldeias, tinham dinheiro, roupas bonitas, telefone celular, e que *"mekràmti nhõ mõja kêt"*, isto é, a "comunidade" (não chefes) era pobre. Assim, de vez em quando, alguém procurava e'nviar algum presente em forma de mercadorias para parentes na aldeia do Bacajá. Lá, segundo Fisher (2000, p.108), "tais presentes tinham o efeito de incrementar a reputação da outra aldeia, e consequentemente dos seus líderes, que são vistos como os responsáveis pela relativa riqueza de sua aldeia".

Tal sistema em que os chefes podem concentrar 'riqueza', mas, ao mesmo tempo, estão na posição de garantir a distribuição das mercadorias (isto é, garantir sua 'comunização'), parece-me uma atualização de princípios de circulação mais gerais na organização social mebêngôkre, que vamos descrevendo à medida que avançamos. Vimos que, entre os Xikrin, o mecanismo de distribuição de industrializados passa pela mediação dos chefes há tempos, tendo-se cristalizado a partir dos anos 1970 com a saída do missionário Caron, quando os produtos eram enviados pela Funai à aldeia e centralizados diretamente por eles (chefes), que, então, procediam à divisão entre os membros de suas respectivas turmas. O recente livro de Bill Fisher (2000) sobre o tema das mercadorias entre os Xikrin do Bacajá ressalta um sistema análogo: chefes com maior capacidade de acumulação e controle de mercadorias podem atuar como redistribuidores, ou ainda trocar mercadorias ('pagar') por serviços realizados pelos seus seguidores (membros das turmas). Turner (1993, p.53) também havia chamado atenção para a forma como os chefes kayapó-gorotire controlavam as contas de banco e as "compras comunais", negociando também com a Funai "os carregamentos de bens e de suprimentos médicos", "e começam a pagar outros Kayapó para fazerem pequenos serviços" (ibidem). Anteriormente, Werner (1982, p.343) havia sugerido que os chefes mekrãnoti poderiam ser vistos como *"culture brokers"* (intermediários culturais), definição que devemos reter. Lembro, por fim, que Verswijver (1992, p.70), levantando uma lista de aspectos e qualidades que constituem a posição do chefe entre os Mekrãnoti, observava que: "um chefe precisa ser generoso (õ djàj) e deve distribuir as mercadorias e bens que adquire".

Mas aqui, seguindo o comentário de Verswijver, tocamos em outro ponto importante, que é o imperativo moral de distribuir. De fato, entre os Xikrin (e os Kayapó), a avareza (õ djö) é um defeito imperdoável, levantando suspeitas e críticas. Assim como a agressividade, a sovinice excessiva pode aparecer aos índios como a negação dos laços de parentesco. É um sinal de pequenez, oposta à generosidade (õ djàj),[21] que é vista como atributo essencial de pessoas boas (*mejx*) e, por conseguinte, dos bons chefes. Os Xikrin dizem com orgulho (Cohn: com. pessoal) que os velhos são magros e ressequidos de tanto que deram, generosamente, em alimentos e cuidado, a seus filhos. Essa obrigação é particularmente saliente quanto à comida, mas pode se estender também a outras posses e bens.

Os chefes, portanto, em sua posição de controle do dinheiro e das mercadorias, devem evitar as acusações de avareza e devem agir para que não sejam vistos como *mẽ õ djö* ('alguém avaro'). Do ponto de vista prático, a institucionalização das compras comunitárias serve, em boa medida, a esse propósito. Pela atuação dos chefes, foi organizado um sistema em que toda a comunidade se vê, de certa maneira, atendida regular e universalmente em seu desejo por algumas mercadorias. Numa situação de afluência, como é o caso Xikrin, o sistema de distribuição

---

21 É interessante que os termos que traduzo por 'avaro' e 'generoso' sejam derivados de categorias *gustativas*: djö ≈ 'acre', 'acrimonioso', 'amargo', 'ardido', 'intragável' (como em kwörö djö ≈ 'mandioca amarga, mandioca brava'; djàj ≈ 'agradável', 'palatável', 'gostoso', 'saboroso', 'que sabe bem' (como em kwörö djàj ≈ 'mandioca doce, macaxeira'). Ambas as palavras são formadas pela afixação de õ ≈ pronom. indef., 'alguém', 'um'.

comunitária – visto por todos como uma *obrigação* dos chefes – é a forma atual por meio da qual estes procuram manifestar sua generosidade perante a comunidade. Isto é, um mecanismo distributivo que não passa pela recompensa (troca ou pagamento) de serviços prestados ao chefe.

De qualquer modo, vimos que o instrumento da recompensa subsiste, na medida em que um princípio inflacionário faz com que a distribuição institucional não atinja as demandas de todos. Assim, mesmo existindo as listas de compras, os chefes podem retribuir serviços prestados, 'pagando' com um tipo de prioridade no atendimento das solicitações dos participantes de seu grupo: aqueles que mais participam das atividades coordenadas pelos chefes poderão ter primazia.

Analisando a situação do Bacajá (2000, Cap. 7), Fisher notou esse duplo viés da economia política xikrin, mas sua interpretação parece-me conter alguns problemas, que se baseiam principalmente no fato de que o autor centrou-se na questão da produção de subsistência material e no quadro do velho esquema da "dependência". Vejamos seu argumento, de maneira resumida. Segundo Fisher, após o processo de pacificação, sedentarizados e inseridos no sistema de exploração extrativista, os Xikrin viram-se obrigados a substituir um modo de produção com ênfase na batata-doce (que se organizava com base em determinadas relações sociais) para um outro, baseado na farinha de mandioca, o que implicou dependência de tecnologia e materiais exógenos (ferramentas, forno, motor, óleo etc.).[22] Considerando que o atual repertório

---

22 Creio também que Fisher, desde um trabalho anterior (1991, p.126-88), cristaliza demais a diferença entre a produção de batata-doce e a produção de farinha de mandioca: a primeira, segundo ele, cultivada exclusivamente nas roças domésticas (*"uxorifocal garden"*); a mandioca (e a farinha) cultivada e produzida basicamente nas roças coletivas no esquema de pagamento ou patrocínio pelos líderes masculinos (*"club garden"*). No Cateté, essa diferença não vale: a farinha de mandioca é produzida tanto numa base familiar (uxorifocal) quanto coletiva; e a batata-doce é plantada também nas roças coletivas coordenadas pelos chefes de turma. É possível manter a distinção analítica feita por Fisher entre um tipo de produção *'doméstico'* (baseado em laços de parentesco entre mulheres) e um tipo de produção *'coletivo'* (baseado em laços políticos masculinos), que captura um aspecto importante da organização social. Mas a relação dessas formas com determinados tipos de cultivares parece-me eventual e secundária.

de relações sociais na situação de fronteira favorece, de um lado, mais as ações coletivas para adquirir bens desejados e, de outro, apresenta poucas oportunidades para estratégias individuais, Fisher (2000, p.116) sugere que uma *dependência externa* de produtos industrializados acaba se convertendo em uma *dependência interna*. Isto é, os 'comuns' veem-se *obrigados* a trabalhar coletivamente para os chefes, em troca de pagamento em utensílios e outros implementos *necessários* à produção doméstica. Por outras palavras, os 'comuns' trabalham para os chefes, pois essa é a única forma de garantir os meios de produção familiar. Assim:

> ... vemos que os chefes controlam uma quantidade muito maior de bens do que os comuns, e vemos que a distribuição de bens *impõe constrangimentos concretos* ao modo pelo qual os Xikrin organizam seu trabalho. Os chefes são os canais pelos quais a grande maioria dos *bens desejados* entram na aldeia, de modo que os homens xikrin precisam estabelecer boas relações com pelo menos um chefe para que possam obter os bens que lhes permitem garantir a *viabilidade* de suas próprias unidades domésticas. (2000, p.116, grifo meu)

Levando-se em consideração os dados apresentados, neste livro, sobre os Xikrin do Cateté, seria importante que o autor qualificasse um pouco mais o que entende por *viabilidade*. Certamente, penso eu, não se trata de um problema de subsistência material. Imaginar que os 'comuns' trabalham para os chefes porque precisam garantir os meios que lhes permitirão *comer* e dar de comer aos filhos parece-me equivocado. Pois os Xikrin, no Cateté, podem igualmente trabalhar para os chefes, mas na expectativa de adquirir rádios gravadores do tipo *system*, para ouvir música e dar de ouvir aos filhos. O argumento não deve ser erguido, portanto, sobre a questão das *necessidades de subsistência*.

Porém, prossegue Fisher, além do pagamento em utensílios, os trabalhos coletivos patrocinados pelos chefes são ocasiões em que estes distribuem também *alimentos industrializados*. Isto é, os trabalhos coletivos são pagos em objetos e comida industrializados. A conclusão do autor – considerando-se toda a importância e a moralidade envolvida na troca de alimentos na sociedade xikrin – é a de que tais pagamentos em comida funcionam como uma dobradiça que permite aos Xikrin *ressignificar* uma espécie de *'exploração'* em termos de *'reciprocidade'*:

> A distribuição de alimentos permite aos Xikrin *realizar a ficção culturalmente necessária* de que os chefes são figuras-chave da reciprocidade no processo de constituir a comunidade; e assim representam a redistribuição como se fosse uma transação análoga às que ocorrem no domínio das relações de parentesco. (2000, p.125, grifo meu)

Fisher parece supor que os índios estejam cegando-se ideologicamente e deixando de perceber a dura realidade – a saber (segundo ele): que um dos efeitos das mudanças na vida xikrin foi o de que os chefes, de certa maneira, tomaram o controle dos meios de produção material. Nesse ponto, nota-se o mesmo tipo de influência teórica que emerge da análise de Turner sobre as mudanças culturais por que passaram os Kayapó com a intensificação do contato com o mundo capitalista.[23]

Ao escrever o que ocorria entre os Kayapó-Gorotire e Mekrãnoti, Turner (1991, 1993) interpretou o movimento na direção das mercadorias como parte de uma verdadeira mudança de "consciência social": um processo eminentemente político, entendido sob a ótica da luta entre dominados e dominadores. Só que, em seu argumento, é o conceito de "etnia" que faz as vezes da noção de "classe". Percebendo-se como um grupo étnico, os Kayapó teriam percebido-se dominados na situação colonial (ou vice-versa) e portanto deram início a sua *luta de resistência* – que se objetivou, entre outras coisas, na tentativa de se apropriar dos meios de dominação, incluindo o aparato tecnológico dos brancos. Simplifico um pouco, mas é esse em suma o argumento. Assim, a hipótese de Turner prossegue sugerindo que, na tentativa de se livrar da

---

23 Na verdade, a obra de Turner tem duas fases. A primeira é marcadamente influenciada pelo que se convencionou de "estrutural-marxismo" (ver, por exemplo, Ortner, 1984, p.139-41), em que o autor descreve o que considera ser a forma "tradicional" da sociedade e da cultura kayapó (q.v. Capítulo 2). A segunda está mais alinhada teoricamente com a chamada "escola de política econômica" (Ortner, 1984, p.141-4), quando a investigação se volta para o impacto das forças econômicas e culturais externas (capitalismo global) sobre as populações indígenas, e para as mudanças destas últimas na tentativa de adaptarem-se e reagirem às primeiras. A forma "tradicional" e a forma "contemporânea" da sociedade kayapó corresponderiam, para Turner, a dois modos de "consciência" kayapó: mítico (fetichizado) e histórico (desalienado).

"dominação" externa, os Kayapó trouxeram a diferença de classe para dentro de sua sociedade (1993, p.53).

Fisher, em uma investigação mais elaborada do ponto de vista interno (o foco de Turner eram as relações 'externas', dos Kayapó com os brancos), leva o argumento ainda mais longe, aventando que os chefes tornaram-se uma espécie de *detentores dos meios de produção* entre os Xikrin do Bacajá. Sou tentado a descontrair a discussão valendo-me de um trocadilho, pois é como se as "sociedades dialéticas" do Brasil Central ressurgissem aí como "materialistas dialéticas". Por outro lado, o autor aponta uma constante batalha, no Bacajá, para diminuir a atual desigualdade, que se expressa na exigência comunitária da manutenção dos laços de parentesco e solidariedade.

Há dois pontos a observar aqui. O primeiro é que o autor percebeu algo importante, e que se configura, no meu entender, num problema ou 'paradoxo' do consumo e da incorporação xikrin das mercadorias, o qual abordarei nos próximos capítulos, e que se manifesta em dois sentidos ou vetores contrários: de um lado, o controle diferencial de recursos por parte dos chefes (isto é, diferenciação); de outro, a questão da 'comunização' dos recursos (isto é, identificação). O segundo ponto é que, novamente, ao que parece, Fisher essencializa o problema quando descreve o processo em termos de certa distinção ideológica que os Xikrin fariam entre pagamento *com utensílios* e o pagamento *com alimentos industrializados*. Ele tem certa razão em assim proceder, uma vez que os alimentos são, na sociabilidade xikrin, epítome do que se deve *partilhar entre parentes*, um dos signos ou índices da relação entre seres humanos mebêngôkre. Mas essa mesma relação não precisa necessariamente ser marcada pela troca de alimentos. Para entender o que se passa de um ponto de vista mais geral, creio que devemos considerar também o problema da escala. No Cateté, onde há maior afluência de mercadorias, outros objetos industrializados podem se prestar à mesma indexação.

Mas a questão que se coloca, afinal, é por que os chefes não podem *distribuir tudo*? Turner (1993, p.54) havia dito que "é o controle, mais que a acumulação de propriedade privada, que se torna o maior foco de desigualdade entre a nova 'elite' e o resto da comunidade". Mesmo assim, por que precisam manter esse controle? De alguma maneira, portanto, há uma questão colocada presentemente pela incorporação de mercadorias, fazendo que seja, de certo modo, inevitável que os chefes *não possam* levar a generosidade à plena realização. Ou, dito de outro modo, a generosidade estaria, quiçá, dependendo das mesmas matérias e coisas de que depende a desigualdade. Terá sido sempre assim? Reservando as respostas para os capítulos seguintes, retomo a descrição para concluir este.

O resultado do que vimos, então, é sempre haver queixas dos 'comuns' sobre a pouca generosidade dos chefes, como, de fato, eu as escutei, em ambas as aldeias.[24] As queixas, no entanto, não são nunca explicitadas diretamente aos chefes, pois os Xikrin dizem que há "vergonha" (*pia'àm*): "o pessoal tem vergonha, eles são *benadjwörö*, parentes, e já deram muita coisa". Portanto, há aqui a contrapartida. Chefes não podem ser *õ djö* ('avaros'), pois isso significa não reconhecer os parentes. Por outro lado, os 'comuns' não podem cobiçar excessivamente as coisas, não devem ter inveja ou ciúme (*djàpnhinh*) das posses dos chefes, ou dos mais 'ricos'. Demonstrações públicas desse tipo de sentimento são vistas também como sinal de inimizade e falta de reconhecimento ou consideração. Os Xikrin alegam que os que têm inveja são justamente aqueles que mais fazem feitiçaria (*mẽ udjy kam*). E feitiçaria não é coisa que se faça aos parentes.

Não por acaso, as acusações de feitiçaria recaem muitas vezes sobre famílias consideradas 'pobres', parentelas pouco numerosas, especialmente moradores recentes, oriundos de outras aldeias kayapó, por exemplo. Um fato assim ocorreu há pouco tempo, na aldeia Cateté. Um *nõrõny*, com seus treze anos, saudável e ativo, filho do chefe Bep-9, morreu em circunstâncias não muito claras. Alguns disseram que ele jogava futebol com os rapazes, quando foi atingido por um raio, falecendo alguns dias depois, ao ser conduzido para o hospital na cidade.

---

24 Por outro lado, pode haver uma reclamação inversa, mas sob o mesmo fundo: generosidade demais, mas com quem não é parente de verdade. No Djudjêkô, por exemplo, houve gente lamentando muitas vezes que o chefe Tàkàk-4 estaria dando excessiva primazia aos visitantes das aldeias kayapó em detrimento dos próprios Xikrin: "Tàkàk-4 fica gastando dinheiro com Kayapó, e não dá nada para os Xikrin".

Ora, morte por descarga elétrica de um raio é, para os Xikrin, indício de feitiçaria (*udjy*) de índios kayapó, considerados conhecedores dessa técnica nefasta. Não demorou muito para que as suspeitas recaíssem sobre um homem velho, tido por *wajangá* ('feiticeiro', 'pajé'), oriundo de uma aldeia kayapó (Kubenkrãkenh, se não me engano), e que sempre ocupou uma posição consideravelmente marginal na aldeia. A fofoca se espalhou: "o *wajangá*, por inveja da situação do chefe Bep-9, teria sido o causador da morte do menino". Não lhe restou outra alternativa a não ser abandonar o Cateté, diante das ameaças dos parentes do menino morto. Estamos aqui, novamente, perante o problema de uma "comunidade de parentes", na qual nem todos podem ser parentes o tempo todo, de todo mundo, da mesma forma. E com isso passo ao próximo capítulo, no qual a questão reaparecerá.

8
Dinheiro selvagem

Até aqui discuti as principais formas pelas quais os Xikrin obtêm, de fora, e fazem circular, internamente, o dinheiro e as mercadorias adquiridos, em especial, por meio do Convênio-CVRD. Apresentei também informações sobre o Projeto Kaben Djuoi, mostrando como nos dois casos – Convênio e Projeto –, se fazem sentir sempre as mesmas tendências: concentração de recursos e 'inflação' (necessidade de expansão do volume de recursos). Essas duas tendências são articuladas, além de relacionarem-se diretamente com outra: a pressão para comunização dos recursos. A inflação como sendo uma espécie de resultado da sobreatuação recíproca das outras duas. Há concentração por parte dos chefes, há pressão para que os recursos cheguem a todos da 'comunidade' (*mekràmti*), os recursos são ampliados para atingir esse objetivo, mas novamente há concentração (em novo patamar), dando a toda dinâmica um caráter cíclico, em espiral. Antes de seguir adiante com a análise, é útil esclarecer alguns pontos.

Na realidade xikrin atual, há outras formas de obtenção de dinheiro e mercadorias, fora do âmbito do Convênio e dos projetos, e de um ponto de vista mais individualizado, por assim dizer. Uma delas, já mencionada, é o recebimento de benefícios previdenciários do INSS (aposentadoria especial rural) no valor de um salário-mínimo pelos índios maiores de 65 anos ou viúvos. Em 2002, pouco mais de vinte aposentados no Cateté (entre homens e mulheres, incluindo o velho chefe Bemoti e sua esposa), e pouco menos de vinte no Djudjêkô (incluindo o velho chefe Tàkàk-2 e sua esposa).

A implementação das aposentadorias põe algumas questões interessantes concernentes à economia doméstica xikrin, na medida em que os donos da casa (ou chefes de família extensa), isto é, os mais velhos, contribuem mais para o suprimento de alimentos de seu grupo doméstico do que seus jovens genros corresidentes, invertendo o que se esperaria de uma situação tradicional, na qual estes deveriam prover alimentos a seus afins como parte do serviço da noiva. Os genros sentem-se, muitas vezes, desobrigados ou, ao menos, desestimulados a trabalhar na roça da família e caçar, sabendo que podem contar com o dinheiro da aposentadoria do sogro para alimentar sua esposa e filhos (filha e netos daquele). Uma reclamação muito comum é a de que os homens mais jovens, casados com poucos filhos, não trabalham ou trabalham pouco para a subsistência da família. Uma mulher, mãe de dois filhos pequenos, manifestou desagrado pelo fato de o marido deixar de ir à roça e caçar, para ficar jogando futebol. Com humor sarcástico típico, disse que quando as crianças pedem-lhe comida responde: *'dja bola kren'* ('vá comer bola').

Existem também formas eventuais de obtenção de renda, das quais alguns indivíduos podem dispor, tais como: venda de artesanato na cidade ou para visitantes brancos na aldeia; prestação de pequenos serviços ou auxílio ao chefe de Posto, a empreiteiras que realizam obras nas aldeias (por exemplo, fiscalização de obras de abertura de estrada) etc. Algumas dessas tarefas, quando sistemáticas, ao abrirem a possibilidade de recebimento regular de recursos monetários (ou, pelo menos, durante um período), também sofrem o mesmo processo de disputa por famílias prestigiosas. Um exemplo: a equipe do ISA solicitara aos Xikrin que designassem alguns homens para acompanhar as atividades de exploração florestal do Projeto Kaben Djuoi, os quais seriam incumbidos, também, de transmitir regularmente aos chefes e ao resto da comunidade, de preferência no *ngàbê*, o andamento de toda a situação. Durante a maior parte do tempo, esse grupo, que recebia diárias pagas mensalmente a título de ajuda de custo, era formado pelo sogro do chefe Bep-3, pelo pai do monitor de educação, por um genro do chefe de turma Bep-9 e por um genro do 'indivíduo (k) (Figura 5).

Além disso, há outros modos criativos, por exemplo: algumas mulheres, quando estão no núcleo urbano da Serra de Carajás, vendem serviços de pintura corporal para turistas e outros moradores de lá (geralmente servidores da CVRD, jovens e crianças). De igual forma, um "projeto de pintura" desenvolvido por um curto período pela CVRD, o qual visava a garantir recursos financeiros diretamente às mulheres, poderia levantar algumas questões sobre possíveis transformações nas relações de gênero no âmbito do grupo doméstico. O projeto, batizado *Nhàk-pôkti*, consistia no fornecimento de material de desenho às mulheres da aldeia, que confeccionavam, em papel, padrões típicos da pintura corporal xikrin. Os desenhos eram, então, estampados em camisetas, bolsas e outros produtos, comercializados pela CVRD, que auferia os lucros, repassando-os posteriormente às mulheres.

Porém, esses casos não serão discutidos em detalhe neste livro, uma vez que são minoritários e não interferem substancialmente nos argumentos que procuro desenvolver. Neste capítulo, pretendo discutir as concepções xikrin e a avaliação moral do dinheiro e das mercadorias, enfim, dos produtos dos brancos ou, como dizem os próprios Xikrin, "as coisas do *kubẽ*".

Piôkaprin ou 'folhas pálidas': dinheiro

À primeira vista, os Xikrin demonstram ter uma relação pragmática com o dinheiro. O dinheiro é visto como meio ou instrumento que permite adquirir dos brancos os objetos desejados (bens e mercadorias). De sua perspectiva, aqueles que gostam verdadeiramente do *dinheiro pelo dinheiro* são os brancos: "o *kubẽ* junta e guarda o dinheiro". Para os Xikrin, a lógica da utilização do dinheiro segue outro caminho. Eles desejam os objetos industrializados, produzidos e vendidos apenas pelos brancos, impossíveis de obterem fora da negociação mercantil: "o *kubẽ* não dá nada, é *õ djö* ('avaro'), só sabe vender", eles dizem. Para conseguir os objetos dos brancos, hoje, em tempos pacíficos, é preciso, pois, obter o meio. Por isso, afirmam, "todo mundo [os Xikrin] hoje quer dinheiro; para comprar as coisas".

Mais do que isso, porém, o dinheiro é visto como um poderoso instrumento de transformação. Os Xikrin reconhecem plenamente que não detêm um conjunto vasto e complexo de conhecimentos (*kukràdjà*), que são exclusivos do *kubẽ* e responsáveis por sua imensa capacidade produtiva. Os Xikrin não dominam técnicas de produção, não possuem conhecimentos de engenharia e desconhecem os processos de fabricação industrial. Todavia, eles aprenderam que nenhum desses conhecimentos é tão valioso quanto a posse do dinheiro. O dinheiro é uma espécie de objeto mágico que permite operar toda uma série de transformações e pôr em andamento os mais diversos processos de produção, sem que seja preciso necessariamente ter o conhecimento específico inerente a tais processos. A capacidade de adquirir o dinheiro assume, por conseguinte, uma posição elementar dentro de uma cadeia de potencialidades transformativas. Na experiência histórica atual, obter o dinheiro é, em certa medida, uma *condição* para pôr em funcionamento a maquinaria reprodutiva e transformacional xikrin, de maneira análoga ao que foi (e é) a obtenção da potência agentiva de *Àkti*, personagem mitológico.

Desse modo, o dinheiro pode ser entendido como um tipo de instrumento equivalente aos conhecimentos xamânicos, e extremamente eficaz, porque condensa, em si mesmo, uma imensa potencialidade de transformação ou, por outras palavras, subsume uma gama extremamente múltipla de outros conhecimentos, saberes e técnicas do mundo do *kubẽ* – assim como, *ipso facto*, garante o controle sobre ela. Assim explica-se o pouco investimento dos Xikrin na aquisição de determinados conhecimentos técnicos e na sua relativa falta de engajamento em empreendimentos "produtivos" que exijam treinamentos mais duradouros, ou "capacitação", como é o caso dos famosos "projetos econômicos" implementados pelo órgão indigenista ou por ONGs. Todo seu foco está em implementar as técnicas de obter dinheiro (e consequentemente objetos). Por isso, o tipo de relação que desenvolveram com as atividades extrativistas, madeireiras e de garimpo (no caso kayapó), bem como, finalmente, com a CVRD, é um modelo que lhes convém nesses propósitos.

Aqui, dificilmente poderíamos deixar de notar que tal concepção evoca as imagens de Marx, nos *Manuscritos filosóficos*, sobre o "poder do dinheiro na sociedade burguesa", sobretudo a ideia da "onipotência" do dinheiro, encarnação de todas as capacidades humanas, "mediação entre desejo e objeto" e, portanto, "verdadeiro poder criativo" (1964, p.165-8). Sabemos para onde Marx conduz o argumento, concluindo ser o dinheiro a essência da coisa a ser possuída, o vínculo de todos os vínculos, o agente universal da separação, a capacidade alienada do ser humano. Mas, creio que devemos concordar com Viveiros de Castro (2000a) quando sugere – ou, pelo menos, assim o entendi – que "alienação" ("alteração") não é o problema, mas o fundamento mesmo das ontologias ameríndias.

O dinheiro no mundo xikrin não aparece como essência da coisa a ser possuída porque, ao lado de ser visto como uma capacidade, no plano analítico ele é menos importante como *coisa* do que como *signo de relação*. Um ponto relevante é que os Xikrin, incluindo-se os chefes, *não acumulam dinheiro*. As contas-correntes dos chefes apresentam saldo invarialvelmente baixo, e na maioria das vezes devedor ou negativo, pois todo o dinheiro depositado em suas contas é utilizado para compras, sendo rapidamente convertido em objetos e mercadorias. Apesar de assalariados, é comum que os chefes contraiam dívidas nos mercados locais, que podem se elevar às dezenas de milhares de reais. As associações Bep-Nói e Kàkàrekre nunca conseguiram implementar contas de poupança, investimentos etc.

De maneira geral, seja no nível individual, seja no nível coletivo, apesar de possuírem bens e mercadorias, automóveis e televisões, roupas e eletrodomésticos, os Xikrin encontram-se quase sempre endividados. Dívidas que são um problema constante para os gerentes brancos das associações, para a Funai e, sobretudo, para a CVRD. A chamada 'riqueza', destarte, não se configura pela *acumulação* de dinheiro, muito pelo contrário. Eu não diria que se configura pela dívida, mas certamente pela capacidade de adquirir objetos estrangeiros e levá-los para dentro da aldeia, para dentro de casa e para si mesmo. Pela capacidade, enfim, de fazer os objetos presentes na aldeia e incorporá-los em diferentes níveis. Em suma, pela capacidade de expressar, por meio deles, determinadas relações sociais.

No início da pesquisa, eu tive a impressão de que o dinheiro era algo que mediava exclusivamente a relação dos Xikrin com o exterior. Dentro da aldeia e entre os índios não parecia haver trocas monetárias. Isso poderia indicar a existência de círculos de troca distintos, assim como a tentativa de manter o dinheiro – percebido, talvez, como instrumento de impessoalização ou de "abstração das relações entre seres humanos", para utilizar a linguagem de Simmel (1900 [1978]) – restrito, justamente, ao universo das relações com os estrangeiros. Alguns informantes a quem eu perguntava (depois fui percebendo que eram, sobretudo, os assalariados que argumentavam assim) afirmavam que, na aldeia, não se 'paga' (*pãnh*) nada com dinheiro, porque "nós não somos *kubê*". "Só *kubê* é que paga as coisas [e serviços] com dinheiro": *kubê bit ne mẽ piôkaprin kôt möja o pãnh*.[1] Adicionavam que, entre os Xikrin, as coisas podem ser 'pagas', isto é, 'trocadas', mas não com dinheiro. "Se alguém precisa de uma coisa, vai lá e pede; depois quando o outro precisar, retribui" (*o pãnh*). Assim, o chefe de turma Bep-6 certo dia me explicava a importância dos amigos formais (*kràbdjwö*). Reiterando uma formulação comum sobre o tema (Gordon, 1996a, p.185), ele afirmou: "é bom ter amigos formais porque eles ajudam-se mutuamente; se um homem faz uma boa caçada, pode entregar todo o produto ao seu amigo formal". Quando perguntei se isso valia também para o salário, respondeu prontamente: "*Kêt* [não], só caça".

Em conversas que tive com lideranças assalariadas, era comum repetirem que não se propõe qualquer negócio envolvendo dinheiro entre membros da comunidade. Asseguravam que o dinheiro só deve ser usado para trocar com *kubê*. No entanto, alguns observaram que, entre os parentes, pode-se 'dar' (*ngã*) ou emprestar dinheiro: "pai dá pra filho,

---

1 Onde *kubê* ≈ estrangeiro; *bit* ≈ restritivo: 'somente', 'apenas'; *nẽ* ≈ tempo não futuro; *mẽ* ≈ plural; *piôkaprin* ≈ dinheiro; *kôt* ≈ posp. 'com'; *möja* ≈ coisa; *o* ≈ posp. causativa; *pãnh* ≈ verbo: 'trocar', 'pagar'.

ngêt dá para *tàbdjwö*, e namorado pode dar para namorada". A propósito, em uma tarde calorenta, um velho veio admoestar-me em tom jocoso, dizendo que eu era *tàbdjwö kajgo* e *kràbdjwö kajgo*, isto é, 'neto fajuto', 'amigo formal fajuto', enfim, parente fajuto de todos. Para poder ser reconhecido como parente mesmo, eu deveria dar presentes aos outros, o que, segundo ele, nem de longe eu vinha fazendo. E começou a desfilar um rosário de minhas obrigações: "pai dá [*ngã*] presente para filho, filho dá presente para pai. Eu, por exemplo, dou dinheiro da aposentadoria para Bep-6, Bep-7 e Bep-8 [seus filhos]. E quando eu preciso, eles me dão dinheiro também. E os amigos formais têm que trocar [*pãnh*] presentes, dar [*ngã*] carne de caça para sua amiga formal, que vai dar beiju para ele. É assim". Curioso que Bep-7 não tenha distinguido presentes, alimento e dinheiro na sua lista de obrigações, *passando de um a outro sem distinção*, assim como passou das obrigações de parentes entre si às obrigações de amigos formais entre si (todas contendo uma noção de reciprocidade: dar, receber, trocar). A questão da moralidade do dinheiro – e do pagamento de maneira ampla –, portanto, parecia mais complicada.

A começar pela tradução de termos para dom, troca e pagamento, que não é fácil. A língua mebêngôkre possui várias expressões com o sentido de 'dar', 'trocar', 'pagar', 'comprar' e 'vender', cuja análise é complexa e mereceria uma investigação específica. No atual estágio do meu conhecimento, posso apenas indicar algumas características lexicais. Existe o verbo transitivo *nhãrã* ou *ngã* (na forma reduzida),[2] que me parece significar 'dar' *sem troca*. Por exemplo: *möja nhãrã kêt* ('ele não dá nada', 'não dá coisa nenhuma'); *i-mã ku-ngã* ('me dá isso'); *aröm ne ba amã piôkaprin ngã* ('eu já te dei o dinheiro'); ou *nãm mẽ djwö jamö aben mã ku ngã* ('pegaram o beiju e deram uns aos outros' [Salanova s/d]). Note-se na última sentença a necessidade da flexão *aben* (≈ recíproco) para introduzir a noção de 'dar uns aos outros', que o verbo sozinho não porta. Conforme Salanova (com. pessoal), o verbo pode ter o sentido de 'vender', como na expressão kayapó para venda ou bar: *kadjwati kangô nhãrã djà* (onde *kadjwati kangô* ≈ aguardente, bebida alcoólica, *djà* ≈ nominalizador de

---

2 Os verbos mebêngôkre possuem uma forma longa (não finita) e uma forma curta.

instrumento ou lugar), literalmente 'lugar onde se dá cachaça'. O sentido de 'vender', no entanto, não é muito nítido aí.

Já quando o verbo *ngã* aparece em uma locução ao lado da palavra *pãnh*, pode claramente significar "vender" (tradução que os xikrin fazem usualmente), como em: *pãnh ku-ngã* ('vender', 'dar [algo] em troca [de algo]'). Assim, a expressão *pãnh ku-by* (onde *by*≈ pegar; *ku*≈ flexão acusativa de 3ª pessoa) é uma tradução xikrin corrente para "comprar", isto é, obter algo mediante contrapartida ('pegar [algo] em troca [de algo]'). A palavra *pãnh* parece, então, conter o sentido de 'contrapartida', 'troca', 'paga' ou 'retribuição'. Assim: o *pãnh* ≈ 'pagar'; o *ami pãnh* (onde *ami* ≈ reflexivo) é traduzido pelos índios como 'dê o troco, vingue-se' (quando uma criança é agredida por outra e desata a chorar, por exemplo). Igualmente, os Xikrin traduzem *pãnh rajx* (onde *rajx* ≈ adjetivo: 'grande') por 'custa muito, é caro', e *pãnh ngrire* (onde *ngrire* ≈ adjetivo: 'pequeno') por 'custa pouco, é barato'.

Ainda segundo Salanova (com. pessoal):

> ... *pãnh* não parece ser um verbo, mas um advérbio (ou posposição) que eu traduziria por 'em troca de'. Pode-se dizer, então, *aje imã õkredjê nhãrã pãnh na ba amã jã ngã* (isto é, 'eu te dou isto em troca do colar [*õkrecijê*] que você me deu'). Note que *pãnh* sozinho não aparece como núcleo de predicado: diz-se *möj na pãnh kute*, que eu traduziria por 'como é que é (*möj na kute*) em troca disso' [e os Xikrin traduzem por "quanto custa?"]. Mas *pãnh* também pode aparecer com um sentido que nem sempre se refere a uma troca material: *dja mytyrwö jã wadjàt pãnh ny kato* ('esta lua se esconde e aparece *em troca uma nova*' [onde *dja* ≈ tempo futuro; *mytyrwö* ≈ lua; *jã* ≈ pronome demonstrativo, 'este, esta'; *wadjàt* ≈ 'esconder'; *ny* ≈ 'novo'; *kato* ≈ 'sair', 'aparecer', 'nascer']. (inserções minhas entre colchetes)

É interessante que para falar da obtenção de mercadorias (por meio de dinheiro), os Xikrin utilizem, muitas vezes, o verbo em português "comprar", que é enunciado no meio da frase em língua mebêngôkre, por exemplo: *na ba möja 'kumprá'* – 'vou comprar umas coisas'. Talvez porque a intuição do falante mebêngôkre seja a de que a palavra em português é capaz de definir melhor a troca monetária do que as palavras em mebêngôkre, que portariam um sentido de reciprocidade ou pessoalidade no ato da troca.

Economia selvagem

Para tentar entender como o dinheiro encaixava-se em meio ao sistema de trocas xikrin, eu vinha apelando, até mesmo, para interpretações etimológicas. A palavra em mebêngôkre para dinheiro é *piôkaprin*, um neologismo criado após a interação com os brancos, como diversos outros na língua.[3] A palavra é formada por aglutinação de *pi'ôk* ('papel, folha [de papel]')[4] e *kaprin* ('triste, melancólico'). De acordo com Salanova (com. pessoal):

> quando *kaprĩ* [ou *kaprin*] entra em uma construção com sujeito dativo, tem o sentido de 'sentir pena de alguém' [sofrer por alguém]. Nas notas do missionário linguista Earl Trapp, traduz-se também por 'ter misericórdia'. Daí vem *ukaprĩ*, que parece ter o sentido de 'generoso' [misericordioso] – a prefixação de *u-* é usada com algumas palavras para dar o sentido de 'quem faz [algo] habitualmente' [portanto, 'aquele que costuma sentir-se triste pelos outros']. (inserções minhas, entre colchetes)

Em virtude disso, inicialmente pensei que o termo *piôkaprin* pudesse conter uma avaliação moral do dinheiro, como um objeto 'triste', ou carregado de valor negativo. Porém, os Xikrin não pareciam entender quando eu lhes perguntava por que o dinheiro era um 'papel triste'. Posteriormente, um informante esclareceu que *kaprin* tinha ainda um outro significado que não estava anotado em nenhum dicionário ou lista de palavras em mebêngôkre. Perguntei-lhe em português (ele era ótimo falante de português, aliás) o que queria dizer exatamente *kaprin* e por que eles chamavam dinheiro de *piôkaprin*. Para me explicar, mostrou uma camisa velha, já bem gasta, com a cor bastante esmaecida depois de anos de lavagem. Aquela cor era *kaprin*; não era uma cor "forte" (em suas palavras), mas *"rerekre"* ('fraco', 'diluído', 'inconsistente'). O dinheiro,

---

3 Por exemplo: *màt-kà* (onde *màt* ≈ arara; *kà* ≈ couro, pele, envoltório; 'arara encouraçada'), para avião; *kam-mrãnh-töjx* (onde, *kam* ≈ posp. em, sobre, entre, locativo; *mrãnh* ≈ andar, viajar, caminhar; *töjx* ≈ forte, duro etc.; isto é, 'aquilo que caminha ou anda com força, vigorosamente'), para veículos motorizados, carro, caminhão; *no-kam-itxe* (onde, *no* ≈ olho, *itxe* ≈ vidro, espelho; 'vidro/lente no olho'), para óculos; *ngô-kry-djà* (onde *ngô* ≈ água, líquido; *kry* ≈ frio; *djà* ≈ receptáculo, recipiente, nominalizador de instrumento, lugar etc.), para geladeira.
4 Há também *pi'ô* = 'folha de árvore'.

portanto, era *kaprin* não por ser triste, mas porque os Mebêngôkre provavelmente tomaram o primeiro contato com notas velhas desbotadas e descoradas, que, em meados do século passado, deviam circular na então longínqua e 'atrasada' região sul-paraense.

A palavra 'pálido' me veio à lembrança: qualidade de cor que indica também um certo estado físico e psíquico de uma pessoa. De fato, *kaprin* é uma palavra interessante porque parece conjugar códigos distintos: um sentimento (triste, miserável) com uma sensação visual (esmaecido, pálido, gasto, desmaiado) – evocando também a palavra inglesa *blue*: cor que inspira certo estado afetivo de tristeza ou melancolia. Faria sentido, então, que *kaprin* fosse a expressão de certo estado afetivo em que a pessoa se acha esmaecida, sem vivacidade, sem brilho. Desbotada como aquelas folhas de papel que os Mebêngôkre, há muitos anos, vieram a aprender que se chamava *dinheiro*, servindo para obter objetos dos *kubẽ*.

Há uma dose de especulação no comentário, que tem forçosamente um caráter despretensioso. Somente uma investigação linguística consistente poderia confirmar se se trata de uma mesma palavra ou de homonímia e, posteriormente, estabelecer a relação semântica, com base em outras informações etnográficas. No entanto, parece-me perfeitamente cabível que o sentimento de tristeza ou melancolia esteja, para os Mebêngôkre, semanticamente relacionado a esse aspecto 'atenuado', 'empalidecido', ou 'esmaecido'. A tristeza é pensada por eles como um estado em que uma pessoa perde a vivacidade, perde o brilho e o vigor, exatamente como algo cuja cor desbotou. Não custa lembrar que a tristeza demasiada – em geral movida pela saudade de um ente querido, de um parente morto etc. – pode implicar a perda do *karõ* ('espírito', 'alma', 'princípio vital'), que sustenta a vida e habita normalmente o corpo. Sabemos também que o *karõ* sai do corpo de uma pessoa fraca, mole (*rerekre*), com pouco sangue.

Confirmando-se ou não a hipótese, o dinheiro foi batizado em língua mebêngôkre com um termo sugestivo. Por conseguinte, resolvi dar uma tradução algo literária para *piôkaprin*: 'folhas pálidas'. Isso podia resolver a questão linguística; não resolvia, contudo, o problema etnográfico. Inquirindo mais a respeito das transações monetárias, foi possível perceber que a afirmação taxativa de que não se efetuavam trocas com dinheiro dentro da aldeia não era compartilhada por todos. Muito pelo contrário. Os exemplos foram aparecendo.

O chefe da turma dos mais velhos, balançando-se na rede em sua cozinha, havia acabado de me fazer um discurso moralista, enfatizando que todos deveriam comportar-se como parentes, que não deveria haver desigualdade entre os Xikrin e que ele não era desses de ficar comprando tudo, deixando sua turma sem nada. Em seguida, eu lhe perguntei se era costume usar dinheiro para pagar os outros dentro da aldeia, pagar pelos serviços de outros índios, por exemplo. E ele respondeu que não, simplesmente *porque o dinheiro era pouco*. "Se tivesse mais dinheiro dava para pagar." Ele não argumentou em termos de um impeditivo de ordem moral: o meio circulante é que era insuficiente, por isso ele dizia dar/pagar já na forma de mercadorias (e não em dinheiro), na medida do que as pessoas iam precisando.

Havia, além disso, certa contradição no próprio discurso de alguns chefes. Eles diziam que não se paga em dinheiro dentro da comunidade (isto é, de Xikrin para Xikrin). Curiosamente, o chefe da aldeia não parecia colocar obstáculo no fato de *receber pagamento* em dinheiro dentro da aldeia. Com efeito, ele me contava que estava pensando em voltar a morar na casa de seu sogro e que iria aproveitar a oportunidade para "alugar" (assim disse, em português) sua própria casa a um homem cuja família vinha crescendo muito, e cuja casa estava ficando pequena para o número de moradores. Depois confidenciou: "acho que não vai ser possível, porque ele não vai ter dinheiro". Realmente, esse homem não era um dos assalariados e na época não se fazia a distribuição da Verba Mensal em pagamentos nominais, como descrevi no capítulo anterior. Não sei se o chefe falava sério, o assunto morreu, e a casa não foi alugada. De todo modo, vale o registro de dois pesos e duas medidas.

Ainda em outra ocasião, conversando com um casal (meus 'pais' mebêngôkre) sobre um auxílio que eles davam na roça de outro casal, perguntei se haveria posteriormente um pagamento (*'dja Fulano amã o pãnh?*). O marido respondeu que não havia necessidade, pois estavam ajudando e, depois, receberiam ajuda de volta: *ba ari kôt o kangô, kam ajte ari i-kôt o kangô* ('eu os ajudo, e depois eles me ajudam'), acrescentando que só os chefes pagam os serviços, com comida. Mas disse que as mulheres que colaboraram no trabalho em roça alheia poderiam receber um quinhão de farinha posteriormente, como pagamento. Quando indaguei por que os chefes não os pagavam com dinheiro, ele respondeu: *kot, me õ djö* ('não sei... é porque são avarentos'). Sobre o mesmo assunto, uma mulher na aldeia Djudjêkô riu quando perguntei, ao saber que ela ajudava a esposa do chefe Tàkàk-2 a plantar bananas na roça, se Nhàk-2 iria 'pagar'. Declarou que trabalhava naquela roça porque Nhàk-2 é *benadjwörö*, sempre dá alguma comida, e se elas [que ajudaram] precisassem poderiam pegar um pouco dos produtos da roça, na época da colheita. Mas, logo em seguida, acrescentou, com naturalidade, que havia combinado trabalhar também na roça da esposa do chefe Tàkàk-4, mediante uma promessa de pagamento de 0,20 UM. E finalizou reclamando que a conta nunca foi paga, por *sovinice (õ djö)* de Tàkàk-4.

Aos poucos, portanto, fui percebendo que, do ponto de vista de quem não é chefe, a falta de 'pagamento' em dinheiro parecia ocorrer mais por avareza ou mesquinhez dos chefes do que por qualquer restrição de moral econômica. Há aí uma duplicidade na percepção de como o dinheiro pode ser usado. Quando as pessoas, notadamente os chefes, diziam que "aqui ninguém é *kubẽ* para pagar os outros com dinheiro", pareciam estar argumentando com base no reconhecimento do caráter impessoal das trocas monetárias, ou seja, uma troca *õ djö* – antissocial. Ao mesmo tempo, eles observavam que se *deve dar* dinheiro aos parentes, como para me mostrar, de seu ponto de vista, do 'correto' uso do dinheiro: isto é, o dinheiro como um objeto, como um presente, ou seja, algo que deve se prestar a uma 'troca' *õ djàj* – generosa. Por outras palavras, os chefes parecem dizer que não 'pagam' os outros com dinheiro para que os Xikrin não sejam como os *kubẽ* – utilizando assim algo mais próximo do *nosso sentido*, ou seja, o sentido dos brancos, de 'pagamento': pagamento como troca impessoal. Isso é coerente também com a natureza mais oficialista do discurso dos chefes, conforme anotei em outras passagens.

Em paralelo, quando os não chefes mostram-se ressentidos pelo fato de os chefes não os 'pagarem' com dinheiro, parecem argumentar com base em uma *outra noção de pagamento*. Se bem entendi, aqueles que reclamam que os chefes não 'pagam' em dinheiro estão, justamente, querendo que os chefes *os tratem como tratam os seus* (deles, chefes) *próprios parentes*. Por outras palavras, os não chefes esperam que os chefes 'paguem' (deem) o dinheiro, para que eles [chefes] não sejam como o *kubẽ* – ativando assim *o sentido xikrin de 'pagamento'*: pagamento como dom (entre pessoas, isto é entre *parentes*).

De um lado, *não se deve* pagar em dinheiro para não se igualar ao *kubẽ*. De outro, *deve-se* pagar em dinheiro para não se igualar ao *kubẽ*. As duas perspectivas distintas, não obstante, convergem em um ponto: o ideal de manter as trocas e os 'pagamentos' ancorados em uma lógica do parentesco e, consequentemente, do dom e da partilha. O problema é que talvez não seja viável para os chefes – obviamente, em certo limite – realizar esse ideal de 'pagamento' xikrin ("a comunidade como um todo, para todo mundo, o tempo todo") sob o risco de verem dissolvidos ('comunizados' ao limite) os índices de sua diferença. O risco inverso, porém, é o esticamento ilimitado dessa distância até a esgarçadura, que pode levar à indesejável ruptura das relações, e ao desmantelamento da comunidade; em outras palavras, à fissão aldeã.

A noção xikrin de 'pagamento' sobrepõe-se à conceituação corrente que o discurso sociológico faz do dinheiro: a ideia do dinheiro como um instrumento a promover a impessoalização das relações sociais; a ideia do dinheiro como meio de abstração, configurando a famosa *"commodity exchange"* em oposição à troca-dom maussiana (ver Gregory, 1982). Ela sobrepõe-se também à conceituação corrente na antropologia pós-anos 1980, que procurou mostrar como o dinheiro pode estar imerso nas redes de relação pessoal, favorecendo a ligação entre diferentes domínios da vida social (Bloch & Parry, 1989).

O dinheiro xikrin parece ser *duas coisas:* um marcador de relação entre parentes, mas também um marcador de relação entre não parentes: simultaneamente um dom e um antidom. Na primeira forma, ele é subsumido à dádiva (troca e dádiva fundem-se), e o idioma do parentesco engloba a ideia de troca e 'pagamento'. Na segunda forma, ele tende para a ação predatória: a troca e o pagamento mostram um caráter assimétrico, nunca exatamente equilibrado, como se houvesse sempre uma subtração em jogo; alguém sai perdendo (troca e predação fundem-se).

A aldeia, idealmente, é um espaço onde todos são parentes. Por isso, as transações em dinheiro no interior da comunidade podem, precisamente, marcar o reconhecimento de relações de parentesco. Mas podem não marcar, pois nem todos são parentes o tempo todo. E, assim, o pagamento em dinheiro pode assumir outra marca, definindo o tipo de relação de 'predação' idealmente operada *fora*, no exterior aldeão, isto é, com o *kubẽ*, como procurei demonstrar acima.

Nesse sentido, creio que se possa iluminar de maneira mais geral a questão do 'pagamento' no sistema de trocas xikrin. Sabemos que na sociedade mebêngôkre diversas relações sociais são mediadas pelo que os etnógrafos chamaram de 'pagamento', na forma de oferenda de objetos e, principalmente, alimentos (Fisher, 1991, 2000). Há 'pagamento' de serviços diversos: cerimônias são 'pagas' pelos patrocinadores (mediante oferta de comida ritual aos dançarinos); os chefes ou outras pessoas 'pagam' com alimentos as atividades de colaboração mútua, do tipo 'mutirão'; 'paga-se', além disso, pelo aprendizado de uma gama de conhecimentos tradicionais e xamânicos (*kukràdjà*); pelos serviços do amigo formal; "pagam-se" prestações matrimoniais etc.[5]

Lea (1986, p.XLIII), utilizando a terminologia de Bohannan (1959), sugere que a economia kayapó seja "multicêntrica, com uma esfera de bens de subsistência e uma esfera de riquezas [cerimoniais] que se sobrepõem, mas não se confundem". Imagino que a autora estivesse considerando a existência de esferas de troca delimitadas e mutuamente exclusivas, tal como definiu Bohannan (1959, p.124), pelo que entendo de sua afirmação:

---

5 Cf. Fisher (2000, p.123), cujas observações nesse sentido (focalizando sobretudo a troca de alimentos) são quase *ipsis litteris* as minhas: "Entre os Xikrin, como em qualquer sociedade, o fluxo de bens expressa relações sociais ... A oferenda de alimento ... é o que fica de mais vívido na memória das celebrações coletivas ... Trocas sucessivas de alimento pavimentam o caminho para arranjos matrimoniais entre grupos domésticos ... Os pais de uma criança promovem a satisfação e ganham a simpatia do mentor e nominador da criança presenteando-lhe com alimentos. E as crianças aprendem que, quando crescerem, devem ser generosas no fornecimento de comida a seus pais e mentores. As tarefas mais comuns realizadas pelos grupos de idade envolvem a coleta ou o processamento de alimentos. Durante determinadas cerimônias, homens e mulheres trocam alimentos entre si ...".

> Mas nomes e *nekrets* jamais podem ser comprados (*pëyn*) [*pãnh*]. ... Alguém pode pedir um *nekrets* emprestado a curto prazo ... e pagar (*pëyn*) ao dono pelo empréstimo. Estes empréstimos ocasionais, geralmente no decorrer de uma cerimônia, não devem ser confundidos com a transmissão do usufruto vitalício de *nekrets* a um membro de uma Casa alheia. Enfeites e *nekrets* só podem ser vendidos (*pëyn*) aos caraíba. (Lea, 1986, p.293)

De fato, é sabido que o sistema de circulação de nomes e *nêkrêjx* obedece a uma regra específica, que articula determinadas categorias de parentes (*ngêt* e *kwatyj* transmitem suas prerrogativas a seus *tàbdjwö* [ver, por exemplo, Lea, 1986]). Do ponto de vista linguístico, há também especificidade: pois nomes são 'ditos' a alguém (usa-se *idji jarenh*, para designar a transmissão de nomes, onde *idji* ≈ nome; *jarenh* ≈ dizer, contar); e usa-se o verbo *kurê* (≈ 'dar'?) para designar a transmissão de prerrogativas cerimoniais como *nêkrêjx*. Suspeito, porém, que as coisas podem se passar de modo um pouco diferente do que se depreende da leitura de Lea.

Ao contrário, pelo que disseram alguns dos informantes, parece que sempre foi possível, de algum modo, 'pagar' para ter o direito a prerrogativas cerimoniais, *kukràdjà* e *nêkrêjx*. Mas, note-se em que consiste tal 'pagamento': no reconhecimento (ou na atualização) de uma relação de parentesco. Exemplos. Segundo os Xikrin, um casal de *mekrare* poderia começar a *ofertar alimentos sistematicamente* a um homem velho (*kubêngêt*) – ou seja, cuidar do velho, ativando um laço de parentesco com ele – com o objetivo de que ele transmitisse a um dos filhos do casal algumas de suas prerrogativas. Em teoria, ainda de acordo com os informantes, tais prerrogativas deveriam ser devolvidas para um parente do velho (que podia reclamá-las), o que confirmaria a descrição de Lea acima. Porém, o velho poderia expressar o desejo de que seus *kukràdjà ficassem definitivamente* com a família de seus provedores, caso eles tivessem sido *muito generosos* (*õ djàj*). Com a morte do velho, a nova família-donatária poderia, até, invocar o testemunho de terceiros que tenham tomado conhecimento (*kuma* ≈ 'escutar', 'ouvir', 'saber') da vontade do velho e de suas relações próximas.

Provavelmente deveria haver alguns condicionantes para esse tipo de 'pagamento', quiçá difícil de ocorrer caso o velho tivesse muitos sobrinhos e netos considerados 'próximos' ou 'de verdade' (tàbdjwö kum-renx) – em contraste com os parentes distantes ou putativos (ka'àk) – a quem pudesse (ou preferisse) transmitir suas prerrogativas e conhecimentos. Os Xikrin não foram claros a esse respeito. Ou melhor, eu não os consegui entender perfeitamente. De todo modo, por certo, essa dinâmica, em que as relações de parentesco podem ser mais ou menos constituídas e desconstituídas, dá margem a uma série de disputas pelo direito às prerrogativas, que Vanessa Lea mesma descreveu com detalhes em seu trabalho.

Por tudo isso, quero crer que a noção de 'pagamento' na sociedade xikrin *toma como modelo de relação* a forma 'dádiva' de troca: materializada na oferta de alimento e no cuidado entre parentes próximos, sobretudo. Mas não porque essa noção é uma "ficção ideológica" como sugeriu Fisher – e, sim, porque é apenas pelo idioma do parentesco que se pode estabelecer a ideia da partilha e, consequentemente, da identidade, enfim, que se pode estabelecer a sociabilidade.[6] Isto é, reconhecer nos outros corresidentes aqueles mesmos 'sentimentos-afetos' que fazem dos parentes próximos um 'único corpo' e podem fazer da comunidade um todo: *aben pydji* (*aben* ≈ 'reflexivo'; *pydji* ≈ 'um', 'único'). Quando isso falha, alguém está subtraindo ('predando') alguém.

Não estou dizendo que não exista diferença entre uma relação que se configura como 'pagamento' – na qual os índios demonstram expectativa da troca, imediata ou a curto prazo; e uma relação de 'dádiva' ou 'partilha' – na qual a expectativa da troca é de longo prazo, tal como se afigura na relação entre pais e filhos, por exemplo. Porém, esse 'pagamento' a curto prazo *tende a se expressar no idioma do parentesco*, pois não há outro para falar das relações entre gente mebêngôkre. Caso contrário, será considerado como antissocial (õ djö) e muito próximo de um ato de inimizade, subtração ou predação.

---

6 Nas palavras de Coelho de Souza: "Num certo sentido, o universo do parentesco é coextensivo ao da sociabilidade, isto é, de uma convivência gerida pelas convenções sancionadas pelo *piâm* [vergonha], e que giram fundamentalmente em torno daqueles valores [dentre os quais o respeito, a generosidade, a solidariedade]. Ser sociável é comportar-se como um "parente"" (2002, Cap. 9, inserção minha entre colchetes).

Aproveito para colocar em perspectiva a minha própria relação com os Xikrin, no que diz respeito a essas questões. No começo do livro, mencionei minha sensação inicial de estar sendo, em alguns momentos, 'predado' pelos Xikrin, tal a volúpia com que me pediam coisas e cobiçavam meus parcos apetrechos de campo. Posteriormente, à medida que eu estabelecia minhas relações na aldeia, foi instituído o sistema de 'pagamento' como contrapartida às informações antropológicas que desejava. Os Xikrin nada exigiram coletivamente para minha entrada, não houve o cada vez mais comum 'pedágio' para dar início à pesquisa.[7] No entanto, no início, minha impressão foi a de que nossa relação marcava-se por uma forte mercantilização. Os Xikrin pareciam ver-me apenas como uma nova fonte de mercadorias, vantajosa de certo modo, visto que baseada na interação pessoal com um estrangeiro um pouco diferente dos demais – pois desejava em troca coisas que, em princípio, estão ao alcance de muita gente, como informações do modo de vida, palavras na língua mebêngôkre e, eventualmente, peças de artesanato.

Os Xikrin são conscientes de seu patrimônio cultural e, muitas vezes, superestimam o valor de sua imagem. Assim, algumas pessoas podiam me lançar piadas – do tipo jocoso, que se troca entre amigos formais (*kràbdjwö*) – suspeitando que eu iria "enricar lá fora" (na cidade), vendendo livros sobre a sua cultura; outras vezes, sugerindo que eu deveria pagar por algumas informações ("contei isso, agora me dá R$ 50,00: é o que vale minha informação") ou por fotografias ("cadê as miçangas? Para tirar fotografia tem que trazer miçanga"). Esses comentários eram, em geral, feitos em público e em tom de chiste, enunciados, em certa medida, para serem levados na brincadeira. Mas apenas em certa medida, pois como percebeu Vidal com sutileza (1977, p.100), esse 'falar de brincadeira', tão presente no cotidiano das relações sociais xikrin, permite também dizer algumas verdades. Assim, a repetição desses comentários jocosos tinha o objetivo tácito de ensinar ao antropólogo que ele

---

[7] Em agosto de 2000, um pesquisador, já com a documentação em ordem na Funai, solicitou à comunidade Xikrin uma autorização para ingressar na área. No Cateté, após rápidas conversas no *ngàbê*, os índios anuíram, mas condicionaram a entrada ao pagamento de 70 kg de miçanga.

não deveria se fazer de desentendido e introjetar a ideia de que a obrigação do 'pagamento' fazia parte da relação que ali se estabelecia.

Todavia, o método de pagamento a informantes e distribuição de presentes mudou depois da primeira viagem, provavelmente, em razão de certo processo de 'aparentamento' a que fui submetido e que já observei no Capítulo 1 – do qual o 'pagamento', aliás, faz parte, prospectivamente. Assim, a partir da segunda etapa de campo, praticamente se extinguiu um tipo de sistema de 'pagamento' imediato (na forma "eu te digo X, e você me dá Y"), mas eu fui lançado, de alguma maneira, em outro, que poderíamos chamar de circuito das obrigações adquiridas pelo reconhecimento de relações sociais. Os Xikrin já não me cobravam especificamente por informações que me davam, narrativas, ou tempo gasto em exegeses culturais, e sim porque eram meus "pais", "tios", "netos", "filhos", "sobrinhos", "amigos formais" etc.

Logicamente, em vista das dimensões da comunidade, isso poderia ter significado um grande prejuízo, não fosse o caso de eu ter negado constantemente algumas dessas relações, pelo simples fato de não corresponder à expectativa do fluxo de presentes, como muito bem observou o velho (k), na repriminda que citei páginas atrás. Por isso, para muitos, eu era um *õmbikwa kajgo* ('parente fajuto'). Com efeito, isso me fez experimentar, em escala mínima, a tensão entre as lealdades familiares e a comunidade como um todo. Por outro lado, eu podia pedir meu quinhão na casa dos 'parentes próximos' (aqueles a quem eu concedia maior atenção e, consequentemente, meus objetos): um cesto de mandioca, cachos de banana, mamões maduros, mas também a explicação de um assunto, um esclarecimento linguístico, uma história antiga etc.

Kubẽ nhõ möja, ou mercadorias

Disse, no início deste capítulo, que os Xikrin não acumulam o dinheiro que obtêm em suas relações com os brancos, porque o convertem rapidamente em bens e mercadorias que são consumidos na vida cotidiana e nos períodos cerimoniais. O dinheiro é percebido por eles como um meio de adquirir outros objetos desejados, mas que são produzidos apenas pelos brancos e estão de posse dos brancos, os quais, por sua vez, não os dão aos Xikrin (como haviam prometido outrora no curso do processo de pacificação). No entanto, vimos que a questão é um pouco mais complexa, e de modos distintos.

Em primeiro lugar, mostrei como as relações (comerciais e políticas) que os Xikrin estabeleceram com os brancos para obter o seu próprio dinheiro (por exemplo, a Verba Mensal) e as mercadorias, mesmo desenvolvendo-se em tempos de paz institucional, apresentam um aspecto 'não pacífico' – *àkrê* –, que me parece marcar a forma da relação com o estrangeiro, com o Outro, configurando-se em um modo de 'captura' ou "preensão relacional" (Viveiros de Castro, 2002a). Em certo sentido, essa forma de relação tem como pressuposto a noção de que esse Outro é capaz de objetivar partes de si (certas capacidades e qualidades diferenciais) que, uma vez conhecidas, são desejadas pelos Xikrin, que as pretendem incorporar. Tal incorporação deve ser vista como parte inerente à ação mebêngôkre no processo de reprodução social. Em outras palavras, a incorporação das mercadorias e do dinheiro são casos particulares de mecanismos sociológicos mais gerais (delineados no Capítulo 10).

Nesse esquema geral de relação é que objetos industrializados foram percebidos pelos Mebêngôkre, no momento inicial do contato com os brancos. Isso deu vez a uma relação que se desenrolou ao longo da história de modos variados: parcerias mais ou menos temporárias, ataques de pilhagem, guerras, consolidando-se finalmente num acordo de paz ocorrido nos anos 1950. A apropriação dos objetos dos brancos, de sua cultura material, de seus bens, sempre foi uma motivação indígena crucial no contexto da relação que se estabeleceu. Isto é, o interesse indígena pela inovação material não pode ser visto simplesmente como um fenômeno que transcorreu de fora para dentro, como "aculturação".

Ocorre que, no curso da história, à medida que os brasileiros ocupavam a região habitada pelos grupos mebêngôkre, aquilo que Fisher chamou de fronteira oca (*"hollow frontier"*),[8] foi sendo transformada pela presença crescente do Estado e do mercado (das instituições estatais e mercantis), modificando, assim, a interação entre índios e brasileiros.

---

8 Ver Capítulo 3.

Um dos resultados recentes foi um *desdobramento* da relação dos Xikrin com os objetos dos brancos. Tal desdobramento chama-se *dinheiro*. *Interposto entre os brancos e seus objetos*, o dinheiro, isto é, a capacidade de obter os objetos dos brancos nos tempos atuais, como não poderia deixar de ser, vem sendo também objeto de um processo de apropriação pelos Xikrin – trata-se, afinal de contas, de fazer dele "o nosso próprio dinheiro". Apropriar o dinheiro significa, também, apropriar-se de capacidades de transformação e diferenciação. Mais do que um objeto, ou meio de troca, o dinheiro xikrin é capacidade de *ação* e *transformação*.

Em síntese, procurei descrever as implicações desse processo de incorporação, mostrando que, ao mesmo tempo em que é visto pelos Xikrin como um meio de troca comercial com os brancos, o dinheiro apresenta uma outra face, na qual aparece como *signo* (objetivação) de uma relação 'predatória' com o *kubẽ*. A mesma face que outros objetos importados apresentam. Procurei argumentar igualmente que, do ponto de vista das relações 'internas' à comunidade xikrin, isto é, daquelas que se estabelecem entre as pessoas mebêngôkre, foi possível detectar outro aspecto do uso do dinheiro: não como um instrumento impessoal de troca, nem como signo de uma relação com o estrangeiro – realizada na incorporação de uma *parte*, bonita ou poderosa (*mejx* ou *àkrê*), do estrangeiro –, mas como índice de uma relação *entre parentes*, algo que se dá, presenteia e partilha, assim como os alimentos, por exemplo. Em outras palavras, não só um signo de relação dos Mebêngôkre com um outro tipo de gente (*kubẽ*), mas também um signo de relação entre gente mebêngôkre, no processo de fabricação dessa mesma gente, enquanto 'corpo-afeto'.

Além disso, vimos que o processo de incorporação do dinheiro constitui um ponto de tensão interna entre os Xikrin, uma vez que existe uma apropriação (ou circulação) *diferencial* no interior da comunidade. Determinado grupo de pessoas relacionadas por certos laços de parentesco, que forma o núcleo político mais importante, assumindo as posições de chefia, é capaz de assegurar um acesso diferencial ao dinheiro. Assim, os chefes são tidos como "ricos" pelo restante da comunidade. Mais do que isso, uma hierarquia do prestígio entre as próprias lideranças é *quantificada* pelo valor monetário.

Tal posição de 'riqueza' é resultado de uma articulação entre as relações com o 'exterior' e as relações sociais 'internas': as atuais posições de chefia se apoiam em determinadas relações prévias (de parentesco), herdadas bilateralmente. Outro ponto importante na dinâmica social xikrin é que a incorporação de capacidades distintivas de fora é *sempre mediada*, ela não acontece de maneira automática para a 'comunidade como um todo' e vincula-se a processos de diferenciação interna. Tal mediação, penso, é um elemento importante na constituição de diferenças de prestígio, riqueza e beleza.

A hipótese é que aquilo que podemos chamar de 'poder' na sociedade mebêngôkre tem relação com essa capacidade diferencial de incorporar (objetivar em si) relações sociais externas que, por sua vez, condicionam o estabelecimento de outras relações sociais internas e vice-versa. Retomando o mote de Turner sobre a "economia política de pessoas" mencionado no Capítulo 2, sugiro que a economia política mebêngôkre seja vista como uma economia que mobiliza signos (objetivações) de relações sociais, 'para fora' e 'para dentro'. Signos que são incorporados em determinadas pessoas – permitindo seu 'embelezamento', sua 'riqueza', enfim, aspectos de sua 'subjetivação' – e, posteriormente, transmitidos a outras pessoas no processo de reprodução social.

Para tentar demonstrar tais proposições, é necessário fazer dois movimentos. Em primeiro lugar, deixo o caso 'desdobrado' da incorporação xikrin dos objetos dos brancos – o dinheiro –, para focalizar o caso mais direto: as mercadorias. Se no capítulo anterior procurei mostrar como os Xikrin obtêm o dinheiro – como meio para adquirir outros tipos de objetos (mercadorias e bens) –, e como ele é diferencialmente alocado no interior da comunidade, agora, depois de ter visto como o dinheiro é conceituado e se encaixa no sistema de trocas, a questão é examinar o que os Xikrin fazem com as mercadorias propriamente ditas. Esse tema fecha este capítulo e será tratado no próximo, no qual descrevo de que maneira as mercadorias são consumidas e a que se destina tal consumo.

Paralelamente a isso, procuro articular o fenômeno da incorporação das mercadorias adquiridas dos brancos com a problemática dos objetos e prerrogativas *cerimoniais*, que foram descritos pelos etnólogos como a "riqueza tradicional" da sociedade mebêngôkre e que também são incorporações. Tentarei sustentar a hipótese de que, em ambos os casos – mercadorias e *nêkrêjx* –, trata-se de um mesmo mecanismo geral à socialidade mebêngôkre: o de incorporar certas capacidades de *outros tipos de gente, de outros tipos de seres*, no processo geral de produção e reprodução de pessoas e de coletivos, enfim, de *gente mebêngôkre*. Mecanismo duplo, que visa, ao mesmo tempo, à constituição de identidades ('corpos-afetos'), mas também de diferenças ('capacidades-subjetivas' ou *transformativas*) necessárias para prosseguir com o processo (cf. Coelho de Souza, 2002). Por outras palavras: identificação e alteração. Sugiro, ainda, que haja um movimento de *incorporação diferencial* das capacidades transformativas – movimento que constituiria o 'poder' na sociedade mebêngôkre. Por ora, e para finalizar o capítulo, algumas palavras sobre as mercadorias, ou melhor, "as coisas do *kubẽ*".

Ao contrário de outros grupos Mebêngôkre (Lea, 1986; Turner, 1993), os Xikrin hoje não parecem utilizar correntemente o termo *nêkrêjx* para se referir aos produtos industrializados. Tal afirmação contrasta com as observações de Giannini (1991, p.97), que, realizando sua pesquisa no final dos anos 1980, havia notado: "nekrei significa também presentes, riquezas adquiridas do Kuben". Atualmente, até onde pude perceber, os Xikrin só se valem do termo *nêkrêjx* para designar mercadorias caso sejam induzidos. Por exemplo, quando alguém insiste na pergunta "mas tal objeto [mercadoria] é *nêkrêjx*?", eles podem retrucar, "sim, é *nêkrêjx*". Entretanto, no geral, preferem a expressão *kubẽ nhõ möja*, que significa 'coisas de branco', onde *möja* ≈ 'coisa', 'objetos inespecíficos', 'artigos'.[9] Uma razoável tradução para *möja* viria do uso da palavra *stuff* no inglês (o Webster dá para *stuff* as seguintes

---

9 A palavra *möja* parece ser formada a partir de *mö* ou *möj* – partícula com função pronominal, podendo ser traduzida por 'que', 'o que', como nas construções *mö?* ('o quê?'), *mö-kam?* ('por quê?'), *möj ne ga o dja?* ('o que você está fazendo [de pé]?'); e de *ja* – partícula que parece ter função de artigo (cf. Salanova s/d), ou pronome demonstrativo. Assim, *möja* poderia ser traduzido como 'um quê', 'algo'.

definições: *"material, supplies, or equipment used in various human activities; personal property, clothing, possesions"*).

Quando inquiridos, por exemplo, sobre o que vão fazer na cidade, a resposta em geral é: *möja na ba ku mönh* ou *möja na ba ku by* – 'vou buscar umas coisas' (a variação entre os verbos *by* e *mönh* é aspectual: o primeiro é usado quando se pega ou carrega coisas poucas e/ou pequenas, passíveis de serem levadas com a mão; o segundo, para coisas grandes e/ou muitas). A desvinculação com o termo *nêkrêjx* parece-me coerente com o fato de as mercadorias participarem, hoje, de uma gama multivariada de atividades no cotidiano xikrin, e também com o fato de os Xikrin consumirem mercadorias dos mais diferentes tipos (alimentos, roupas, utensílios, equipamentos eletrônicos e outras variedades de objeto).

Abrindo um parêntese, noto, no entanto, que o próprio termo *möja* não parece significar apenas 'objetos'. Lukesch (1969, p.1), por exemplo, indica que, para os Kayapó, "a palavra moia [sic] (coisa) pode ser tanto um valor mental, quanto físico", de modo que "sob a designação genérica de 'coisas de índio' [*Mebêngôkre nhõ möja*] entendem a soma de sua civilização moral e material". Desse modo, o termo *möja* poderia ser usado: ao que parece, de maneira alternativa à palavra *kukràdjà* (ver Capítulo 2 e Capítulo 10).

Sempre que lhes perguntava, genericamente, por que desejavam as coisas do *kubẽ*, a resposta era invariavelmente a mesma: "São coisas bonitas e boas (*möja mejx*). Antigamente não conhecíamos tais coisas e, quando as conhecemos, vimos que eram boas (*mejx*) e as desejamos (*mẽ i-m' möja pràm*)". Em seguida, arrolavam uma lista dos objetos que hoje consomem regularmente. Todas essas coisas, dizem os Xikrin, servem para melhorar a vida e agradar as pessoas, que se sentem felizes em poder alimentar, vestir e enfeitar a si mesmas e aos parentes.

Há também, sem dúvida, um componente estético no interesse pelos objetos industrializados. Os Xikrin dizem que as coisas produzidas pelos brancos nas fábricas (*möja nhipêjx djà*) [10] são benfeitas, bem-acabadas

---

[10] Onde *nhipêjx* ≈ verbo trans. 'fazer', 'fabricar', 'construir'; *djà* ≈ nominalizador de instrumento ou lugar.

(*nhipêjx mejx*). Sempre destacam a engenhosidade dos brancos e sua extrema capacidade de produzir os mais diversos objetos: *"kubẽ faz tudo, möja kunĩ nhipêjx"*. Os Xikrin são muito atentos à perfeição com que os objetos são manufaturados. Por exemplo, valorizam imensamente os bons artesãos e os especialistas na confecção de determinados itens de cultura material tradicional, como adornos e armas. As capacidades ou conhecimentos necessários a essa produção são também denominados *kukràdjà* e vistos como condição para o fabrico de coisas boas ou belas.

A importância do componente estético, que é também moral – e se expressa no conceito *mejx* –, não se restringe, evidentemente, à feitura de objetos, mas a todo e qualquer processo produtivo no universo xikrin. O belo, o bom, a perfeição (*mejx*) são valores essenciais, e arrisco dizer que produzir coisas, pessoas e comunidades (enfim, a sociedade) belas é a finalidade última da ação xikrin, que se revela tanto no plano individual quanto no coletivo. Dessa maneira, eles reconhecem que os brancos, genericamente, detêm um conhecimento valioso, que se manifesta nos diversos objetos que fabricam industrialmente, cuja beleza deleita os Xikrin. A fabricação industrial é vista por eles como um processo que produz objetos bem-acabados, perfeitos, esteticamente agradáveis (além de úteis, como armas, ferramentas entre outros).

Um exemplo para ilustrar o caso. Certa vez, um homem xikrin que não costuma ir com tanta frequência à cidade encontrava-se na sede da Associação Bep-Nói em Marabá. Querendo acender um cigarro, pediu fogo a um dos funcionários, ao que este lhe estendeu um isqueiro de qualidade inferior, visivelmente mal fabricado e comprado, provavelmente, a um preço muito barato nas bancas de camelô de Marabá. O homem xikrin achou graça da feiura do isqueiro – *"punure"* (≈ 'ruim', 'feio') –, e perguntou ao funcionário se o próprio o teria manufaturado, duvidando que o objeto tivesse sido produzido industrialmente.

De maneira geral, os Xikrin atribuem aos brancos uma impressionante capacidade produtiva e transformativa, que evoca o poder de seres mitológicos e dos heróis culturais xamânicos. Num certo plano, a capacidade transformativa do *kubẽ* guarda ainda um aspecto mágico para os Xikrin (como para muitos de nós), na medida em que, embora muitos tenham familiaridade com a vida na cidade, a grande maioria nunca teve contato direto com processo de produção industrial, não visitaram fábricas, enfim, não sabem concretamente *como* os brancos conseguem criar tantas coisas, modificar em tamanha escala e magnitude o meio ambiente, alterar rapidamente diversos aspectos da vida.[11] Eles sabem perfeitamente que existem diversos mecanismos de conversão de objetos e coisas em dinheiro, além de diferentes redes mercantis, e experimentaram, historicamente, um sistema de trocas de matérias-primas por bens industrializados, no período da borracha, depois com a castanha, a madeira e, finalmente, na relação com a CVRD. Esta não negocia diretamente com os índios, mas eles sabem que é com a venda do minério extraído das minas de Carajás que a companhia obtém seu monumental dinheiro: *piôkaprin rajx*. No entanto, a manufatura industrial propriamente dita e até mesmo a emissão do dinheiro enquanto moeda (papel) continuam um mistério, e são motivos de muita especulação entre os Xikrin.

Todavia, ao mesmo tempo em que reconhecem a capaciddde dos brancos de produzir *coisas* belas, os Xikrin parecem duvidar da capacidade deles de produzir *pessoas* belas ou de fazerem sua própria sociedade bela. A parte bela do *kubẽ* parece estar em seus objetos e não nas pessoas. De fato, é recorrente a crítica xikrin à falta de parentesco entre os brancos, a sua incapacidade de partilhar, a sua falta de vergonha (*kubẽ 'ã pi'ãm kêt* – não demonstra vergonha, não tem vergonha'), a seu excessivo apego ao dinheiro ("só vende, não dá nada"), à forma como são insensíveis aos sentimentos de outros brancos, deixando-os passar fome, por exemplo. Tudo isso faz que os Xikrin afirmem reiteradamente que "o *kubẽ* é diferente dos Mebêngôkre" (*kubẽ na atemã*), e que, apesar de deter importantes saberes para produzir diversas coisas (*möja kunĩ*), o *kubẽ* tem péssimos modos e uma forma de vida moralmente ruim (*kubẽ kukràdjà na punure*).

Interessante observar que tais considerações feitas pelos Xikrin aparecem exatamente nos mesmos termos no discurso dos índios Waurá do Alto Xingu, por exemplo, conforme aprendemos pela descrição de E. Ireland (2001). Reproduzo um trecho da fala de um de seus informantes, para destacar a semelhança:

---

11 Catherine Howard (2002, p.43) detectou exatamente a mesma percepção dos brancos entre os Waiwai, grupo Caribe da região das Guianas no norte amazônico.

> O branco não é gente (*aitsa inyaun kajaipa*) ... não é como nós. Ele demonstra tanta habilidade para fabricar objetos que nem parece humano. Como ele aprendeu a fazer tantas coisas? Ele nos supera completamente. Nós não temos essa capacidade. Mas mesmo sendo tão esperto, o branco é muito ignorante também. Porque ele não vive como gente. Eu já estive nas cidades do branco e vi crianças famintas sentadas na rua, implorando por comida. As pessoas passam por elas e não sentem pena. Talvez pensem que sejam cães. É com os cães que o branco se parece. Ele não tem vergonha ... Não é desse jeito que os seres humanos se comportam. (Ireland, 2001, p.267-8)

Essa mesma ambiguidade é expressa pelos Waiwai das Guianas, segundo Howard (2000, p.40-4), que enxergam poderes positivos e negativos emanando da sociedade não indígena: "os brancos são condutores de energias caóticas ... naturais e subumanas, potentes e sobre-humanas, perigosas e antissociais". A questão parece ser bastante geral entre os índios amazônicos e já foi sintetizada por Viveiros de Castro (2001), recuperada por mim em um pequeno ensaio (Gordon, 2001), e recentemente abordada por Lasmar (2005) para o contexto das relações entre índios e brancos no Alto Rio Negro. Segundo aquele autor: "o desafio ou enigma que se põe aos índios consiste em saber se é realmente possível utilizar a potência dos brancos, isto é, seu modo de objetivação – sua cultura – sem se deixar envenenar por sua absurda violência, sua grotesca fetichização da mercadoria, sua insuportável arrogância, isto é, por seu modo de subjetivação – sua sociedade" (p.50-2).

A propósito, os Xikrin não perdiam a oportunidade de me observar tais fatos. Uma vez eu acompanhava os chefes Tàkàk-4 e Bep-3 em Belém do Pará, onde haviam ido tratar de questões relativas ao financiamento do Projeto Kaben Djuoi, na sede do Banco da Amazônia (BASA). Saindo de uma lanchonete, após uma lauta refeição, vimos uma senhora mal vestida, acocorada na calçada, esmolando algum trocado. Ao meu lado, Tàkàk-4 me lançou um olhar jocoso e, ao mesmo tempo, provocador: "Sua *tia* está com fome, Cesar [ele frisou a palavra *kwatyj*, 'tia/avó']. Por que não dá um dinheiro a ela?" (*a-kwatyj kum prãm, Cesar. Mö´ kam ne ga kum piôkaprin nhãra kêt?*). Nem esperou que eu explicasse o que ele já sabia – que a pobre mulher, mesmo sendo branca (*kubẽ*) como eu, *não era minha tia, e essa era a questão*. Ato contínuo tirou do bolso uma nota de cinco reais e entregou a ela.

9
Fazer o belo: consumo

Mercadorias e o consumo para a produção do parentesco

Um dos aspectos que ressaltam no uso cotidiano que os Xikrin fazem das mercadorias é o cuidado com os parentes. Seja observando as listas de compras comunitárias, seja acompanhando os Xikrin durante compras realizadas individualmente nas cidades de Tucumã e Marabá, eu pude perceber a importância que há para eles em adquirir objetos industrializados para alimentar, presentear e agradar os parentes, evocando aquilo que Daniel Miller (1998, p.8), em uma etnografia das compras na sociedade inglesa contemporânea, chamou de *"the treat"* (o cuidado, o trato, o agrado). Sabemos que o tema do cuidado, da boa convivência e das virtudes morais da partilha e das relações interpessoais é pregnante na literatura amazônica e vem sendo explorado sistematicamente por J. Overing (2000), por exemplo. Com as mercadorias, os Xikrin arranjaram novos meios de realizar esses valores e práticas.

Alimentos industrializados complementam o sustento cotidiano das famílias, que tradicionalmente é produzido no nível das unidades domésticas, em especial, pelo trabalho nas roças. Mas o cuidado e a partilha, na forma de oferta e trocas de mercadorias, não se restringem aos alimentos nem ao grupo de parentes próximos (ou que residem em uma mesma casa), mas recortam todo o universo de relações sociais de determinado indivíduo, que inclui seus pais, filhos, sobrinhos, avôs/tios, namoradas, amantes, afins e amigos formais, e estendem-se a outras aldeias (anteriormente mencionei como alguns indivíduos do Cateté procuram enviar presentes para parentes no Bacajá).

Os Xikrin enxergam as mercadorias propriamente ditas como objetos que devem servir para agradar as pessoas e marcar laços de parentesco e relações sociais. Presentear os parentes é uma forma de reconhecê-los, "lembrar deles", "pensar neles", como disse certa vez um dos chefes, durante um discurso moralista proferido no *ngàbê*. Ele finalizou sua fala ao grupo de homens ali reunido, repetindo três ou quatro vezes a sentença *a-kamy ma* – 'lembre do seu irmão, pense no seu irmão' (onde *a* ≈ flexão pronominal de 2ª pessoa; *kamy* ≈ 'irmão'; *ma* ou *mari* ≈ 'ouvir, entender, conhecer, saber, lembrar').[1] Tal lembrança, ou reconhecimento, do parente é efetivada pelo cuidado, pela oferenda de alimentos e presentes assim como pela oferta de mercadorias e bens provenientes do *kubẽ*. Conforme me admoestou o velho (k), quem assim não procede só pode mesmo ser visto como um parente *kajgo*, ou seja, um falso parente, um parente apenas do ponto de vista terminológico, mas que não age e não se comporta como parente.

As mercadorias recebidas na forma de presentes podem ser ditas *mẽ-kĩnh-djà*, isto é, 'agrado' (onde *kĩnh* ≈ 'gostar', 'satisfazer', 'feliz'; *djà* ≈ nominalizador de instrumento – 'aquilo que agrada, aquilo que faz feliz'). Percebe-se novamente a importância dos chefes no papel de responsáveis pela continuidade do fluxo de mercadorias para dentro da aldeia, já que isso garante a felicidade e o bem-estar das pessoas, que podem dar e receber cuidados por meio desses objetos.

Quando o caminhão da comunidade encontra-se na área e são programadas as visitas entre Cateté e Djudjêkô, por exemplo, verifica-se uma circulação intensa de objetos, sobretudo de alimentos industrializados,

---

[1] Sentença que evoca, imediatamente, as análises de P. Gow (1991) sobre o "parentesco como memória" entre os Piro, grupo Aruak da Amazônia ocidental.

ao lado de produtos das roças ou da caça. Alguns enviam pacotes de café para os pais que vivem na outra aldeia, uma avó manda bolachas e refresco em pó para sua neta de seis anos, um casal envia cartuchos de espingarda e um rolo de linha de algodão para um outro, como meio de demonstrar gosto no casamento de seus respectivos filho e filha. Se os Xikrin estão na cidade, fazem o possível para enviar o mais rapidamente, para seus parentes que ficaram na aldeia, algumas das mercadorias que porventura tenham adquirido. Daí a ansiedade em saber se, e quando, haverá voos para aldeia e se será possível embarcar parte da mercadoria (sempre embalada e identificada com caneta hidrocor). Em Marabá, os Xikrin vão à sede da ABN, procurando viabilizar o transporte. Em Carajás, procuram articular diretamente com o funcionário da Fundação Zoo-botânica, responsável por acompanhar os índios que ali se encontram. Quem está na aldeia, por sua vez, demonstra a mesma preocupação em enviar aos parentes em trânsito na cidade qualquer agrado. E, em diversas ocasiões, o piloto decola do Cateté com o avião repleto de sacos de farinha, pacotes de beiju com carne (*djwö kupu*), bananas e garrafas plásticas de refrigerante reutilizadas com óleo de babaçu. É costume fazerem consultas mútuas, em comunicação aldeia-cidade pelo rádio, para saber se os parentes desejam alguma coisa.

Todos estão o tempo todo preocupados em obter e comprar objetos, que servirão não só ao uso pessoal, mas também para azeitar a ampla rede de relações sociais intracomunitárias e intercomunitárias. O volume relativamente grande e o fluxo constante de mercadorias que circulam no cotidiano xikrin têm o efeito prático de tornar extremamente difícil o mapeamento etnográfico detalhado da circulação de mercadorias. De fato, elas estão em todo lugar, circulando intensamente em vários níveis da organização comunitária. O que estou fazendo aqui, portanto, é oferecer um panorama geral dos modos de consumo dos objetos industrializados.

Ao lado do enorme desejo em obter e consumir as mercadorias, os Xikrin não parecem demonstrar grande preocupação em *conservá-las*. Por diversas vezes, me surpreendi com a situação. Alguns índios, por exemplo, podiam passar semanas ou meses solicitando-me determinado objeto, muitos dos quais me eram necessários como instrumento de pesquisa ou no dia a dia do campo: gravador, lanterna, cadernos, tênis, *short*, camisa etc. Depois de muita insistência, eu costumava ceder a alguns desses pedidos, ou trocar alguns objetos pelo tempo de um informante no esclarecimento de um ponto etnográfico, em uma tradução ou explicação mais longa. Era muito frequente, pouco depois de tê-las cedido a alguém, que eu viesse a descobrir que as coisas haviam trocado de mãos e, eventualmente, sido perdidas ou deterioradas.

Por exemplo, dos dois gravadores portáteis que dei a uma mesma pessoa (respectivamente na primeira e na segunda viagens), após intenso assédio, quase diário: um fora dado a um dos filhos, desejoso de escutar fitas gravadas com cantos cerimoniais ("mas, por fim, quebrou-se, pois as crianças não sabem usar direito"); o outro, entregue aos companheiros de turma também para ouvir as gravações do *metoro* (festa), "deveria estar na casa de alguém, mas eu não sei mais onde está". Uma lanterna, presenteada a outra pessoa, fora dada ao seu cunhado para caçadas noturnas; uma camisa de manga comprida, a um amigo formal; uma lata de leite em pó, à avó; sandálias havaianas, a uma moça que vinha sendo cortejada; um relógio fora perdido em uma aposta com um companheiro de turma, e assim por diante.

Observei um fenômeno que parece estar relacionado a esse suposto desapego. Durante minhas temporadas entre os Xikrin, *apostas* eram uma verdadeira mania e um *must* entre os homens, principalmente os mais jovens, sendo uma forma interessante de circulação dos objetos. Apostava-se por qualquer coisa e sobre os mais diversos assuntos: partidas de futebol ("aposto que seu time não vai ganhar"); caçadas e feitos ("aposto que você não consegue trazer uma anta, fazer isso ou aquilo"); entre outras coisas – "aposto que o avião chega hoje"; "aposto que você está mentindo sobre determinado assunto" etc. Os prêmios (ou seja, as coisas apostadas) eram, invariavelmente, pequenos objetos de uso pessoal: boné, tênis, camisa, relógio, minigravadores, sandálias havaianas, facas ou canivetes. As apostas – estabelecidas mediante a enunciação em português da palavra "aposta!", seguida, muitas vezes, do gesto de aperto de mão (*i-pa kjê*) – eram sempre ações performáticas, em tom de desafio jocoso e divertido e, nem sempre, eram levadas a sério. É preciso também haver um público, e testemunhas. Às vezes, o perdedor pagava a aposta apenas por um determinado dia (quando o vencedor tinha o direito de utilizar o objeto apostado), ou por alguns dias. Outras vezes, a transferência do objeto era mesmo definitiva – pelo menos, quem sabe, até uma próxima aposta.

Claro que muitas pessoas têm o cuidado de conservar alguns objetos. Mas, normalmente, a possibilidade de eles circularem, sobretudo entre parentes corresidentes e afins (mas não apenas), e, eventualmente, perderem-se ou estragarem-se é muito alta. Sob nossa ótica 'burguesa', digamos assim – da qual desponta uma clara preocupação *conservativa* em relação aos bens industrializados, que devem ser preservados, bem cuidados, ter alta durabilidade etc. –, a velocidade com que os objetos de uso cotidiano se perdem entre os Xikrin, de maneira geral, é espantosa. Tal fato ressoava constantemente no discurso dos funcionários da Funai, CVRD e outros atores não indígenas envolvidos com os Xikrin. Entre o azedume e o desalento, muitas pessoas discorriam sobre a incapacidade dos índios de conservarem os objetos ("destroem tudo") e sobre seu descuido ("não fazem manutenção" [de barcos e motores, por exemplo]).

A questão é que boa parte desses objetos serve a um propósito que, à primeira vista, nos escapa totalmente. Eles são incorporados na dinâmica social como parte de um processo geral de fabricação de pessoas ou, ainda, de produção de 'corpos-afetos' individuais e coletivo. E, assim, circulam entre as pessoas, são oferecidos como presentes, são objeto de prestação a parentes e afins etc. Eles estão servindo para produzir o(s) corpo(s) dos parentes e a comunidade como corpo, por meio de uma cadeia de relações sociais. Entenda-se a noção de corpo, aí, não apenas como organismo físico, mas também como expressão de determinado modo de vida, uma forma de comportar-se, agir e sentir socialmente e de ser 'afetado' de certa maneira; *uma perspectiva* específica.[2]

---

[2] Cf. Viveiros de Castro (1996a, 2000a), que resgata a noção de *affectio* da filosofia de Spinoza, via Deleuze e Guattari, incorporando-a na formulação do "perspectivismo ameríndio". Veja-se o trabalho comparativo de Coelho de Souza (2002), que procura tirar implicações da formulação de Viveiros de Castro para o universo dos grupos Jê. Para um exame do conceito e sua aplicação em uma discussão sobre a socialidade dos índios do Uaupés (Alto Rio Negro), veja-se Lasmar (2005).

Por conseguinte, os objetos industrializados (e, obviamente, os *alimentos* industrializados) circulam e são consumidos de maneira análoga aos alimentos tradicionais xikrin. Entrando nesse processo – como signos de relações por meio das quais circulam –, eles funcionam, de certo modo, para produzir *identidades*.[3] Assim, essa forma de consumo de objetos industrializados distingue-se daquela que envolve o consumo de partes subjetivas ou transformativas de outros tipos de seres – isto é, distingue-se da *transformação ritual* –, na medida em que implica, por si mesma, a dessubjetivação dos objetos em questão. Em outras palavras, o tratamento a que são submetidos no contexto da produção do parentesco – sua circulação (idealmente universal, ou 'comunizada') e o descuido e a eventual perda – *constitui parte do processo de dessubjetivação desses objetos*.

Uma comparação com a situação dos Xikrin do Bacajá pode lançar mais luz sobre a discussão. No Bacajá, pelas informações de Fisher (2000, p.111), muitos objetos industrializados (não alimentícios) não são tratados dessa maneira. Eles raramente circulam entre as casas e são conservados com cuidado, como se vê pela descrição do autor:

> Muitas ferramentas, panelas e até mosquiteiros deteriorados haviam sido presenteados pela órgão indigenista [Funai] há cerca de 20 ou 30 anos ... Algumas lâminas de machado estavam reduzidas ao tamanho de um canivete; malas e mosquiteiros continuavam a ser usados mesmo em trapos. (2000, p.104)

Ora, tal diferença de tratamento dos objetos no Cateté e no Bacajá é surpreendente e, à primeira vista, parece lançar por terra os argumentos que tento alinhavar. No entanto, ela se faz compreender se tivermos em mente a diferença de escala entre o consumo de industrializados nessas duas áreas xikrin. Sabemos que há muitos anos o fluxo de mercadorias para o Cateté (e Djudjêkô) é significativamente maior do que o de seus

---

[3] Ver Coelho de Souza (2002, p.532), para quem a identidade é "o produto de um trabalho deliberado de aparentamento cujo resultado é a construção não apenas de corpos singulares (que participam uns nos outros) mas também dos corpos coletivos em que consistem em toda parte os grupos locais ...".

parentes do Bacajá, o que me levou a falar, parafraseando Fisher, em "bens constantes" – ele havia descrito a situação do Bacajá com a expressão "bens inconstantes" (2000, Cap. 6). Tal diferença parece-me importante, desde que a percebamos como uma diferença de escala ou tempo. É como se, no Cateté, a máquina de processamento dos objetos importados estivesse já um passo à frente, ou funcionando num ritmo mais acelerado. Isso pode ser mais bem percebido se acompanharmos a discussão de Fisher sobre a forma como os alimentos industrializados são tratados entre os Xikrin do Bacajá. Ali, os alimentos industrializados *circulam mais* e *nunca parecem ser suficientes* para satisfazer as demandas. Além disso, sua circulação "cria a base permanente onde se constitui o sentido de uma comunidade de sentimentos [afetos]" (2000, p.124).

Infelizmente, para explicar a diferença no consumo dos alimentos industrializados e outros objetos industrializados não alimentícios, Fisher lançou mão de conceitos oriundos da economia neoclássica, mais especificamente da chamada escola austríaca marginalista, e acabou enquadrando a questão por meio da "utilidade diferencial" desses dois tipos de produto. Isso resultou em uma explicação que nos desvia do que me parece o principal. Pois, segundo ele:

> A utilidade marginal de bens adicionais, tais como machados, linha de pesca, ou camisetas *T-shirt*, *decresce rapidamente* em uma sociedade em que esses itens são consumidos no trabalho doméstico [*household labor*]. Tais itens não são negociados entre grupos domésticos nem convertidos em outras formas de valor. Em contraste ... *o valor do alimento não diminui* com as sucessivas ofertas, e cada oferta é interpretada como um ato de generosidade ... (2000, p.124, grifo meu)

Com o ponto de vista vantajoso de poder contar com dados sobre as duas aldeias, creio que Fisher parece substancializar o problema. A comparação com o que se passa no Cateté, onde há maior afluência de mercadorias, deixa mais claro que a questão não é esta: diferença da utilidade marginal de alimentos e outros produtos industrializados. Pois, acabamos de ver, para usar a terminologia de Fisher, que a "utilidade marginal" dos objetos industrializados não alimentícios no Cateté *não declina*. Muito ao contrário, eles continuam sendo demandados, circulam e perdem-se rapidamente, voltam a ser desejados, e assim sucessivamente. Isto é, tanto os alimentos como os outros objetos industrializados são, no Cateté, *consumidos da mesma forma*. Não apenas eles, como também *o próprio dinheiro* começa a passar – ou tem a potencialidade de passar – pelo mesmo processo, como demonstrei nos capítulos anteriores.

Então, podemos supor que, em virtude da diferença da escala do consumo entre o grupo do Cateté e o do Bacajá, nesta aldeia *apenas a comida (industrializada) é consumida como comida* – isto é, enquanto objeto dessubjetivado ou em processo de dessubjetivação, que se presta à troca universal entre pessoas mebêngôkre. Outros objetos industrializados são consumidos de maneira distinta: há o cuidado em mantê-los e sua circulação é limitada, ou seja: um tratamento mais próximo ao que ocorre com os *bens cerimoniais*. No Cateté, enquanto isso, *diversos objetos – e não apenas a comida – são consumidos como comida*. A questão é que, no Cateté, esses diversos objetos não são consumidos apenas desse modo. Eles devem também ser consumidos de outra forma, tal como ocorre no Bacajá com os bens cerimoniais e as mercadorias não alimentícias. Eis o paradoxo, que tentarei esclarecer. A ambiguidade encontra-se no fato de que todos esses objetos industrializados, no Cateté, são *simultaneamente* signos de relações entre gente mebêngôkre e signos de relações de 'captura' com estrangeiros, marcando diferentes momentos ou direções da ação social.

Podemos dizer, por conseguinte, que existe determinada forma de incorporação de mercadorias e dinheiro entre os Xikrin do Cateté, em que esses objetos são consumidos *como comida*, num processo que se destina a produzir identidades, ou seja, produzir um *corpo-afeto* específico à gente mebêngôkre – e que envolve a circulação mais livre e uma moralidade do parentesco, expressa em lembrar ou reconhecer, ser generoso, não ser apegado aos objetos (*õ djö*), ter respeito e cuidado com os seus iguais.

Não obstante, surgem efeitos indesejados nessa operação. Parece haver algum tipo de risco no alto consumo de alimentos e, até mesmo, de outros objetos industrializados, como roupas, aparelhos eletrônicos e tudo o mais que caracterizaria um modo de vida dos brancos. Os Xikrin não dizem exatamente que esses produtos fazem ou podem fazer mal.

Realmente, não parece haver grandes precauções alimentares em relação à comida dos brancos, e não se faz *angri* ou *bixangri* (resguardo, restrição alimentar) em relação a ela – ou seja, em caso de doença de parentes, luto ou outras situações de risco corporal, os Xikrin não deixam de ingerir alimentos industrializados como fazem com certos tipos de alimentos indígenas, carnes de caça, em especial.[4] No que toca aos industrializados, assim me pareceu, pode-se comer de tudo, em qualquer ocasião. Entretanto, a longo prazo, os efeitos da ingestão cumulativa de alimentos industrializados podem se fazer sentir numa certa 'kubenização' do corpo. Não só pela ingestão de alimentos, como também pelo uso continuado de outros objetos modificadores 'afeto-corporais' (como roupas, bicicletas etc.), além de outros hábitos advindos do contato.

Já mencionei que os Xikrin demonstram alguma nostalgia do passado, quando se pensavam mais fortes, mais resistentes e corajosos. Hoje, veem-se mais fracos ou moles (*rerekre*), menos ágeis e rápidos (*prōt kêt*), mais sedentários ou acomodados (*mykangare*), mais sujeitos a doenças. Ora, os Xikrin costumam associar o presente estado 'afetivo-corporal' ao maior consumo de alimentos importados, como açúcar, café, óleo de soja, sal, refrigerantes. E, desse modo, eles estão percebendo-se mais próximos daquilo que pensam ser o estado afetivo-corporal do *kubẽ*. De certa maneira, portanto, as mudanças nos padrões alimentares tornam-nos mais *kubẽ* do que já foram um dia (*kubẽ pyràk*, onde *pyràk* ou *uràk* ≈ 'semelhante', 'igual'). Um *wajanga* (feiticeiro, xamã) afirmou ainda que, desde que conheceram o *kubẽ* e começaram a comer sua comida, os Xikrin passaram a gerar mais *filhos gêmeos* (*krabibo*). Antes, quando não eram *uabô* (mansos), não tinham tantos gêmeos. "Por isso também", adicionou, "não é bom para uma mulher grávida observar relações sexuais entre cachorros (associados aos brancos, sendo um

---

4 Mas não tenho certeza se foi sempre assim no caso da carne de boi, porco (doméstico), galinha ou pato, por exemplo. Apesar de algumas pessoas dizerem não haver risco no consumo dessas carnes, eu não inquiri sistematicamente sobre o assunto. Em relação a proibições e restrições alimentares 'tradicionais' associadas ao ciclo de desenvolvimento dos indivíduos, veja-se por exemplo Turner (1966), Fisher (1991) e Giannini (1991).

típico *kukràdjà* dos brancos), pois aumenta a chance de ter gêmeos". Recordo que um dos mitos mebêngôkre da origem dos brancos (Métraux e Banner apud Wilbert, 1978, p.152-4), cujas versões dão conta também da origem dos índios Juruna (e a associação entre os Juruna e os brancos nesses mitos é dada pela posse das armas de fogo), representa-os como filhos gêmeos múltiplos de uma mulher mebêngôkre com um réptil (cobra ou lagarto).

É verdade que tais mudanças não parecem suficientes, pelo menos até o momento, para torná-los *iguais* ao *kubē*. Afinal de contas, como os Xikrin mesmo reiteram, *kubē na atemã* ('o *kubē* é diferente [de nós]'). Mas, do seu ponto de vista, é preciso estar atento para a questão, pois o estilo de vida xikrin atual coloca-os sempre diante da possibilidade de ir virando branco. Para evitarem o risco e manterem-se atentos diante de tal transformação, contam com a ajuda dos adultos mais velhos (*mẽ abatàj tum*), que, de maneira geral, disseminam os valores de força, pertinácia, e são o repositório de certos conhecimentos (*kukràdjà*) importantes para a reprodução de um modo de vida belo e adequadamente mebêngôkre. Como disse um informante:

> Cesar, hoje ainda tem muitos guerreiros duros, fortes (*töjx*), que fazem as coisas do jeito certo, coisas de guerreiro. Virar *kubē* ainda é difícil. Ainda tem Mebêngôkre duro, que se pinta de jenipapo [*ami ôk*], raspa cabeça [*ami jô kàrà*], pinta de urucum [*ami k'menh*]. Os velhos fazem esse trabalho. Ainda somos duros (*töjx*), ainda somos Mebêngôkre. E isso é bonito/bom/certo [*kam mejx*].[5]

De todo modo, as modificações afeto-corporais que os Xikrin acreditam ter relação com as mudanças alimentares parecem-me, ainda, vincular-se a um outro tópico, a saber, o consumo de medicamentos industrializados. Mencionei anteriormente que boa parte dos índios ingere medicamentos cotidianamente na farmácia do Posto. Da perspectiva de um leigo – confirmada, no entanto, quando esteve na aldeia o Dr. Vieira Filho –, os Xikrin pareciam consumir uma quantidade de medicamentos

---

5 Ver adiante (próximo tópico) como a ideia da "dureza" está relacionada à condição de relacionar-se com o Outro sem que isso implique uma metamorfose mortal.

muito maior do que o necessário e recomendado para seu bom (pelos padrões médicos) estado higiênico. Cientes disso, também, as agentes de saúde, muitas vezes, administram vitaminas e placebos, ainda que com o risco de irritarem os índios, que costumam acusar as enfermeiras de negar-lhes o tratamento a que eles têm direito.

O modo como os medicamentos industrializados são inseridos no conjunto das concepções etnofisiológicas xikrin e no sistema tradicional de cura merece um estudo à parte. Suponho, entretanto, que a ingestão cotidiana de medicamentos pode estar cumprindo uma função análoga ao tratamento profilático xamânico. Tal tratamento visa, em larga medida, a salvaguardar os índios dos possíveis efeitos de contágio com substâncias animais. Isto é, quando, por algum motivo, os Xikrin sofrem o risco de serem contaminados pelo aspecto agentivo ou subjetivo (*karõ*) do animal, que ocorre, em regra, pelo contato com seu sangue. Giannini (1991, p.103) afirma que "um indivíduo de nome Bep não pode se alimentar de certos peixes" (Bep é um nome originário dos peixes), só o fazendo mediante precauções que consistem no uso de certas plantas medicinais. Igualmente: "os Xikrin dizem que Ngrei é um nome de anta e que as pessoas [que possuem nomes] com este radical só se alimentam de anta após ter passado remédio de anta no corpo" (ibidem, p.103). Portanto, há uma profilaxia xamânica para evitar o contágio com substâncias que trazem o *karõ* ou partes ativas (subjetivas) do Outro e que podem resultar em metamorfose mortal (virar Outro). A ingestão de medicamentos parece ter o objetivo de salvaguardar possíveis efeitos contagiosos da própria comida dos brancos, e dos possíveis traços subjetivos de suas coisas.

Giannini (1991, p.158) e Verswijver (1992, p.198) haviam chamado atenção para o duplo aspecto, terapêutico e profilático, do controle sobre a ingestão de alimentos e sobre o contágio de maneira geral. Para os Xikrin, os medicamentos industrializados são antídotos, certamente – isto é, servem para curar as doenças dos brancos, já adquiridas pelos indivíduos; mas também podem ser *vacinas*, prevenindo contra os possíveis efeitos cumulativos e difusos dos novos padrões alimentares e dos novos hábitos que afetam os corpos das pessoas. Se os alimentos do *kubẽ* não têm a potencialidade de trazer certas doenças – tal como o alimento caçado, por exemplo, que ocasiona doenças que os brancos não sabem curar ou prevenir (apenas os pajés o sabem) –, eles podem, todavia, resultar em outro tipo de mudança corporal, mais lenta e gradativa, que talvez precise ser contrabalançada pela ingestão diária dos instrumentos de cura dos próprios brancos.

Em síntese, um dos usos das mercadorias diz respeito ao processo de fabricação do parentesco e dos corpos de parentes – processo que se dá pela ingestão de alimentos (dentre os quais, atualmente, os alimentos industrializados, que são consumidos numa base cotidiana) – e pela lembrança e pelo cuidado, manifestos pela oferenda de objetos. Mas também diz respeito ao processo de fabricação da comunidade enquanto 'corpo', pela ativação de relações sociais mais amplas (para além do grupo doméstico – comunitárias e intercomunitárias) e da convivialidade, de maneira geral, por meio da oferta e trocas de presentes, que ocorre no plano das interações interpessoais e interfamiliares.

Mercadorias e o consumo para a produção ritual

Há outro aspecto do consumo de mercadorias e alimentos industrializados que está associado aos contextos cerimoniais. Fisher (1991, p.127, s/d, p.5) já chamara atenção para aquilo que definiu como os "dois modos de produção material na sociedade xikrin". De um lado, uma "economia doméstica", em nível das famílias nucleares e extensas uxorilocais, voltada para a produção do alimento cotidiano. De outro, uma "economia ritual", voltada à produção do alimento necessário para as performances cerimoniais públicas, ou seja, para a produção de um tipo específico de alimento, denominado *àkjêre* ou *djàkjêre* ('comida ritual').[6] Essas modalidades de produção ativam relações sociais diferenciadas: a primeira

---

6 O termo instiga mais uma vez a especulação etimológica. A palavra *djàkjêre* pode ser traduzida por 'chamar', 'gritar [para chamar]', 'invocar'. Mas note-se a existência do verbo transitivo *kjêre*, com o significado de 'alimentar', 'criar', 'cuidar', 'domesticar', como nas frases *mry kjêre* ('alimentar um animal'), *nãm kruöj kjêre o nhy* ('está sentado alimentando o periquito'), ou *ba ne ba akjêre* ('fui eu quem te criou/alimentou').

está baseada em relações de 'substância' e corresidência; a segunda, em relações de parentesco real e putativo (*ka'àk*) que recortam diferentes unidades residenciais. Como observou Vidal:

> Um aspecto muito importante de qualquer ritual é a oferenda de comida (djokiere) a cargo do pai e da mãe dos nominados ou iniciandos, dos irmãos do pai e de suas esposas assim como das irmãs da mãe, isto é, todos aqueles que se encontram para um dado Ego na categoria Bam e Nã. (1977, p.196)

De fato, ao lado do pai e da mãe reais dos nominados, todos aqueles reconhecidos como seus "pais" e "mães" *ka'àk* são responsáveis pela produção do alimento que garantirá a realização da cerimônia e, portanto, a iniciação ou confirmação ritual dos nomes bonitos (*mẽ idji mejx*) e prerrogativas cerimoniais – isto é, a 'beleza' – da criança. Os nomes bonitos, grandes ou importantes (*idji mejx, idji kati*), já o sabemos desde a etnografia de Turner (1966), são aqueles associados a determinadas cerimônias e compostos por prefixos ou "classificadores" (Lea, 1986, p.111). Entre os Xikrin: *Bep, Tàkàk* e *Katàp* (masculinos); *Be-kwöj* (isto é 'Bep-feminino'), *Nhàk, Ire, Pãjnh, Kôkô* e *Ngre*, todos femininos (ver também Vidal, 1977; Giannini, 1991).

Outro modo de produção alimentar, aquele realizado nas roças coletivas (*puru rajx*) pelas turmas, sob a coordenação dos chefes, ocupa uma posição intermediária, podendo servir tanto ao consumo doméstico, quanto ao consumo público-cerimonial (ver Capítulo 5). Vidal, por exemplo, comentando sobre uma dessas roças grandes, coordenadas pelo chefe Bemoti, anotava: "Em 1972, os jovens menõrõnu estavam pagando (pãyn) sua iniciação trabalhando nesta roça; era intenção do chefe promover ele mesmo esta iniciação, arcando com as despesas" (1977, p.146).

Considerando novamente todo o simbolismo das aves no sistema ritual mebêngôkre, e dado que, outra vez, temos a presença de um radical *àk* ('ave') na palavra, poderíamos aventar a hipótese de que o termo *àkjêre* – designando o alimento ritual guarde um sentido etimológico de 'alimentar *aves*', 'criar aves', isto é, alimentar/criar *aqueles que se transformam em aves* no ritual e 'voam' (*metoro*, que é justamente a palavra que designa a dança cerimonial no pátio).

Na verdade, o chefe arcava com as despesas da festa no papel de coordenador das atividades e redistribuidor dos produtos do trabalho feito pelos membros da turma. Aqueles que não trabalhavam provavelmente não participariam da iniciação. Vale ressaltar a observação de Vidal a esse respeito. A autora menciona a abertura de uma grande roça coletiva, sob a coordenação do chefe, cujo objetivo era a realização de uma "festa do milho novo", em que as crianças receberiam nomes cerimoniais (1977, p.80). Um dado notável é que os filhos de indivíduos que não trabalharam nesta roça *não ficaram sem comida, mas ficaram sem nomes bonitos* (isto é, não participaram do ritual de confirmação dos nomes):

> Na festa ... cada mulher ofereceu umas espigas ao chefe da aldeia [para serem distribuídas entre os dançarinos e celebrantes ou para serem consumidas pelo chefe mesmo?], que por sua vez, formalmente, outorgava nomes cerimoniais às crianças que as mães lhe apresentavam. Uma mulher não apresentou sua filha, e, quando indaguei a respeito, os índios responderam: 'o pai dela está em Belém, não trabalhou na roça de milho'. ... tanto mãe como filha *não ficaram sem milho para comer*, indo à roça com as outras mulheres para fazer sua provisão cotidiana, isto é, a ausência do pai [ou seja, o fato de não ter trabalhado na abertura da roça] pouco afetava a vida cotidiana da esposa e da criança. *A segregação dava-se apenas ao nível ritual.* (1977, p.80, ênfases e inserções minhas)

É sempre importante observar, recuperando os argumentos de Turner (1992), que esses modos de produção material destacados por Fisher (1991) estão a serviço e só podem ser entendidos dentro do processo geral de produção de pessoas mebêngôkre. Não há outro objetivo na produção material que não seja seu consumo voltado à produção do *corpo* e da *beleza* das pessoas. No plano concreto, isso se manifesta, por exemplo, na enorme dificuldade da Funai e de outros agentes indigenistas em implementar projetos de cunho econômico (projeto agrícola, projeto pecuária), que tenham de envolver os Xikrin na produção de excedentes para troca comercial. Os servidores da Funai lamentavam, muitas vezes, que os Xikrin já haviam possuído muitas cabeças de gado na Fazenda Tepkre (na porção sul da área, que fora invadida nos anos 1980 e cuja parte foi transformada em pasto [q.v. Capítulo 4]), mas não conseguiam fazer progredir o negócio, pois, em pouco tempo, abatiam todos animais para o consumo.

Mas esses dois processos – fabricação do parentesco e transformação ritual – devem ser analiticamente distinguidos, como momentos, direções ou vetores da ação social dos povos mebêngôkre: o primeiro constituindo identidades, o segundo 'repondo' as diferenças necessárias para recomeçar o processo (Coelho de Souza, 2002). Eu adiciono que a 'reposição' dessas diferenças é mais do que uma afirmação de diferenças de tipo clânico (ou seja, diferenças entre grupos 'equistatutários'), mas constitui diferenças de valor, *beleza* e prestígio entre pessoas e entre famílias ou casas.

É necessário situar tais questões no quadro de uma discussão mais geral sobre a pessoa mebêngôkre e sua constituição. Para os não iniciados com a literatura sobre os grupos Kayapó e Xikrin, lembro que o objetivo dos grandes rituais é conferir ou confirmar, pública e coletivamente, os nomes bonitos (*idji mejx*) e as prerrogativas cerimoniais (*nêkrêjx* ou *kukràdjà*) transmitidos às crianças pelos seus 'nominadores' das categorias *ngêt* e *kwatyj* (Turner, 1966; Vidal, 1977; Lea, 1986; Verswijver, 1992). Os nomes e as prerrogativas cerimoniais pessoais são transmitidos de indivíduo a indivíduo, e de uma geração a outra, mediante uma regra fixa. Tal mecanismo de circulação vertical é muito bem documentado na etnografia dos povos Jê, bastando aqui rememorá-lo rapidamente. Um menino recebe nomes e *nêkrêjx* de um ou mais parentes masculinos da categoria *ngêt* – que inclui seus MB, MF, FF etc. Uma menina recebe nomes e *nêkrêjx* de uma ou mais parentes do sexo feminino, da categoria *kwatyj* – que inclui FZ, MM, FM etc. Em relação a esses parentes, ego de ambos os sexos (isto é, o indivíduo que recebe) está na categoria *tàbdjwö*. Em tese, as crianças só podem participar da vida cerimonial como homenageadas (sendo celebradas no ritual), desde que já tenham adquirido certa *maturação* ou consistência corporal, psíquica, comportamental, afetiva, que se expressa na capacidade de falar (*kaben*), entender (*mari*), andar (*mrãnh*) e em certo endurecimento da pele (*kà töjx*).[7]

---

[7] Ver tb. Verswijver (1992, p.74): "desde o momento que uma criança desenvolveu habilidades motoras e linguísticas básicas, ou tem *kàtyx kam* ('tem a pele dura/forte'), até a iniciação formal nas sociedades masculinas associadas ao centro da aldeia, tanto meninos quanto meninas podem ser 'honrados' [homenageados] em uma das

Para os Xikrin (e mebêngôkre em geral), o desenvolvimento afeto--corporal de uma pessoa, do nascimento à morte, pode ser visto como um processo de *'endurecimento'*, associado simultaneamente a um sistema de *'balanço sanguíneo'* e a um sistema de *'embelezamento'*. Para cada indivíduo, esse processo é constituído por uma série de transformações de várias ordens (corporal, sociológica, psíquica, metafísica), mediadas, nas diversas etapas de seu ciclo de desenvolvimento, por diferentes relações sociais – que incluem relações com seus pais ou genitores, com parentes paralelos, parentes cruzados, 'nominadores', amigos formais, afins, além de seres da natureza e da sobrenatureza, como animais e espíritos (Turner, 1966, 1979a, 1984, 1991b; Vidal, 1977; Giannini, 1991; Coelho de Souza, 2002, Caps. 8 e 9).

O feto em gestação é tido inicialmente como um volume líquido (*kangô*) e informe, cujos órgãos vão ganhando forma por meio das injeções de sêmen paterno – e, para alguns informantes, também do sangue materno. Assim é preciso inúmeras relações sexuais para formar e dar definição às partes do corpo da criança (*'i* ≈ ossos e *nhĩ* ≈ carne), seu interior (*kadjwöj*) e sua pele ou invólucro (*kà*). É somente durante esse estágio líquido ou embrionário que os pais precisam e devem manter relações sexuais. Também apenas nessa fase torna-se possível a existência de outros pais-genitores, ou genitores colaboradores (copais), que, tendo mantido relações sexuais com a mãe, contribuem com seu sêmen para a formação do corpo da criança. Uma vez que o bebê passa pelo primeiro processo de endurecimento – passagem de um estado líquido e informe para um corpo, com ossos, órgãos, interior e invólucro (fronteira), tornando-se um ser que já apresenta 'discretividade' –, nesse momento, que coincide aproximadamente com o primeiro trimestre de gestação, o sêmen deixa de ser o principal constituinte do corpo do feto,

---

muitas grandes cerimônias". Mas cf. com as informações de Cohn (2000a, p.78) sobre os Xikrin do Bacajá: "A transmissão [de] prerrogativas pode ser feita a qualquer momento da infância. Idealmente, a criança começa a acompanhar os *kwatui* ou *ngêt* quando são ainda bebês de colo, quando são carregados (*kumut* ['kumönh']); passam a ser levados, de mãos dadas (*pa amu*), até que sejam grandes o suficiente para ir sozinhos, ou seja, acompanhar sem precisar ser levados. Mas isso não acontece com todos, e vi muitos bebês de colo sendo levados pelas *kwatui* ou pelo *ngêt*".

Economia selvagem

e é preciso que sejam interrompidas as relações sexuais (as mulheres são ditas *memy uma* – 'temem e evitam [relações com] os homens'), sob o risco de prejudicar a criança ou resultar na formação de um segundo feto, gêmeo (*kra-bibo*) do primeiro.[8] A partir daí, acredita-se que o leite materno (e também ainda o sangue) será responsável pelo bom crescimento do feto. A criança encontra-se num estado pré-corpóreo, por assim dizer, e extremamente suscetível a espíritos. Note-se que, mesmo sem o contágio físico direto, o vínculo do pai com o feto permanece, pois tanto ele quanto a mãe precisam obedecer a restrições alimentares, a fim de não colocar em risco a vida da criança. Por sua vez, outro componente da pessoa, o *karõ* (alma, espírito), parece estar presente desde essa fase pós-embrionária, contido no sangue e na carne, isto é, no interior (*kadjwöj*) do corpo da criança.

Do nascimento até o desmame, a criança ainda é considerada frágil ou mole (*kà rerekre*). Depois dessa idade, andando sozinha, sendo alimentada e cuidada pelos pais, diz-se que ela já tem a pele dura (*kà töjx*), não como um adulto ou um velho, mas o suficiente para poder confirmar publicamente seus nomes e participar das cerimônias. Isso significa que ela já está 'dura' o suficiente para suportar o poder transformativo e a beleza dos grandes nomes sem correr risco de vida. Numa das primeiras descrições sobre os Mebêngôkre, Turner (1966, p.171) já observara bem o ponto. Os grandes nomes cerimoniais, isto é, os nomes belos (*idji mejx* ou *idji kati*), são perigosos e considerados *àkrê* (*idji djàkrê*), não podendo ser transmitidos para uma criança muito nova. Vanessa Lea (1986, p.116) faz uma observação semelhante, introduzindo além disso uma nota sobre gênero: "Embora alguns homens recebam nomes bonitos ... femininos, não há mulher alguma com um nome *Bemp* ou *Tàkàk* [nomes bonitos masculinos]. Talvez isso seja associado à ideia ...

---

8 Turner (1966, p.289) descreve noções semelhantes entre os Kayapó-Gorotire: "... quando a barriga fica visível e os movimentos do feto pronunciados, o marido (bem como todos os outros homens) interrompem as relações sexuais com a grávida ... ". Giannini (1991, p.143), por outro lado, afirma que "o corpo físico é constituído desde a concepção até o nascimento através do sêmen", mas não dá indicações quanto à interrupção das relações sexuais por volta do segundo trimestre de gravidez.

de que os homens são mais fortes *(tëyts) [töjx]* fisicamente que as mulheres. Neste caso não seria perigoso para homens usarem nomes femininos ... mas nomes [masculinos], se conferidos a mulheres, poderiam ser desproporcionais ao seu físico" (inserções minhas entre colchetes).

A potência, a força e a beleza desses nomes provêm de sua origem 'externa', de sua origem animal e sobrenatural.[9] O surgimento ou a descoberta dos nomes bonitos são remetidos a tempos remotos e atribuídos a heróis culturais que passaram por transformações xamânicas, e assim puderam aprender nomes de animais. Veja-se o mito recolhido por Lea (1986, p. 78-80), que é ilustrativo a esse respeito (ver Anexos). Nessa versão, ressalta-se a estrutura temática, recorrente no *corpus* narrativo mebêngôkre, da disjunção do herói com seus parentes humanos, passando por um aparentamento temporário do herói com os animais, e posterior trapaça ou rompimento (negação do vínculo) com eles, culminando no retorno do herói aos seus parentes humanos, obtendo um novo conhecimento ou bem – alienado dos animais e agora incorporado pelos humanos. Mas o modo presente de aprendizado de nomes bonitos continua ocorrendo da mesma forma que no passado mítico: é sempre necessária uma transformação xamânica que permita o contato com os animais ou outros seres da natureza, como plantas, árvores, que se apresentam, então, como pessoas aos olhos do xamã, conversam com ele e lhe ensinam nomes.[10]

Por isso, é importante a maturação e o endurecimento corporal, que tornam as pessoas aptas a entrar em contato com a potência dos nomes, sem riscos de metamorfose letal. E a maturação do corpo tem relação direta com o que denominei 'balanço sanguíneo'. De fato, a questão da proporção e da qualidade do sangue no corpo é importante até o final da vida de uma pessoa. Para Giannini (1991, p.148): "O sangue é considerado duro *(toi) [töjx]* e deve ser mantido numa quantidade certa: se o indivíduo possui pouco sangue, ele fica mole (rerek) e amarelo,

---

[9] Ver Turner, 1966; Vidal, 1977; Verswijver, 1985; Lea, 1986; Giannini, 1991; e mitos de origem dos nomes em Wilbert & Simoneau 1984, p.242-50.

[10] Ver Lea (1986, p.81), relato de Ken-my. Ver também Vidal (1977, p.109), quem inicialmente chamou atenção para este ponto.

incapaz de sustentar o karon; se possui sangue demais ele fica preguiçoso (kangare)". Mas a autora não menciona que é preciso manter também a *qualidade* certa de sangue, pois se deixar contaminar com o sangue dos outros – animais, inimigos – pode ser tão mortífero quanto a perda do próprio sangue.[11] Isso porque o sangue é o veículo e o suporte material do *karõ*, conforme mencionei anteriormente. O contato imediato com sangue exógeno implica a absorção de um *karõ* exógeno, resultando em doença e, eventualmente, morte.

As mulheres são consideradas menos duras (*töjx*) que os homens, por serem mais cheias de sangue (*tàb,* que pode ser traduzido por 'encharcado', e é justamente a mesma palavra para *cru*). Ao longo da vida, as mulheres não passam, por exemplo, por sucessivas escarificações e outros processos de endurecimento como os homens.[12] Os velhos, por sua vez, após longos anos de doação e cuidado com seus parentes (filhos e netos), estarão 'ressequidos' e com pouco sangue no corpo – eles estarão fisicamente 'fracos' (*rerekre*), mas com a pele 'seca' ou 'dura' (*töjx*). Até um momento tal que sobrevirá, por fim, o desprendimento de seu *karõ* e a morte. Mesmo assim, será preciso ainda um último ato de 'secamento' total do sangue e da carne, que se obtém pelo sepultamento – o 'cozimento' final do corpo humano, para que o *karõ* o abandone definitivamente. Restarão apenas os ossos – partes mais duras do organismo humano. De fato, como observou Turner:

> Os mortos kayapó são sepultados em túmulos que lembram o forno de terra [*ki*], e o apodrecimento das carnes do cadáver é pensado como um processo de transformação gradual da pessoa morta de sua forma social [corpórea, ou *embodied,* para usar uma expressão cara a Turner] para a forma de um fantasma [incorpórea], pura branquidão, como ossos ou cinzas. (1988, p. 203, inserções minhas em colchetes)

---

[11] Ver Carneiro da Cunha (1978) para um tratamento desta questão entre os Krahó. Ver também Coelho de Souza (2002, Cap. 10) para uma abordagem comparativa aos diversos grupos Jê.

[12] Os Xikrin consideravam meu corpo 'mole', como o das mulheres, e sugeriram diversas vezes, em tom de pilhéria, que eu deveria passar por sessões de escarificação para perder um pouco de sangue e ficar mais parecido com os homens mebêngôkre.

Isso tudo pode ser mais bem entendido com a ajuda do gráfico a seguir (Figura 7), que mostra o desenrolar do ciclo de vida, sobre dois eixos de análise. O eixo vertical refere-se aos graus corporalidade, ou melhor, 'corporificação'. O eixo horizontal refere-se ao processo de maturação corporal. Ainda que o gráfico peque pelo esquematismo, tem a vantagem de nos deixar perceber, tanto do ponto de vista sincrônico quanto diacrônico, os planos de transformação corporal envolvidos.

Destacam-se, então, dois planos no ciclo de vida de uma pessoa. O primeiro pode ser visto como um processo contínuo de amadurecimento, maturação ou endurecimento corporal, começando no estágio fetal líquido e culminando com a dissolução de todas as partes moles do organismo na morte e no sepultamento (secagem ou cozimento final do corpo), para restar apenas ossos. Simultaneamente, há um movimento de constituição e desconstituição corporal que pode ser representado por uma curva em parábola invertida. A primeira fase da vida de uma pessoa é aquela em que, a partir de um estágio informe, ela vai ganhando um corpo e, literalmente, 'encorpando'. Essa fase culmina com a

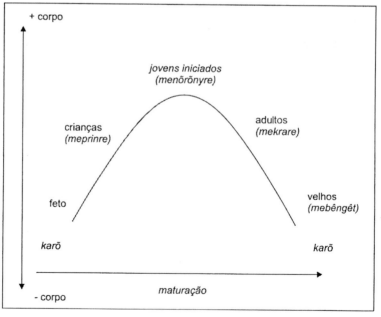

FIGURA 7 – Corporificação e maturação.

iniciação dos jovens *menõrõnyre*, que, com sua contraparte feminina (as jovens púberes e pós-púberes *mekurerere*), são o epítome do corpo mebêngôkre. Por isso, os *menõrõnyre* ocupam uma posição simbólica de destaque, são associados ao maracá e à sociedade xikrin como um todo (Vidal, 1977). Justamente porque eles são o ponto alto, o zênite, por assim dizer, da corporalidade mebêngôkre: eles são a mais perfeita tradução corporal, a forma mais plena de um corpo humano. Eles são o que há de mais corporificado e, por essa razão, também são considerados bonitos, atraentes e sexualmente desejáveis.

Contudo, isso não significa que seus corpos estejam plenamente (ma)duros. Os *menõrõnyre* não podem, por exemplo, manipular certas matérias-primas consideradas *töjx* (Silva, 2000), não podem repartir carne de caça, não podem realizar certas atividades xamânicas, sob o risco de envelhecerem rapidamente e morrerem. Se eles, de um lado, são o ápice do ideal de corpo, de outro, ainda não atingiram a maturidade e a dureza necessárias para estabelecer e operar diversos tipos de relação e ação, sobretudo quando essas relações envolvem possíveis contágios com agências não mebêngôkre (animais, espíritos, inimigos). Já os *mekrare*, adultos com filhos, são mais maduros e capazes dessas operações, porém não mais estão no auge corporal. Eles foram como que se 'excorporando' progressivamente ao longo da vida, fazendo filhos e transferindo sua substância aos filhos (e aos netos).[13] Os velhos, por seu turno, possuem maior grau de maturação e, ao mesmo tempo, maior grau de 'excorporação', estando, *ipso facto*, num estado propício às atividades xamânicas, de cura etc. (Paes, 2005, p.118).

O processo de desconstituição do corpo completa-se com o fim da vida e com a disjunção corpo-*karõ*, como descrevi há pouco. Mas, se o corpo desaparece e o *karõ* se perde, agora inútil para dar prosseguimento à produção e reprodução da vida humana (tornando-se, ao contrário,

---

13 Apesar da oposição clássica na etnografia jê entre "nominadores" x "genitores", parece haver relações de substância entre avós e netos xikrin, pois os primeiros, caso tenham uma relação de proximidade ("se gosta de verdade de *tàbdjwö*"), da mesma maneira que os pais da criança, podem obedecer a resguardos e restrições alimentares por causa dela.

uma ameaça e ela), outra coisa resta além dos ossos, a saber: os nomes, as prerrogativas e os objetos cerimoniais, que poderão continuar circulando entre os vivos e embelezando-os.[14] Voltamos, assim, às cerimônias e ao embelezamento.

As crianças homenageadas, isto é, os festejados ou honrados durante os rituais, denominam-se *mẽreremejx*.[15] A expressão é de tradução difícil, até mesmo porque há uma ambiguidade no sentido de alguns verbos, que tanto podem expressar uma ação em si (sentido predicativo), como um dos seus participantes (sentido nominal). Por exemplo, *mẽ apêjx* (*mẽ* ≈ 'eles', plural; *apêjx* ≈ 'trabalhar') pode significar igualmente 'eles trabalham', como 'os trabalhadores'. De qualquer modo, *mẽ éreremejx* exprime um sentido próximo a 'aqueles a quem se dá/outorga a beleza', 'aqueles que sairão belos [da festa]', 'aqueles que alcançam a beleza'. Verswijver (1992, p.76) afirma que o termo significa "literally 'those who show off beautifully'" [aqueles que se exibem lindamente].[16] Os pais dos celebrados são ditos *mẽkrareremejx*, aqueles cujos filhos sairão bonitos.

A importância da vinculação cerimonial para a obtenção dessa qualidade bela parece bastante clara e já foi apontada por Turner (1966), Vidal (1977), Lea (1986), Verswijver (1992), entre outros. Como observei anteriormente, citando esses autores no Capítulo 1, nomes bonitos são ditos *kajgo* (*idji mexj kajgo*), ou seja, inutilmente bonitos, falsamente bonitos – sem um verdadeiro efeito de valoração ou beleza –, se não passarem pela confirmação cerimonial.

Sem a pretensão de empreender aqui uma análise detalhada do rico e complexo sistema cerimonial mebêngôkre, quero sugerir, deixando a demonstração para outro momento, que tudo se passa como se os processos de transformação que ocorrem no ritual efetivassem a *ressubjetivação*

---

14 Com a ressalva de que os objetos e adornos propriamente ditos do morto são com ele destruídos no ato do sepultamento (enterra-se-os junto com o cadáver). Esses objetos, destruídos como *corpo*, permanecem enquanto *forma* ou enquanto *conceito*, podendo ser novamente fabricados (*ajte nhipêjx*) para as pessoas que os herdaram.

15 Termo que pode designar também uma cerimônia (cf. Vidal, 1977, p.182).

16 Salanova (s/d) dá os seguintes sinônimos para *rere*: 'largar', 'dar', 'entregar', 'alcançar', 'chegar', 'transferir', 'sacrificar', 'soltar', entre outros.

dos nomes bonitos. Não apenas dos nomes, mas de toda a parafernália cerimonial: adornos, plumas, máscaras – enfim, tudo aquilo que é pensado como apropriação de outrem e que faz sua aparição (*ami rīt* – 'mostrar-se', 'revelar-se') no ritual.[17] O ritual é o instante em que nomes e prerrogativas são reconectados a seus 'donos' originais: animais e *kubẽ*. Turner sugere que as cerimônias sejam atos coletivos destinados a socializar ou domesticar, o caráter selvagem (*"wild"*) de nomes e *nêkrêjx*, assim: "... a soma total do esforço social necessário para 'socializar' os nomes e as relíquias cerimoniais é a verdadeira fonte de sua beleza" (1991 b, Cap. III, p.37). Quero crer que se dá o inverso: o ritual é um momento em que nomes e *nêkrêjx* são novamente animalizados (reafirma-se sua qualidade *àkrê*) e é isso que os faz *verdadeiramente* bonitos e não apenas *inutilmente* (*kajgo*) bonitos.

Certamente, essa 'animalização ritual' visa no fim das contas à *distinção* entre humanos (mebêngôkre) e animais, e entre mebêngôkre e *kubẽ* – afinal o ritual está ali para contar como, justamente, animais (e *kubẽ*) *foram* os 'donos' desses itens no tempo pretérito, tendo-os perdido para os Mebêngôkre, seus 'donos' no tempo presente. Se é nesse sentido que Turner entende 'socialização/domesticação' – como "internalização do potencial relacional infinito detido pela exterioridade natural" (Viveiros de Castro, 2000, p.454) –, então concordo com ele.

Essa ressubjetivação se dá na medida em que os celebrados (e também os celebrantes, que não estão ali recebendo nomes, mas se adornam, desempenham certas funções, papéis e se transformam de diversos modos) tornam-se aqueles *de quem capturaram* nomes e *nêkrêjx* (Turner s/d, p.18-9). Tornam-se aves e onças, tornam-se peixes, tatus e macacos, mas tornam-se igualmente *kubẽ*, de quem se apropriaram de cantos (que entoam em alguns ritos), de artefatos e adornos (que portam e com os quais recobrem o corpo durante as cerimônias). Turner aponta que nos momentos rituais:

> A praça central da aldeia fica repleta de seres cobertos de penas, dentes e garras de animais [mas também adornos e itens tomados a outros

---

17 Onde *ami* ≈ reflexivo; *rīt* ≈ v. enxergar, ver, observar, mostrar, estar visível.

povos] e pinturas representando espécies de bicho, pássaros ou peixes, executando passos de dança e canções que foram aprendidas desses e de outros seres 'naturais' [mas também aprendidos de outros povos, *kubê*]), e muitas vezes, ainda, ditas em primeira pessoa, como se o autor animal ou peixe dos versos, estivesse ele mesmo ali, cantando. (s/d, p.18)

Mudança de perspectiva que não deixa de evocar as análises de Viveiros de Castro sobre as canções de guerra araweté, "onde o matador--cantador, por meio de um jogo pronominal, fala de si mesmo do ponto de vista enunciativo de seu inimigo morto" (2002a, p.462).

Além disso, de certa maneira, os celebrados tornam-se, ao mesmo tempo, aqueles *que capturaram* nomes e *nêkrêjx* – seus antigos parentes (*metumre* ≈ 'velhos ancestrais'), de quem estão herdando esses itens que permitem o embelezamento, por meio de seus nominadores (*ngêt* e *kwatyj*) que, por sua vez, as receberam de outros nominadores, numa linha de epônimos e portadores de direitos cerimoniais ancestrais.[18] Múltiplas transformações ocorrem, múltiplos tempos e espaços – "domínios cósmicos", no dizer de Giannini (1991) – estão ali presentes. Até os espíritos descarnados *mekarõ*, os mortos mebêngôkre, voltam à aldeia para testemunhar tal condensação cósmica.

Em recente reanálise comparativa da etnografia dos povos Jê, Coelho de Souza sugeriu que o sistema cerimonial desses grupos visa a possibilitar metamorfoses. Para ela, as transformações rituais permitem remontar

> ... a um regime em que as diferenças em que reside o potencial transformativo mobilizado e consumido na construção dos corpos singulares e coletivos de que se faz a socialidade própria dos Humanos [ou seja, no processo de 'fabricação' do parentesco] são elas mesmas afirmadas, isto é, afirmadas enquanto diferenças outra vez 'internas', por exemplo a esses homens-pássaro que dançam na praça – ao invés de serem externa-

---

18 Lea (2001) já demonstrou como os Mebêngôkre fragmentam a transmissão de nomes e *nêkrêjx* de modo que nenhuma pessoa seja exatamente uma cópia ("clone") da outra no que toca a esses aspectos, pois isso poderia implicar um ataque do espírito (*karõ*) – proprietário original e ancestral –, que se sentiria afrontado ou roubado. Quando um indivíduo possui uma prerrogativa cerimonial exclusiva e única, seus parentes precisam tomar certas precauções durante o ato ritual para que um detentor original (já morto, isto é, *karõ*) do direito não venha atacá-lo (Lea, 1986, p.273, 2001, p.18).

lizadas e fixadas nas formas distintivamente humanas fabricadas pelo processo de aparentamento que faz de cada pessoa o objeto e o produto de determinadas relações. É a isso que corresponde, sugiro, a reafirmação ritual das diferenças 'clânicas' (diferenças de nome) – diferenças que distinguem coletivos humanos entre si mas associam-nos simultaneamente a não humanos. (2002, p.348, inserções minhas entre colchetes)

Mas a autora observa também que "há diferenças importantes entre as onomásticas jê, ... [por exemplo], a importância de suas funções classificatórias, enquanto base para a constituição de categorias e grupos sociais importantes. Tais funções são óbvias no caso dos Timbira, Apinayé e Suyá. O são menos nos Kayapó ..." (2002, p.573).

Considerando as particularidades do sistema cerimonial mebêngôkre, proponho uma interpretação cuja ênfase recaia mais nos aspectos sacrificais do ritual e menos em seus aspectos totêmicos. Talvez, seja produtivo aproximar ou adaptar o ritual mebêngôkre ao esquema do sacrifício proposto por Viveiros de Castro para o canibalismo araweté e tupinambá (1986a) e retomado, recentemente, em uma discussão sobre o xamanismo (2002a). Neste artigo, o autor recupera seu percurso e a proposição, inspirada em Lévi-Strauss (particularmente na dissolução do totemismo, realizada pelo antropólogo francês em *O totemismo hoje*), de que se trate o fenômeno sacrifical não como uma instituição religiosa, mas como um esquema genérico de relação entre termos cuja cristalização em determinadas formas – homens e deuses, por exemplo – seja contingencial. Segundo Viveiros de Castro, o esquema genérico do sacrifício no caso das cosmologias amazônicas é o *perspectivismo*.

No trabalho anterior (1986a), Viveiros de Castro havia tomado o canibalismo divino araweté como uma transformação do canibalismo guerreiro tupinambá. Assim:

> O ponto crucial do argumento era que as divindades [araweté] ocupavam o lugar que, no rito tupinambá, era ocupado pelo grupo em função de *sujeito* [do sacrifício] – o grupo do matador, que devorava o cativo –, ao passo que o lugar de *objeto* do sacrifício, o cativo do rito tupinambá, era ocupado pelos mortos araweté. Os viventes araweté, por fim, ocupariam o lugar de *cossujeito* que nos Tupinambá era ocupado pelo grupo inimigo, aquele de onde a vítima era extraída. (Viveiros de Castro, 2002a, p.461)

Pois bem, se, conforme sustento, a predação mebêngôkre não é uma predação canibal, se ela não se destina a devorar efetivamente inimigos (como os Tupi), ou mortos (como os deuses araweté), mas é uma predação que captura partes objetivadas de outros seres do cosmo (animais ou *kubẽ* – expressões estéticas e técnicas –, tais como nomes, cantos, adornos, objetos, então, qual seria o equivalente mebêngôkre do rito canibal tupinambá ou do canibalismo escatológico araweté? Esse equivalente parece-me ser justamente a confirmação cerimonial – *o consumo* – de *nomes* e *nêkrêjx*.

Se o ritual de confirmação onomástica pode ser visto como um sacrifício, é possível levar adiante a hipótese, por meio de um exercício analítico. De maneira esquemática e valendo-me das posições sacrificais destacadas por Viveiros de Castro (2002a, p.461), sugiro que o *sujeito* do sacrifício (isto é, do ritual de confirmação) são aqueles que passam pelo processo de embelezamento: os nominados ou celebrados, isto é, os que resultarão belos – *mẽreremejx*. O *objeto* do sacrifício, aquilo que é consumido ritualmente, não é nenhum cativo ou vítima, mas só podem ser os nomes e *nêkrêjx* que foram apropriados de não humanos (*cossujeitos* do sacrifício), quer em tempos míticos, quer em tempos históricos. Ressubjetivados, nomes e *nêkrêjx* são, então, incorporados nos indivíduos celebrados (e no corpo coletivo), passando a compor uma parte bela ou um aspecto belo de sua própria pessoa, e da humanidade mebêngôkre em geral.

Essa incorporação pode ser vista como um *consumo* de nomes e *nêkrêjx*, pois eles passam a ser reconhecidos coletivamente como parte dos indivíduos que os portam, não podendo circular irrestritamente – a circulação indevida será considerada um roubo. Assim como seus avós (*ngêt/kwatyj*), essas pessoas terão o privilégio de retransmitir em ocasião futura, quando já tiverem estabelecido outras tantas relações (casamento, procriação, possuírem sobrinhos/netos etc.).

Para que o objeto do sacrifício permita a mudança da condição da pessoa, que se extrai verdadeiramente bela do processo, é necessária sua ressubjetivação, é necessário que esses objetos ganhem vida e sejam reconectados à sua origem. Isso é alcançado pelas transformações rituais por que passam todos os participantes do ritual: celebrados e também os outros celebrantes – transformações que, por sua vez, requerem os signos da relação com o Outro que foi estabelecida seja pela mediação xamânica, seja pela mediação guerreira, em outras palavras, os *nêkrêjx* dos celebrantes. As penas e os ovos de pássaro, os dentes de onça, as pinturas, os pedaços de concha são necessários para metamorfosear os mebêngôkre em pássaro, peixe, onça. Simultaneamente, executando os passos de dança e os cantos de pássaro, peixe e onça, os mebêngôkre metamorfoseiam (ressubjetivam) os nomes, os adornos e as próprias palavras que outrora foram extraídas desses seres e, agora, são parte da humanidade mebêngôkre, de modo que eles revivam novamente em todas suas qualidades poderosas e belas, vestígios do tempo das origens, do tempo pretérito.

O ritual é um momento de ressubjetivação, de mudança controlada de perspectivas, no qual, por meio dos signos da relação com o Outro, os Mebêngôkre tornam-se ritualmente esses Outros (e os Outros tornam-se Mebêngôkre), permitindo que os celebrados e o corpo coletivo extraiam-se belos do processo. E é também, ao mesmo tempo, um momento de *objetivação máxima* de todas as relações sociais, presentes e pretéritas, que puderam propiciar o próprio momento ritual: tanto as relações internas, isto é, entre parentes e gente mebêngôkre (das quais os celebrados, seus nomes e *nêkrêjx* são objetivações – no papel de filhos reais, filhos *ka'àk*, nominados e amigos formais), quanto as relações externas, isto é, relação de captura entre gente mebêngôkre e outros tipos de gente, animais ou *kubē* (das quais os nomes e *nêkrêjx* são objetivações).

Reitero que uma particularidade do sistema é que não basta ter recebido os nomes e *nêkrêjx* de determinados parentes cruzados (*ngêt* e *kwatyj*) – que mediam as relações externas dos nominados com os Outros (por meio de suas próprias relações com esses Outros – pela guerra ou pelo xamanismo –, ou de suas relações com ancestrais que com esses Outros mantiveram relações). É preciso ser capaz de criar as condições materiais – basicamente, o alimento ritual – que irão permitir a realização da própria cerimônia, sem a qual não se faz verdadeiramente belo. Em certa medida, é possível dizer que os rituais mebêngôkre, mesmo sendo atividades coletivas, possuem um caráter privado do ponto de vista da sua elaboração. Eles precisam ser patrocinados pelos *mēkrareremejx*, quer dizer, por aqueles que pretendem tornar seus filhos belos.

Assim, as etnografias registram que, no passado, as famílias despendiam grande esforço produtivo para promoverem as cerimônias de nominação de seus filhos, agenciando as relações de parentesco putativo (*ka'àk*) com o intuito de prover o alimento ritual necessário à organização das festas, e garantir às crianças a condição de *mẽ mejx*. Segundo Vanessa Lea (1986, p.162), um casal conseguia realizar, em média, *apenas duas* cerimônias de nominação para seus filhos ao longo da vida. Isso motivava também os avós corresidentes das crianças a desempenhar o papel que caberia aos *mẽkrareremex*, ajudando no pagamento das festas de seus netos. Os Xikrin diziam a Vidal, com dramaticidade (e suspeito que com uma ponta de orgulho), que quando faziam uma cerimônia de nominação Bep "a mãe dos meninos Bep ficava muito magra de tanto trabalhar" (1977, p.111). Vidal observa ainda que era essencial que os pais dos celebrados fossem capazes de produzir víveres para alimentar a aldeia durante todo o período cerimonial. Se isso não acontecia, a festa era considerada ilegítima (*kajgo*), resultando, em consequência, em nomes falsamente bonitos (*idji mejx kajgo*).

E prosseguia:

> O fornecimento de víveres era um dos aspectos mais importantes da cerimônia. Este era o momento em que a criança aprendia todo o significado da categoria *bam* e *nã*, que incluía todos aqueles indivíduos que se interessavam suficientemente por ela para ajudá-la a passar da classe *mekakrit* (gente comum) para a classe de pessoas portadoras de nomes cerimoniais, *me mei*. (ibidem, p.112)

O problema é que nem todos conseguiam fazê-lo. Turner foi o primeiro a observar que, entre os Kayapó-Gorotire, não eram todas as crianças que passavam pela festa de nominação, uma vez que nem todos os pais tinham "a energia necessária ou as conexões de parentesco extenso suficientes para mobilizar o trabalho e a produção de alimento, cuja provisão é de responsabilidade dos pais enquanto patrocinadores das cerimônias de nominação" (1966, p.173, grifo meu). Verswijver (1992, p.78) notava que, em 1980, apenas 28% dos adultos mekrãnoti haviam participado de cerimônias de nominação, tornando-se *mẽ mejx*.

Pelas informações de Turner, a questão não se limitava à confirmação dos nomes, mas influía também na iniciação dos rapazes (passagem para a categoria *menõrõny*). Ao descrever uma cerimônia *mẽ in tyk* (iniciação) entre os Gorotire, o autor observava que nem todos os *meôkre* (categoria de idade dos iniciandos) eram capazes de finalizar o rito da maneira correta (1966, p.242). Órfãos ou meninos cujos parentes consanguíneos e adotivos (*ka'àk*) eram pouco numerosos, pouco ativos, ou não eram prestigiosos o suficiente para sustentar a quantidade de comida necessária, não conseguiam realizar devidamente a iniciação e tinham que passar por procedimentos diferentes dos outros que a completavam de maneira adequada. A situação era embaraçosa, pois se considerava vergonhoso e indesejado ser iniciado dessa forma. Turner, porém, minorava a questão, comentando: "disso não resulta nenhuma incapacidade social [*"social disability"*] para os meninos implicados" (ibidem). É provável que não resultasse em nenhuma "incapacidade social", mas poderíamos perguntar, ao contrário, se o fato de ter realizado a iniciação da maneira correta não resultaria em alguma capacidade social ou em *mais* capacidade, isto é, em alguma capacidade *diferencial*?

O ponto a destacar é que o sistema cerimonial cria (ou criava), com efeito, uma divisão interna às comunidades mebêngôkre, expressa explicitamente no discurso dos índios: uma diferença entre pessoas bonitas (*mẽ mejx*) e pessoas comuns (*mẽ kakrit*), ou ainda, entre pessoas verdadeiramente bonitas e aquelas que eram bonitas mas de maneira apenas estéril (*kajgo*). Autores como Turner e Verswijver tenderam a minimizar a importância dessa diferença, tanto no contexto ritual propriamente, quanto para além dele. O primeiro, por exemplo, escreve: "pessoas bonitas não têm prerrogativas políticas ou, sociais fora do contexto ritual, e não é necessário possuir nomes bonitos para se tornar chefe" (1984, p.358). Verswijver, por seu turno, comenta, no mesmo tom:

> Ser *mẽ mejx* traz prestígio ritual e denota a afirmação simbólica das relações rituais estabelecidas, ativadas ou confirmadas. A distinção entre *mẽ mejx* e *mẽ kakrit* não tem impacto sobre as relações sociais cotidianas, mas é, isso sim, a expressão do apoio econômico que os pais da criança patrocinadores da cerimônia – e seus *siblings* paralelos demonstraram dar, ao lado das expressões entre a pessoa e seus avós e parentes cruzados [nominadores]. (1992, p.79)

Considerando toda a importância moral e estética contida no conceito de *mejx*, que procurei destacar (que se evidencia na associação de *mejx* com *àkrê* – visto que nomes bonitos são também *àkrê*), e considerando o grande esforço produtivo despendido pelos pais e parentes, custa-me crer que a diferença entre gente belalboa (*mẽ mejx*) e gente comum/ vulgar (*mẽ kakrit*) não tenha alguma expressão política e cotidiana. É possível que as descrições de Turner e Verswijver reflitam uma diferença etnográfica entre os Xikrin e os outros Kayapó. Mas a questão parece ir um pouco além. Discorrendo sobre a chefia e a escolha dos indivíduos que iriam ocupar a posição de *ngôkõnbàri* (dono do maracá) entre os Xikrin, por exemplo, Vidal faz uma observação muito importante:

> De modo geral, o ngô-kon-bori deverá saber corresponder aos valores reconhecidos como ideais para um homem ... ser solícito e possuidor de qualidades físicas e psicológicas que o predisponham a assumir essa função. Por outro lado, é preciso não subestimar a *influência indireta de sua parentela, as funções de prestígio de seu pai, ou pais classificatórios, o número de seus i-ngêt* e krobdjuo (amigos formais), *o fato de ele ter herdado funções rituais*, etc. (1977, p.133, grifo meu)

Nitidamente, portanto, a divisão entre pessoas belas e comuns (pessoas com nomes confirmados e pessoas sem nomes confirmados) tinha um rebatimento político entre os Xikrin, já que estava associada a parentelas fortes, laços *ka'àk* reconhecidos etc., *relações essas que estavam na base também da escolha de determinadas posições de liderança*. Há uma conjunção de diversos aspectos a constituir aquelas pessoas consideradas plenas de "capacidade social" (para usar a expressão de Turner), isto é, os *mẽ mejx*, a 'boa gente'. Eles são pessoas com parentelas fortes ou grandes, cuja importante capacidade produtiva assegura-lhes participação nas cerimônias, confirmação dos nomes cerimoniais, aprendizado de suas prerrogativas cerimoniais (*nêkrêjx* e *kukràdjà*), aquisição de *status*, posições de prestígio, funções de chefia e... atualmente, concentração de salários.

Por isso, quando eu perguntava aos Xikrin "o que era ser rico, antigamente, antes do *kubẽ* e do dinheiro" – já que eles diziam que, hoje, os chefes eram ricos por terem dinheiro e muitas coisas –, eles me respondiam igualmente que "rico era quem 'tinha muitas coisas' (*nhõ mõja kumejx*), quem tinha sempre muita comida em casa, roça grande, muita carne". E os pobres eram aqueles que *"não tinham pai nem mãe (mẽ õmbikwa kêt, mẽ bãm kêt)*, não tinham gente para ajudar a fazer roça grande (*puru ngrire bit ne ari karê*), tinham que ficar pedindo para comer na casa dos outros (*ari 'wü mẽ'õ ari kumã möja õ ngã*), eram fracos para caçar (*mry bin kêt)"* [ênfase minha].

Ora, considerando que um aspecto do sistema cerimonial está ancorado, precisamente, na capacidade produtiva para prover os alimentos da festa, parece-me certo que tais pessoas 'ricas' – cuja riqueza se apoiava no fato de terem *parentes* – estariam numa posição extremamente mais favorável para tornarem-se também as pessoas cerimonialmente bonitas, ter os nomes confirmados, e aprender (além de poderem 'pagar' por esse aprendizado) prerrogativas e conhecimentos rituais (*kukràdjà*). Com isso, vão adquirindo prestígio, conhecimentos e condições de ocupar posições de destaque e chefia – que, outra vez, lhes assegura uma condição produtiva favorável, e assim sucessivamente.

Gente de parentela muito pequena ou fraca ('pobres'), ao contrário, não teria a mesma capacidade produtiva, não lhes sendo possível confirmar nomes cerimoniais e prerrogativas, o que resulta num *status* social mais baixo e vice-versa. Percebe-se, logo, que tal condição – "precisam pedir comida" etc. – abre uma brecha para que essas pessoas possam ser vistas mais facilmente como invejosos, ciumentos e, por conseguinte, feiticeiros (*mẽ udjy kam*). Arriscando-se a ser acusados de feiticeiros e não possuindo muitos parentes que os possam defender, o destino de alguns deles pode bem ser a expulsão da aldeia, como exemplifiquei no Capítulo 7.

Vanessa Lea havia mencionado também que, entre os Kayapó-Metyktire, pessoas *órfãs* eram vistas como potenciais 'ladrões' de nomes bonitos. Assim:

> Várias pessoas explicaram-me ser os órfãos que roubam nomes porque não sabem quais pertencem à sua Casa. Esta afirmação não deve ser tomada ao pé da letra. Para os Kayapó, a categoria 'órfão' é uma metáfora para infortunado, a antítese da pessoa ideal, caracterizada como homens e mulheres 'bonitos', com nomes confirmados cerimonialmente, um *status* que atesta o apoio de uma parentela numerosa. (1986, p.179)

A questão poderia ter ainda outro efeito "nas relações sociais cotidianas". Algumas mulheres *kakrit,* condição que testificava sua fraca parentela, estavam mais sujeitas a passar pelo coito coletivo e/ou de se tornarem mães sem marido, precisando depender da boa vontade alheia. Atualmente, no Cateté, dos poucos casos de coito coletivo de que tive notícia – em geral, praticados contra mulheres solteiras (*mẽ kuprõ*) –, todos estavam relacionados a moças órfãs, filhas de mãe solteira ou sem pai reconhecido, filhas de pessoas de baixo prestígio ou marginalmente integradas à vida comunitária. Enfim, gente que não forma o núcleo forte da comunidade, não figurando entre os *mẽ mejx* ou entre os *mẽ rajx*.

Turner mesmo (1966, p.174) havia registrado uma conotação francamente negativa associada às pessoas ditas *kakrit* entre os Gorotire. Diziam que essas pessoas "comem qualquer coisa atirada diretamente no fogo, ainda com couro ou penas", manifestando assim uma espécie de animalidade latente, que reforça sua associação à feitiçaria. Existe sempre a desconfiança de que essas pessoas possam ter inveja, cobiça e lançar malefícios sobre os mais afortunados. Portanto, também entre os Gorotire, muito provavelmente, elas não ocupavam (ocupam) as posições de chefia.

Cabe registrar a natureza simultaneamente política e cerimonial da chefia entre os Mebêngôkre, pelo menos, no plano ideal. Entre as qualidades dos chefes kayapó arroladas por Verswijver (1992, p.68-70), estão: ser conhecedor de um tipo especial de cantos denominado *ben* (que é uma função cerimonial herdada de um *ngêt*);[19] deter conhecimentos culturais (*kukràdjà*), incluindo-se conhecimentos de cura (*pidjö mari*); ter boa capacidade oratória (*kaben mejx*); ser destemido e valente (*àkrê*); ser generoso (*õ djàj*). Todas essas qualidades dependem, de modos distintos, do apoio de uma parentela forte e cuidadosa (parentes próximos, parentes *ka'àk,* e parentes cruzados) que tenha despendido energia para garantir à pessoa, ao mesmo tempo, certo estado afetivo-corporal adequado e uma vinculação cerimonial (beleza) inequívoca. Inversamente, a debilidade do apoio da parentela que as pessoas *kakrit* demonstram,

---

19 Daí *benadwörö* (≈ chefe), isto é, 'dono do *ben*', aquele que 'coloca' o *ben* (*ben dji*, onde *dji* ≈ 'colocar', 'pôr').

associada à sua pouca beleza (desvinculação cerimonial), torna-as pouco habilitadas a ocupar funções de chefia e, além disso, mais sujeitas a ser derrotadas em disputas ou conflitos internos.

Para evitar mal-entendidos e não substituir uma visão de uma sociedade absolutamente igualitária, por uma visão de uma sociedade altamente hierarquizada, é preciso deixar claro que, nestes últimos parágrafos, abordei casos-limite. A grande maioria das pessoas em uma aldeia mebêngôkre cai numa posição mediana: não são nem chefes, nem 'pobres' ou 'marginais'. Meu objetivo, nessa discussão, é o de enfatizar aquilo que outros etnógrafos deixaram de lado, a saber, a estreita conexão entre 'beleza' (cerimonial),[20] 'riqueza' (nos termos xikrin: muita comida, roça grande e caça), parentesco, sustentação política e chefia. A equação é: mais parentes, mais riqueza, mais beleza, mais agência. Essas coisas andam juntas na socialidade mebêngôkre.

Volto, então, à descrição do consumo xikrin atual, retomando a questão das mercadorias e sua utilização no contexto da produção ritual. Ora, a introdução das mercadorias vem tendo o efeito de facilitar os meios que propiciam a atividade cerimonial xikrin e, por isso, de ampliá-la. Mais uma vez, a atuação dos chefes como mediadores no sistema de obtenção de produtos industrializados ocupa um papel central. Hoje, o *input* de alimentos industrializados, os insumos de diversos tipos e outras facilidades que os chefes são capazes de conseguir por meio de sua coordenação política desoneram bastante as famílias dos nominados, amplificando o número de pessoas que podem participar das cerimônias e ter seus nomes confirmados.

Com mais ferramentas, armas, munição e outros implementos tais como motosserras ou, até mesmo, a contratação de trabalhadores brancos para realizar, mediante pagamento em dinheiro, a abertura das roças (não apenas as roças grandes, mas também as roças particulares),

---

20 E, num outro plano, também a beleza *física*, pois essa depende igualmente de um adequado cuidado dos parentes, e de toda uma série de procedimentos de produção corporal levada a cabo por eles durante o ciclo de desenvolvimento de um indivíduo.

mais famílias podem produzir mais alimentos para as festas. Os alimentos rituais consistem primordialmente no tradicional bolo de farinha de mandioca (*djwö kupu*) recheado de carne de caça ou peixe, assado no forno de pedra, caças menores como jabuti, além de bananas, milho e outros cultivares. Por isso, além do trabalho na roça e do preparo da mandioca (a cargo das "mães" dos nominados), as cerimônias são sempre antecedidas de caçadas coletivas, nas quais os "pais" dos nominados se empenham para conseguir o máximo abate. Hoje, aproveitando a existência de novas estradas que cortam a área, os chefes podem articular o deslocamento dos caçadores, em caminhões e veículos, para determinadas zonas distantes da aldeia e ainda pouco exploradas, de modo que os "pais" das crianças celebradas consigam uma ótima quantidade de caça, especialmente a mais apreciada, tais como ungulados, jabutis etc.

Os Xikrin costumam adquirir ainda, nos períodos cerimoniais, mercadorias voltadas para a fabricação dos adornos plumários e enfeites: linhas de algodão e náilon (para tecer os enfeites), por exemplo, que são distribuídas pelos chefes de turma, como descrevi anteriormente. Outros materiais industrializados podem ser usados na ornamentação como substitutos de matérias-primas difíceis de obter. Por exemplo, substituição de plaquinhas de nácar, que constituem o colar chamado *ngàp*, por plaquinhas de latão; troca da casca de ovo de azulona (*Tinamus tao*), *atoroti ngre*, usada para adornar o rosto, por lanugem sintética azul. As miçangas plásticas (*angà*) têm o maior destaque. Cotidianamente, mas sobretudo nas vésperas de cerimônias, obter miçangas coloridas é uma verdadeira obsessão feminina (as mulheres são as especialistas na feitura dos enfeites de miçanga). No entanto, as miçangas são mais difíceis de serem obtidas. Nos períodos que passei com os Xikrin, as únicas distribuições coletivas de miçangas a que assisti não tiveram relação alguma com as compras mensais comunitárias, nem foram adquiridas com recursos do Convênio, mas por intermédio de alguns dos pesquisadores. Apesar de difundidas, as miçangas parecem fazer parte do que chamo de 'consumo diferencial', do qual tratarei logo adiante.

Há aqui uma observação a fazer. Mencionei, anteriormente, a pouca atenção dada pelos Xikrin à conservação dos objetos industrializados de uso cotidiano. Existe uma diferença na forma como são tratados os objetos e adornos de uso cerimonial. Esses são conservados e devem ser guardados após as festas. Isso vale tanto para as miçangas, que são cuidadosamente mantidas dentro de malas ou sacos plásticos, quanto para os artefatos plumários (ou para o estoque de plumas), igualmente acondicionados em recipientes plásticos e mantidos dentro de casa.

Na ocasião dos rituais, podem ser compradas também vestimentas para os dançarinos, como *shorts* masculinos – geralmente em diversas cores para distinguir as categorias de idade – e calcinhas para as mulheres. As lideranças ficam encarregadas de obter gravadores e fitas cassete, além de máquinas fotográficas e filmes, e recentemente câmeras de vídeo digital, para registrar as cerimônias. Os interessados podem se reunir posteriormente, ou durante as fases de ensaio, para escutar e memorizar trechos das canções cerimoniais. Normalmente, os chefes colocam as fotos à disposição dos retratados, que as penduram na parede de casa, e promovem sessões de vídeo, reunindo suas respectivas turmas para reverem as danças e festividades realizadas.

Os chefes podem contribuir diretamente – com recursos próprios, ou lançando mão da Verba Mensal – para a aquisição de bebidas, refresco em pó, caixas de refrigerante, centenas de pães e pacotes de biscoito, que suplementam a comida ritual, notadamente nos períodos de ensaio que antecedem o grande encerramento (*ami a prãm*). Porém, é muito comum que eles se mobilizem perante o pessoal da CVRD (ou perante a equipe do ISA, quando ainda funcionava o Projeto Kaben Djuoi), a quem convidam para assistir à festa, na tentativa de conseguirem doações. Trata-se, quase sempre, de recursos para a compra de bois ou carne de gado (mas, eventualmente, miçangas e outras mercadorias).[21] Em uma nova versão da caçada cerimonial, os homens divertem-se partindo no caminhão da comunidade com destino à cidade de Água Azul, por exemplo, para comprar bois ou carne bovina já retalhada nos abatedouros da cidade, que será assada e consumida como alimento ritual.

Além disso, as trocas cerimoniais entre as turmas masculinas, que descrevi no Capítulo 5, podem ser feitas com base em alimentos indus-

---

21 Como disse, eu nunca assisti a uma compra comunitária de miçangas, mas os Xikrin afirmaram que podem eventualmente solicitá-las à CVRD.

trializados, em vez de produtos silvestres ou caça. Assisti a uma troca na aldeia Djudjêkô, em que os mais velhos, depois de receberem uma oferta de peixe e açaí do grupo de jovens, retribuíram com uma dúzia de frangos congelados, além de umas dez garrafas (de 2 litros) de refrigerante. Os exemplos se sucedem, e não se faz necessária uma exposição muito minuciosa.

De maneira geral, portanto, e apesar de não dispor de dados comparativos totalmente confiáveis, creio ser possível afirmar que a incorporação de mercadorias no sistema ritual vem permitindo um *aumento significativo do número de celebrados*. Giannini (1991, p.108) já fez algumas considerações sobre a intensificação da vida cerimonial xikrin, a partir do final dos anos 1980. Certamente, a retomada ou incremento da vida ritual é um fenômeno que decorre de muitos fatores, entre os quais o aumento demográfico do grupo nas últimas décadas, como apontou a autora. No entanto, acredito que a maior disponibilidade de mercadorias cumpre um papel importante.

Descrevendo a situação entre os Mekrãnoti, Verswijver também havia notado um crescimento no número de celebrados, depois do contato pacífico com os brancos, e destacava a tendência de que mais pessoas se tornassem *mẽ mejx*:

> há atualmente uma relativa tendência de que mais pessoas tornem-se *mẽ mejx*. Isso se deve não apenas ao fato de que as cerimônias vêm sendo realizadas mais regularmente do que em diversas fases pré-contato, mas também porque o número de crianças homenageadas em cada cerimônia é mais alto. (1992, p.78)

Durante o período de 1924-1968, ainda citando dados de Verswijver, os Mekrãnoti realizaram em média 1,2 cerimônia de nominação por ano, ao passo que, no período de 1968-1980, essa taxa subiu para 1,7. No entanto, mais significativo foi o aumento do número de crianças celebradas, que passou de uma média de três crianças/ano no período 1924-1968 para sete crianças/ano no período 1968-1980. E isso apesar de as aldeias mekrãnoti terem sido, nesse período recente, menos populosas que antes do contato. Parece-me, então, que o aumento na capacidade de celebrar as crianças é resultado da maior capacidade de incorporar e acumular recursos e mercadorias dos brancos, por intermédio dos chefes, promovendo assim uma facilitação da produção dos meios necessários à realização dos rituais.

Entre os Xikrin, pude verificar números altos nos rituais de nominação que presenciei nos anos de 1998 a 2002. Em agosto de 1999, eles realizaram uma cerimônia de nominação *Bep*, na qual pude anotar pelo menos 22 casas participantes. Isto é, 22 famílias puderam confirmar os nomes de, ao menos, um de seus filhos. Em algumas famílias, mais de um menino *Bep* foi nominado. Confrontem-se tais números com a descrição de Turner, por exemplo, que, em 1963, assistiu a uma cerimônia *Bep* entre os Gorotire para apenas cinco meninos (1966, p.169).

No mesmo mês, concomitante com o período do *Bep*, os Xikrin realizaram a cerimônia de nominação das meninas *Pãjnh* durante um ritual denominado *Ngôre,* festa do timbó, que transcorre na floresta. Eu havia acabado de chegar a campo e me desloquei diretamente para o acampamento no dia seguinte, de modo que não consegui coletar as informações com grande precisão, chegando já em meio à cerimônia. De qualquer modo, pude averiguar, com auxílio dos índios e de registros fotográficos, que pelo menos quinze meninas foram festejadas na ocasião. No mês seguinte do mesmo ano, os Xikrin realizaram a cerimônia de nominação das *Be-kwöj*, quando meninas de dezesseis casas foram celebradas, totalizando pouco mais de vinte meninas, o que incluía desde as pequenas (de aproximadamente dois anos) a adolescentes *kurerere* (de aproximadamente quinze anos).

Em 2000, no mês de junho, celebraram um ritual de nominação *Tàkàk-Nhàk*, em que meninos de outras quatro casas foram celebrados, assim como algumas meninas, que não consegui determinar. Os nomes masculino *Tàkàk* e feminino *Nhàk* são relacionados (assim como *Bep* e *Be-kwöj*), e sua confirmação realiza-se conjuntamente na cerimônia. No entanto, as cerimônias podem ser partidas, e, em dois casos, realizou-se apenas o trecho correspondente ao *Tàkàk*. Não sei se a parte correspondente ao *Nhàk* pode ser feita separadamente, mas isso pode ocorrer com o *Tàkàk*, conforme presenciei. Dois anos antes, em 1998, haviam executado um rápido *Tàkàk*, no qual meninos de seis casas passaram pela confirmação. Em 2002, os Xikrin me disseram que se realizara um outro

Tàkàk, simultaneamente, nas duas aldeias, Cateté e Djudjêkô. Ou seja, a cada dois anos os Xikrin vêm fazendo um ritual *Tàkàk*. Note-se ainda que, pela genealogia que coletei, parece haver menos nomes *Tàkàk* do que *Bep* entre os Xikrin.[22] Recorro também aos dados de Giannini (1991, p.108), que observou, em 1988, vinte meninos iniciados à categoria *menõrõny*; três meninos nominados no *Tàkàk* e quinze meninas no *Nhàk*; além de dez meninos *Bep* no ano seguinte.

Entretanto, é provável que as festas "inespecíficas" de nominação, como chamou Lea (1986), tenham menos crianças celebradas, uma vez que as cerimônias específicas vêm ocorrendo mais constantemente e com mais celebrados. Cerimônias "inespecíficas" são aquelas que não se destinam a confirmar apenas uma classe particular de nomes, como as cerimônias *Bep*, *Tàkàk e Nhàk*, e *Pãjnh*, por exemplo, mas servem à confirmação genérica de qualquer desses nomes. Algumas dessas cerimônias inespecíficas foram incorporadas de outros grupos indígenas em períodos relativamente recentes da história mebêngôkre, como é o caso da festa *kwörö kangô*, aprendida dos Juruna. Em 1998, os Xikrin realizaram uma cerimônia *kwörö kangô* com apenas quatro patrocinadores (*mékrareremejx*). No entanto, não posso confirmá-lo, além de haver dados contrários. Em 1999, no Djudjêkô, os Xikrin realizaram uma cerimônia da Máscara de Palha (*Bô kadjy metóro*), em que meninas de quinze casas foram homenageadas.

Em virtude desse incremento no número de celebrados é que a distinção entre nomes bonitos e nomes comuns, ou entre nomes bonitos *kajgó* (não confirmados) e nomes realmente bonitos, apontada nas etnografias, não aparenta, hoje, ser tão marcada entre os Xikrin. Vários informantes dizem que *todo mundo* tem nomes bonitos, sem distinção entre *kajgó* e *kumrẽx* ('de verdade'). Note-se a diferença em relação ao passado, quando Vidal foi por eles informada de que praticamente "todos os nomes cerimoniais perderam a sua autenticidade: são, na expressão indígena, *idji mei kaigo*" (1977, p. 110).

---

22 As informações de Lea, que fez um levantamento de nomes muito mais detalhado que o meu, parecem confirmar essa diferença. Segundo a autora, entre a população Metyktire da aldeia Kretire a proporção de nomes *Bep* e *Tàkàk* é de 3:1 (1986, p.127).

Não pretendo engessar a fala dos meus informantes, sugerindo que essa indistinção seja absoluta e generalizada hoje em dia. Em primeiro lugar, porque isso teria requerido uma investigação muito mais fina acerca dos nomes. Em segundo – e sobretudo – porque boa parte das pessoas apontadas como portadores de nomes falsamente bonitos na época da etnografia de Vidal ainda é viva. É provável que sejam as mesmas que dizem, hoje, que todos têm nomes bonitos. Creio que os Xikrin poderiam apontar com facilidade algumas pessoas adultas (e mais velhas) que não tiveram os nomes confirmados. Não é esse o ponto, evidentemente. Estou chamando atenção para certa desmarcação do problema. Atualmente, os Xikrin parecem enfatizar menos que no passado a diferença entres nomes bonitos ou nomes sem valor. Por outro lado, hoje parece haver mais debate em torno de quem é 'rico' e quem não é, ou, para ser mais preciso, de quem tem *piôkaprin* ou *kubẽ nhõ möja kumejx* (muito dinheiro e mercadorias) e quem não tem. A impressão, então, é a de uma espécie de deslocamento da diferença. Da beleza cerimonial para a atual 'riqueza' monetária. Porém, como quero argumentar, essa também é uma diferença de *beleza*.

～～
～～

Antes de passar ao próximo tópico, permitam-me sintetizar os argumentos expostos até aqui. A incorporação de mercadorias na vida xikrin vem possibilitando ampliar a ativação de relações sociais de maneira geral, ampliando *ipso facto* a produção de pessoas e de pessoas bonitas ('corpo' e 'beleza'). Isto é, as mercadorias são inseridas, de maneira suplementar, nos diferentes modos de produção material, que servem tanto à fabricação dos corpos (semelhantes) dos parentes – e à extensão do parentesco e da identidade a círculos mais amplos de relação social (a ideia da troca, da partilha, do agrado e dos presentes) –, quanto ao processo de embelezamento e diferenciação cerimonial. Em outras palavras, as mercadorias foram incorporadas ao conjunto da produção material, que serve, para usar a formulação de Coelho de Souza (2002), ao duplo processo de 'fabricação' da pessoa (humana), e de capacitação do 'sujeito', ou seja, de um ser com capacidades de agência, recolocando em cena (cerimonial) as condições regenerativas e criativas que remontam à ordem e ao tempo mítico.

Todavia, é interessante observar que, curiosamente, os efeitos da incorporação das mercadorias no processo ritual parecem ser inversos aos efeitos que descrevi mais acima e que dizem respeito ao consumo cotidiano de mercadorias, relacionado ao cuidado e à alimentação dos parentes. Vejamos. Se, de um lado, o consumo cotidiano de mercadorias parece visar à ampliação das relações de cuidado, troca, partilha e convivialidade e, de certa maneira, assim constituir, ou melhor, contribuir para a constituição de uma identidade entre os Xikrin (que reconhecem, por conseguinte, uma 'parecença' e um parentesco entre si), um dos efeitos possíveis que detectamos aí é, justamente, o risco de *ficarem parecidos demais com o kubẽ*, pela modificação gradativa do corpo via ingestão de alimentos industrializados e adoção de outros hábitos característicos do *kubẽ*. Do outro lado, o consumo das mercadorias voltado ao processo cerimonial parece trazer o risco *de ficarem parecidos demais entre si*, na medida em que ele tende a ser um movimento de 'comunização' ou universalização do estatuto cerimonial (beleza), quando o movimento original, talvez, fosse o de se tornar parecidos *ritualmente* com Outros, mas de maneira diferencial – uns mais, outros menos.

Formulado de maneira um tanto brusca, podemos dizer que um dos efeitos possíveis e contraditórios da (dupla) incorporação das mercadorias é 'kubenizar' ali onde se queria criar mais identidade mebêngôkre (ficar mais parecido com o *kubẽ* quando se queria criar parecença entre os membros da comunidade pelo processo de parentesco, da 'partilha' e da circulação igualitária), e criar mais identidade (ficar mais parecidos entre si) ali onde se queria 'kubenizar' cerimonial e coletivamente, mas de maneira diferencial – isto é, ali onde se queria criar a 'alteridade interna' por meio da relação diferencial com a 'alteridade externa'. A incorporação das mercadorias embaralha, por assim dizer, os procedimentos de identificação e alteração, arriscando introduzir mais alteração ali onde se queria identificação, e mais identificação ali onde se queria alteração.

Mas aqui as coisas se complicam outra vez. Porque, se essa relação diferencial com a alteridade – que é ativada no contexto ritual – tende à homogeneização, na medida em que se ampliam as possibilidades de vinculação cerimonial (ou do estatuto cerimonial) de mais gente, parece que os Xikrin tentam recolocar essa relação diferencial com a alteridade, atualmente, *num contexto não estritamente cerimonial*. Isto é, procuram marcá-la de outra forma, que creio ter relação justamente com o que podemos chamar de um consumo diferencial dos objetos dos brancos. Para esse ponto volto-me agora.

Mercadorias e o consumo diferencial

Há, portanto, outro aspecto no consumo cotidiano das mercadorias, que podemos definir como um consumo diferenciado ou diferencial, estreitamente relacionado à incorporação diferencial do dinheiro a respeito da qual discorri no Capítulo 7. Anteriormente, mencionei que os Xikrin não acumulam dinheiro, convertido em mercadorias ou nas coisas boas ou belas (*möja mejx*) consumidas na vida cotidiana e na dinâmica cerimonial. Porém, a diferença na capacidade de controlar o dinheiro, que é maior para os chefes e seus familiares, permite-lhes *um consumo diferenciado* de bens industrializados e coisas dos brancos.

Apesar da obrigação dos chefes de atuar como distribuidores de mercadorias e da institucionalização de mecanismos distributivos dos recursos obtidos por meio do Convênio – listas mensais de compras comunitárias separadas por "turmas", pagamento de salários –, já vimos que os chefes estão numa posição mais confortável ou mais livre de dispor das mercadorias. Isso vale, em alguma medida, para todos os assalariados. Mas foi visto também como as posições assalariadas seguem uma hierarquia e como essas posições tendem a se concentrar em certas famílias. Portanto, em um nível, o consumo é diferenciado no interior do conjunto das lideranças (chefes maiores e chefes menores); e, em outro, diferenciado entre as lideranças e a "comunidade" (*benadjwörö*, chefes *versus mekràmti*, não chefes).

A situação de relativa afluência de mercadorias, seu intenso fluxo, além das dimensões das aldeias Cateté e Djudjêkô, não tornaram produtivo um inventário extensivo dos bens industrializados de cada casa ou família, tal como realizou Fisher (2000) entre os Xikrin do Bacajá.

Fisher procurava estimar a desigualdade no acesso aos bens industrializados e inventariou todas as casas no Bacajá, com exceção da do chefe principal (2000, p.102). Ele conseguiu contabilizar 1.624 itens, à parte alimentos industrializados. No Cateté, somente em uma única casa (de não chefe), foi possível contabilizar quase cem (entre facas, terçado, enxada, machado, bicicleta, malas, garrafa térmica, panelas, copos plásticos, garfos, colheres, espingarda, redes, mosquiteiros, cantil, colchão, espelho, pente, caderno, canetas, fitas cassete, CDs, livros), sem contar as peças de vestuário, calçados e acessórios (como chapéus, bonés, cinto, calçados, relógio). Cheguei a iniciar um inventário amostral e, de todo modo, como frequentei eventualmente todas as casas da aldeia, pude ter uma visão geral da situação do consumo familiar. Mas, percebi que, apesar de interessante do ponto de vista quantitativo, tal coleta não produzia dados importantes para o modo como eu construí a etnografia. O consumo diferencial é detectado de diversas maneiras, não só pelo pesquisador, como também pelos próprios Xikrin.

Vejamos como tal consumo é detectado quanto aos alimentos industrializados, por exemplo. Todas as casas têm acesso aos produtos alimentícios; no entanto, apenas os chefes possuem uma despensa, onde estocam mensalmente os mantimentos. Algumas pessoas podem, temporariamente, ver esgotar-se o suprimento deste ou daquele produto (arroz, café, sal), precisando pedir a um parente, ou vizinho. Nunca os chefes. Os quatro chefes maiores e os chefes de turma, sobretudo, não precisam pedir nenhum alimento para qualquer pessoa, pois sua despensa está quase sempre cheia. E se falta algo, eles têm meios de providenciar transporte quase imediato para as cidades, bem como os recursos financeiros para renovar a despensa. Mesmo quando não possuem em mãos dinheiro vivo, ou saldo em conta, sua posição permite-lhes mobilizar os recursos da ABN, da CVRD, ou ainda contrair dívidas diretamente com os comerciantes conhecidos. Outros assalariados podem estocar alimentos industrializados, mas não têm a mesma facilidade de deslocamento para as cidades, na hora de os repor, como os chefes. Ademais, seus salários são sempre mais baixos que os de chefes e lideranças.

Poucas páginas atrás falei das miçangas. Elas são outro exemplo. Quase todas as famílias têm o seu estoque de miçangas, mais ou menos fornido. Os adornos de miçanga podem ser desmanchados e refeitos para serem utilizados por esta ou aquela pessoa, dependendo da ocasião. Porém, nem todos as possuem na quantidade desejada, ou para fabricar adornos para todos os filhos, ou não as possuem o tempo todo. Se um parente falece, por exemplo, é sepultado com todos os seus adornos, incluindo-se as miçangas, e a família pode precisar de um tempo razoável para conseguir reaver a quantidade perdida. Diferentemente acontece com os chefes, sobretudo, mais uma vez, com os chefes maiores. Durante uma cerimônia, se se observa alguma pessoa ou criança sem adornos de miçanga, certamente não será um dos filhos dos chefes maiores, nem seus *tàbdjwö*.

As casas dos chefes e lideranças, em geral, abrigam uma quantidade maior, além de mais diversidade, de eletrodomésticos e utensílios, como fogão, *CD-player*, toca-fitas, brinquedos para crianças etc., alguns dos quais são de exclusividade dos assalariados e dos chefes. Com os aparelhos de videocassete foi assim: temporariamente, eram privilégio dos chefes, até que a pressão para a sua 'comunização' altere o quadro. Em 2005, quase todas as casas no Cateté já dispunham de um aparelho de DVD acoplado à televisão. Para os chefes, há também maior diversidade e qualidade nas roupas e acessórios diversos. Todas as pessoas – seja no Cateté, seja no Djudjêkô – possuem calções, algumas camisas, botinas, vestidos (as mulheres) e sandálias havaianas. Mas os chefes e alguns de seus familiares têm sempre muitas roupas e roupas novas. Atualmente, alguns deles vêm demonstrando desejo de usar roupas de marca. Não basta qualquer vestimenta; agora desejam vestir-se, e vestir alguns parentes próximos, com roupas das lojas de grife de Marabá.

Certamente, há diferenças de comportamento entre mais velhos e mais novos, homens e mulheres. Mulheres mais velhas parecem demonstrar menor preocupação que os homens em consumir itens diferenciais e 'acessórios'. Os homens, sobretudo os mais jovens (por volta dos trinta, quarenta anos), são aficionados por acessórios: chapéus, bonés, relógios de pulso, cordões, óculos de sol. As moças também demonstram interesse por relógios de pulso e, recentemente, em 2005, havia algumas manifestando o desejo de adquirirem sandálias de salto mais alto que as costumeiras havaianas. O velho chefe Bemoti, falecido em 2004, por exemplo, nunca demonstrou intenção de possuir muitas roupas. Mas seus *tàbdjwö* (DCh, por exemplo) expressavam vontade de possuir inúmeros itens, como um novo par de tênis ou uma vistosa calça *jeans*, e o avô diligente logo adquiria o objeto para dar de presente aos jovens.

Num dos últimos aumentos da Verba Mensal, os chefes de aldeia (Tàkàk-4 no Djudjêkô e Bep-3 no Cateté), além do chefe de turma Bep-6, resolveram comprar telefones celulares, que ostentavam com satisfação sempre que iam à cidade. Pouco tempo depois, os celulares viraram peça corriqueira entre quase todos os homens em posição de chefia ou liderança. Os celulares não eram comuns no Cateté até por volta de 2001. Um dia eu escutei os Xikrin comentando terem visto um dos chefes da aldeia do Bacajá portando um desses aparelhos telefônicos. Na ocasião, conversando comigo, Bep-6 esboçou uma leve censura ao fato de o chefe do Bacajá possuir o celular. Logo depois, possuía também o seu.

No Cateté, o caso da introdução dos televisores é interessante, pois dá bem a dimensão inflacionária relacionada ao consumo diferencial e destaca claramente o papel de *mediação* dos chefes. Após a instalação da rede elétrica em 2000, alguns índios assalariados começaram a se entusiasmar com a possibilidade de terem em casa aparelhos de TV, videocassete, refrigeradores e que tais. No Cateté, os primeiros a adquirirem televisões (além das antenas parabólicas necessárias para a recepção) foram o chefe Bep-3, o chefe de turma Bep-6 e o "comprador" da aldeia.[23] Os dois primeiros compraram também aparelhos de videocassete. Logo depois, um dos irmãos de Bep-6 pôde adquirir a sua TV (e parabólica), pagando em quatro prestações a uma loja em Carajás. Em seguida, o velho chefe Bemoti disse que iria comprar uma para o seu *tàbdjwö* (DS). O mesmo ocorrendo com o monitor de educação da aldeia. Em menos de cinco anos, as televisões espalharam-se pela aldeia inteira. Não é de admirar que o fato tenha se repetido no Djudjêkô, ainda que com algum atraso: eles tiveram que esperar a criação da Associação Kàkàrekre para conseguir aumentos de verba compatíveis com

---

23 A rigor, o "comprador" adquiriu a sua um pouco antes dos outros, pagando também em prestações, quando ainda não haviam sido finalizadas a instalação do novo gerador e a eletrificação das casas.

o consumo do Cateté. Até o ano 2000, o gerador de baixa potência não permitia a utilização de TVs no Djudjêkô. Na reunião de planejamento do ano seguinte, o chefe Tàkàk-4 fez entrar na pauta de reivindicações da aldeia a instalação de um novo grupo-gerador de maior potência, igual ao existente no Cateté.

Havia uma atitude ambígua dos índios a respeito da TV. Apesar de desejada, muitos consideravam-na perniciosa: "passa muita bobagem", "mostra muito *kubẽ kukràdjà punure* ('os maus hábitos dos brancos')", "o pessoal vai ficar em casa à noite assistindo e não vai mais ao *ngàbê* conversar". Outros diziam que seria bom para assistirem a jogos de futebol e programas sobre *"Mebêngôkre kukràdjà"* ('cultura mebêngôkre'), e ver gravações e documentários em vídeo sobre cerimônias e festas dos Xikrin, dos Kayapó e de outros índios. Além disso, existia preocupação em saber se haveria um uso privado ou coletivo das televisões. Alguém sugeriu que fosse comprada, com recursos da Verba Mensal, uma televisão grande a ser instalada no *ngàbê* para todos assistirem juntos. Mas isso não ocorreu. No Cateté, os Xikrin haviam possuído anteriormente uma televisão coletiva, que era instalada na escola, ao lado do Posto, mas ligada somente em dias de transmissão de jogos da seleção brasileira de futebol. Há alguns anos, quando o chefe Tàkàk-4 ainda residia no Cateté, parece ter havido uma outra TV, que foi destruída por ele durante uma das grandes cerimônias, já que boa parte dos jovens deixou de atender às danças no pátio, para ficar assistindo à programação televisiva.

Num primeiro momento, logo após a eletrificação, havia apenas quatro televisões funcionando na aldeia, instaladas cada uma na casa de seus proprietários: os chefes Bep-3 e Bep-6, e os representantes da elite negocial, Bep-7 e Bep-10 (comprador). A diferença é que, ao passo que o uso dos dois últimos aparelhos era totalmente privado (restrito aos parentes e ao círculo pequeno de pessoas que tinham acesso às residências de cada um), os dois chefes ofereciam sessões coletivas para os participantes de suas turmas ou outras pessoas da comunidade. De fato, quando chegava a noite, e o gerador era posto em funcionamento, os aparelhos de Bep-7 e Bep-10 eram ligados e assistidos invariavelmente no interior de suas respectivas casas. Por sua vez, os dois chefes, nas noites das primeiras semanas após a instalação (e eventualmente, de dia, nos fins de semana, quando solicitavam ao chefe de Posto acionar o gerador), colocavam os aparelhos de TV do lado de fora das casas, na varanda, onde vinha se reunir parte do pessoal para assistir à programação ou às fitas de videocassete.[24]

No entanto, era de se esperar, as reclamações não tardaram a surgir. Passados poucos meses, algumas pessoas vieram me falar de seu desejo em adquirir também uma televisão com antena parabólica ("para mim mesmo, para colocar aqui em casa"), pois os chefes vinham se mostrando *õ djö* ('sovinas'), fechando-se, à noite, em casa para assistirem à programação e não permitindo o livre acesso de toda a comunidade ao usufruto do novo bem. Questão recorrente. O resultado foi que, gradativamente, o restante da comunidade adquiriu seus aparelhos de TV. Em seguida vieram os *DVD-players*, rapidamente difundidos, pois sua introdução aconteceu numa fase em que a Verba Mensal já era bastante alta.

Entrar numa casa Xikrin, hoje, é deparar-se com um punhado de crianças e jovens sentados diante da tela luminosa, assistindo, basicamente, além da programação normal das televisões incluindo indefectíveis novelas, a filmes de luta chineses, desenhos animados, gravações de *shows* de bandas de música populares na região Norte (do brega paraense ao regional romântico, passando pelo axé baiano e *funk* carioca) e filmes eróticos. Conteúdo comum das cópias de DVDs encontradas em abundância nas bancas de camelô de Marabá.

※※※

O consumo diferenciado, que se apoia no acesso diferenciado aos recursos financeiros de um modo geral, se manifesta tanto na possibilidade de dispor de *maior quantidade e variedade* de mercadorias, bem como na *maior velocidade de sua reposição*. Por outras palavras, manifesta-se na maior capacidade de dispor, controlar, utilizar, distribuir, consumir, enfim incorporar *coisas boas do kubẽ* (*möja mejx*), mantendo assim uma posição de vanguarda diante da comunidade como um todo. Essa diferença é um traço essencial da incorporação de mercadorias, como vimos, constituindo

---

[24] Por intermédio do ISA, logo após a compra dos videocassetes, os Xikrin receberam um lote de fitas contendo programas sobre populações indígenas, produzidos pelo CTI-Video nas Aldeias.

um dos aspectos da dita 'riqueza' e do prestígio dos chefes, ao mesmo tempo fornecendo matéria para a tendência inflacionária do consumo xikrin em virtude da pressão universalizante fundada na lógica e no idioma do parentesco.

Em sua análise sobre a apropriação kayapó dos produtos industrializados, Turner retirou a ênfase desse aspecto, afirmando que "o desejo Kayapó por mercadorias se deve ... muito pouco a uma competição por prestígio fundada no 'consumo conspícuo'" (1993, p.61). Mas, se é verdade que, do ponto de vista intracomunitário, esse consumo diferencial tende a ser *discursivamente* negado pelos chefes (que negam sua conspicuidade, vamos dizer assim), ele é explicitamente afirmado à boca pequena pelo restante, que enxerga aqueles como pessoas que "possuem muitas coisas" (*nhõ möja kumejx*). Do ponto de vista intracomunitário, o consumo diferencial sempre tende a ser discursivamente negado por qualquer um que seja disso acusado. Um motivo de constrangimento para os Xikrin é acusar publicamente um indivíduo de ter muitas coisas, ser rico, ter muito dinheiro. A tal afirmação rebatem prontamente: "não, não tenho nada" ('*kêt, i-nhõ möja kêt*'). Isso é perfeitamente compreensível, uma vez que tal acúmulo choca-se com a moralidade do parentesco e configurar-se-ia como avareza, portanto, como falta de humanidade. Todavia, a negação discursiva explícita não apaga a percepção tácita da diferença, que aparece (*o ami rĩt*), que "todo mundo vê", mas que só vem à tona por meio da fofoca. A diferença existe para ser vista, mas não dita. Internamente, essa competição precisa ser recalcada, pois, do contrário, pode conduzir à ruptura política e à fissão aldeã. E muitas vezes isso ocorre.

Quando passamos ao nível intercomunitário, vimos que essa realidade só muda em grau, pois a maior capacidade de consumo das mercadorias do *kubẽ* é, explicitamente, um elemento a alavancar o prestígio dos chefes e, com ele, o prestígio de determinadas comunidades em relação a outras, como, aliás, já observei em capítulos anteriores. O consumo aparece aí como uma expressão da rivalidade entre as diferentes aldeias e demonstração de grandeza e força de determinados chefes, tendo um caráter agonístico. Fenômeno que pode dar vez, até, a rearranjos comunitários – casos de alguns indivíduos ou famílias, que deixam sua aldeia, atraídos pela possibilidade de viverem em uma aldeia mais 'rica', 'poderosa' ou 'bela'.

Para encerrar o capítulo quero ressaltar que esse consumo diferencial – buscado por todos, mas que os chefes estão em melhores condições de efetivar, e que pode se replicar em diversos níveis da organização social: entre os diferentes chefes (maiores e menores, mais e menos prestigiosos), entre os chefes e os não chefes, entre determinadas famílias, entre aldeias de uma mesma 'comunidade' (Cateté *versus* Djudjêkô, por exemplo), e entre uma 'comunidade' e outra (Xikrin *versus* Kayapó-Gorotire, por exemplo) – ocuparia o lugar, num certo sentido, da *diferenciação ritual*, tal como descrevi acima. Isto é, expressaria uma apropriação de capacidades criativas e transformativas presente nos objetos dos brancos (a beleza dos bens industrializados, a potência metamórfica do dinheiro), de modo a produzir também *diferenças internas de beleza e poder*.

Em outras palavras, sugiro que o consumo diferencial é o que nos permite perceber que as mercadorias estão sendo utilizadas pelos Xikrin para fazer passar do *kubẽ* (cossujeito) ao 'consumidor' (sujeito) a qualidade 'bela' ou distintiva da qual esse mesmo sujeito pretende se investir. Mas é uma forma de 'transformação ritual' e de embelezamento que, não obstante – e esse é o paradoxo –, *não se realiza no contexto ritual* propriamente dito, não se realiza na esfera cerimonial *stricto sensu*, como se dela tivesse transbordado. Fato que implica uma série de efeitos estranhos, por assim dizer, no sistema. Um deles é que o embelezamento aparece mais imediatamente como um 'enriquecimento'. Efeitos relacionados àquilo que chamei de embaralhamento dos dois vetores de ação xikrin: identificação e alteração.

Diferentemente dos nomes, cujos portadores são considerados belos de verdade por meio de sua vinculação cerimonial inequívoca, a beleza dos possuidores de mercadorias, por assim dizer, parece ser obtida atualmente entre os Xikrin por meio de seu consumo distintivo. Tanto mais belo será aquele que conseguir dispor de uma quantidade maior ou de uma variedade maior de objetos importados, isto é, de algum tipo de *exclusividade*. A importância atual de consumir diferencialmente me parece, aliás, relacionada, de maneira inversamente proporcional, à tendência de universalização do estatuto da vinculação cerimonial dos nomes (resultado do incremento da atividade ritual e do número de participantes), bem como à tendência de 'comunização' de alguns bens cerimoniais, da qual falarei no capítulo seguinte.

Assim, diversamente dos argumentos de Fisher (2000) – que explica a diferença entre chefes e comuns pelo controle dos primeiros sobre os meios de produção material de subsistência –, parece-me que o que está em jogo aqui é o controle sobre signos de relações com a alteridade, os quais permitem interiorizar uma diferença de beleza entre os indivíduos (e famílias). O controle aqui, portanto, é o do potencial transformativo contido nos objetos estrangeiros, inseridos no processo geral de produção e reprodução de pessoas. Isso permite superar a dificuldade de Fisher, que, após ter ancorado toda a sua análise do consumo de mercadorias xikrin (no Bacajá) em termos da necessidade de produção de subsistência, vê-se sem explicação para o fato de os chefes possuírem uma série de objetos *sem relação alguma com atividades produtivas* (tais como aparelhos de som e gravadores), os quais eram mantidos "cuidadosamente escondidos do resto da aldeia" (2000, p.112). Ao discutir a diferença no acesso aos objetos importados, o autor listou, entre os itens que a marcavam, os seguintes: aparelho de som estéreo, gravador cassete, piso de cimento (nas casas), geladeira Prosdócimo, videocassete, malas e mochilas com roupas etc. (2000, p.113). Nada disso tem relação com o que chamamos de atividades de produção de subsistência.

A diferença entre os Xikrin do Cateté e os Xikrin do Bacajá está na escala do consumo. A constância dos bens que se verifica entre os Xikrin do Cateté, em virtude da existência do Convênio com a CVRD, faz com que muitos bens industrializados – que no Bacajá ainda são tratados como diferenciadores – já estejam aqui circulando de maneira mais universal: casas de alvenaria, por exemplo (equivalente ao piso de cimento do Bacajá), ferramentas, roupas, redes, colchões e, agora, aparelhos de TV e DVD. Por isso, no Cateté, a diferença é novamente buscada, por parte dos chefes, por meio do incremento do consumo, seja do ponto de vista quantitativo (mais quantidade e maior velocidade de reposição), seja do ponto de vista qualitativo (aquisição de novos itens exclusivos, como telefone celular, automóveis) – isso tudo, demandando, por conseguinte, mais dinheiro. Recentemente, na medida em que os sucessivos aumentos da Verba Mensal vêm proporcionando uma nova onda de 'comunização', a diferenciação buscada pelos chefes começa a se manifestar na forma de um consumo de produtos de marca ou grife.

No entanto, meu argumento carece ainda de uma demonstração. A passagem entre o embelezamento efetuado pela ressubjetivação ritual dos grandes nomes e o embelezamento efetuado pelo consumo não ritual (mas diferencial) das mercadorias parece um salto brusco. Mas é, nesse ponto, que podemos nos aproximar novamente dos bens cerimoniais tradicionais, os *nêkrêjx*, aos quais as mercadorias foram associadas no discurso indígena, tal como nos foi apresentado pelos etnógrafos. De fato, é como se minha análise tivesse queimado uma etapa da história, na medida em que os Xikrin hoje não tratam formalmente as mercadorias como *nêkrêjx*: isto é, elas não são transmitidas pela regra tradicional, nem parecem ter uma clara inscrição cerimonial (exceto na forma de alimento ritual). Todavia, num passado não muito distante, alguns objetos industrializados foram efetivamente 'consumidos' como *nêkrêjx*. Há uma relação tanto histórica quanto estrutural entre estes e as mercadorias.

Destarte, um exame dos bens e prerrogativas cerimoniais tradicionais serve de ponte para que possamos tratar, dentro de um mesmo mecanismo geral de apropriação de capacidades do exterior no processo de reprodução social mebêngôkre, os nomes bonitos (adquiridos em tempos míticos de animais), os adornos e prerrogativas cerimoniais, e as mercadorias atualmente adquiridas dos brancos. Mesmo que essas últimas, hoje, não possam ser vistas formalmente como *nêkrêjx*, sugiro que elas continuam funcionando de maneira equivalente. Há determinadas características na forma como os *nêkrêjx* tradicionais conferem beleza e distintividade que nos permitem situá-los a meio caminho, por assim dizer, entre os nomes bonitos e as mercadorias atuais. Aliás, são essas mesmas características que estiveram na base do "centrifuguismo", nos termos de Fausto (2001, p.533), que caracteriza a história dos grupos Mebêngôkre, e da qual o atual 'consumismo' Xikrin me parece uma transformação – infletida, sem dúvida, pelo fato de terem os brancos, com suas mercadorias produzidas industrialmente em escala maciça, assumido a posição preponderante dos *kubẽ* com quem os Xikrin se relacionam.

Passo, então, ao próximo capítulo, para falar da incorporação de capacidades externas que se apresenta na forma de nomes e *nêkrêjx*. Com isso, espero finalmente ter estabelecido as condições de entendimento do consumismo xikrin como expressão particular de mecanismos mais gerais da experiência sociocosmológica mebêngôkre.

10
Nomes, *nêkrêjx* e mercadorias

Mercadorias como *nêkrêjx*

A primeira antropóloga a explorar sistematicamente a questão dos *nêkrêjx* e dos nomes como forma de "riqueza" entre os Mebêngôkre foi Vanessa Lea (1986). A autora foi levada a pesquisar o tema justamente porque os Kayapó-Metyktire (grupo com quem trabalhou) "falavam dia e noite de *nekrets, referindo-se aos bens industrializados*" (1986, Intr., ênfase minha). Instigada a pensar sobre as causas que os levaram a designar assim os objetos dos brancos, Lea percebeu a existência de bens e prerrogativas tradicionais (*nêkrêjx*), sua importância no contexto da vida cerimonial, e o valor que lhes era atribuído pelos índios. Segundo ela, o assunto provocava debates acalorados entre os Metyktire, que se mostravam ciosos em atribuir os *nêkrêjx* tradicionais a si e a suas Casas, enquanto donos legítimos, sempre preocupados em não perder seus direitos de transmissão.

Vanessa Lea, então, direcionou sua investigação para o assunto, realizando, de fato, uma etnografia magnífica. Suas conclusões foram apresentadas por mim, em linhas gerais, no Capítulo 2. O argumento central, recupero-o aqui, é que tais objetos e prerrogativas cerimoniais, juntamente com os nomes pessoais, constituem um conjunto de bens simbólicos que são propriedades distintivas e definidoras das Casas, pensadas pela autora como "grupos de descendência uterinos" (1986, p.16), corporados e idealmente perpétuos. As Casas, segundo ela, são unidades conceituais abstratas que não se confundem com as habitações (casa, em minúsculo). Todas as diversas aldeias kayapó remeteriam a uma única aldeia ideal (mítica ou ancestral), constituída pela totalidade das Casas. Essa totalidade, que não se acha necessariamente representada em todas as aldeias atuais, comporia, na formulação da autora, a "comunidade kayapó" (1986, p.24).

A autora recupera também (1986, p.290-301) um conjunto de mitos e narrativas – alguns dos quais recolhidos por Lux Vidal entre os Xikrin – que dão conta da origem e aquisição de *nêkrêjx*, enfatizando a ideia de que as inovações na cultura mebêngôkre são vistas como apropriações de fora.[1] De fato, nas coletâneas de Wilbert (1978, 1984) sobre mitos dos povos de língua jê, pode-se verificar como o *corpus* mitológico mebêngôkre apresenta uma série de narrativas que tratam da apropriação de objetos, adornos, rituais, nomes, cantos e funções cerimoniais que pertenciam originalmente a outros tipos de seres – animais e outros coletivos humanos *(kubẽ)*, ou uma mistura de ambos – tanto no tempo que denominamos mítico, quanto no período que denominamos histórico.[2]

Foram Vanessa Lea (1986) e G. Verswijver (1985, 1992) os primeiros a notar a associação feita pelos Kayapó entre os bens cerimoniais e as mercadorias. A autora, por exemplo, escreve:

> Não foram somente armas que os Kayapó conseguiram dos caraíba. Desde o início de seu contato com os seringueiros, até sua pacificação, os

---

[1] Igualmente, Fisher escreve: "a inovação é sempre vista como algo que entra no sociedade vindo de fora e não como uma criação cultural dos Xikrin-Kayapó; é o caso de novos cantos, nomes bonitos, conhecimentos xamânicos, tecnologias, e até mesmo rituais originários de outras tribos" (1991, p.281).

[2] Algumas dessas narrativas podem ser consultadas nos Anexos. Para um panorama mais completo, veja-se particularmente Wilbert (1978), narrativas de número 56, 68, 69, 90, 91, 129, 135, 136, 173, 174; e Wilbert & Simoneau (1984), narrativas de número 58, 61, 62, 63, 64, 84, 116, 140.

Kayapó conceberam os caraíba ... como muito parecidos com qualquer outra espécie de estrangeiro. ... De todos estes *kubẽ*, os Kayapó apropriaram-se de novas cerimônias, cantos, nomes e enfeites ... Isto esclarece porque os bens industrializados são designados *nekrets* embora, atualmente, estes bens circulem entre os Kayapó de uma maneira diferente das riquezas tradicionais. (Lea, 1986, p.348)

Sobre a última frase, ela referia-se ao fato de que os Kayapó, na ocasião, não transmitiam a posse das mercadorias dentro do sistema tradicional de circulação de nomes e prerrogativas, a saber, por meio de uma regra fixa envolvendo determinadas categorias de parentesco, já mencionada.

Verswijver, por sua vez, havia observado o seguinte:

Mercadorias [*trade goods*] são designadas geralmente por *õ nêkrêx* ('riqueza de alguém'). O termo ..., no entanto, é usado num sentido mais estrito para se referir aos ornamentos, ou direitos específicos, que são herdados individualmente. *Õ nêkrêx*, seja na forma de mercadorias [*trade goods*] seja na forma de direitos herdados, são muito considerados e valorizados. Eles são invariavelmente propriedades [*possessions*] individuais. Itens capturados de inimigos resultam na possibilidade de inventar novas variações de ornamentos, que se tornam então privilégios rituais do inventor. Portanto, tanto os ataques contra brasileiros como contra os *kubẽ kakrit* envolviam forte motivação no sentido da acumulação individual de 'riqueza' (*õ nêkrêx*). (1991, p.175)

Posteriormente, Turner (1993), em uma análise sobre as mudanças sociais entre os Kayapó, procurou, mesmo que de maneira breve, tirar algumas conclusões a respeito da associação:

Do ponto de vista da cosmologia tradicional ... as mercadorias brasileiras desempenham um papel semelhante ao dos bens tradicionais, os nekrêj, também eles dotados de poder social ... Tais bens funcionam dentro do sistema cerimonial como repositório de poderes de integração e renovação associados ao valor 'beleza', mas sua capacidade ... depende justamente de sua origem no exterior, de onde provêm os poderes e valores que eles encarnam. O significado e a valoração das mercadorias brasileiras, igualmente chamadas nekrêj, continua esse padrão de alienação de poderes sociais em objetos que circulam entre as categorias constitutivas da estrutura comunal. (1993, p.62)

Considerando-se os dados que apresentei sobre o consumo xikrin de mercadorias, não é possível sustentar, atualmente, uma associação *imediata* entre elas e os bens cerimoniais tradicionais. Por um lado, vimos que a forma de aquisição dos objetos industrializados, mesmo ocorrendo em tempos pacíficos e de relações políticas e comerciais com os brancos, pode ser vista dentro do esquema tradicional de aquisição de coisas belas do exterior: isto é, em uma chave 'predatória', na qual os Xikrin se reinvestem das qualidades *àkrê* – essenciais para a capacidade de agência, seja na guerra, na política (oratória), na caça –, deslocando os brancos para a posição de objeto da relação, embora isso não ocorra o tempo todo na interação ordinária, mas em determinados momentos-chave. Desse modo, há uma conformidade estrutural entre a aquisição atual de mercadorias e a aquisição passada de *nêkrêjx*, que justifica sua associação. Por outro lado, no que respeita ao modo como as mercadorias e os *nêkrêjx* circulam e são consumidos, as diferenças apareceram à primeira vista.

De fato, para os Xikrin – que não costumam definir corriqueiramente as mercadorias pelo termo *nêkrêjx* –, os bens industrializados e o dinheiro não caem no sistema de transmissão e circulação tradicional de adornos e prerrogativas rituais. Não são outorgados de *ngêt* e *kwatyj* a *tàbdjwö*. As mercadorias são, em sua vasta maioria, canalizadas pelos chefes, distribuídas num sistema teoricamente universal, com base nas organizações coletivas, as turmas. Descrevi, no capítulo anterior, como as mercadorias (incluindo-se, evidentemente, os próprios alimentos industrializados) podem ser utilizadas pelos Xikrin de forma equivalente à comida: circulando entre diversas categorias de parentes e afins. Outros objetos, cujo consumo é mais restrito ou diferencial, também não são conferidos à maneira dos *nêkrêjx*, mas apresentam a inclinação de *se concentrarem* em determinadas famílias, ligadas por laços cognáticos e por aliança. Vimos, também, que há duas tendências contrárias atuando sobre o consumo xikrin: uma que tende à comunização do acesso a mercadorias, outra que tende à diferenciação.

A utilização de mercadorias na vida cerimonial acontece, de modo geral, em bases distintas da que ocorre com os *nêkrêjx*. Vimos que elas são, principalmente, consumidas na forma de alimento ritual (*àkjêre*) e como matéria-prima para fabricação de adornos (linha de algodão e náilon, miçangas etc.). Contudo, o uso de algumas mercadorias nos rituais faz lembrar os *nêkrêjx*. Por exemplo, os calções coloridos masculinos, diferenciando as categorias de idade, e as calcinhas femininas, utilizados pelos dançarinos em certas cerimônias. Nesse caso, porém, tais mercadorias não seriam pensadas como enfeites individuais, mas cujo uso é estendido a todos os participantes da festa. Além disso, elas também não são transmitidas da mesma forma que os *nêkrêjx* tradicionais. Talvez, seja possível pensar no uso de máquinas fotográficas, gravadores cassetes e, eventualmente, câmeras de vídeo como equivalentes de funções ou papéis cerimoniais. O conhecimento da utilização de tais equipamentos é chamado de *kukràdjà*, embora eles não sejam transmitidos nem conferidos da maneira tradicional (isto é, de *ngêt/kwatuy* a *tàbdjwö*).

Isabelle Giannini (2000, p.497) descreve uma cerimônia muito interessante, transcorrida em setembro de 1996 na aldeia Cateté, na qual diversas vestimentas dos brancos foram utilizadas de um modo que também evoca as prerrogativas e o uso de adornos cerimoniais. Um dos chefes mais velhos vestia um "traje de terno e gravata verde, simbolizando o poder de Brasília". Os homens maduros "dividiam-se entre aqueles que personificavam, através [do uso] de coletes [respectivos], a Polícia Federal, o Ibama e a Funai". Os jovens *menõrõny* portavam uniformes de futebol da cor azul (Djudjêkô) e vermelha (Cateté). No centro da aldeia, foram erguidos postes nos quais os Xikrin desfraldaram as bandeiras do Brasil e da Funai. Os *menõrõny* executaram "coreografia baseada em exercício de treinamento de futebol" e, depois, submeteram-se à escarificação para "tornarem-se homens verdadeiramente fortes".

> Para este ritual, os Xikrin levaram pelo menos três anos perseguindo os seus objetivos. Conseguiram as bandeiras, negociaram pacientemente os coletes com agentes do Ibama e da Polícia Federal (em Marabá), me convenceram a escolher e comprar um terno e uma gravata, e o Fernando [Vianna, antropólogo] para a confecção dos uniformes ... Tudo foi pensado, as negociações eram feitas de forma a que eles adquirissem as coisas das pessoas-chave, não serve qualquer colete, mas sim os autênticos, dados pelos agentes do Ibama e da PF, não serve qualquer terno, mas sim um comprado em Brasília ... e assim por diante. As coisas devem 'possuir' a identidade das pessoas ... (Giannini, 2000, p.497)

É uma pena que a autora não tenha dado mais detalhes sobre o contexto em que se realizou a festa, afirmando apenas ter se tratado de "um ritual especial" (ibidem, p.497).[3] Assim, mesmo que os itens descritos acima não tenham sido (ou não venham a ser) transmitidos aos *tàbdjwö*, não parece restar dúvida de que eles foram utilizados cerimonialmente, dentro do espírito de excepcionalidade que marcou a festa, de modo semelhante aos *nêkrêjx* tradicionais: como signos de relação com os *kubẽ* – signos esses que são ressubjetivados no ato das transformações cerimoniais. Nesse trecho ritual, parece ter havido uma 'recepção' global, em que os Xikrin como um todo investiram-se dos 'poderes' da sociedade brasileira. No entanto, o que é interessante, essa transformação foi, de maneira escrupulosa, diferenciada internamente, revelando uma dimensão *totêmica* da cerimônia. O chefe Bemoti transformou-se no *chefe brasileiro* (o presidente da República); os homens mais velhos e com muitos filhos, isto é, os "guerreiros", transformaram-se nos *'guerreiros'* ou *'soldados' brasileiros* (o aparelho de Estado, com seus diferentes órgãos); e os jovens iniciados e com poucos filhos transformaram-se na *força atlética e estética dos brasileiros* (o futebol).

Exemplo eloquente, no meu entender, da função *nêkrêjx* dos objetos dos brancos. Nas cerimônias tradicionais, os Xikrin vestem-se de pássaro e voam no centro da aldeias para reviver e reencarnar a força *àkrê* do Grande Gavião *Àkti*: os *nêkrêjx* são, no fim das contas, índices de *Àkti*, isto é, cocares, *meàkà* ('roupa de pássaro'); e dançar (*toro*) nada mais é do que executar um voo (*toro*). No caso da festa descrita por Giannini, os Xikrin vestiram-se de *kubẽ*, portaram-se como *kubẽ*, executaram passos de *kubẽ*. Ora, as vestimentas, as roupas do *kubẽ* foram utilizadas aí de maneira diferente do uso cotidiano, que marca o aspecto *uabô*, manso ou civilizado, dos Xikrin, e que os aparenta aos brancos na cidade. Nesse ritual, tratava-se, ao contrário, de participar do aspecto *àkrê* dos brancos, trazendo-o para dentro, para deles se diferenciar. Tratava-se de *capturar* a roupa (pele) dos brancos, tal como um dia foi capturada a roupa (pele) de *Àkti*. Aqui é mais fácil distinguir a função *nêkrêjx* dos objetos industriali-

---

[3] Na sequência desse rito, segundo Giannini, os Xikrin realizaram uma cerimônia de nominação das meninas *Be-kwöj*.

zados, pois, em que pese o fato de não entrarem no sistema tradicional de transmissão, eles fazem sua aparição no contexto cerimonial e servem à transformação de modo semelhante aos adornos plumários.

Como Giannini bem observou, todavia, esse ritual teve um caráter excepcional. A aparição das mercadorias nessa forma *nêkrêjx* não é corriqueira (mesmo porque as roupas utilizadas eram mercadorias de um tipo muito especial, pois foram obtidas, como notou a autora, "das pessoas-chave"; não podiam ser "qualquer roupa"). Porém, isso parece ter sido diferente no passado. Com efeito, há registros, tanto entre os Xikrin quanto entre outros grupos Kayapó, de objetos industrializados e outros itens provenientes dos brancos que efetivamente entraram no sistema tradicional de transmissão de bens cerimoniais. Creio que, na totalidade dos casos, trata-se de objetos obtidos num período anterior ao estabelecimento dos contatos pacíficos com o Estado brasileiro e da intensificação da relação mútua, fase em que, certamente, os Xikrin e os Kayapó tinham menos acesso aos objetos industrializados do que hoje. Objetos obtidos dos brancos numa época em que eles (brancos e objetos) eram poucos ou menos.

Um velho xikrin disse-me poder utilizar em contextos cerimoniais um chapéu (*kubẽ djà kà*), em vez de cocar. Esse chapéu é listado por ele como um de seus *nêkrêjx*, que irá transmitir aos netos/sobrinhos, e teria sido obtido há algum tempo, supostamente em um ataque feito a um grupo de regionais. Uma mulher idosa utilizava um guarda-chuva[4] que dizia ser uma de suas prerrogativas; afirmação contestada por várias outras pessoas, para quem os guarda-chuvas poderiam ser utilizados por todos. Dois homens contaram-me que tinham o direito de utilizar, em certa cerimônia (a que infelizmente nunca assisti), vestidos femininos (não especificaram cor), frisando que só utilizavam tal vestimenta durante a festa, pois era uma de suas prerrogativas. Alguns informantes também disseram que os primeiros cachorros obtidos dos brancos foram inicialmente *kukràdjà* (prerrogativa) de um indivíduo, mas, posteriormente, passaram a ser considerados direitos de qualquer pessoa.

---

[4] Os guarda-chuvas são denominados *njêp* ('morcego') em mebêngôkre.

Na aldeia kayapó-metyktire, Vanessa Lea fez um levantamento de alguns desses objetos, que definiu como *"nekrets* tradicionais provenientes dos caraíbas" (1986, p.347). Entre um dos itens havia um chapéu vermelho (*krã djê kamrêk*), que um homem levara como troféu de guerra após um dos primeiros ataques contra seringueiros e que, desde então, era transmitido de *ngêt* a *tàbdjwö* (p.348). No entanto, pelas informações da autora, esse enfeite foi posteriormente abandonado pelo dono depois que muita gente passou a ser usuária desse bem. De fato, diz Lea "[ele] é reivindicado como *nekrets* por várias Casas" (ibidem). Ainda segundo ela, outros objetos foram também apropriados dos brancos e "incorporados ao patrimônio das Casas, para serem utilizados como enfeites ou carregados em cerimônias" (p.349), e incluíam: espelhos, guizos de gado, cartuchos vazios (pendurados nas costas), cintos de cartuchos, guarda-chuvas, canecas, remo de seringueiro, facão e um machado de ferro. Dentre os animais de criação, a galinha foi incorporada como prerrogativa, mas Vanessa Lea observava que "atualmente essa ave não é mais considerada *nekrets* [pelos Metyktire] e é criada em várias casas" (1986, p.306).

Verswijver reporta igualmente, entre os Mekrãnoti:

> Os vestidos femininos (*kubẽ kàkamrêk*, 'roupa vermelha não kayapó') foram trazidos para a aldeia pela primeira vez em meados do século XIX. O homem que foi o primeiro a obter um desses vestidos utilizou-o em muitas festas e considera-os seu *nêkrêjx* (riqueza ritual). Por conseguinte, ele transmitiu a seu *tàbdjwö* o direito de usá-lo. (1992, p.146)

O autor anotava que, numa época anterior ao contato pacífico e definitivo com os brancos, somente podiam utilizar o troféu as mulheres pertencentes ao segmento residencial de nascimento do homem que o havia conquistado. Contudo, recentemente, com o crescimento das facilidades de acesso a tecidos manufaturados, mulheres de diversos segmentos residenciais passaram a utilizar o vestido vermelho. Mesmo assim, prossegue Verswijver:

> ... na ocasião da morte de uma mulher que fazia parte do segmento [residencial] originariamente "dono" desse privilégio, seus parentes masculinos – ou seja, aqueles homens que detinham o direito de usar o vesti-

do durante as festas – deram a volta no círculo aldeão, visitando casa por casa, e recolhendo todos os vestidos vermelhos existentes, que foram então sepultados junto com a falecida. (ibidem, p.146)

Verswijver observa que um tecido estampado também era considerado propriedade cerimonial, bem como o chapéu vermelho aludido por Vanessa Lea. De fato, fotos do autor (1992, p.352) permitem ver um vestido e um chapéu vermelhos sendo utilizados cerimonialmente no PI Mekrãnoti em 1978, ao lado dos diademas *mekutop*. Igualmente, na fotografia de capa da edição brasileira do livro de Lukesch (1969 [1976)], pode-se reconhecer a utilização cerimonial de diferentes tecidos, em forma de mantas, cobrindo os dançarinos.

Vê-se, portanto, que num primeiro momento de contatos com os brancos diversos itens de cultura material, incluindo-se objetos que diríamos utilitários, como facões, machados e, talvez, as próprias espingardas (um homem xikrin disse que, no passado distante, as pessoas sempre conservavam as espingardas obtidas nos saques, mesmo que não dispusessem de munição), além de alguns animais domésticos, foram incorporadas pelos Mebêngôkre na forma de bens cerimoniais. Mas, anos depois, alguns desses objetos *deixaram* de ser tratados como prerrogativas pessoais, não sendo mais transmitidos cerimonialmente de *ngêt/kwatyj* a *tàbdjwö*. Em outras palavras, passaram por um processo de comunização, mediante o qual, de um acesso restrito e uma circulação limitada a determinadas pessoas, eles vieram a ser vistos como objetos de acesso irrestrito e circulação ilimitada – embora possa haver, em determinados casos, controvérsia no que diz respeito a alguns deles.

Esse fenômeno, logo se vê, guarda semelhanças com a dinâmica pela qual as mercadorias são atualmente apropriadas pelos Xikrin. Repete-se aí um processo por meio do qual alguns itens, inicialmente vistos como exclusividade de poucas pessoas, vão sendo disseminados por diversas famílias e, eventualmente, passam a estar ao alcance da aldeia como um todo. Mas teria isso ocorrido apenas com os *nêkrêjx* apropriados dos brancos e com os atuais bens industrializados, ou seria parte de um mecanismo que afeta, de modo mais geral, o processo de incorporação de outros itens e coisas belas provenientes de outros tipos de gente?

Não haveria também um efeito de comunização dos *nêkrêjx* tradicionais e dos próprios nomes bonitos?

Nomes e *nêkrêjx*: valor e desvalor, consumo e circulação

É hora de recuperar aqui outras observações de Verswijver sobre as guerras de apropriação de *nêkrêjx* realizadas pelos Kayapó, focalizando particularmente o modo como os ataques eram efetivamente encetados, uma vez que a dinâmica guarda grandes similitudes com a forma pela qual os Xikrin se apropriam das mercadorias atualmente. O autor chama atenção para o papel daqueles a quem denominou 'instigadores' (*the instigator*) dos assaltos guerreiros, determinados indivíduos que estimulavam seus companheiros a empreender determinado ataque. Segundo ele:

> A ideia de empreender um ataque parte sempre de um homem em particular. Eles são *geralmente homens 'importantes'* ou 'grandes homens' (*merajx*), tais como chefes, líderes ou batedores [*scouts*].[5] Por meio da oratória ou da persuasão, o instigador incitava seus companheiros de aldeia para que o seguissem na aventura perigosa que propunha ... No caso de guerras externas [com estrangeiros] o instigador *argumentava em cima das possibilidades de obter o butim* [...], ao passo que, no caso de guerras internas, ele falava da possibilidade de raptar crianças. (1992, p.173, grifo meu)

Esses indivíduos eram os beneficiados diretos, quer o ataque resultasse na obtenção de itens de cultura material de outros povos, quer na

---

5 O autor emprega esse termo (*"scouts"*) para se referir aos 'batedores' (*mẽ õ prã-re*, 'aqueles que vão abrindo ou aplainando o terreno'). Eram, em geral, dois ou três guerreiros, considerados muito valentes (*àkrê*), que seguiam à frente para localizar e espreitar o inimigo. Entre os Xikrin, sua insígnia era a 'borduna branca' (*kô jaka*), isto é, borduna cilíndrica encapada com folhas de babaçu. A função de 'batedores' não era transmitida por herança, mas definida por características pessoais. Indivíduos muito ferozes e corajosos eram os escolhidos. Os Xikrin recordam que os *kô jaka* nada temiam (*amakre kêt* - literalmente 'sem ouvido', isto é, '*insensíveis*'); não seguiam trilhas sinuosas na mata, ao contrário, caminhavam sempre reto, indiferentes a cipoais espessos, espinhais e outros obstáculos; não tinham medo de morrer.

captura de crianças e mulheres. Lembrando que os Mebêngôkre preferiam capturar *objetos* (incluindo cantos e cerimônias) do *kubẽ* e *pessoas* de outros grupos Mebêngôkre. As pessoas raptadas do *kubẽ*, na grande maioria dos casos, serviam principalmente para lhes ensinar artes e ofícios. Rememoro a frase de Verswijver citada no Capítulo 2: "o matador efetivo era o homem que se apropriava dos pertences da vítima". O autor demonstra como esses ataques franqueavam prestígio aos participantes, funcionando ainda, para alguns líderes, como meios de ampliar seu raio de influência e atrair novos membros para sua turma (1992, p.173-7). Nota-se aí novamente uma associação entre pessoas consideradas importantes ou prestigiosas (*mẽ rajx*) e a motivação de adquirir novos itens de cultura material (*möja mejx*) provenientes de *kubẽ*. Itens que funcionavam como embelezadores e eram incorporados ao conjunto de *nêkrêjx* de um indivíduo, cujo direito de posse e utilização poderia então ser transferido a seus parentes da geração seguinte (*tàbdjwö*).

Tais objetos ou realizações culturais mais abstratas (como cantos e cerimônias, por exemplo) aparecem, assim, como signos de relação com o estrangeiro e, na maioria das vezes, eram ostentados pelo possuidor nos momentos rituais. Os conhecimentos (*kukràdjà*) de tal modo adquiridos, por conseguinte, tornavam-se inicialmente prerrogativas de determinadas pessoas, cuja força e coragem (*àkrê*), além da capacidade de influenciar seguidores (pela capacidade oratória), foram determinantes na obtenção desse acréscimo cultural. Digo que essas aquisições tornavam-se *inicialmente* prerrogativas individuais, porque, de fato, algumas delas foram posteriormente comunizadas. As informações de Verswijver são esclarecedoras nesse ponto. O autor registra, por exemplo, que a cerimônia de nominação *kwörö kangô* foi tomada aos Juruna por um homem chamado Kajngàrati, por volta do final do século XIX (Verswijver, 1992, p.176). Durante um período, o direito de patrocinar e realizar a cerimônia esteve restrito ao segmento residencial desse homem. No entanto, cerca de vinte anos depois – "por influência de mulheres cativas juruna", segundo Verswijver –, a celebração sofreu alterações, e o direito de patrocínio foi estendido a todos os segmentos residenciais da aldeia. Mais tarde, por meio de relações intercomunitárias, outras aldeias mebêngôkre também incorporaram a cerimônia, incluindo-se os Xikrin.

Vidal (1977, p.179-180) descreve como o *kwörö kangô* foi introduzido entre os Xikrin como prerrogativa de um indivíduo. Hoje, encontra-se 'comunizado'. A festa é pensada por eles como parte da 'cultura' mebêngôkre – Mebêngôkre *kukràdjà*.

A incorporação de *nêkrêjx* do estrangeiro, portanto, apresentava um caráter *mediado*, em que ressaltava a motivação de determinados indivíduos por distinção e beleza. Motivação que se resolvia efetivamente na tentativa de capturar dos estrangeiros, isto é, de gente não Mebêngôkre, a distintividade inscrita em coisas belas, novos elementos propiciadores de embelezamento, tanto de si, quanto dos parentes a quem se podia transmitir. Certamente, não apenas a aquisição como a *transmissão* dos itens de beleza é um aspecto importante do sistema de apropriação. Fazer parentes belos, como já foi mencionado, é um objetivo e um valor essencial dos Mebêngôkre. No entanto, a circulação dos itens precisava ser controlada de algum modo, caso contrário eles poderiam perder sua capacidade de distinção. De fato, em muitos casos, a apropriação permanecia como direito restrito de determinadas pessoas, ligadas por vínculos de parentesco imediatamente reconhecíveis ao originário conquistador ou descobridor do item. Mas, eventualmente, poderia passar por um processo de comunização. Parece justo supor que certo grau de comunização dos *nêkrêjx* poderia ser considerado excessivo por determinados indivíduos, estimulando-os a empreender novos ataques, assim renovando seu estoque de itens de beleza.

Aliás, a mesma relação ambígua que os Xikrin mantêm com os brancos hoje (produzem coisas prodigiosamente belas, mas não são eles mesmos belos) foi detectada por Verswijver no que concerne à relação dos Mekrãnoti com outros grupos indígenas. Com efeito, se os estrangeiros eram vistos como possuidores de itens de cultura material valorizados e desejados, os Mekrãnoti consideravam muito ruins seus hábitos e modo de vida. Segundo Verswijver:

> Os Mekrãnoti desprezavam profundamente algumas tribos *kubẽkakrit* que praticavam canibalismo; os Juruna causava-lhes repulsa por manterem crânios de inimigos mortos e por lacerarem o corpo das vítimas; detestavam os Arara, que obtinham escalpos, crânios, dentes e pele dos inimigos mortos como troféus de guerra ... Embora desprezados, esses dois

povos, assim como outros *kubēkakrit*, não eram temidos pelos Mekrãnoti; de certa forma, eles eram respeitados em virtude de alguns de seus traços culturais, mas simultaneamente eram considerados fracos (*rerek*) e mansos/ covardes *(uabô)*. (1992, p.168-9)

No entanto, os próprios Mebêngôkre tinham os seus troféus, que não eram partes do corpo físico de outros povos, mas dos animais. De outros povos, os Mebêngôkre capturavam outras partes: cantos, cerimônias, objetos, adornos. Itens que, além de conferir distintividade ao possuidor e àqueles a quem ele transmitia o direito de posse, podem ser veículos ou instrumentos para a transformação ritual diferencial dos indivíduos. Portanto, não é apenas o direito de posse que se está transmitindo quando um indivíduo passa adiante (aos parentes da geração inferior) seus *nêkrêjx*, mas também os meios para a transformação ritual diferencial.

A guerra como meio de aquisição de itens diferenciais de beleza, portanto, foi bem descrita por Verswijver. A apropriação de capacidades do exterior é bastante visível nesse ponto. Tal característica serviu para um autor como Fausto (2001, p.536) matizar, para o caso mebêngôkre, sua distinção entre os regimes sociocosmológicos indígenas "centrípetos" e "centrífugos". Distinção que permitiria, segundo ele:

> ... expressar a diferença entre dois modos de reprodução social: de um lado, aquele fundado na acumulação e transmissão interna de capacidades e riquezas simbólicas [dos quais os grupos centro-brasileiros e rio-negrinos seriam os melhores representantes]; de outro, aquele erguido sobre a apropriação externa de capacidades agentivas [dos quais os sistemas canibais amazônicos seriam os melhores representantes]. (2001, p.534)

Para Fausto, os Mebêngôkre seriam um caso de "sistemas dominantemente centrípetos que praticam guerra ofensiva sistemática". Mas ele prosseguia, argumentando que a lógica apropriativa (centrífuga) restringia-se à aquisição de *nêkrêjx*, "não atingindo a nominação que resta funcionando de modo centrípeto". A propósito, Coelho de Souza (2002, p.230, nota 45) já havia levantado uma objeção, ao perguntar

> por que a nominação deveria ser privilegiada do ponto de vista de uma caracterização global do sistema, que permitisse tratar o caso kayapó, como

faz [Fausto], enquanto um dos 'sistemas dominantemente centrípetos que praticam a guerra ofensiva sistemática', ao invés de como um sistema 'dominantemente' centrífugo que pratica uma nominação centrípeta.

É uma boa pergunta. Eu acrescentaria, porém, que ainda não podemos dizer com segurança se a nominação é assim tão mais centrípeta do que o sistema de *nêkrêjx*. Que há uma diferença em relação aos *nêkrêjx*, parece certo. Mas até agora, na verdade, sabemos muito pouco sobre a taxa de renovação (ou aquisição) dos nomes bonitos mebêngôkre. Esses, diferentemente dos *nêkrêjx*, que sempre foram obtidos pela atividade estrepitosa dos guerreiros, são obtidos pela atividade silenciosa dos xamãs.[6] Fausto, certamente, estava atento quanto a esse ponto: "Ainda que se possa considerar todos os nomes como tendo uma origem externa, o sistema distingue aqueles que estão em circulação desde tempos imemoriais daqueles que foram recentemente adquiridos [...]" (2001, p.535).

Ele se apoiava em uma observação de Vanessa Lea, que, ao comparar a aquisição mitológica dos nomes bonitos com sua aquisição xamânica presente, sugeria que, apesar de formalmente indistinguíveis daqueles, estes últimos seriam inautenticamente bonitos (*idji mejx kajgo*) "por causa de sua origem" (1986, p.105). No entanto, logo adiante, a autora indicava não ter podido obter mais informações sobre os nomes assim adquiridos, e adicionava: "Acho provável que nas gerações seguintes este nome [conseguido pelo xamã na viagem onírica] seja unido a um conjunto de nomes 'bonitos' com o mesmo classificador, e subsequentemente ninguém mais saberá [os] distinguir [d]os nomes ancestrais" (1986, p.105-6, inserções minhas).

Assim, não é tão certo que o sistema faça distinção (e que tipo de distinção) entre nomes imemoriais e nomes mais novos. É verdade que existe, para os Mebêngôkre, uma diferença de poder entre os xamãs

---

6 O que se sabe ao certo é que há mais nomes bonitos que *nêkrêjx*. O único inventário extensivo feito até hoje é o de Vanessa Lea (1986, p.111, Apêndice 9), que registra aproximadamente 1.000 nomes bonitos e cerca de duzentos *nêkrêjx* entre os Mekrãnoti. A diferença está no fato de que nomes tomados a povos estrangeiros são muito poucos. Lea registrou apenas 22 nomes de *kubê*. Entre os Xikrin do Cateté, aparentemente, são poucos.

atuais e os grandes heróis míticos (super-xamãs-guerreiros), dos quais aqueles são apenas uma tênue sombra. Lea mesma (ibidem, p.91) nota a observação dos Metyktire, segundo os quais os xamãs atuais conseguiam trazer somente alguns poucos nomes, ao contrário do personagem mítico que "modificou todo o sistema de nomes pessoais kayapó". Além disso, não sabemos até que ponto diferentes versões do mito de origem dos nomes bonitos podem receber, reversamente, aportes de nomes mais recentes. Bem pode ser que diferentes narradores remetam diferentes nomes ao mito de origem. Eis um bom programa de investigação: rastrear as origens de cada nome bonito entre os Mebêngôkre.

De todo modo, os nomes são descritos pelos índios como inutilmente bonitos (*idji mejx kajgo*) – isto é, bonitos mas sem nenhum efeito de valor –, *talvez* por causa de sua origem recente, mas *certamente* pelo fato de *não terem sido confirmados cerimonialmente*. A questão de Fausto ia além, pois não se resumia ao problema do estoque e da renovação do conjunto de nomes, mas ao valor atribuído à sua circulação e vinculação à esfera cerimonial. Com efeito, para ele:

> É a circulação – transmissão vertical e confirmação cerimonial – *que agrega valor aos nomes* ... Inverte-se, assim, a regra de renome e prestígio do matador tupinambá, que consistia em acumular novos nomes de inimigos, e não em recebê-los de um parente ascendente para transmitir a um descendente. O *valor dos nomes jês encarna-se na sua transmissibilidade: eles têm valor porque podem ser transmitidos.* (2001, p.536, grifo meu)

Aqui há um ponto importante. É mister observar que Fausto elaborava seu argumento com base nos materiais etnográficos e análises disponíveis naquele momento. Mas é hora de reformulá-lo um pouco. Não discordo de Fausto, desde que se tome o cuidado de *distinguir analiticamente a transmissão vertical da confirmação cerimonial* (ambas foram encapsuladas por ele debaixo do rótulo "circulação"). Sob o enfoque do indivíduo que transmite seus nomes, admito que o ato de garantir a parentes da geração inferior itens que conferem beleza seja um elemento a alavancar seu prestígio (afinal, ele possibilita que seus netos/sobrinhos tornem-se belos); embora a transmissão seja condição necessária, mas não suficiente, para a obtenção da "verdadeira beleza" do nome. Porém, quando se colocam os próprios nomes sob enfoque, *não é a transmissão tout court que lhes confere valor, mas a confirmação cerimonial.*

Há dois movimentos verticais, mas com sentido oposto: o que eu chamaria de circulação para baixo – transmissão de nomes de uma geração a outra, dentro de determinadas categorias de parentes; e a circulação para cima, ou *não circulação* – isto é, o consumo sacrifical desses nomes, que ocorre com a confirmação, e que lhes torna *verdadeiramente bonitos*. A confirmação inverte o sentido da transmissão, se podemos dizer assim: a última é orientada 'para dentro', a primeira 'para fora'. A transmissão, sozinha, faz os nomes bonitos de forma *kajgo*, isto é, de maneira vã. É a ressubjetivação ritual – cujo efeito é tirá-los temporariamente de circulação, remetendo-os à sua origem (e, por isso, eu chamei de 'consumo sacrifical') – o que assegura o verdadeiro valor dos nomes.

Aliás, aqui há um ponto que me parece central no trabalho de Vanessa Lea (1986) sobre a dinâmica do funcionamento dos nomes e *nêkrêjx*, mas do qual ainda não se tirou maiores consequências. De fato, apesar da importância e da riqueza de detalhes de sua etnografia, penso que um aspecto não foi totalmente explorado, na medida em que a autora enfatizou primordialmente o caráter corporado das Casas e a natureza supostamente normativa da transmissão matrilinear ou uterina. E esse aspecto diz respeito, precisamente, à *desvalorização* de nomes e *nêkrêjx* tradicionais e seu *abandono* por parte daqueles que detinham o direito de utilizá-lo ou transmiti-lo. A autora havia notado a questão, inicialmente a respeito dos *nêkrêjx*: "Por uma série de razões, alguém pode *recusar* um *nekrets*. Por exemplo, quatro homens adultos da Casa I, em Kretire [aldeia Mekrãnoti], são os donos das patas de anta, mas um quinto membro desta Casa *recusou este privilégio porque os donos já 'são muitos'* [...]" (1986, p.316, ênfase e inserção minhas).

Adiante, ela volta a registrar:

> Um *nekrets é desvalorizado* quando tem muitos usuários, por perder sua função de diferenciação e, neste caso, costuma *ser largado por determinadas pessoas* que poderiam usá-lo. Um Metyktire não esconde sua satisfação quando pode afirmar que é o *único detentor* (*pudzi* [*pydji*]; um) de um *nekrets*. (1986, p.354, ênfase e inserção minha)

Faz-se necessária uma breve digressão. Igualmente, percebi que os Xikrin mostravam-se orgulhosos de poder dizer que um de seus *nêkrêjx* ou *kukràdjà* eram exclusivos: *i-kukràdjà pydji*, isto é, "prerrogativa exclusivamente minha". Porém, quase sempre acrescentavam que atualmente respeitava-se muito pouco o direito privado de uma grande variedade de prerrogativas, que eram utilizadas por muita gente. "Hoje", afirmavam, "todo mundo usa os enfeites que não são seu *kukràdjà*; todo mundo cria os bichos, mesmo que não seja seu *kukràdjà*". Ainda assim, pelo que diziam, havia pessoas (em geral, mais velhos) que não se sentiam satisfeitas em saber que alguns *kukràdjà* eram utilizados indiscriminadamente. Apesar dos comentários gerais de que a maioria das prerrogativas encontra-se mais comunizada do que no passado, eu pude observar que alguns direitos eram efetivamente respeitados. Não foi surpresa perceber que, em diversos casos, tratava-se de direitos de algumas famílias prestigiosas, sobretudo famílias de chefe. E, mais uma vez, de maneira análoga ao que ocorre com as mercadorias e o dinheiro, algumas pessoas reclamavam, por meio da fofoca, que um dos chefes mais velhos e sua esposa *"queriam os kukràdjà de todo mundo"*. De qualquer maneira, quando perguntados sobre o assunto, os Xikrin asseguravam não haver, presentemente, discussões ou brigas por causa de *kukràdjà*, comuns no passado. Pode ser que isso indique, tal como sugeri em relação aos nomes bonitos, certa desmarcação do problema.

Retomando o fio, a questão da depreciação ou decréscimo de valor é interessante. Num trabalho posterior (1993), Vanessa Lea novamente abordava esse assunto, acrescentando que a desvalorização *podia alcançar também os nomes:*

> Os nomes e *nekrets* mais valorizados são os mais 'puros', no sentido de pertencerem indiscutivelmente a uma Casa. Nomes e *nekrets* que *passaram a circular dentro de uma Casa alheia* [isto é, circularam demais] perdem sua função diferenciadora, podendo consequentemente ser objeto de renúncia (*kanga*) por aqueles que se consideram donos legítimos. (Lea, 1993, p.274, ênfase e inserção minha)

Tal atitude, abandonar ou largar (*kanga*) nomes e *nêkrêjx*, vista contra o fundo da análise de Vanessa Lea sobre o caráter corporado das

Casas como proprietárias de bens inalienáveis, torna-se, a princípio, pouco compreensível. Afinal, se é tão fundamental preservar o patrimônio da Casa, por que alguém abriria mão de parte desse patrimônio? A resposta parece clara agora: porque parte desse patrimônio pode *perder valor*, pode perder sua "função diferenciadora", como diz a autora. Note-se, porém, que essa desvalorização nem sempre era sentida pela Casa *como um todo*, mas por algumas pessoas em particular. A autora indicava: "quando um homem recusa um *nekrets*, isto não impede que [esse mesmo *nêkrêjx*] seja transmitido ao ZS por outro membro da sua Casa" (1986, p.316).

Vanessa Lea tratou os nomes e *nêkrêjx* simultaneamente como "riqueza" e como "emblemas" das Casas. Mas seus próprios dados permitem observar que essa "riqueza" pode ser transiente (visto que se desvaloriza) e que os "emblemas" das Casas não são igualmente emblemáticos para diferentes membros de uma mesma Casa. O problema de sua descrição não reside tanto na "riqueza" e no "emblema", mas sim, evidentemente, na noção de Casa. A desvalorização implica que um determinado item deixa de conferir o mesmo quociente de beleza (e distinção) ao portador, na medida em que essa beleza passa a ser dividida entre muitas pessoas. Em outras palavras, à medida que o item circulou mais do que devia. Entretanto, é preciso notar que o efeito da desvalorização pode acontecer tanto quando a circulação ocorre demasiadamente *entre* as Casas, quanto demasiadamente *dentro* de uma mesma Casa.[7] Portanto, como a própria Vanessa Lea observou (1986, p.360), há mais nos nomes e *nêkrêjx* do que "emblemas" a diferenciar totemicamente as Casas. Há aqui toda uma problemática de intensidades, de gradações (mais ou menos belos), quantidades (maior ou menor número de nomes e *nêkrêjx*), de hierarquia e poder, que se reproduz no interior das Casas, entre elas e entre as diversas aldeias mebêngôkre.

Não é meu objetivo fazer aqui uma longa discussão sobre o conceito de Casa e a utilização que dele fez Vanessa Lea. Isso nos afastaria

---

7 Isso é claro no caso dos *nêkrêjx*, mas não é no caso dos nomes; não há dados para sustentar que uma pessoa abandone um nome porque já há muita gente com o mesmo nome dentro de sua "Casa".

demais do eixo da argumentação sobre valor e desvalor (de mercadorias, *nêkrêjx* e nomes). Todavia, essas características que descrevi parecem sugerir que uma análise das Casas mebêngôkre que se mantenha mais próxima à elaboração do conceito de *Maison* por Lévi-Strauss (1984), e menos à problemática dos grupos corporados e da descendência unilinear (que parece ser a coloração dada por Lea), pode ser produtiva para o esclarecimento de diversos pontos e na reconceituação das unidades residenciais mebêngôkre. Recordo algumas das considerações do autor francês (1984, p.185-215).[8]

Para Lévi-Strauss, a "casa", cuja riqueza consistia em bens tangíveis, nomes, títulos, prerrogativas etc., combinava princípios uterinos e agnáticos de sucessão, bem como admitia a adoção de herdeiros, muitas vezes, por meio do casamento, e baseava sua continuidade no tempo através das relações de parentesco e aliança. Essas, por sua vez, poderiam ser endógamas (para evitar a dispersão de riqueza) ou exógamas (para adquirir mais propriedade e *status*). Uma das características da casa é a de combinar princípios considerados antagônicos ou exclusivos – aliança, descendência, exogamia, endogamia – que serviriam a considerações de ordem política (Carsten & Hugh-Jones, 1995, p.7). Elas dariam unidade a princípios opostos que se tomam equivalentes e intercambiáveis (residência/filiação, matri-/patrilinearidade, hipergamia/hipogamia, casamentos próximos/distantes). Além disso, as propriedades mantidas pelas casas apresentam um caráter diacrítico, funcionando como marcadores de *status* social, de modo que existam, entre elas, relações hierárquicas ou de desigualdade.

Posteriormente, Lévi-Strauss avançou na elaboração do conceito, argumentando que as instituições do tipo casa não estão fundadas nem em princípios de descendência, nem de residência, nem de transmissão de propriedade material ou imaterial, tomados isoladamente como critério de constituição dos grupos. Ao contrário, fundam-se na aliança que é, ao mesmo tempo, princípio de unidade (para "sustentar a existência da casa") e antagonismo ("já que cada aliança provoca uma tensão entre as famílias a respeito da residência"). Em síntese, para o autor,

---

[8] Ver tb. Carsten & Hugh-Jones (1995), e resenha em Gordon (1996a).

a casa deixa de ter um substrato objetivo, para surgir como a *objetivação de uma relação*.

Entre os Xikrin, observei algumas tendências consoantes com a caracterização de Lévi-Strauss. Além da questão da hierarquia e da beleza desigual, registrem-se as seguintes: algum nível de tensão entre as famílias a respeito da residência (virilocal ou uxorilocal) de um novo casal, que se manifesta nos casos de virilocalidade temporária[9] e virilocalidade permanente dos chefes (e filhos de chefe) de aldeia; transmissão bilateral ou alternância entre transmissão por linha maternal uterina e paterna/agnática de nomes e *nêkrêjx*. Mesmo a ideia de "empréstimo e devolução" (Lea, 1986), isto é, a diferença entre direito de usufruto e direito de retransmissão de nomes e prerrogativas (em especial, no caso dos nomes femininos), tão importante na argumentação de Vanessa Lea para demonstrar a ideologia uterina da transmissão, pode ser expressa em termos bilaterais no caso xikrin. Há exemplos como o de um homem que disse ter "emprestado" alguns de seus nomes a um indivíduo (filho de uma meia-irmã por parte de mãe), que posteriormente "devolveu-os" ao SS do primeiro, de tal sorte que o nome permaneceu na mesma linha agnática. Em determinados casos (comuns entre famílias de chefe), se se considera a ideia de devolução, parece haver uma transmissão *patrilinear* dos nomes. Exemplo (que o leitor pode acompanhar melhor lançando mão mais uma vez da Figura 5, p.252. O antigo chefe Kupatô (a), pai do também falecido chefe Bep-karôti (b), deu um de seus nomes a um SS, que faleceu. Esse mesmo nome foi dado então a um outro SS, atual chefe Tàkàk-2 (2), filho de Bep-karôti. O chefe Tàkàk-2 transmitiu esse nome a um ZS, que então 'devolveu' a um SS de Tàkàk-2. Ou seja, em cinco gerações – onde A é pai de B; B é pai de C; C é pai de D; e D é pai de E – esse nome aparece *três vezes dentro da patrilinha*: nos indivíduos A, C e E.

---

9 Fenômeno que pode ter se acentuado em um período recente, na medida em que se reduz a importância do *ngàbê* como 'moradia' dos solteiros iniciados. A propósito, Lea foi uma das autoras que insistiu no vínculo de um homem com sua família natal mesmo depois do casamento. Turner (1979a, 1984), por outro lado, enfatizou a ruptura com a casa natal e a progressiva integração à casa conjugal.

E ainda há outras características consoantes à noção de casa lévi-straussiana: herança bilateral do prestígio e das relações que sustentam as posições de chefia, envolvendo alianças entre descendentes de líderes dos grupos do Cateté e Bacajá, e as atuais posições assalariadas (conforme demonstrei no Capítulo 7); reiterações sistemáticas de aliança de casamento entre duas famílias (como, por exemplo, o caso do irmão dos chefes Bemoti e Tàkàk-2, indivíduo que designei pela letra (k) na Figura 5, configurando algo como uma endogamia de família ou parentela.

Enfim, parece-me mais interessante falar de casa entre os Xikrin com um sentido que se avizinhe das proposições de Lévi-Strauss, quase como 'famílias', mantendo a ênfase no caráter cognático do sistema e na importância da busca por uma condição diferencial de beleza e poder. Mas uma elaboração como essa fica para outro trabalho.

O cru e o cozido

Há ainda que concluir a demonstração da ideia de que a incorporação das mercadorias pode ser vista como transformação histórica e estrutural da incorporação dos *nêkrêjx*. Acabamos de ver que algumas características essenciais do sistema de apropriações mebêngôkre reitera-se, quer se trate de dinheiro, mercadorias, *nêkrêjx* ou nomes bonitos: a natureza *mediada* da apropriação; considerações de ordem política como catalisadores de uma tendência "centrífuga"; a possibilidade de comunicação e, consequentemente, de desvalorização desses itens como elementos diferenciadores. Resta ainda fazer algumas proposições de caráter mais geral. Retomo, então, algumas considerações acerca dos *nêkrêjx* e de algumas diferenças entre os grupos Xikrin e Kayapó no que diz respeito a esse assunto, para abordar, também, outro conceito fundamental: *kukràdjà*.

Entre os Kayapó, segundo Vanessa Lea (1993, p.267), o termo *nêkrêjx* inclui: a) para ambos os sexos: o direito de fabricar e/ou utilizar determinados adornos cerimoniais, participar de papéis cerimoniais específicos, assim como colecionar ou guardar certos objetos e artigos; b) para homens: o direito de receber determinados cortes de carne de animais caçados; c) para mulheres: o direito de criar e domesticar certos animais. Ainda de acordo com essa autora, a palavra tem também um significado mais genérico – "tudo aquilo que alguém amontoa, ou seja, seus pertences" (1986, p.266) –, podendo ser utilizada, portanto, com um sentido próximo ao termo *möja*.[10]

Para os Xikrin, *nêkrêjx* parece restringir-se aos adornos corporais e aos enfeites plumários (aquilo que se apõe ao corpo, com exceção da pintura). Giannini (1991, p.96) sugere que o uso do termo seja ainda mais restritivo, uma vez que seus informantes disseram que somente adornos emplumados são denominados *nêkrêjx*. Para mim, os Xikrin observaram a existência de enfeites *sem penas* ditos *nêkrêjx*, como por exemplo o adorno de miçangas usado a tiracolo, do tipo bandoleira (*arapêjx angà*); o colar de plaquinhas de nácar (*ngàp*); uma flauta de osso (*kubẽ nhõ'i*). Mas há, certamente, uma associação estreita do termo com a plumária, que parece ser o sentido originário (o uso do termo para adornos não plumários, e mercadorias, parece ser uma extensão semântica). Todos os outros direitos e prerrogativas – papéis ou funções cerimoniais, uso de determinados objetos ou materiais tais como um tipo de borduna ou a madeira com que é fabricada, direito a cortes de caça –, independentemente do sexo do usufrutuário, são denominados *kukràdjà*. Este é um termo mais inclusivo, uma vez que os *nêkrêjx* também são ditos *kukràdjà*, mas de certo tipo. Isto é, aparentemente, todo *nêkrêjx* é considerado *kukràdjà*, mas nem todo *kukràdjà* é considerado *nêkrêjx* (cf. tb. Giannini, 1991, p.96).[11]

Mas *kukràdjà* possui também um sentido ainda mais geral, tanto entre os Xikrin quanto entre os Kayapó. Segundo Turner (1988, p.199),

---

10 Ver Capítulo 8. O informante de Lea (1986, p.266, nota) deu uma definição de *nêkrêjx* nos seguintes termos: *möja kunĩ mẽ õ' a tàb* ('todas as coisas que alguém amontoa').

11 Clarice Cohn nota ainda, entre os Xikrin do Bacajá, o uso do termo *kukrênh* (*kukrex*, em sua grafia), como uma espécie de sinônimo para *nêkrêjx* (2000, p.132). Salanova (s/d) dá a seguinte definição para o termo, grafado *kukrênh*: 'receber, assumir, aceitar, apossar-se' – conforme as sentenças *ba o i-kukrênh o dja* ('estou tomando [algo] para mim'; ou *ba jeju kukràdjà o i-kukrênh* ('eu aceito/acolho os conhecimentos [o saber] de Jesus'). Salanova dá para *nêkrêjx* as traduções: 'riqueza, propriedade, mercadoria, enfeite, privilégio, prerrogativa'.

que traduz a palavra com a expressão *"thing which takes a long time to tell"* (coisa que custa muito tempo para contar), *kukràdjà* inclui "todo conhecimento [*lore*] de qualquer tipo, desde cantos cerimoniais até instruções para dar partida em motor de popa". De fato, a tradução 'algo que permanece no tempo', 'algo que perdura, fica ou demora' é bem próxima ao sentido literal ou etimológico do termo, uma vez que *kukrà* ≈ verbo 'demorar', deixar-se ficar; e *djà* ≈ nominalizador de instrumento, tempo ou lugar.

Tanto os Xikrin quanto os Kayapó utilizam a palavra *kukràdjà* para se referir genericamente ao que nós chamamos de 'cultura': tradição, hábitos, práticas, conhecimentos, saberes, *modo de vida*. Assim, *mebêngôkre kukràdjà* pode ser traduzido como 'a cultura, os conhecimentos e tudo que faz parte do modo de existência Xikrin' (cf. também Fisher, 2001, p.117; Cohn, 2000a, p.132). Refletindo sobre o uso da palavra, Turner escreve:

> Muitos [Kayapó], incluindo aqueles que são monolíngues, começaram a usar a palavra em português 'cultura' para incluir os modos de subsistência material, o meio ambiente natural que lhes é essencial, e as instituições sociais tradicionais e o sistema cerimonial tradicional. O termo nativo para o *corpus* de conhecimento [*lore*] e costumes de uma sociedade, *kukràdjà*, também passou a ser utilizado, então, da mesma maneira ... (1991, p.304, inserções minhas entre colchetes)

É importante recuperar também algumas observações de outros etnógrafos. Vanessa Lea, por exemplo, sugere que o termo *kukràdjà*:

> Tem conotações de singular e plural, e pode ser traduzido de várias maneiras, dependendo do contexto. Uma glosa possível seria 'uma parte de um todo', ou 'as partes constitutivas da totalidade', seja esta um corpo orgânico ... ou um *corpus* de conhecimento ou tradições. (1986, p.64)

Assim, segundo ela, "uma pessoa pode descrever a porção de carne que pertence à sua Casa ... como seu *kukràdzà* [*kukràdjà*], o que se traduz como porção" (1986, p.65). A afirmação revela um uso análogo ao que os Xikrin fazem com respeito a suas prerrogativas cerimoniais, de modo geral. Isso parece indicar que os termos *möja*, *nêkrêjx* e *kukràdjà* podem ser utilizados de maneira semelhante e, em alguns contextos, de modo intercambiável.[12] Vanessa Lea observa ainda que *kukràdjà* pode ser utilizado para designar o esqueleto humano, "como quando alguém ... disse que uma velha trouxe todo o *kukràdzà* (os ossos) de sua filha, da aldeia velha para a nova ... " (1986, p.65). No Cateté, os Xikrin fazem um uso burlesco da palavra, que pode compor um dos apelidos jocosos de determinado companheiro de turma. Assim, quando querem satirizar um indivíduo pelo tamanho de seu órgão sexual, podem designá-lo *kukràdjà-ti-re* (onde *ti* ≈ aumentativo; *re* ≈ nominalizador, diminutivo, aproximativo) – cuja tradução, para manter o espírito cômico, seria algo como 'bem-dotado'.

Clarice Cohn ressalta que a palavra "define, para os Xikrin do Bacajá, *tanto um conhecimento coletivo*, compartilhado, *como o que é segmentado* (2000, p.132, grifo meu). Fisher (1991, p.315) traduz o termo por *"pieces stuff"* ('partes', 'porções' de alguma coisa). Também os linguistas missionários do Summer Institute of Linguistics, em suas traduções de cartilhas e Bíblia em língua mebêngôkre, apontam para *kukràdjà* o sentido de 'parte': *kukràdjà ja* ('esta parte'); *kukràdjà apari* [*mã*] ('parte de baixo') etc. Em português, a palavra *'parte'* tem como sinônimos 'pedaço', 'quinhão', mas também 'atribuição', 'função', 'papel' – o que a torna particularmente adequada para uma definição genérica de *kukràdjà*.

---

12 Não obstante, há uma diferença sintática no uso das palavras *kukràdjà* de um lado, e *nêkrêjx* e *mõja* de outro. Em língua mebêngôkre existem substantivos flexionáveis que podem ser classificados em dois tipos: 'posse inalienável' ou 'alienável'. Exemplos de nomes de posse *inalienável* são os termos de parentesco e partes do corpo humano, que são flexionados diretamente ou com posposição *opcional*. Assim *bam* ≈ 'pai'; *i-bam* ≈ 'meu pai' (onde *i* ≈ flexão de 1ª pessoa), *mẽ-bam* ('os pais', 'pai deles'). Igualmente, *krã* ≈ 'cabeça'; *a-krã* ≈ 'tua cabeça' (onde *a* ≈ flexão de 2ª pessoa). Nomes de posse *alienável* exigem obrigatoriamente uma posposição (*nhõ* ou *bê*) para licenciar um complemento. Assim *kikre* ≈ 'casa'; *i-nhõ-kikre* ≈ 'minha casa'. Até onde sei, *kukràdjà* é um nome de posse inalienável, ao passo que *nêkrêjx* e *mõja* são alienáveis. Diz-se *i-kukràdjà*, mas *i-nhõ-nêkrêjx*. Por essa mesma regra, não se pode dizer, por exemplo, *mẽ kubẽ* para pluralizar a palavra 'estrangeiro' – que é um nome alienável – sendo necessária a posposição *bê*. O plural correto seria: *mẽ bê kubẽ*, o que não é todavia indispensável, uma vez que a marcação de número não é obrigatória nos sintagmas nominais (Salanova, com. pessoal).

De fato, quando um Xikrin se refere a um de seus papéis cerimoniais ou determinadas prerrogativas cerimoniais, diz *i-kukràdjà* (onde, *i* ≈ flexão de 1ª pessoa absolutiva; possessivo) que poderíamos traduzir então por 'minha parte, minha atribuição, meu privilégio', ou seja, 'aquilo que me cabe'. Desse modo, seguindo os argumentos de Giannini (1991, p.97), os Xikrin distinguem as prerrogativas, atribuições ou conhecimentos que são de um indivíduo, dos que são *mekunī kukràdjà* (*kukràdjà* de todos), ou mesmo de determinada categoria de idade (*menõrõny kukràdjà*), ou genericamente de homens ou mulheres (*memy kukràdjà, meni kukràdjà*). Há, assim, algo que se chama de *mebêngokre kukràdjà*, que não parece englobar totalmente, e sim existir ao lado de *i-kukràdjà* ('o meu *kukràdjà*'), do *kukràdjà* de alguém (*mẽ õ kukràdjà*), do *kukràdjà* de gente velha, de homens ou de mulheres, em particular.

Acabei de mencionar que o termo foi traduzido tanto pelos antropólogos, quanto pelos Mebêngôkre por 'cultura'. Significativamente, porém, de maneira distinta do nosso conceito antropológico (ou relativista) de cultura, que, a despeito de suas diversas definições, remete, desde sua extração romântica, mais ou menos imediatamente a uma noção de *todo*, parece que, para os índios, o termo *kukràdjà* remete a uma noção de *parte*. Melhor dizendo, a ideia de *kukràdjà* parece mais próxima ao conceito humanista de cultura, no qual esta é entendida como uma espécie de *aquisição*: algo (conhecimentos, saberes, costumes) que a pessoa (o indivíduo, a coletividade) deve ir acumulando de modo a tornar-se pleno agente ou sujeito moral (Barnard & Spencer, 1996, p.136). É possível, assim, ter mais ou menos *kukràdjà*, ter *kukràdjà* de um tipo ou de outro. Entre os Xikrin, além disso, é preciso sempre especificar da 'cultura' (isto é, do *kukràdjà* ou da *parte*) de *quem* se está falando: 'minha' (*i-kukràdjà*), 'do meu avô' (*i-ningêt kukràdjà*), 'de alguém' (*mẽ õ kukràdjà*), 'de muita gente' (*mẽ kumejx nhõ kukràdjà*), 'de todo mundo' (*mẽ kunī n kukràdjà*), dos Mebêngôkre (*mebêngôkre kukràdjà*).

Ademais, como observou Fisher:

> os Kayapó ... reconhecem que a circulação de *kukràdjà* ... vai muito além dos limites do território aldeão habitado por eles. *Kukràdjà* é frequentemente descoberto fora da aldeia, em meio a povos vizinhos, animais selvagens e mesmo entre os brancos. (2001, p.118)

A 'cultura' mebêngôkre não seria, destarte, uma totalidade circunscrita, mas parte de um fluxo de conhecimentos, saberes e atribuições que povoam o cosmo e podem ser adquiridos e apropriados em diversos níveis, do indivíduo a uma coletividade mais larga. Ela pode, portanto, receber sucessivos aportes (ou perdas), isto é, novas *partes*, novos conhecimentos ou atribuições, que passam a compor, então, uma nova parte de *alguém* (o apropriador: xamã, guerreiro, chefe) e, eventualmente, uma nova parte de todos os Mebêngôkre. Assim, os *kukràdjà* (e entre eles, os *nêkrêjx*) que um indivíduo descobre e apropria de um Outro – vistos como 'coisas belas' (*möja mejx*) ou poderosas (*töjx, àkrê*) – tornam-se como que uma parte distintiva de sua própria pessoa (*i-kukràdjà*), e um signo da relação então estabelecida com esse Outro. E, como tal, poderá ser transferido a seus parentes.

Há aqui um ponto importante a observar. Por um lado, os *nêkrêjx* podem designar 'tudo aquilo que alguém amontoa', e *kukràdjà* pode designar toda uma variedade de conhecimentos e hábitos, um modo de vida. Por outro, uma parte desses *nêkrêjx* e *kukràdjà* possui uma característica específica, que é justamente *sua vinculação cerimonial*. Assim como os nomes bonitos, alguns *nêkrêjx* e *kukràdjà* caracterizam-se, já o sabemos, por 'aparecerem' (*ami rĩt*) no contexto ritual. Tal aparecimento funciona como confirmação ou consumo sacrifical desses *kukràdjà*, como procurei argumentar. É basicamente no ato cerimonial que os *nêkrêjx* e *kukràdjà* são ensinados pelos adultos aos seus *tàbdjwö* e mostrados a todos. De acordo com Cohn:

> Os Xikrin [do Bacajá] dão como motivo da participação da criança desde cedo nos rituais, em primeiro lugar, a importância de que ela mostre (e não que aprenda) seu lugar em dado ritual, de que seu *kukràdjà* 'apareça', seja 'mostrado' (*amerin* [*ami rĩt*]). (2000, p.98)

Entre os Metyktire, segundo Vanessa Lea (1986, p.272), o modo mais legítimo de transmitir ou confirmar a transmissão de um papel cerimonial ocorre quando um homem ou uma mulher carregam no colo seu *tàbdjwö* desde pequeno, enquanto desempenham o papel que lhes cabe durante a execução de determinado ritual.

Parece haver, portanto, quanto aos objetos, conhecimentos e atribuições (*möja, nêkrêjx* e *kukràdjà*) uma repartição análoga à que se percebe no conjunto de nomes pessoais mebêngôkre. Uma separação entre aspectos *ordinários* (comuns) e *extraordinários* (bonitos) – este vinculado, justamente, ao universo cerimonial, com todas suas conexões mítico-históricas com a alteridade. Tal divisão aparece, por exemplo, explicitamente nas palavras de um informante de Vanessa Lea:

> Ele disse que o termo *nekrets* inclui coisas 'comuns' (*kakrit*), como cabaças, bordunas, arcos e flechas, *que todos têm* ... *A propriedade que pertence a cada Casa, e não a todo mundo, é considerada 'bonita'*. (1986, p.266, ênfases minhas)[13]

Essa repartição parece, a meu ver, estar de algum modo associada a uma observação de Coelho de Souza (2002, p.573) a respeito do que chamou de "dupla face" dos nomes entre os povos Jê. Examinando comparativamente o que as etnografias trazem sobre a onomástica desses grupos, a autora questionava-se a respeito de uma suposta contradição: "como pode ser o nome aquilo que distingue o ser humano dos animais e dos selvagens [algo que distingue um certo modo de vida específico, portanto], ... se ele se origina, justamente, entre os animais e os selvagens?" (ibidem). Formulada nesses termos, a pergunta é capaz de nos levar longe, já que poderia ser refeita, de um ponto de vista mais geral, a respeito da própria 'cultura' mebêngôkre. Em outras palavras, como a 'cultura' mebêngôkre pode ser considerada, precisamente, *mebêngôkre-kukràdjà* – algo que os distingue dos animais e dos selvagens (*kubẽ*) –, se os *kukràdjà* têm origem entre os animais e os selvagens: o fogo, a agricultura, os nomes, os cantos, a plumária, as cerimônias, os adornos.

A resposta parece igualmente clara. O aparente paradoxo se dá porque os *kukràdjà* – essas *partes* de gente que podem ser transferidas de um lado a outro – 'foram' (no 'mito') e continuam sendo (na 'história') *capturados, tomados e apropriados* de Outros. Parafraseando a fala do informante xikrin citada anteriormente a respeito do dinheiro, trata-se de um processo infinito de fazer do *kukràdjà*, como possibilidade virtual de diferenciação, *o nosso próprio kukràdjà*; o meu *kukràdjà*, o mebêngôkre

---

13 Vanessa Lea também aponta a existência de *nêkrêjx* considerados ruins (*punure*) e *nêkrêjx* considerados bons ou bonitos (1986, p.351).

kukràdjà. Há um momento, portanto, em que o *kukràdjà* objetifica-se, incorpora-se e passa a funcionar como um especificador, marcando diferenças ('culturais', no sentido agora mais antropológico do que humanista do termo) entre as gentes. A pergunta de Coelho de Souza está no cerne mesmo do problema da constituição dos coletivos indígenas a partir de, ou 'contra', aquilo que Viveiros de Castro (2000a, p.419) chamou de "fundo de socialidade virtual". Ao levantar a pergunta: "em relação a quê são os coletivos amazônicos definidos e constituídos?", o autor expõe sua formulação:

> Sugiro que esses coletivos são definidos e constituídos em relação, não a uma sociedade global, mas a um fundo infinito de socialidade virtual. E sugiro que tais coletivos se tornam locais, isto é, atuais, ao se extraírem desse fundo infinito e construírem, literalmente, seus próprios corpos de parentes. (2000a, pA18)

No caso mebêngôkre, esse movimento de autoextração é, em certo nível, expresso discursiva e praticamente por uma dinâmica de apropriação de capacidades alheias: capturar os *kukràdjà* de um Outro (fogo, agricultura, nomes, *nêkrêjx*, mercadorias e dinheiro) e fazê-los *mebêngôkre kukràdjà*. Ele envolve a relação que Viveiros de Castro denominou "predação ontológica", mutuamente constitutiva de sujeito e objeto nas cosmologias ameríndias (2002a, p.165). Nesse sentido, cabe mencionar uma recente observação de Fausto:

> A predação está ... intimamente associada ao desejo cósmico de produzir o parentesco. Todo movimento de apropriação detona um outro processo de fabricação-familiarização, que consiste em dar corpo ao princípio exterior de existência e fazê-lo interior ... Na feliz expressão de Vilaça (2002), a familiarização é um meio de fazer parentes *out of others*. (2002, p.15)

No entanto, como chama atenção Coelho de Souza, ao cabo desse processo de incorporação, é preciso recomeçar: "A construção do parentesco é a desconstrução da afinidade potencial; mas a reconstrução do parentesco ao fim de cada ciclo deve apelar para esse fundo de alteridade dada que envolve a socialidade humana" (2002, p.580). Com isso, a autora chega ao *ritual* como aparato reprodutivo que permite a retomada do ciclo. Chega, igualmente, à diferença entre aspectos *ordinário* e *extraordinário* da ação social, que lhe permite propor a distinção entre *pessoa* e *agente*.

> A distinção que quero sugerir entre pessoa e agente corresponde em certa medida a esta diferença entre o 'ator social ordinário' e o 'agente provido dos poderes criativos dos seres míticos'. A ação social ordinária corresponde à fabricação do parentesco e assim de seres humanos, mas a metamorfose ritual seria essencial para a reposição das condições desse processo ... para produzir parentes-humanos, é preciso, às vezes, desumanizar-se. (Coelho de Souza, p.580-1)

Tal distinção permite, ainda, a Coelho de Souza proceder à separação analítica entre as diferentes operações sobre o corpo: aquelas que visam a sua fabricação e aquelas que visam a sua metamorfose. Distinção que corresponderia, segundo ela, à dupla face dos nomes. De um lado, uma face interna: "o aspecto 'corpo' do nome, [o] nome como constituinte da pessoa"; de outro, uma face 'externa': "que remete ao exterior e ao sobrenatural ... , faz do portador um protagonista mítico, um ancestral, um personagem ritual, um animal" (2002, p.581-2).

> O nome, de um lado, é 'corpo', mais especificamente, 'pele' ['veste' a pessoa]. Esse aspecto do nome, sugiro, corresponde à objetificação das relações que constituem a pessoa como parente, e assim às transações entre 'cruzados' e 'paralelos', 'nominadores' e 'genitores', 'mentores' e 'propagadores', bem como 'maternos' e 'paternos' ... Mas o nome é também, sob outros aspectos, 'alma': ele sobrevive à morte ... e está ligado ao ritual e a seus personagens. (Coelho de Souza, 2002, p.573)

Os nomes, portanto, são como dobradiças: ao mesmo tempo signos (objetivações) de relações de parentesco e de relações de 'predação' com um Outro, de quem esses nomes são capturados em algum momento. Em certo sentido, malgrado o fato de os Mebêngôkre terem concebido uma outra separação, formal, entre nomes bonitos e comuns (em que os primeiros são marcados por determinados prefixos, ou classificadores), poderíamos dizer que essa "dupla face" apontada por Coelho de Souza equivaleria aos aspectos comum (ou falsamente bonito) e bonito (verdadeiramente bonito) dos nomes. Com efeito, os nomes só são bonitos *de verdade*, justamente, quando se ativa sua face 'alma', por assim dizer: quando são ressubjetivados por meio do ritual. Isto é, não basta que o nome seja formalmente bonito, é preciso que ele seja consumido sacrificialmente para ser verdadeiramente bonito.

Quanto aos *nêkrêjx* e *kukràdjà*, o mesmo se aplica. Eles também possuem um aspecto comum (ou ordinário) e bonito (ou extraordinário): são, ao mesmo tempo, o que faz o modo de vida mebêngôkre (são também uma 'pele' ou um 'corpo') e o que remete ao modo de vida ('pele' e 'corpo'; cf. *meàkà* ≈ pele de pássaro) de Outros que, um dia, os possuíram – e que, pela predação e pelo ritual, os Mebêngôkre fazem-nos *seus*, isto é, *mebêngôkre kukràdjà*. *Nêkrêjx* e *kukràdjà* também "sobrevivem à morte" (enquanto forma) e fazem do portador um protagonista mítico, um personagem ritual, um animal ou um estrangeiro. No entanto, pode-se perceber uma diferença em relação aos nomes, pois se o aspecto extraordinário dos *nêkrêjx* (ou *kukràdjà*) também está ligado ao cerimonial (à sua ressubjetivação na transformação ritual), isso por si só não parece garantir sua *verdadeira beleza*, ao contrário do que ocorre com os nomes. Não basta ser consumido sacrificialmente, é preciso que ele seja *único* (*pydji*), ou *exclusivo*, para ser verdadeiramente bonito.

Não tenho, por enquanto, explicação para essa diferença na forma como os Mebêngôkre atribuem a verdadeira beleza a nomes e *nêkrêjx*. O que posso fazer é observar alguns pontos. Os *nêkrêjx* parecem mais suscetíveis à desvalorização que os nomes; ou, de alguma maneira, circulam mais, e por isso acabam desvalorizando-se mais rapidamente. Sabe-se que há um número bem maior de nomes cerimoniais do que de *nêkrêjx*, e os nomes são mais individualizantes. Os nomes são uma criação ou invenção da ordem da linguagem, ao passo que os *nêkrêjx* e *kukràdjà* possuem materialidade ou concretude. Assim, alguns *nêkrêjx* possuem também um aspecto que chamaríamos de utilitário, que poderia, eventualmente, sobrepujar o aspecto cerimonial, de maneira que o proprietário original sinta-se na obrigação moral de compartilhar com mais gente ou abandoná-lo como prerrogativa privada. Isso ocorreu com diversos itens que os Mebêngôkre obtiveram dos brancos (ferramentas de aço, animais, como cães e galinhas etc.). Entre os Xikrin, pode ter ocorrido também com alguns objetos de cestaria, tal como o *waraba'ê* (caixa de palha), que teria sido, em tempos antigos, *kukràdjà* de poucos indivíduos, mas atualmente era de todos.[14]

Certos *nêkrêjx* são vinculados a alguns nomes e transmitidos junto com eles. Em geral, isso é explicado pelos mitos e narrativas, pois foram determinados personagens que conquistaram certos *nêkrêjx*: assim, associa-se o nome do personagem ao item. Os direitos a cortes de carne, por exemplo, eram, num passado remoto, marcados por nomes pessoais: desse modo os nomes *Mo-te* ('perna de veado'), *Angrô-te* ('perna de pecari'), *Rop-ma* ('fígado de onça'), *Nhàk-pa* ('braço de anta chamada *Nhàk*'), davam ao possuidor o direito correspondente à peça do animal. Há mais *nêkrêjx* ou *kukràdjà* compartilhados por um grupo de pessoas do que nomes. Um nominador – pelo menos entre os Xikrin (não sei se o mesmo se passa nos demais Mebêngôkre) – não transmite um mesmo nome para mais de um *tàbdjwö* da mesma geração, mas pode eventualmente transmitir um mesmo *nêkrêjx* para vários *tàbdjwö* da mesma geração. O que parece, aliás, contraditório com o que venho descrevendo: seria esperado que se evitasse a dispersão, já que implicaria a desvalorização do *nêkrêjx*. Contudo, há que se lembrar que uma pessoa, geralmente, possui mais nomes que *nêkrêjx*. Se ela quiser distribuir seu conjunto de nomes e *nêkrêjx* para alguns *tàbdjwö*, acabará tendo que repetir um *nêkrêjx* para mais de um *tàbdjwö*, ou deixar alguns deles sem *nêkrêjx*. Por exemplo: um homem tinha um conjunto de oito nomes (dos quais três bonitos e cinco comuns) e três *nêkrêjx*. Dos oito nomes, transmitiu três (dos quais um bonito) para o neto A (DS), e outros dois nomes (dos quais um bonito) para um neto B (SS). Ainda não havia transmitido três nomes. Os *nêkrêjx* (x, y, z) foram distribuídos da seguinte forma: o neto A recebeu dois (x, z); o neto B recebeu um (z); um outro neto C (SS), que não ganhara nomes do avô, recebeu

---

14 Fabíola Silva (2000, p.95-134) fez levantamento e análise sobre a produção de cestaria entre os Xikrin do Cateté, mostrando como alguns cestos bolsiformes, embora considerados *kukràdjà* de todos, podem ser ornamentados de maneira diferenciada, com enfeites cuja prerrogativa é pessoal. A autora demonstra como alguns cestos, por exemplo o paneiro denominado *kà kumrenx*, são concebidos pelos Xikrin como um 'corpo humano', e pintados e adornados como tal (ibidem, p.107ss.).

dois (x, z); e um quarto neto D (DS), que também não ganhara nomes do avô, recebeu um (y).

Além disso, poucas pessoas sabem todos os nomes umas das outras (geralmente apenas os pais e os nominadores conhecem todos os nomes de seus filhos), ao passo que a maioria dos *nêkrêjx* de uma pessoa são vistos por todos, quando aparecem e são dados a público no ritual. Os nomes têm um caráter mais privado do que os adornos cerimoniais. Talvez se possa pensar nos *nêkrêjx* como um segundo nível de embelezamento, já que os Xikrin afirmam que não há ninguém sem pelo menos um nome bonito (embora nem todos tenham sido feitos verdadeiramente bonitos), mas há gente sem nenhum *nêkrêjx*. Algumas mulheres mais velhas afirmavam que *nêkrêjx* era coisa de homem. *Memy bit ne mẽ nho nêkrêjx* ('só os homens possuem *nêkrêjx*'). Porém, negavam quando eu lhes perguntava se igualmente apenas os homens possuíam nomes bonitos. Ou, então, talvez os nomes sejam considerados mais fortes e mais poderosos do que os *nêkrêjx*, uma vez que esses já possuem certa materialidade e corporalidade, como falei, ao passo que aqueles são pura incorporeidade, remetendo, no pensamento mebêngôkre, a um plano mais 'primitivo', no sentido de originário, da diferença entre os seres; um plano "pré-cósmico [pré-corpóreo] dotado de transparência absoluta" (Viveiros de Castro, 2000a, p.419).

Mesmo sem resolver por ora a questão, podemos nos valer, metaforicamente, de uma dicotomia tornada célebre na etnologia indígena por Lévi-Strauss (1971), e considerar os aspectos bonito (extraordinário) e comum (ordinário) de nomes e *nêkrêjx* (ou *kukràdjà*) como aspectos *cru* e *cozido*. Evoco aqui um trabalho recente de Fausto (2002), em que o autor discute a distinção entre canibalismo e alimentação nos sistemas amazônicos e o problema que o consumo da caça coloca num universo transformacional em que animais são 'pessoas' e o contágio, em geral, pela ingestão de carne ou sangue, tem a capacidade de efetuar metamorfoses. Segundo ele, "haveria ... duas modalidades de consumo: uma, cozida, cujo objetivo é alimentar em sentido estrito; outra, crua, cujo fim seria apropriar-se de capacidades anímicas da vítima" (2002, p.18). O autor propõe redefinir o canibalismo como "consumo da parte-ativa do outro" (p.33). Dessa maneira:

> ... é canibal toda devoração (literal ou simbólica) do outro em sua condição (crua) de pessoa, condição que é o valor *default*. Já o consumo não canibal [alimentar] supõe um processo de dessubjetivação da presa. (2002, p.19)

Transportando o caso para os Mebêngôkre, estamos agora em condições de entender melhor o aparente paradoxo de uma apropriação anímica ('canibal' nos termos analíticos de Fausto), que se funda na 'predação ontológica', mas que não se apresenta empiricamente como canibal. Sustentei que aquilo que Fausto chama de "parte-ativa" do Outro é, no universo mebêngôkre, apropriada na forma de *objetos*, no sentido restrito de objetivações técnicas e estéticas do Outro (nomes, cerimônias, cantos, adornos, armas, matérias-primas etc.). E que esses são consumidos 'crus' no momento ritual. Em outras palavras, sugeri que a confirmação ritual de nomes e *nêkrêjx* (ou *kukràdjà*) é um momento em que eles são ressubjetivados e consumidos no seu aspecto *cru*. No univero mebêngôkre, não podemos falar de canibalismo ritual, e sim de *ritualismo canibal*.

Quero reter, agora, a ideia do cozimento como dessubjetivação. É preciso entender, como nota Fausto (p.17-8), a dessubjetivação como um processo complexo, que requer diferentes operações, da qual a cozinha é apenas uma etapa. De qualquer forma, podemos dizer que a cozinha é o processo que permite fazer, do animal caçado, *comida*: algo que, dessubjetivado, se presta à circulação universal entre os Mebêngôkre.[15] Por outro lado, a própria circulação também pode ser vista como um tipo de cozimento ou processo de dessubjetivação. É assim que entendo a *desvalorização* dos *nêkrêjx* (e *kukràdjà*) que circulam demais e se tornam *nêkrêjx* ou *kukràdjà* "de todo mundo", deixando de ser verdadeiramente

---

15 Haveria aqui de se analisar uma série de desdobramentos. Sabemos que, entre os Mebêngôkre, nem toda caça pode ser consumida indiscriminadamente; há animais de caça mais resistentes à dessubjetivação (como onça, por exemplo), e que são consumidos de forma terapêutica para garantir um quociente de 'força' e 'dureza' a determinadas pessoas; há momentos de resguardo etc. Mesmo assim, pode-se manter a ideia da comida – sobretudo, o produto agrícola (que pode ser entendido como um alimento 'duplamente cozido', pois já se cozeu na terra) – como algo que se presta à circulação universal entre as pessoas.

bonitos. Tornam-se comuns, ordinários e, por conseguinte, mais mansos (*uabô*), menos poderosos (*àkrê*); com isso, tornam-se menos distintivadores, menos capazes de efetuar a transformação ritual diferencial.

Tomando-se nomes e *nêkrêjx* em conjunto, é possível perceber que seu verdadeiro valor agentivo – sua verdadeira beleza – depende de sua ressubjetivação ritual e da obstrução de sua dessubjetivação excessiva (que ocorre por meio da circulação não restrita). A diferença está no peso de cada um desses dois movimentos para a assunção da verdadeira beleza de nomes e *nêkrêjx*. Para os nomes, que já são, em certo sentido, mais exclusivos e individualizantes, maior ênfase é posta em sua ressubjetivação ritual (na confirmação) como ato que afirma a beleza ou a sobre-beleza, o sobre-valor. Para os *nêkrêjx*, maior ênfase é posta na sua menor dessubjetivação (circulação limitada), o que se reflete na importância da *exclusividade* como aquilo que afirma a sobre-beleza. Entretanto, os nomes também não podem circular demais, como já discuti anteriormente.

Talvez, com essa formulação, possamos entender de outro modo a afirmação dos Kayapó, apontada por Vanessa Lea, de que os nomes (e *nêkrêjx*) devem *voltar às casas*. Minha sugestão é que isso ocorre, não porque as Casas sejam 'donas' dos nomes, enquanto entidades corporadas que preexistem às relações que as constituem, mas porque essa é uma forma de controlar a circulação e evitar o 'cozimento' de nomes e *nêkrêjx*. Caso esses circulem demais, alguém sempre tem a opção de abandoná-los, deixá-los (*kanga*) para os outros. Alguns podem se contentar com nomes e *nêkrêjx* menos valorizados (ou com uma quantidade menor); outros – a 'boa gente' (*mẽ rax*), os 'poderosos' – se não conseguem evitar sua dispersão e o consequente 'cozimento', podem preferir realizar novas incursões heroicas ao exterior, na busca por novos *nêkrêjx* mais 'crus'.

Os Mebêngôkre procuram, de certa forma, privatizar os meios que possibilitam o embelezamento e, portanto, a maior ou menor agência, no sentido destacado por Coelho de Souza. A ação social extraordinária que faz da pessoa um agente e, por conseguinte, o controle sobre as relações sociais que a possibilitam tendem a ser desigualmente distribuídos. Isso se manifesta na tentativa de controlar a assunção de beleza, o que acaba por restringi-la. A agência e a beleza, portanto, são uma questão de 'poder' na sociedade mebêngôkre.[16] O processo cumulativo de incorporação – e da constituição de *mebêngôkre kukràdjà* – parece ser visto como algo que pode levar a uma perda progressiva do caráter extraordinário ('cru') daquilo que se extrai do Outro. Daí, penso, essa busca por manter, em alguma medida, o controle sobre os objetos que se obtêm pela relação predatória (xamânica ou guerreira). Daí, também, a tentativa de manter, em alguma medida, o caráter 'privado' do próprio mecanismo de ressubjetivação, isto é, o ritual, que deve ser sempre patrocinado por aqueles que possuem condições de arcar com seu custo. Essa possibilidade de perda progressiva de valor dos signos de relação com a alteridade tem o efeito de dinamizar a lógica apropriativa, isto é, o aspecto "centrífugo" (Fausto, 2001) do sistema reprodutivo mebêngôkre.

Anteriormente, falei que a verdadeira beleza dos nomes depende não apenas de sua ressubjetivação ritual, mas também de se evitar a sua circulação. Igualmente, afirmei que a verdadeira beleza dos *nêkrêjx* parece depender mais de se evitar a sua circulação (quanto mais exclusivo ou único, mais valor possui) do que de sua confirmação cerimonial. É nesse ponto que pretendo fechar o círculo e voltar finalmente às mercadorias.

De volta ao mundo das mercadorias

Descrevendo os modos pelos quais os Xikrin vêm fazendo uso das mercadorias, deparei-me com o fenômeno que, utilizando o termo de Coelho de Souza, posso chamar de 'dupla face' das mercadorias: 'interna' e 'externa', 'corpo' e 'alma', 'cozida' e 'crua' – ou, como vim registrando, mercadorias como signos de relação entre gente mebêngôkre e de relação com a alteridade do *kubẽ*. Foi o que tentei demonstrar, discernindo um consumo mais ou menos irrestrito – que se presta à circulação geral, em que os objetos dos brancos são tratados, de certa forma, como 'comida', como coisas 'ordinárias' (*dessubjetivadas*), que todos possuem

---

[16] Talvez isso esteja relacionado à inexistência, entre os Mebêngôkre, de grupos cerimoniais sociocentrados de tipo 'clânico' (Coelho de Souza, 2002), tais como as metades onomásticas timbira.

ou podem possuir –, e um outro consumo (que chamei de diferencial), em que os Xikrin buscam manter um grau de *exclusividade*, de diferenciação interna, que se manifesta na tentativa – efetivamente alcançada pelos chefes e suas parentelas – de restringir e manter um controle diferencial sobre o dinheiro e as mercadorias.

A comparação com a dinâmica dos nomes e *nêkrêjx*, e do *kukràdjà* de maneira geral, como a entendo, permite dizer que a tentativa de manter os objetos dos brancos sob uma circulação restrita, conservando, assim, certa exclusividade, está relacionada à tentativa de manter seu *sobrevalor* ou sua 'verdadeira beleza', ou seja, a face *subjetivada* desses objetos – seu aspecto extraordinário. Assim como nomes e *nêkrêjx*, as mercadorias têm servido para internalizar uma diferença de beleza entre as pessoas. A comparação se dá em duas pontas, pois as mercadorias estão funcionando como *nêkrêjx* também porque os *nêkrêjx* apresentam *dois aspectos*: há os *nêkrêjx* ordinários, "que todo mundo possui" – ou, para utilizar a formulação do informante de Lea (ver p.314) – os *nêkrêjx* 'comuns' ou *kakrit*. O mesmo problema se põe nos dois casos: evitar que esses objetos se tornem "de todo mundo", coisas comuns (*kakrit*). Porém, em certo sentido, é preciso que algumas coisas tornem-se comuns, constituindo justamente o *mebêngôkre kukràdjà*.

Portanto, uma análise do sistema de nomes, *nêkrêjx* e *kukràdjà* em geral, permite demonstrar que o modo de relação com a alteridade e o modo de 'processar' sociologicamente os signos dessa alteridade operam da mesma maneira quando se trata da relação com os brancos e com seus objetos. Presenciamos ocorrer, hoje, com as mercadorias e o dinheiro dos Xikrin um movimento que sempre ocorreu com as coisas que os Mebêngôkre descobrem e capturam de outros tipos de seres e que está ligado ao modo como eles concebem e vivenciam a relação com a alteridade. A relação com o Outro é mediada por 'objetos': nomes, cantos, cerimônias, adornos, mercadorias etc. Repetindo mais uma vez a fórmula do informante de Vidal: trata-se de fazer das coisas dos *kubẽ* as *nossas próprias coisas*. Porém, como adicionava o outro personagem dessa parábola: *quero a minha parte em separado*. Meus argumentos, até aqui, procuraram mostrar que essas duas afirmativas não dizem respeito apenas ao modo como o dinheiro e as mercadorias foram e vêm sendo incorporados, mas correspondem a princípios bastante gerais da sociocosmologia mebêngôkre.

Dessa maneira, afasto-me das interpretações de Turner (1993a) sobre as mudanças sociais e o processo de apropriação das mercadorias pelos Mebêngôkre. Apesar de ter notado a analogia entre mercadorias e os *nêkrêjx*, a análise de Turner apresenta um desequilíbrio decorrente da hipótese do autor, já aludida no Capítulo 2, segundo a qual os Kayapó estariam, recentemente, constituindo uma "nova visão de mundo" (ou uma "nova consciência social"), que não substitui, mas coexiste com a "visão cosmológica tradicional". Esta é definida por Turner da seguinte forma:

> De acordo com tal visão tradicional, a sociedade kayapó é concebida como mais ou menos coincidente com a categoria do plenamente humano ... Os Kayapó concebiam suas próprias crenças e instituições sociais como continuações diretas do que foi estabelecido nos tempos' míticos pelos heróis culturais que criaram um padrão de humanidade e de sociedade humana, diferenciando-as da natureza. A sociedade e cultura Kayapó ... não eram vistas como produtos históricos de uma atividade social coletiva ..., mas como produtos fetichizados de seres sobre-humanos, quase-naturais, habitantes de um tempo qualitativamente diferente daquele da existência social atual. (1993a, p.58)

A noção de alienação – contida na hipótese de que os Mebêngôkre não viam seu mundo como produto de sua própria ação histórica – é uma influência direta do marxismo-estrutural e ocupa um papel central nos argumentos de Turner. O autor parece pensar a "cosmologia tradicional" mebêngôkre como *ideologia*, e vê toda a atividade ritual que implica a transformação em Outro, isto é, momento em que a ordem social ordinária é deslocada e os índios deixam seu aspecto social cotidiano para se tornarem 'misturas' de seres humanos e animais, tais como seres pré-cosmológicos, tais como os heróis culturais criadores que povoam o universo mítico – como uma produção fetichizada (autoalienada) da experiência social (Turner, s/d). Com o desdobramento das relações com os brasileiros, isto é, na "situação de contato", segue a hipótese de Turner, os Mebêngôkre teriam desenvolvido uma nova visão de mundo, não alienada, em que se percebem agora como agentes de sua própria história. Num certo sentido, 'desideologizaram-se', alcançando assim uma "nova consciência social", menos etnocêntrica. Além do que:

> Não apenas os brasileiros foram admitidos neste novo esquema conceitual enquanto seres plenamente humanos e sociais, como os Kayapó deixaram de se ver como o paradigma exclusivo da humanidade: passaram a ser mais um tipo étnico da humanidade, partilhando em certa medida sua etnicidade com outros povos indígenas, em comum oposição à sociedade nacional. (1993, p.58)

Turner faz a ressalva de que essa nova visão de mundo não substituiu a antiga, "mas passou a coexistir com ela, como se em um nível distinto, estando especificamente localizada sobre a interface da sociedade kayapó com a sociedade brasileira" (ibidem, p.59). Porém, o efeito é, apenas, tal como postular uma espécie de esquizofrenia cosmológica dos Mebêngôkre, além de conceder aos brancos (brasileiros) um estatuto ontológico absolutamente privilegiado. Ao longo do livro, procurei mostrar como tal interpretação, congelando (ainda que involuntariamente) a oposição mito-história, obscurece o entendimento do modo como os Mebêngôkre pensaram e vivenciaram, eles mesmos, sua própria história, e impede o autor de capturar o caráter intrinsecamente dinâmico e relacional – e, portanto, 'aberto', nunca totalizado – da socialidade mebêngôkre desde sempre.[17]

O fato é que tais ideias repercutem diretamente na análise de Turner sobre o modo como as mercadorias são apropriadas. No mesmo artigo em que afirma que "o significado e a valoração das mercadorias brasileiras dão continuidade ao padrão de alienação de poderes sociais em objetos que circulam entre as categorias constitutivas da estrutura comunal", o autor faz uma reflexão diferente, de certa maneira desconsiderando a associação das mercadorias aos *nêkrêjx* (que valeria apenas no nível da "cosmologia tradicional", mas não no nível da "nova visão de mundo"). Para Turner, então:

---

17 Uma crítica às interpretações de Turner é bem desenvolvida por Coelho de Souza (2002, Cap. 7).

> O valor das roupas, rádios e aviões para os Kayapó ... *reside acima de tudo na negação do contraste humilhante entre eles como seres 'selvagens' e os brasileiros como 'civilizados'*, contraste que os Kayapó experimentam como se definindo, de maneira simples e óbvia, em termos da posse e uso de tais bens ... A atribuição de poderes sociais à mercadoria (neste caso, especificamente, o poder de intermediar a integração dos componentes indígenas e brasileiros da nova totalidade social constituída pela situação de contato) surge, de um certo ponto de vista, como uma *transformação direta do fetichismo da mercadoria interno à própria sociedade capitalista brasileira*. (1993a, p.62, grifo meu)

Como tentei sustentar – à parte o fato de que esse contraste entre "selvagens" e "civilizados" é mais complexo do que sugere Turner, e que os Xikrin, em certo sentido, consideram os brancos como 'selvagens' (incapazes de reconhecer o parentesco) e a si mesmos como 'civilizados' –, componentes indígenas e estrangeiros "intermediados" por "objetos com poderes sociais" *fazem parte do modo de reprodução geral dos Mebêngôkre desde sempre, sendo o ritual o mecanismo de sua "integração"*. Em outras palavras, isso corresponde à "dupla face" (indígena e alheia) de nomes, *nêkrêjx*, *kukràdjà* e mercadorias. Assim, a atribuição de poderes sociais à mercadoria *não é* uma transformação direta do fetichismo capitalista, mas uma transformação do que poderíamos chamar do 'antifetichismo' mebêngôkre, pois esses objetos só têm valor na medida em que são *subjetivados*, reconectados a seus 'donos' originais, animais e *kubẽ*.

A diferença entre *nêkrêjx* e mercadorias está no fato de que, presentemente, essas (em sua grande maioria) saíram da esfera cerimonial e do sistema de transmissão correspondente.[18] É como se tivéssemos, então, um esquema tripartite. No que diz respeito aos *grandes nomes* – cuja obtenção é explicada nos mitos, mas continua ocorrendo por meio da atividade xamânica –, a confirmação cerimonial (ressubjetivação ritual) é preponderante para assegurar a beleza verdadeira, pois é quando se reafirma que esses nomes provêm dos animais e de seres míticos; porém, tenta-se igualmente evitar a circulação dessubjetivante por intermédio de procedimentos de controle da transmissão: 'empréstimos' e 'devoluções',

---

[18] Não só entre os Xikrin, como também entre outros grupos Kayapó, a julgar pelas informações de Lea, citadas no início deste capítulo.

direito ao usufruto e direito à retransmissão. No que diz respeito aos *nêkrêjx* – cuja obtenção também é explicada nos mitos, mas continuou ocorrendo, até a pacificação, por meio da atividade guerreira –, parece ser preponderante o caráter exclusivo e único, isto é, mais valor têm os itens que menos circularam; entretanto, eles também são vinculados ao ritual, momento em que aparecem como 'corpo' vivo de seus donos originários, sendo assim 'confirmados'. No que diz respeito às *mercadorias* – cuja origem, mas não a obtenção, é explicada nos mitos, e cuja obtenção ocorreu, até a pacificação, por meio da atividade guerreira, e hoje ocorre por meio da atividade política e comercial – parece restar apenas a importância da exclusividade e a tentativa de controlar a circulação dessubjetivante, já que as mercadorias não são 'confirmadas' cerimonialmente.

Disse que a origem das mercadorias é explicada no mito, mas que sua obtenção não o é porque, no mito que trata de sua origem, quem as 'obteve' (na forma de armas e outros objetos industrializados) não foram os índios, mas os brancos, ou melhor, o anti-herói Wakmekaprã. No mito, é ele quem captura e extrai as capacidades dos Mebêngôkre, convertendo-as em capacidade de produzir armas e mercadorias (Turner, 1988, p.199-204), constituindo a sociedade dos brancos diferenciada da sociedade dos índios. Uma comparação das diferentes versões mebêngôkre, apinajé e timbira dos mitos de origem dos brancos (Wilbert, 1978: narr. 43 a 51; Wilbert & Simoneau, 1984: narr. 28 a 36) permite supor que, apesar de filho de mãe índia, Wakmekaprã é filho de pai animal (cobra). O aparentamento com os índios fracassa em razão das constantes transformações xamânicas do personagem, que representam uma ameaça. Ocorre a disjunção e Wakmekaprã vai embora, dando origem aos brancos e seus objetos. A estrutura desse mito é inversa à de muitos mitos de aquisição mebêngôkre, particularmente a do mito do roubo do fogo da onça (Matta, 1970; Turner, 1988b), configurando uma espécie de *perda* de capacidades potenciais que os índios possuíam, mas que foram transferidas aos brancos. Wakmekaprã é um herói cultural, mas *do Outro*, isto é, dos brancos; um anti-herói, portanto.[19]

---

19 Para uma análise desse mito e uma crítica à interpretação de Matta (1970) sobre a história de Aukê, veja-se Turner (1988a, 1988b). O mito de Aukê pode ser dito um

Ora, os etnógrafos registraram que os Xikrin, e os Mebêngôkre em geral, procuraram inicialmente apropriar-se de muitos objetos industrializados dentro do mecanismo tradicional de apropriação de *nêkrêjx*. Sabemos que, nas primeiras fases do contato com os brancos, diversos itens apoderados foram tratados exatamente da mesma forma que os *nêkrêjx* tradicionais, sendo transmitidos dentro da regra, aparecendo nas cerimônias, quando serviam de veículo para a transformação ritual. Porém, em sua grande maioria, esses objetos foram deixando de ser utilizados dessa maneira. Apesar da desvinculação cerimonial, mostrei que, atualmente, os mesmos princípios permanecem operando sobre as mercadorias, embora sob uma nova forma e sob um novo ritmo (ou velocidade).

Tal modificação é resultado dos efeitos da contingencialidade histórica (o fato de os brancos terem feito parte da história mebêngôkre) sobre os princípios gerais de funcionamento do maquinário reprodutivo mebêngôkre. Infelizmente, não há informações suficientes acerca do processo de desvinculação das mercadorias (enquanto *nêkrêjx*) da esfera ritual e do sistema de transmissão cerimonial. No entanto, é importante considerar a mudança de escala do fluxo de objetos industrializados nas aldeias, derivada do estabelecimento de relações intensivas e duradouras com os brancos, depois do período da pacificação. É importante considerar também a(s) própria(s) forma(s) que toma(m) os objetos produzidos pelos brancos – objetos produzidos em escala industrial, maciçamente, que se repetem infinitamente iguais em suas multivariadas figuras e propósitos.

O fato de um mesmo princípio de processamento da alteridade continuar operando não garante, evidentemente, o sucesso da operação, ou melhor, não garante que a operação permanecerá a mesma independentemente da 'matéria' que se processa. Cerimônias, cantos, armas e adornos de outros coletivos indígenas, de um lado, e os objetos produzidos industrialmente pelos brancos e que só podem ser obtidos em relações

---

antimito, como sugeriu Matta, mas não pelas razões aventadas por ele, de que a narrativa marca o advento de uma" consciência ideológica" e a abertura da cosmologia timbira à história. Aukê é um antimito porque ele é o mito que nós, brancos, contaríamos, se fôssemos índios: afinal, trata-se do nosso roubo do fogo, a história de como aquele que veio a ser nosso ancestral conseguiu tirar o fogo (as armas de fogo) dos índios. História que os índios contam *por nós*, para nos explicar em seus termos.

mercantis, de outro, nem é preciso dizer, são coisas muito diferentes. No período anterior, ao contato sistemático com os brancos, os itens apropriados de outros povos indígenas eram produzidos no âmbito de um sistema técnico muito semelhante ao que os próprios Mebêngôkre conheciam. A importação de objetos era também a importação da técnica de fabricá-lo (quando necessário, pois, muitas vezes, as técnicas eram muito semelhantes), de maneira que o objeto, em si, poderia perder-se, mas seu conceito, e o *know-how* para fazer com que eles 'aparecessem' novamente continuava. As mercadorias são imperfeitas nesse sentido, pois elas não dão a chave para si mesmas. Não há como os Xikrin produzirem os objetos dos brancos, feitos em fábricas e com uma tecnologia incomensuravelmente distante da tecnologia indígena.

Os Xikrin já haviam se confrontado com situação semelhante outras vezes. Por exemplo, podia haver dificuldades de obtenção quando se tratava de matérias-primas (determinadas sementes ou conchas que entravam na fabricação de alguns adornos) inexistentes nos limites mais próximos do território xikrin, ou então processadas de uma forma difícil e muito bem-acabada, como era o caso das pequenas miçangas (de semente) perfuradas, fabricada por índios tupi (*kubẽ kamrêk*). Aí, era necessário realizar expedições longas e, com frequência, incursões bélicas contra esses grupos indígenas, na tentativa de obter tais itens.

Com os objetos dos brancos dava-se o mesmo problema. Para obter novos itens ou renovar o estoque, era preciso fazer contato. No entanto, como vimos em capítulos anteriores, a dificuldade desses contatos, os efeitos danosos, as mortes e as epidemias fizeram ver aos mebêngôkre o quão problemáticas poderiam ser relações não pacíficas com os brancos. Assim, a oferta de paz foi quase que imediatamente aceita por todos os grupos mebêngôkre praticamente quase ao mesmo tempo (anos 1950). A intensificação do contato e das relações nas décadas seguintes teve dois efeitos. Em primeiro lugar, os Mebêngôkre perceberam que os objetos dos brancos eram produzidos em quantidade e variedade nunca sequer imaginada. O lugar simbólico desses objetos, em consequência, foi alterado. Não se tratava mais de lidar com um chapéu vermelho, tomado a determinado ribeirinho ou comerciante de borracha ou peles, mas de confrontar-se com (dezenas de) milhares de chapéus de cores e formatos mais variados que não tinham um dono imediato, não eram produto, obra ou direito de ninguém *a priori;* eram produto de um *kubẽ* genérico. Em segundo, eles foram levados a concluir que, para obter tais objetos dos brancos, não era suficiente tratá-los como 'amigos' ou 'parente' (isto é, aceitar a paz e a promessa de dons que havia sido feita pelo órgão indigenista e pelos missionários). Era necessário adquirir um *kukràdjà* específico. Possuir os objetos dos brancos requeria, na verdade, um único outro e apenas um *kukràdjà:* o dinheiro.

A forma mercadoria dos objetos dos brancos e sua natureza de artefato industrial foram, a meu ver, fatores importantes para criar certa dificuldade em mantê-los dentro do sistema tradicional de circulação de itens de valor cerimonial, isto é, transmitido dentro de uma regra de parentesco fixa e 'aparecendo' durante as cerimônias. Não que alguns objetos não possam ser tratados assim, conforme já mencionado. Há também aquelas situações cerimoniais especiais, como o ritual de 7 de setembro descrito por Giannini, em que os Xikrin procuraram justamente 'encarnar' certas mercadorias para sua aparição ritual: os coletes da polícia e do Ibama deveriam ser originais ("autênticos"); o terno não poderia ser qualquer terno, mas comprado em Brasília etc.

Em meu auxílio, recupero aqui um argumento de Marilyn Strathern (1988), no contexto de uma discussão sobre os objetos em sociedades do tipo "dom" (Gregory, 1982) – sociedades em que o foco da ação social recai sobre a produção de relações sociais:

> Críticas à ideologia da mercadoria (ideologia que supõe que o trabalho seja uma coisa), ressaltam que, na verdade, o trabalho origina-se da atividade de pessoas. Se a ideologia do dom supõe que o trabalho produz relações entre pessoas, então uma crítica a essa ideologia poderia ressaltar que, se as relações sustentam-se por intermédio de coisas, essas coisas possuem uma existência independente, além de certas características, que também determinam a forma pela qual as relações são estruturadas. Porém ... o que é crucial não é a materialidade das coisas enquanto tal, isto é, o fato de essas coisas terem substância que será consumida e utilizada. O que importa é a forma específica que essas coisas tomam. (1988, p.176)

No caso mebêngôkre é como se seu sistema tradicional de transmissão cerimonial não tivesse dado conta da forma dos objetos que o *kubẽ* produz. Ou, ainda, é como se tivesse deixado de fazer sentido para eles a inscrição ritual dessas novas formas de objeto. Muitas coisas que os Mebêngôkre obtinham dos brancos, apesar de terem sido originalmente utilizadas como prerrogativas cerimoniais (ferramentas, peças de vestuário, animais), voltavam-se às atividades de produção de alimentos e/ou tornaram-se muito mais acessíveis, ou eram mesmo inapropriadas para a *performance* ritual, e foram sendo abandonadas como objetos de uso cerimonial, conforme se depreende dos relatos de Vanessa Lea e Verswijver, e das informações que coletei dos Xikrin.

Entre os Xikrin, desde muito cedo, o grupo de lideranças ascendentes procurou assegurar o controle sobre o que se conseguia dos brancos, isto é, procurou assumir a *mediação* da incorporação, independentemente do fato de que o que se conseguia dos brancos era ou não 'confirmado' cerimonialmente. E é provável que essa mediação tenha se expressado tanto em termos da *quantidade* quanto da *variedade* dos objetos. Porém, no caso dos Xikrin, houve outras contingências históricas, como a interferência indigenista do missionário Caron, cujo efeito foi dar início a um processo de comunização do acesso aos objetos dos brancos; e, pouco mais de uma década depois, o início das relações com a CVRD favoreceu o aumento do fluxo de mercadorias. O desenrolar dessa história já foi descrito. De qualquer modo, nas diversas aldeias mebêngôkre, o papel de mediadores continuou, em larga medida, cabendo a determinados indivíduos e famílias importantes (*mẽ rajx, mẽ mejx*), gente cuja motivação por grandeza e beleza impulsionava, tempos atrás, a dinâmica guerreira e o movimento apropriativo.

Reitero que a desvinculação dos objetos dos brancos da esfera cerimonial teve outros efeitos complexos sobre o sistema como um todo. Um deles foi o aumento da expectativa de que os 'mediadores' (no caso, os chefes) fossem generosos e pusessem em circulação mais ampla aquilo que se adquiria. Em outras palavras, um aumento da pressão no sentido da 'comunização'. Imagino que, no passado, os Mebêngôkre não vissem como obrigação de um chefe, ou de um bem-sucedido guerreiro, fazer circular para a aldeia inteira um dos *nêkrêjx* que ele tivesse capturado de um grupo inimigo. Ao lado disso, fora do sistema de circulação de bens tradicionais e da esfera ritual, os objetos dos brancos têm a tendência de 'cozinhar' mais rapidamente, o que dá vez a novos esforços dos chefes de criar nichos de consumo restrito, seja incrementando a quantidade, seja buscando novos itens de pouca circulação (consumo diferencial). Mas esses novos itens também não entram no sistema de transmissão tradicional, e o movimento tende a se repetir. Assim, o que deveria aparecer como 'beleza', acaba aparecendo como 'riqueza' – e é mesmo 'riqueza' nos termos mebêngôkre ("muitas posses, muita coisa").[20] Mas é também, num outro plano, 'beleza' (isto é, *agência, capacidade transformativa,* relação diferencial com a alteridade). Paradoxo de um consumo sacrifical que não ocorre ritualmente.

Esse movimento, em ciclo retroalimentado, parece vir repetindo-se ao longo da história recente em diversas comunidades mebêngôkre, variando apenas em relação ao maior ou menor tempo de contato, ou em relação a contingências que determinaram a escala do fluxo de mercadorias. Entre os Xikrin do Bacajá, por exemplo, vimos que uma circulação irrestrita tende a abranger apenas os alimentos industrializados, ao passo que outros bens são mantidos sob restrição, sendo de uso exclusivo de cada grupo doméstico (Fisher, 2000) e mais ainda dos chefes, que possuem aquilo que os outros não possuem. A mediação feita pelos chefes dá-se em ritmo de conta-gotas, o que parece proporcional a uma relativa escassez de mercadorias, ou aos "bens inconstantes", para usar novamente a expressão de Fisher.

Entre os Xikrin do Cateté, ao contrário, onde os recursos são abundantes em virtude do Convênio, foram estabelecidos mecanismos institucionais de circulação em larga escala (que os chefes tentam reduzir, apropriando-se de uma grande porcentagem dos recursos), e a distinção entre alimentos e outros objetos industrializados é borrada: os mesmos bens industrializados servem à circulação e à não circulação, e os resultados podem ser estranhos. Por exemplo: não só os 'bens' dos brancos (objetos industrializados não alimentícios) podem circular e ser consumidos como 'comida' mebêngôkre, mas também a "comida"

---

[20] Ainda que a 'beleza', como procurei demonstrar anteriormente (Capítulo 9), sempre estivesse relacionada à 'riqueza'. Mas essa não era uma conexão normativa ou mecânica, por assim dizer.

dos brancos (alimentos industrializados) pode circular e ser consumida de maneira equivalente aos 'bens' mebêngôkre: isto é, na forma de um consumo distintivo pelos chefes. Digo isso não apenas porque os chefes têm mais comida industrializada na despensa (bem ou mal, é possível que eles sempre tenham tido condições de ter mais comida em casa), mas porque podem consumir regularmente produtos alimentícios quase exclusivos, ou que pouca gente pode consumir cotidianamente: iguarias, refrigerantes, embutidos, doces e balas – produtos que acabam circulando e sendo consumidos, normalmente, em uma esfera restrita de casas e famílias. Num sentido bem específico, essa comida industrializada vem sendo consumida 'crua', isto é, em sua função distintivadora, como 'coisas belas'.

Paralelamente, a situação atual – marcada pelo fim das guerras, estabilização territorial, crescimento demográfico, aumento no fluxo de mercadorias –, além de intensificar as demandas pela circulação, acelerando o ritmo em que são ativadas as relações sociais entre as pessoas (que procurei descrever no capítulo anterior sob o rótulo de 'consumo no processo de fabricação do parentesco'), vem promovendo, no mesmo compasso, o incremento das atividades cerimoniais. Mas o efeito aqui também retroalimenta o movimento inflacionário, à medida que atinge os mecanismos de distinção ritual, ao ampliar as possibilidades de confirmação cerimonial dos nomes bonitos, que se manifesta no aumento do número de crianças e jovens celebrados nas cerimônias de nominação.

A tendência à universalização do estatuto cerimonial, se por um lado satisfaz um ideal coletivo de produzir pessoas verdadeiramente belas, por outro parece colocar um problema a mais para a distintividade da 'boa gente' (*mẽ rajx, mẽ mejx*). Com efeito, se muitas pessoas passam a ter nomes bonitos verdadeiros, e se diversos *nêkrêjx* vêm sendo utilizados cerimonialmente "por tudo mundo", talvez seja preciso buscar mais distintividade. Mas onde? No passado, os Mebêngôkre podiam eventualmente partir em busca de novos itens, fazendo guerra aos povos vizinhos. Hoje, só há os brancos e suas mercadorias ao redor. Ao longo da história, eles fizeram-se cada vez mais presentes no universo de relações sociais mebêngôkre, ao mesmo tempo em que se reduzia a presença de outros coletivos indígenas estrangeiros. Os brancos, enfim, estão por toda a parte e se tornaram uma espécie de 'alteridade conspícua'. Onde buscar a distintividade senão naquilo que os brancos produzem: objetos em profusão, mercadorias em escala industrial? A distintividade é buscada, então, sob a forma do aumento crescente do consumo, pois talvez não haja outro lugar a buscá-la.

Entretanto, o aumento de consumo só pode realimentar o ciclo, e disso resulta, no meu entender, o processo de consumo inflacionário que se observa entre os Xikrin do Cateté. No seu caso particular, esse movimento se manifesta, principalmente, na pressão sobre sua principal fonte de dinheiro e mercadorias: a CVRD. Nos últimos anos, os constantes aumentos na Verba Mensal favoreceram um aumento geral no consumo, de sorte que os chefes começam a criar uma nova diferenciação, por meio do consumo de bens de luxo: roupas de grife, telefones celulares, aparelhos eletrônicos mais modernos.

Nesse quadro, a atuação indigenista entre os Xikrin, calcada sem dúvida nas melhores intenções, acaba sendo outro catalisador na espiral inflacionária, na medida em que têm por objetivo, justamente, a *repartição igualitária* dos bens e recursos que os Xikrin possam adquirir em suas relações com os brancos. Tal é o sentido dos "Projetos Comunitários" que se tentam desenvolver entre os Xikrin. E daí vem também a enorme dificuldade de implementá-los, numa 'comunidade' em que a distinção interna é central, assegurando valor diferencial e 'poder'. Procurando provocar a 'comunização' das mercadorias e do dinheiro, terminamos por contribuir para novas tentativas de diferenciação, que só podem se realizar por meio do aumento do consumo. Mais uma vez, realimentamos o ciclo.

Considerações finais: Virando branco?

Ao fim desta longa trajetória, cabem ainda algumas palavras, antes inconclusivas do que conclusivas, porém finais. No decorrer do livro, procurei mostrar que o atual consumo inflacionário xikrin não deve ser visto como um epifenômeno da história do contato ou como deterioração cultural, mas como resultado de uma interação complexa entre princípios gerais da sociocosmologia mebêngôkre e condições históricas particulares sob as quais tais princípios operam e se atualizam. Analisei a forma pela qual as coisas dos brancos (dinheiro e mercadorias) vêm sendo apropriadas pelos Xikrin, levando em conta todo um universo simbólico em que as relações com a alteridade, e um sistema de 'processamento' dessas relações, determinam os sentidos e as práticas xikrin diante dos objetos.

Um eixo central do livro foi, por conseguinte, a tentativa de projetar os momentos de aquisição, circulação e consumo de dinheiro e mercadorias sobre um esquema em que se destacam dois vetores da ação conceitual (imaginativa) e vivida mebêngôkre, que chamei de 'identificação' e 'alteração'. O primeiro está associado a mecanismos de produção de identidades, de constituição de uma corporalidade e de uma moralidade específicas, que precisam ser partilhadas e reconhecidas coletivamente, estabelecendo os limites internos do modo de vida mebêngôkre. Em várias passagens, procurei descrever um aspecto desse movimento, mostrando o funcionamento do princípio de comunização dos valores simbólicos, que é sempre mediada, mas concorre para formar uma especificidade mebêngôkre pensada em termos de uma coletividade ampla, e que pode ser expressa na noção de *mebêngôkre kukràdjà*.

O segundo vetor está associado a um processo de diferenciação, sendo, de algum modo, um movimento no sentido inverso ao primeiro. Trata-se de evitar a comunização ampla e irrestrita de valores simbólicos, e isso se manifesta concretamente na tentativa dos mediadores de controlar a assunção diferencial de beleza (capacidades transformativas) que ocorre mediante o sistema ritual. Ao invés de um movimento no sentido de constituir o ordinário, o comum, e aquilo que permite a convivência entre iguais, esse é um movimento de afirmação do extraordinário, do incomum, do belo e do poderoso, que por definição estabelece os limites externos, por assim dizer, da vida mebêngôkre.

Se, no livro, dei um pouco mais atenção ao segundo vetor, é porque ele remete mais diretamente às relações com a alteridade e ao esquema geral da 'predação', que precisavam ser focalizados etnograficamente com o devido destaque, pois era isso que fornecia as chaves de interpretação e compreensão dos fenômenos que me propus examinar. Procurei destrinchar o funcionamento desse esquema 'predatório' para mostrar que a incorporação xikrin do dinheiro e das mercadorias – as coisas/conhecimentos/objetificações dos brancos, o *kubẽ*, avatar do estrangeiro, do inimigo, enfim, da afinidade potencial – é uma transformação de princípios relacionais de alcance mais amplo no universo mebêngôkre. Independentemente da ênfase, foi imperioso abordar também a linha da circulação e da comunização, que é parte inerente à estrutura.

De qualquer modo, o leitor especialista terá notado, esses dois vetores expressam uma influência do modelo que Viveiros de Castro (2000a) desenvolveu com base em Deleuze e Guattari e que denominou "atualização e contraefetuação do virtual" (ou da afinidade) no mundo ameríndio. Eles também assemelham-se, por extensão, à reformulação conceitual empreendida por Coelho de Souza (2002) acerca dos regimes sociais e cosmológicos jê, distinguindo o processo de fabricação do parentesco e o processo de metamorfose ritual, este visto pela autora como dispositivo reprodutivo que permite repor as condições a partir das quais o primeiro pode proceder. Acolhi o modelo em linhas gerais – "a que desce e a que sobe" (Viveiros de Castro, 2000a, p.434), e procurei especificá-lo à luz do material xikrin. O que vimos, então, foi um tipo de atualização e contraefetuação dos *objetos* de afinidade; a afinidade potencial em forma de objetos, em forma de objetificações, conhecimentos, expressões técnicas e estéticas: dinheiro, mercadorias, nomes, *nêkrêjx*, enfim, *kukràdjà*.

Argumentei, além disso, que, no caso mebêngôkre, tal "dispositivo reprodutivo" é atravessado por considerações de ordem 'política', de tal sorte que as diferenças obtidas ou estabelecidas pelo ritual não são neutras. Melhor dizendo, o ritual mebêngôkre não serve à reposição de diferenças de tipo equistatutário, mas introduz uma dimensão *hierárquica* que marca fortemente todo o sistema. O ritual é foco de uma economia política complexa, na medida em que determinados índices (ou signos, ou objetificações) de relações com a alteridade tendem a ser controlados por pessoas e famílias (os quais eles constituem como tais), uma vez que encarnam capacidades subjetivantes e transformativas. Em outras palavras, há determinados marcadores de diferença que se prestam a uma distribuição desigual. Tal apropriação diferencial de capacidades, ou 'beleza' (*mejx*), está articulada, como demonstrei no Capítulo 9, a uma busca por grandeza e 'poder' – num sentido restrito, visto que tal poder não se apoia em nenhum mecanismo formal de coerção.

Um dos pontos de sustentação do argumento foi a demonstração de que há, significativamente, um constante risco de depreciação desses signos, que se vincula ao problema do controle sobre, novamente, duas linhas de circulação. O valor da beleza apoia-se sobre sua carga de subjetivação, que chamei metaforicamente de seu aspecto cru, em oposição ao cozido ou dessubjetivado. E essa depende, por um lado, que se consiga estabelecer uma linha de circulação 'para cima' (ou anticirculação), isto é, a vinculação cerimonial inequívoca, e, por outro, que se consiga estabelecer uma linha inequívoca de transmissão 'para baixo', evitando-se justamente a dispersão e a comunização, ou seja, a circulação irrestrita. o importante a considerar é que a possibilidade de perda de valor desses signos é um elemento interno ao próprio sistema mebêngôkre de produção de valor. Fato que lhe confere um caráter dinâmico e aberto, na medida em que eles precisam então ser recriados, reinventados, redescobertos. É essa motivação que ilumina o aspecto "centrífugo" (Fausto, 2001) do regime social mebêngôkre, estando presente no movimento histórico empreendido pelos Xikrin na direção das mercadorias e do dinheiro.

A busca por diferenciação e grandeza atravessa de cima abaixo, aliás, todos os níveis de organização sociopolítica, do domínio doméstico ao público, desde indivíduos e famílias, passando pelas turmas masculinas, até as relações entre distintas aldeias. Daí deriva-se a instabilidade das 'comunidades' mebêngôkre, que, no decurso da história, experimentaram inúmeras cisões, reagrupamentos e novas divisões. O famoso problema do "faccionalismo" mebêngôkre pode ser, então, repensado levando-se em consideração um equilíbrio sempre instável entre a linha da identificação (a constituição de uma comunidade de parentes) e a linha da alteração (a vontade de diferenciação hierárquica e grandeza).

Depois de todo o trajeto, pode-se dizer que a ideia provisória de 'consumismo' xikrin, com a qual comecei o livro, foi dissolvida, pois o fenômeno foi compreendido com base no quadro simbólico mebêngôkre, e de dentro dele. Não obstante, utilizei-me da noção de consumo e analisei o cerimonial xikrin como 'consumo ritual', o que permitiu uma aproximação, embora ainda tentativa, ao esquema do sacrifício maussiano. Porém, a ideia de 'inflação', ou seja, a constatação de que há uma dimensão inflacionária na atual forma dos Xikrin relacionarem-se com os objetos dos brancos, mostrou-se válida. Expliquei a demanda crescente por mercadorias e dinheiro como uma espécie de resposta dada pelo sistema de diferenciação xikrin diante do que me parece ser uma pronunciada *aceleração* de seu funcionamento, cujo resultado é aumentar as formas e ritmos que concorrem para a perda de valor dos instrumentos de diferenciação. Resposta, aliás, que não atinge o objetivo almejado e que acaba realimentando a aceleração, dando-nos a impressão de que o sistema vai *aquecendo*, para usar a analogia termodinâmica tornada célebre por Lévi-Strauss.

Vimos que a introdução crescente dos objetos do *kubẽ* na vida xikrin possibilita ampliar a ativação de relações sociais de uma maneira geral, e possibilita, por conseguinte, ampliar a produção de pessoas e de pessoas bonitas – seja pelo crescimento demográfico, de um lado, seja pela relativa tendência à universalização do estatuto cerimonial, de outro, isto é, pela comunização da beleza dos nomes e *nêkrêjx*, já que mais rituais são realizados e mais pessoas têm seus nomes bonitos confirmados. Em certo sentido, os Xikrin vem logrando fazer mais 'corpos' e mais 'beleza'. No entanto, há um caráter paradoxal no modo como tudo isso acontece. Paradoxo que acontece em mais de um plano. Vejamos.

Em primeiro lugar, conforme mostrei no Capítulo 9, há um consumo de mercadorias que chamei de cotidiano, ou não ritual, que visa à ampliação das relações de cuidado, troca, partilha e convivialidade. É uma forma de relação com os objetos dos brancos que se sustenta sobre o idioma do parentesco, do dom, contribuindo assim para a constituição da identidade xikrin. Por isso, fiz uma aproximação entre essa forma de consumo e circulação e a *comida*. Em outras palavras, essa é a função *comida* das mercadorias, na medida em que os Xikrin pretendem consumi-las em seu caráter *cozido*. Mas esse consumo traz o possível risco do 'canibalismo', isto é, de não conseguir o cozimento e a dessubjetivação do que é incorporado e começar a virar branco. Um potencial efeito, portanto, é o de ficarem parecidos demais com os *brancos*, pela modificação gradativa do corpo e dos afetos: comer a comida do *kubẽ*, vestir a roupa/pele do *kubẽ*, aprender a língua do *kubẽ*, adquirir hábitos do *kubẽ* como a televisão, o chuveiro, o banheiro, as fraldas descartáveis para os bebês e, até mesmo, as doenças associadas a ele, como diabetes e hipertensão, por exemplo.

Paralelamente, o consumo cotidiano que chamei de 'diferencial', isto é, a forma pela qual os Xikrin vêm procurando instaurar novas diferenciações internas por meio dos signos de relação com a alteridade dos brancos – a função *nêkrêjx* das mercadorias – apresenta também um aspecto paradoxal, derivado da desvinculação dos objetos industrializados do sistema tradicional de transmissão cerimonial. Vimos que, de uma perspectiva histórica, os Xikrin trataram os primeiros objetos adquiridos dos brancos como se fossem *nêkrêjx* (transmitidos conforme a regra e utilizados ritualmente nas festas). Com o passar do tempo, com a intensificação das relações, das trocas comerciais e do influxo crescente de mercadorias nas aldeias, os objetos continuaram a ter uma função *nêkrêjx*, como procurei demonstrar, mas deixaram de ser tratados formalmente como tal. Isto é, deixaram de ser transmitidos conforme a regra e de aparecer como adornos e adereços rituais (excetuando-se alguns poucos e, em algumas ocasiões especiais, tais como o ritual de 7 de Setembro descrito por Giannini e discutido no Capítulo 10).

Ora, sabemos que esse sistema de transmissão e vinculação ritual visava a obstruir a dessubjetivação dos objetos, assegurando seu aspecto 'extraordinário' ou 'cru', impedindo que se tornassem 'coisas comuns' (*kakrit*), ou "de todo mundo". Caindo fora do sistema cerimonial, o que acontece é um aumento da velocidade com que os elementos 'distintivizadores' (*möja mejx, töjx, àkrê*) tendem a se comunizar e perder, em certa medida, seu valor. Mas os objetos dos brancos não perdem seu *valor potencial* de coisas 'cruas', pois sempre é possível encontrar novos itens, ainda desconhecidos ou não utilizados, enfim, coisas que numa linguagem comum poderiam ser chamadas de "bens de luxo". Então, o resultado, como vimos, é mais consumo de objetos dos brancos, na busca por qualidades belas e distintivas, que se acompanha da tentativa de os indivíduos mediadores (chefes e lideranças) concentrarem tais bens, evitando, em alguma medida, sua circulação irrestrita e inventando meios de consumo diferencial ou exclusivo. Mas, uma vez que esses itens também não serão atribuídos formalmente e não entrarão no sistema de transmissão cerimonial, o processo torna a se repetir, em espiral.

A entrada crescente das mercadorias, portanto, mesmo que a serviço de uma lógica xikrin, interfere de maneira crucial no funcionamento do sistema. Não exatamente porque ele deixa de ser "multicêntrico" (Bohannan, 1959, p.124), mas porque as *mesmas coisas* passam a se mover nos dois vetores, ou nas duas "esferas de troca" nos termos de Bohannan. Há mercadorias que funcionam como comida e mercadorias que funcionam como *nêkrêjx*. Mas nada impede que elas possam ser as mesmas. As mercadorias entram no sistema xikrin *simultaneamente como coisas 'cozidas' e 'cruas'*. Assim, temos efeitos estranhos, como alimentos industrializados que podem funcionar como 'distintivos', e bens não alimentícios (e até o próprio dinheiro) que podem funcionar como 'comida'. No entanto, alimentos industrializados são comida, evidentemente, e comida é algo que não se deve negar e impedir de circular. Por outro lado, bens e dinheiro são coisas belas e poderosas, que não devem circular indiscriminadamente. Vimos que essa "dupla face", crua e cozida, não é apanágio apenas das mercadorias. No último capítulo, discuti como nomes, *nêkrêjx* e *kukràdjà*, em geral podem ser analisados nesses termos. O que caracteriza o aspecto cru ou extraordinário desses itens, tradicionalmente, é sua vinculação ao domínio ritual. Vimos que as mercadorias precisam manter sua dupla face, não obstante, *fora do sistema ritual*.

    O problema da desvinculação cerimonial não é que ela tenha dissolvido as "esferas de troca" ou suprimido os dois vetores, pois eles estão ali, como "estrutura estruturante" (Viveiros de Castro, 2000a, p.433), e sim que ela acarreta um paradoxo e uma tendência de comunicação acelerada dos bens de valor. Se a linha que desce acelera, a linha que sobe também se acelera, resultando numa busca por mais diferença e mais relação. A diferença é consumida rapidamente, coisas que há pouco eram distintivas perdem valor, e o processo repete-se: eis a dimensão inflacionária. Assim vimos ocorrer, por exemplo, com a entrada de televisores nas aldeias: inicialmente itens de exclusividade de alguns líderes, as TVs em poucos anos passaram a ser um objeto comum em todas as casas. Depois vieram as geladeiras a gás, os aparelhos de DVDs, os banheiros, e assim por diante. De 1998, ano em que pela primeira vez estive com os Xikrin, para 2005, em minha visita mais recente, as mudanças no padrão de consumo foram impressionantes. Na aldeia Djudjêkô, por exemplo, não havia casas de alvenaria, nem energia elétrica, nem automóveis. Em 2005, todas as casas eram de alvenaria, a aldeia havia sido inteiramente eletrificada, e os aparelhos eletroeletrônicos estavam por toda a parte. No Cateté, há agora quase uma dezena de veículos. É comum ver estacionado ao lado do *ngàbê* um reluzente carro vermelho, de vidros escuros e rodas de liga leve, pertencente ao filho do chefe.

    Hoje, o próprio dinheiro vem sendo comunicado, de certa maneira. Não são apenas as lideranças que recebem salário, mas todas as famílias. A diferença está na quantidade: existe uma hierarquia nos vencimentos que marca posições distintas entre os chefes, e entre chefes e não chefes.

Essa diferença quantitativa expressa-se em diferença qualitativa, pois se todos hoje possuem casas com banheiro, geladeira, TV e DVD, somente os chefes estão, por enquanto, em posição de decorar suas casas com móveis de mogno e azulejos nos pisos e paredes da cozinha, contratar empregadas domésticas, por exemplo. O resultado prático de tudo isso, como vimos nos Capítulos 6 e 7, é a pressão constante no sentido do aumento do volume de dinheiro e do consumo.

Há mais, porém, já que se pode detectar um desdobramento do paradoxo que acomete o sistema. A desvinculação dos objetos dos brancos da esfera cerimonial vem implicando uma incorporação mais 'individualizada', por assim dizer, e menos 'coletiva' das potências exógenas, à medida que as marcas de diferença e de prestígio são vistas (aparecem) no cotidiano – o valor dos salários, o consumo de itens exclusivos, a maior quantidade de bens etc. A assunção de qualidades belas ou extraordinárias passa a ocorrer sistematicamente por meio de uma relação não ritualizada e não coletivamente controlada com o *kukràdjà* dos brancos. É como se a relação estivesse passando de uma chave ritual para uma chave xamânica. Os Xikrin vivem uma espécie de 'descoletivização' dos mecanismos de incorporação de capacidades transformativas e belas, que eram tradicionalmente levados a cabo pelo ritual.

Todavia, se estamos assistindo a uma descoletivização no mecanismo de assunção das qualidades extraordinárias, talvez, como efeito mesmo disso, assistimos também ao aumento da coletivização num outro ponto. De fato, as atividades cerimoniais estão transcorrendo a pleno vapor, o número de rituais realizados parece ter aumentado, bem como o número de crianças celebradas, e os Xikrin não param de fazer festas. Entendo isso como resultado de alguns fatores. Em primeiro lugar, ao 'aquecimento' geral da sociedade xikrin. Eles vivenciam um período de expansão demográfica e de acesso tecnológico. Nascem crianças a cada instante (ver demografia em Anexo), e, junto com isso, há grande facilitação nos meios de elaboração dos rituais, em virtude do acesso a um conjunto de novas tecnologias (abertura de estradas que possibilitam deslocamentos rápidos para áreas distantes de caça, por exemplo) e insumos (alimentos comprados nas cidades). Portanto, há gente e meios suficientes para aumentar a atividade ritual. Mas, além desses fatores, creio que se deva entender o fenômeno como uma tentativa de contrabalançar a atual tendência descoletivizante – que traz embutida o risco de "virar *kubẽ*" –, e assim produzir mais identidade, reforçando o sentido de que a vida requer um senso de 'comunidade'.

No Capítulo 6, mostrei como o ritual é uma espécie de dobradiça entre a linha de identificação e a linha de alteração. As celebrações rituais funcionam para criar um complexo afetivo-corporal comum, partilhado por todos e reconhecido como afetos e sentimentos morais: alegria, empatia, solidariedade, colaboração, lembrança, saudade, partilha, tudo isso está presente. Desse modo, o ritual é o instrumento que permite ampliar o sentimento e a experiência do parentesco a um 'corpo' mais amplo, à comunidade mais ampla, em certo sentido constituindo essa comunidade, que pode ser coextensiva a uma aldeia, mas não necessariamente, visto que bem pode enfeixar um conjunto delas, desde que as pessoas sintam e ajam de determinada maneira, estando presentes no ritual. Ao mesmo tempo, é pelo ritual que se estabelecem diferenciações internas, não apenas de tipo clânico e totêmico, mas também hierárquicas, de acordo com o que discuti no livro.

Ressoa interessante o fato de os Xikrin não apenas parecerem intensificar as celebrações rituais, mas também, sobretudo, ampliar o número de crianças celebradas, num movimento de universalização do estatuto cerimonial dos nomes bonitos. Meus levantamentos indicaram ser cada vez maior o número de pessoas que têm seus nomes bonitos confirmados. De sorte que o resultado pode ser visto, ao que parece, na atual *desmarcação* da diferença entre pessoas comuns *mẽ kakrit* e pessoas bonitas *mẽ mejx*, e na indistinção entre nomes bonitos *kajgo* e *kumrẽx* (isto é, nomes falsamente e verdadeiramente bonitos), discutida no capítulo anterior. Não sei dizer se o relativo apagamento da distinção é um resultado intencional ou acidental – mero efeito da ampliação da atividade cerimonial. O fato é que parece ocorrer com o ritual xikrin uma tendência de colapso das duas linhas em uma só, unidirecional, no sentido da produção de mais identidade e menos diferença. O que corrobora a ideia de que o mecanismo de diferenciação esteja sendo movido para outras esferas, notadamente, para a relação com os brancos: consumo de mercadorias e dinheiro – o *kukràdjà* do *kubẽ*.

Parece lógico, então, que se há uma tendência de individualização da relação com potências externas, cujo risco é virar Outro, a solução é ampliar a identificação por meio de procedimentos coletivos. Mais rituais são promovidos, mais gente celebrada, mais pessoas com nomes bonitos. A questão é que isso nos faz voltar ao ponto de partida, pois, se o resultado é a identificação, será necessário inventar novas formas de diferenciação hierárquica. Ou seja, o caso, e estamos no outro plano do paradoxo, é que a promoção das atividades rituais – facilitada pela introdução de *kukràdjà* dos brancos – coloca um problema inverso: torna os xikrin parecidos demais entre si.

Temos, portanto, como efeitos da incorporação maciça de mercadorias no universo social xikrin um paradoxo desdobrado. De um lado, o risco de identificar-se indevidamente aos brancos quando o que se deseja criar é identidade ou diferença entre gente mebêngôkre. E de outro, o risco de não conseguirem diferenciar-se internamente – seja porque a diferença do estatuto cerimonial entre 'bonito' e 'comum' vai sendo neutralizada, seja porque a função *nêkrêjx* dos objetos, desvinculada do sistema cerimonial, acelera a comunização e a perda de valor. Então, precisam novamente recorrer aos objetos dos brancos para se diferenciarem, num ciclo que se retroalimenta, levando o sistema à beira do colapso. É preciso estar o tempo todo buscando o *kubẽ*. O 'rendimento' sociológico dessa relação, isto é, seu valor, vem demonstrando ter curta duração.

Tudo isso só faz repercutir sempre mais sobre o consumo geral e cotidiano das coisas dos brancos, gerando inflação e demanda por mais dinheiro. A desmarcação da diferença entre 'bonito' e 'comum' é compensada pela marcação da diferença entre 'rico' *versus* 'pobre'. Beleza converte-se em riqueza. E tudo isso traz à tona uma questão que se torna cada vez mais premente para os Xikrin: o problema de virar *kubẽ*. Comendo alimentos do *kubẽ*, vestindo-se como o *kubẽ*, morando em casas iguais às do *kubẽ*, deslocando-se em bicicletas e veículos motorizados como o *kubẽ*, cercados de *kubẽ* por todos os lados, circulando pelas cidades e vendo-se a si mesmos como "ricos e pobres", os Xikrin vislumbram constantemente esse risco.

Uma pergunta que se coloca é se os Xikrin, no seu ímpeto de diferenciação, não estariam procurando incorporar, por meio dos objetos, as diferenças de classe perceptíveis na sociedade brasileira. Não estariam tentando transplantar para suas próprias relações sociais as relações de assimetria do mundo capitalista? Então, o caso não seria o de incorporar potências transformativas provenientes do *kubē*, mas um modelo de relações de classe encarnado na posse de dinheiro e mercadorias? E se assim fosse, não nos estaríamos defrontando com uma forma de totemismo, contrariando alguns dos argumentos que desenvolvi no livro, principalmente a ênfase no aspecto 'sacrifical' da relação xikrin com a alteridade dos brancos?

É uma questão complicada, mas eu tenderia a responder que não. Sem penetrar na selva escura da discussão sobre o conceito de classe, que implicaria, no limite, escrever outro livro, quero insistir na ideia de que o valor (a beleza e a riqueza) que instaura as diferenças internas provém do fato de que os itens que o expressam são índices ou signos de relações sociais de gente mebêngôkre entre si e de gente mebêngôkre com outras gentes, outros seres, que habitam o mundo. Espero ter demonstrado que o *mesmo* princípio de relação operava antes e opera depois do contato com a sociedade brasileira. Esse princípio envolve o estabelecimento de diferenças internas hierárquicas desde *antes* de os Xikrin conhecerem a sociedade do *kubē* com suas assim chamadas classes. A conversão da diferença de 'beleza' em diferença de 'riqueza' não configura uma tentativa de importar diferenças de classe, ela é um efeito da tentativa de constituir as relações xikrin, que comportam a diferenciação. Se se pode falar em algum tipo de acumulação na sociedade xikrin, trata-se da de determinadas relações sociais, que também incluem as relações de parentesco e, portanto, o reconhecimento da 'comunidade' em algum nível, o que dissolveria pela outra ponta a ideia de classe. Desse modo, após todo o percurso do livro, parece-me inapropriado entender as relações xikrin com os brancos como simples operação totêmica.

Minha percepção é a de que os Xikrin não querem constituir para si mesmos a forma da sociedade do *kubē*. A codificação da diferença em termos de uma oposição 'ricos' e 'pobres' é, para mim, um efeito contingencial. Não é isso, quer dizer, não é a diferença existente no nosso mundo ocidental que os Xikrin querem. A acusação ou explicitação crítica, pelos próprios Xikrin, dessa diferença é a prova de que há uma força contrária a ela. Aceitar a diferença *tal como ela se configura nas relações sociais do kubẽ*, significa perder sua própria perspectiva, e virar branco de um jeito que os Xikrin não pretendem. O que talvez possa ser dito é que, para pôr em prática seu próprio projeto de vida, os Xikrin devem participar das capacidades transformativas e xamânicas, que remontam às origens das diferenças primordiais do mito, como sugere Viveiros de Castro (2000a). Isso implica transformar-se em Outro, mas de certo modo.

Os Xikrin descobriram que o dinheiro é o grande poder transformativo do atual momento histórico. O dinheiro é a grande capacidade de *ação* e de estabelecer-se na posição de *sujeito*. O dinheiro é *àkrê*, evocando as penas e a força do *Àkti*, o Grande Gavião. Todavia, nunca é demais lembrar, a força do *Àkti* não é exclusivamente criativa. Ela guarda um componente caótico, virtualmente desmesurado e destrutivo, que pode aniquilar a humanidade xikrin. A moral da história, a meu ver, é que se os heróis míticos Kukryt-kakô e Kukryt-uire continuassem usando toda força *àkrê*, teriam eles mesmos convertido-se numa espécie de Grande Gavião canibal, instaurado a predação generalizada. Não haveria parentesco, nem humanidade. Talvez o mesmo possa ser dito do dinheiro. Sua potência transformativa é imensa, mas precisa ser conduzida e canalizada de maneira que os Xikrin continuem comportando-se e reconhecendo-se como parentes.

O dinheiro pode fazer com que todos virem branco rapidamente, que todos sejam pequenos xamãs. Ele permite que os Xikrin transitem em vários mundos e vejam com a pele de branco e de Mebêngôkre. Falei que virar branco é um risco. É preciso entender que, no mundo mebêngôkre, a produtividade de "virar Outro" esteve sempre acoplada a uma mediação coletiva, que se instaura notadamente pelo ritual. Salvo no caso dos xamãs. Ora, o xamã é uma figura ambígua, sua capacidade de *ver* com os outros olhos, de *entender* outras falas, de transitar em diferentes mundos, torna-o essencial, mas, ao mesmo tempo, um virtual inimigo, animal, predador e consequentemente, presa. Exceto no caso do xamã, portanto, a positividade (a beleza) de virar Outro requer mecanismos de controle coletivo. Dizendo de maneira um tanto brusca, o ritual é o domínio para virar Outro e transformar-se, na sociedade mebêngôkre. Por meio do ritual, os Xikrin constituem e transformam as pessoas, constituem e transformam a própria coletividade, ao mesmo tempo em que escrevem a história. O ritual é a escrita da história mebêngôkre, a história de como se faz *mebêngôkre kukràdjà*.

Certamente, há outras instâncias e formas de sofrer o contágio de subjetividades outras e virar Outro. Podem-se elencar as formas tópicas, por assim dizer: ingerir a carne de certos animais *àkrê* (onça, por exemplo) para ficar forte, ser picado por marimbondo para ficar forte e valente. Mas existem mediações e controles para que as transformações inerentes ao estado de relação contínua com a alteridade não resultem na perda da perspectiva ou, em outras palavras, ser capturado pelo ponto de vista do Outro. Isabelle Giannini (1991) escreveu com riqueza de detalhes sobre tais formas de mediação.

Ser capturado pela perspectiva dos brancos parece ser um tema de reflexão dos Xikrin hoje. Acredito que isso se deve a todo esse complexo conjunto de fenômenos que descrevi até aqui. Atualmente, a transformação em branco é, e ao mesmo tempo não é, uma transformação ritual e coletivamente controlada. Sem dúvida, é a um projeto coletivo a que estamos assistindo, mas levado a cabo com base em experiências pessoais. É como se muita gente, em especial os chefes, estivesse vivendo como xamãs. E o xamã é aquele que demonstra características transespecíficas. É ele que pode virar outro de maneira não coletivamente controlada. Por isso mesmo, a experiência xamânica pode ser mortal. E por isso ele é perigoso. Ele pode não reconhecer os parentes, pode não ser reconhecido pelos parentes.

A despeito das recentes tentativas de descrever isso que muitas populações indígenas expressam como "virar branco" ou "civilizar-se" (Gow, 1991, 2001; Villaça, 2000; Lasmar, 2005; Kelly, 2005) dentro de um quadro mais sofisticado que o culturalismo; tentativas que incorporam as conceituações do mundo indígena como um mundo transformacional e incorporam as hipóteses de autores como B. Albert e E. Viveiros de Castro de que o modelo indígena de sociedade postula a relação com o Outro como constitutiva do Eu – relação que se objetiva nos planos do discurso e da ação simultaneamente: no mito, no ritual, na guerra, no canibalismo, no xamanismo, na política, relação que implica mudanças de perspectiva etc. –, enfim, parece que, a despeito de todo esse enorme avanço conceitual, a impressão (pelo menos a minha impressão) é a de que esses fenômenos descritos sob a rubrica do "virar branco" são, ou podem ser do ponto de vista indígena, de alguma maneira, problemáticos e potencialmente destrutivos, e não apenas criativos ou inventivos.

Creio que Peter Gow (2001, p. 309), para citar somente um autor, não encerra a questão quando afirma, por exemplo, que as mudanças pelas quais passaram os Piro, grupo Aruak subandino, são vistas, por eles mesmos, como transformações de transformações e, assim, "não colocam para eles o problema da continuidade e da mudança", o qual seria exclusivo dos antropólogos, supõe-se. Talvez isso seja verdade, num nível. Os Xikrin provavelmente não pensam que viver é permanecer iguais a si mesmos. Sua história, tal como a concebem e põem em prática, é o testemunho contrário disso. Entretanto, essa constatação não implica postular que não exista *nenhum* problema de continuidade em jogo no mundo indígena. Com efeito, talvez seja preciso perguntar onde se enraíza *um mesmo ponto de vista* (ou uma perspectiva) coletivamente compartilhado, de modo que os Piro, os Xikrin, uma aldeia, uma comunidade, um grupo doméstico, possam se enunciar como um "nós" que muda e se transforma? Quem sabe a continuidade resida, justamente, na produção desses 'corpos' semelhantes, mutuamente reconhecíveis desde um mesmo ponto de vista. Em outras palavras, talvez a continuidade importante seja a continuidade de uma certa moralidade que ateste o mútuo reconhecimento da humanidade de pessoas que pretendem viver juntas.

Ocorre que, em certos momentos históricos, parece que os mecanismos indígenas de constituição dessa moralidade partilhada podem falhar, ou ao menos, tornar-se equívocos. Entre os Xikrin, penso eu, as falhas são diretamente proporcionais à tendência de 'xamanização' da ordem social e cosmológica. Wakmekaprã pode virar *kubē* e não reconhecer mais os parentes. Ora, é isso que começa a acontecer entre os Xikrin hoje. Tudo o que descrevi, ao longo do livro, conduz nessa direção. No Cateté, os mais jovens, que ostentam apenas um minúsculo e imperceptível furo no lábio, diferentemente de seus avós, ridicularizam a forma de comer e falar dos mais velhos que usam batoque ou grande furo labial, soltando jatos de saliva (é esse o meu avô, com um enorme furo no beiço?). Um jovem, com seus 25 anos, olhando uma edição da revista *Porantim* que trazia matéria sobre valorização da "cultura indígena", ironiza: "realmente... *mebêngôkre kukràdjà* é muito bonito: bonito a mãe da gente carregar lenha e batata desde a roça até a aldeia" (é essa a minha mãe?). Um menino de menos de dez anos exorta seu avô, velho chefe com seus setenta anos, a costurar o furo labial que lhe causa vergonha diante dos colegas de escola, meninos brancos de classe média de Marabá. O avô, homem respeitado, de grande prestígio, exímio orador, bravo guerreiro, cede ao capricho do menino, que vive a maior parte do tempo na cidade, estudando em escolas particulares. Uma mulher, de seus cinquenta anos, repreende o filho que não sabe caçar, nem trabalha na roça, mas gasta seus dias – e o dinheiro da aposentadoria de seu sogro – numa escura, esfumaçada e sufocante loja de *videopôquer* de Marabá. Os parentes começam a se estranhar. Começam a não se reconhecer.

Há outros efeitos cotidianos sinalizando aos Xikrin que há problemas e que os 'corpos' individuais e coletivo sofrem mudanças inquietantes. O alto consumo de alimentos industrializados, a ingestão de sal, gorduras e açúcares (e, às vezes, álcool), mais o sedentarismo vêm resultando em certas alterações corporais e no surgimento de doenças: obesidade, diabetes, hipertensão. Detritos não degradáveis, lixo inorgânico, plásticos e pilhas avolumam-se na aldeia em proporções consideráveis, penetrando no solo, contaminando a água, provocando outras moléstias. Os Xikrin vinculam tudo isso ao modo de vida dos brancos, do qual eles agora compartilham com crescente intensidade.

Se Viveiros de Castro (1996b) está correto, e o ponto de vista está no corpo, o que acontece quando os corpos se transformam intensamente, tal corpos de xamãs? Como garantir o ponto de vista? Aqui e acolá, reaparece Wakmekaprã. Surgem xamãs em profusão. Uma gente incerta. Confusão de perspectivas que remete à imagem do mundo mítico. "O mundo da transparência absoluta do mito", para usar a expressão de Viveiros de Castro, expressa a criatividade da diferença, a potência das transformações, fonte de vida. Mas, ao mesmo tempo, expressa o estado de caos e indiscernibilidade da pré-humanidade, pré-parentesco, tão virtualmente letal quanto o mundo do hiperparentesco (o dos mortos sem afinidade). O xamã é fundamental, mas não se pode viver num mundo de xamãs. O caçador e o matador são essenciais, mas eles precisam saber para que lado atirar a flecha. Virar pássaro no meio da praça é fundamental, mas não se pode viver no mundo do *Àkti*.

Os Xikrin dizem que não querem virar branco, que isso seria ruim (*punure*), pois os brancos não são como os Mebêngôkre, não reconhecem os parentes, são outro tipo de gente. A preocupação emerge em muitos contextos, e se reflete na reafirmação dos valores de força (*töjx*), valentia e agência (*àkrê*): "ainda somos duros". Talvez, seja sobre o pano de fundo desses mesmos valores que os chefes atribuam a si mesmos o papel de mediadores da apropriação das coisas dos brancos. Quem sabe, vejam-se como gente mais forte, mais resistente e, portanto, mais capaz de suportar as transformações, sem que isso implique a mudança definitiva de perspectiva. Talvez, pensem que, se alguém tem que ser branco, que sejam eles (antes ou em vez dos outros), eles, cujas capacidades impediriam a perda do ponto de vista e a morte. Nesse sentido, a chefia seria, ela mesma, uma espécie de 'sacrifício', como o xamanismo. Quem sabe isso explique, ainda, a posição atualmente ambígua dos chefes mebêngôkre, seu papel xamânico, suas constantes idas e vindas ao mundo dos brancos, suas mudanças de perspectiva, as permanentes críticas e suspeitas do 'restante da comunidade' de que os chefes querem tudo para si, são *õ djö*, quase não parentes, quase como o *kubẽ*. Talvez tenha sido sempre assim.

Mas, por isso mesmo, porque há esse movimento histórico de aparentamento – de virar branco, de amansar o branco, e amansar-se *ao* branco –, seja preciso sempre reinstaurar a distância entre os Mebêngôkre e o *kubẽ*. Recolocar o *kubẽ* em sua posição de outro, de objeto. Capturá-lo coletivamente. E os Xikrin fazem sua luta particular nas reuniões de planejamento com a CVRD. Mais reuniões, mas rituais. Igualmente, a preocupação com o risco de virar branco se reflete nas demandas pelo correto cumprimento das obrigações de parentesco e reciprocidade: "não faça como o *kubẽ* que não dá as coisas, só vende; lembre de seus parentes". Todavia, mais uma vez, o cumprimento dessas obrigações requer, atualmente, que as mercadorias, objetos e dinheiro dos brancos continuem sendo trazidos para dentro e consumidos. O círculo se fecha.

Os Xikrin parecem cientes da situação. Não sabem, porém, quais serão suas consequências e, muitas vezes, virar *kubẽ* parece uma questão de tempo. Em setembro de 2001, algumas lideranças xikrin telefonaram-me, alarmadas, da cidade de Marabá. Não sei ao certo como a história toda começou. Mas, pelo que contaram, o rumor foi levantado por um dos chefes da aldeia kayapó do Möjxkàràkô, segundo o qual, o Congresso Nacional estaria preparando uma lei ou documento que iria instituir o "fim dos índios" (*mebêngôkre kukràdjà kêt*).[1]

Os Xikrin disseram:

> Depois que o Presidente da República assinar o tal documento, os Mebêngôkre vão acabar, todo mundo vai virar *kubẽ*. Não vai mais haver jeito de Mebêngôkre, nem língua de Mebêngôkre. Só *kubẽ*. Cesar, *möj kam dja Mebêngôkre kukràdjà kêt?* Por que não haverá mais Mebêngôkre?

É uma resposta que não tenho e não lhes posso dar. O que sabemos, eles e eu, é que para continuar virando e fazendo-se Mebêngôkre precisam continuar virando brancos. Viver nesse mundo em que se pode virar Outro o tempo todo, e que é preciso virar Outro para constituir-se, sempre foi perigoso. Se os limites nunca estão no mesmo lugar, os desafios de continuar existindo, todavia, permanecem. E tudo que vira, quiçá, desvira. Sirvo-me de Gonçalves Dias, cuja Canção dos Tamoios pode ser também a canção desses modernos Tapuias, os irredutíveis Xikrin. Pois, no fim das contas, importa que:

> ... Viver é lutar.
> A vida é combate
> Que os fracos abate.
> Que os fortes, os bravos
> Só pode exaltar.

---

[1] Esse documento era a proposta do novo Estatuto do Índio (substitutivo do deputado Luciano Pizzato ao Projeto de Lei n.2.057/91). Por algum ruído de comunicação, os Mebêngôkre passaram a vê-lo como um decreto pela extinção dos índios.

Referências bibliográficas

ALBERT, Bruce. *Temps du sang, temps des cendres:* répresentation de la maladie, système rituel et espace politique chez les Yanomami du sud-est (Amazonie brésilienne). Nanterre, 1985. Thèse (Doctorat) Université Paris-X. 833p.

_____. La fumée du métal: histoire et représentations du contact chez les Yanomami (Brésil). *L'Homme*, p.106-7, p.87-119, 1988.

_____. L'or cannibale e la chute du ciel: une critique chamanique de l'économie politique de la nature (Yanomami, Brésil). *L'Homme*, v.126-8, n.33 (2-4), p.349-78, 1993.

_____. Etnographic situation and ethnic movements: notes on a post-Malinowskian fieldwork. *Critique of Anthropology*, v.17, n.1, p.53-65, 1997.

ALMEIDA JR., J. M. G. de (Org.) *Carajás:* desafio político, ecologia e desenvolvimento. São Paulo: Brasiliense/CNPq. 1986. 633p.

APPADURAI, A. Introduction: commodities and the politics of value. In:_____. (Ed.) *The social life of things:* commodities in cultural perspective. Cambridge: Cambridge University Press, 1986. p.3-63.

ARNAUD, E. A expansão dos índios Kayapó-Gorotire e a ocupação nacional (Região Sul do Pará). *Revista do Museu Paulista*, v.32, p.73-130M, 1987.

AZANHA, G., NOVAES, S. C. *O CTI e a antropologia ou o antropólogo como agente.* Texto apresentado na Reunião da ANPOCS, GT Políticas Indígenas, 1982.

Disponível em: <www.trabalhoindigenista.org.br/Docs/Downloads/cti_antropologia.zip>.

BAMBERGER, J. *Environment and cultural classification:* a study of the Northern Kayapó. Cambridge Mass., 1967. PhD dissertation.

_____. The adequacy of Kayapó ecological adjustment. *Proceedings of the 38th International Congress of Americanists,* Stuttgart-Munich (1968). v. 3, p.373-9, 1971.

_____. Naming and the transmission of status in a Central Brazilian Society. *Ethnology,* v.13, n.4, p.363-78, 1974.

_____. Exit and voice in Central Brazil: the politics of flight in Kayapó society. In: MAYBURY-LEWIS, D. (Ed.) *Dialetical societies.* Cambridge, Mass. & London: Harvard University Press, 1979. p.130-46.

BANNER, H. Uma cerimônia de nominação entre os Kayapó. *Revista de Antropologia,* v.21, n.1, p. 109-15, 1978.

BARNARD, A., GOODY, A. *Research practices in the study of kinship.* London: Academic Press, 1984.

BARNARD, A., J. SPENCER. Culture. In: BARNARD, SPENCER (Eds.) *Enciclopedia of social and cultural anthropology.* London & New York: Routledge, 1996. p.136-42.

BATAILLE, G. *A parte maldita* (precedida da noção de despesa). Rio de Janeiro: Imago, 1967 [1975].

BAUDRILLARD, J. *Pour une critique de l'économie politique du signe.* Paris: Gallimard, 1972. 268p.

_____. *La société de consommation:* ses mythes, ses structures. Paris: Gallimard, 1974. 318p. (Idées, 316).

BLOCH, M., PARRY, J. (Eds.) *Money and the morality of exchange.* Cambridge: Cambridge University Press, 1989.

BOHANNAN, P. The impact of money on an African subsistence economy. In: DALTON, G. (Ed.) *Tribal and peasant economies:* readings in economic anthropology. New York: The Natural History Press, 1967. p.123-35 [originalmente publicado em *The Journal of Economic History,* v.19, n.4, p.491-503, 1959].

BROWN, M. F. Facing the state, facing the world: Amazonia's native leaders and the new politics of identity. *L'Homme,* v.126-128, n.33 (2-4), p.307-26, 1993.

CARNEIRO DA CUNHA, M. *Os mortos e os outros:* uma análise do sistema funerário e da noção de pessoa entre os índios Krahô. São Paulo: Hucitec, 1978.

CARNEIRO DA CUNHA, M. Les estudes Ge. *L'Homme*, v.126-128, n.33 (2-4), p.77-93, 1993.

CARON, P. *Curé d'Indiens*. Paris: Union Générale d'Édtions, 1971, 366p.

CARRIER, J. G. *Gifts and commodities:* exchange and Western Capitalism since 1700. London & New York: Routledge, 1995. 240p.

_____. Exchange. In: BARNARND, A., SPENCER, J. (Eds.) *Encyclopedia of Social and Cultural Anthropology*. London & NY: Routledge, 1996. p.218-20.

CARSTEN, J., HUGH-JONES, S. *About the house:* Lévi-Strauss and beyond. Cambridge: Cambridge University Press. 1995. 300p.

CARVALHO, C. *O sertão:* subsídios para a história e a geografia do Brasil. 2.ed. Imperatriz: Ética, 1924 [2000]. 332p.

CEDI – Centro Ecumênico de Documentação e Informação. *Povos indígenas no Brasil,* 8: Sudeste do Pará (Tocantins). São Paulo, 1985. p.227.

CLASTRES, P. *Arqueologia da violência*. São Paulo: Brasiliense, 1982 [1976].

COELHO DE SOUZA, M. S. Nós, os vivos: "construção da pessoa" e "construção do parentesco" entre alguns grupos jê. *Revista Brasileira de Ciências Sociais*, v.16, n.46, p.69-98, 2001.

_____. *O traço e o círculo:* o conceito de parentesco entre os Jê e seus antropólogos. Rio de Janeiro, 2002. Tese (Doutorado) – Programa de Pós-Graduação em Antropologia Social – Museu Nacional-UFRJ.

COLLIER, J., ROSALDO, M. Politics and gender in simple societies. In: ORTNER, S. B., WHITEHEAD, H. (Eds.) *Sexual meanings:* the cultural construction of gender and sexuality. Cambridge: Cambridge University Press, 1981. p.275-329.

COHN, C. *A criança indígena:* a concepção Xikrin da infância e do aprendizado. São Paulo, 2000a. Dissertação (Mestrado) – Universidade de São Paulo. 195p.

_____. Crescendo como um Xikrin: uma análise da infância e do desenvolvimento infantil entre os Kayapó-Xikrin do Bacajá. *Revista de Antropologia,* v.43, n.2, p.195-224, 2000b.

COUDREAU, H. *Voyage au Tocantins-Araguaya*. Paris: A. Lahure, Imprimeur--Editeur, 1987.

_____. *Viagem ao Xingu*. Belo Horizonte: Itatiaia, 1896 [1977]. v.49, 165p.

_____. *Viagem à Itaboca e ao Itacaiunas*. Belo Horizonte: Itatiaia, 1898 [1980]. 177p.

CROCKER, J. C. Selves and alters among the eastern Bororo. In: MAYBURY-LEWIS, D. (Ed.) *Dialectical societies*. Cambridge, Mass. & London: Harvard University Press, 1979. p.249-300.

CROCKER, J. C. *Vital souls:* Bororo cosmology, natural symbolism, and shamanism. Tucson: University of Arizona Press, 1985.

CROCKER, W. H. *The Canela (Eastern Timbira):* an ethnographic introduction. Washington: Smithsonian Institution Press, 1990.

DALTON, G. (Ed.) *Tribal and peasant economies.* New York: The Natural History Press, 1967.

DAVIS, I. Comparative Jê phonology. *Estudos Linguísticos,* v.1, n.2, 1968. [separata].

DESCOLA, P. *La nature domestique:* symbolisme et praxis dans l'écologie des Achuar. Paris: Maison des Sciences de L'Homme, 1987.

_____. Societies of nature and the nature of society. In: KUPER, A. (Ed.) *Conceptualizing society.* London: Routledge, 1992. p.107-206.

_____. Les affinités sélectives: alliance, guerre et prédation dans l'ensemble jivaro. *L'Homme,* v.126-128, n.33 (2-4), p.171-90, 1993.

_____. Constructing natures: symbolic ecology and social practice. In: DESCOLA, PÁLSSON (Eds.) *Nature and society:* anthropological perspectives. London: Routledge, 1996. p.82-102.

_____. The genres of gender: local models and global paradigms in the comparison of Amazonia and Melanesia. In: GREGOR, T., TURIM, D. (Ed.) *Gender in Amazonia and Melanesia:* an exploration of the comparative method. Berkley & Los Angeles: University of California Press, 2001. p.91-114.

DINIZ, E. S. Os Kayapó-Gorotire: aspectos socioculturais do momento atual. *Boletim do Museu Paraense Emílio Goeldi,* v. 18 (Antropologia, n.s). Belém, 1962. 40p.

DREYFUS, S. *Les Kayapo del Norte do Brasil.* Paris: Mouton, 1963.

DUMONT, L. *Introduction à deux théories d'anthropologie sociale.* Paris: Mouton, 1971.

ELLEN, R. F. *Ethnographic research:* a guide to general conduct. London: Academic Press, 1984. 403p.

ERIKSON, P. Alterité, tatouage et anthropophagie chez les Pano: la belliqueuse quête de soi. *Journal de la Société des Américanistes,* v.62, p.185-210, 1986.

EVANS-PRITCHARD, E. E. *Os Nuer:* uma descrição do modo de subsistência e das instituições políticas de um povo nilota. São Paulo: Perspectiva, 1940 [1978]. 276p. (Estudos, 53).

EWART, E. Book Review: W. Fisher, *Rain forest exchanges:* industrial and community on an Amazonian frontier, SIP, 2000. *The Journal of the Royal Anthropological Institute,* v.7, n.4, p.815-6, 2001.

FAUSTO, C. Of enemies and pets: warfare and shamanism in Amazonia. *American Ethnologist*, v.26, n.4, p.933-56, 2000.

_____. *Inimigos fiéis:* história, guerra e xamanismo na Amazônia. São Paulo: Edusp, 2001. 597p.

_____. Banquete de gente: comensalidade e canibalismo na Amazônia. *Mana: estudos de antropologia social*, v.8, n.2, p. 7-44, 2002.

FERGUSON, J. Cultural exchange: new developments in the anthropology of commodities. *Cultural Anthropology*, v.3, p. 488-513, 1988.

FERGUSON, R. B. Blood of the Leviathan: Western contact and Amazonia welfare. *American Ethnologist*, v.17, n.2, p.237-57, 1990.

FERREIRA, J. Os Chikrin. *O Cruzeiro*, n.39, p.56, 11 jul. 1953. Fotos de Henri Ballot.

FISHER, W. Dualism and its discontents: social process and village fissioning among the Xikrin-Kayapo of Central Brazil. Ann Arbor, 1991. Tese (Ph.D.) – Cornell University.

_____. *Kayapo leaders, public associations, and the ethnophysiology of age and gender,* Paper preparado para participantes no Symposium "Amazonia and Melanesia: gender and anthropologcal comparison". Wenner-Gren Foundation for Anthropologcal Research. Mijas, Spain, 1996. 31p.

_____. The teleology of kinship and village formation: community ideal and practice among the Northern Gê of Central Brazil. *South American Indian Studies*, v.5, p.52-9, 1998.

_____. *Rainforest exchanges:* industry and community on an Amazonian frontier. Washington: Smithsonian Intitution Press. 2000. 222p.

_____. Age-based genders among the Kayapo. In: GREGOR, T., TUZIN, D. (Eds.) *Gender in Amazonia and Melanesia:* an exploration of the comparative method. Berkley & Los Angeles: University of California Press, 2001. p.115-40.

_____. *Names and the flow of kinship among the Kayapo*. Manuscrito inédito cedido gentilmente pelo autor. s.d., 28p.

FOSTER, R. Commoditization and the emergence of Kastam as a cultural category. *Oceania*, v.62, p.284-94, 1992.

FREIRE, M. J. A. *A construção de um réu:* Payakã e os Kayapó na imprensa durante a Eco-92. Rio de Janeiro, 2001. Dissertação (Mestrado) – Programa de Pós--Graduação em Antropologia Social – Museu Nacional-UFRJ.

FRIKEL, P. Notas sobre a situação atual dos índios Xikrin do rio Cateté. *Revista do Museu Paulista*, v.14, p.145-58, 1963.

FRIKEL, P. *Os Xikrín:* equipamentos e técnicas de subsistência. Belém: Museu Paraense Emílio Goeldi-CNPq-lNPA. 1968. 119p. (Publicações Avulsas do Museu Goeldi, 7)

FUNAI – Fundação Nacional do Índio. *Convênio n.453/89 que entre si celebram a comunidade indígena Xicrin do Cateté e a Companhia Vale do Rio Doce,* assistida pela Fundação Nacional do Índio. 1989. 6p.

GALLAIS, E. M. *O apóstolo do Araguaia:* frei Gil Vilanova, missionário dominicano. São Paulo: Prelazia de Conceição do Araguaia, 1906 [1942]. 285p.

GELL, A. Newcomers to the world of goods: consumption among the Muria Gonds. In: A. APPADURAI, A. (Ed.) *The social life of things:* commodities in cultural perspective. Cambridge: Cambridge University Press, 1986. p.110-40.

_____. Inter-tribal commodity barter and reproductive gift-exchange in old Melanesia. In: HUMPHREY, C., HUGH-JONES, S. (Eds.) *Barter, exchange and value.* Cambridge: Cambridge University Press, 1992. p.142-68.

GIANNINI, I. V. *A ave resgatada:* a impossibilidade da leveza do ser. São Paulo, 1991. Dissertação (Mestrado) – Faculdade de Filosofia, Letras e Ciências Humanas, Universidade de São Paulo. 205p.

_____. Xikrin rompem com modelo predatório e defendem manejo sustentável. In: RICARDO, C. A. (Ed.) *Povos Indígenas no Brasil:* 1991-1995. São Paulo: Instituto Socioambiental, 1996. p.389-97.

_____. Para entender o polêmico projeto de exploração madeireira na TI Xikrin do Cateté. In: RICARDO, C. A. (Ed.) *Povos indígenas no Brasil:* 1996-2000. São Paulo: Instituto Socioambiental, 2000. p. 495-9.

GODELIER, M. "Salt money" and the circulation of commodities among the Baruta of New Guinea, *Perspectives of marxist anthropology.* Cambridge: Cambridge University Press, 1977.

GORDON, C. *Aspectos da organização social Jê*: de Nimuendaju à década de 90. Rio de Janeiro, 1996a. Dissertação (Mestrado). Programa de Pós-Graduação em Antropologia Social – Museu Nacional-UFRJ.

_____. *Parentesco, regime e estratégias matrimoniais nos povos Jê do Brasil Central:* o caso Xikrin do Cateté. Projeto de pesquisa. Rio de Janeiro: PPGAS-Museu Nacional-UFRJ, 1996b.

_____. Resenha de CARSTEN, J., HUGH-JONES, S. (Eds.) About the house: Lévi-Strauss and beyond, *Mana: estudos de Antropologia Social,* v.2, n.2, p.192-5, 1996c.

_____. Últimos acontecimentos. In: RICARDO, C.A. (Ed.) *Povos Indígenas no Brasil:* 1996-2000. São Paulo: Instituto Socioambiental, 2000. p.500.

GORDON, C. Nossas utopias não são as deles: os Mebêngokrê (Kayapó) e o mundo dos brancos. *Sexta-feira: antropologia, artes e humanidades*, n.6. São Paulo: Editora 34/Pletora, 2001. p.123-36.

GOW, P. *Of mixed blood:* kinship and history in Peruvian Amazonia. Oxford: Clarendon Press, 1991.

_____. Gringos and wild indians: images of history in Western Amazonia Cultures. *L'Homme,* v.126-128, n.33 (2-4), p.327-48, 1993.

_____. *An amazonian myth and its history.* Oxford studies in social and cultural anthropology. Oxford: Oxford University Press, 2001. 338p.

GREGORY, C. A. *Gifts and commodities.* London: Academic Press, 1982. 242p.

_____. Exchange and reciprocity. In: INGOLD, T. (Ed.) *Companion Encyclopedia of Anthropology:* humanity, culture and social life. London & NY: Routledge, 1994. p.911-39.

_____. *Savage money:* the anthropology and politics of commodity exchange. Amsterdam: Harwood Academic Publishers, 1997. 333p.

GREGORY, C. A., ALTMAN, J. C. *Observing the economy.* ASA Research Methods in Social Anthropology. London and New York: Routledge, 1989.

GROSS, D. A new approach to Central Brazilian social organization. In: MARGOLIS, M. L., CARTER, W. E. (Eds.) *Brazil:* anthropological perspectives (essays in honor of Charles Wagley). Columbia University Press, 1979. p.321-42.

HALL, A. L. *Amazônia, desenvolvimento para quem:* desmatamento e conflito social no Programa Grande Carajás. Rio de Janeiro: Jorge Zahar, 1989 [1991], 300p.

HALPERIN, R. *Cultural economies:* past and present. Austin: University of Texas Press, 1994.

HEELAS, R. The social organization of the Panara, a Gê tribe of Central Brazil. Oxford, 1979. Tese (Ph.D.) – Oxford University.

HENLEY, P. *South Indian Models in the Amazonian Lowlands.* University of Manchester, 1996a. (Manchester Papers in Social Anthropology, 1).

_____. Recent themes in the Anthropology of Amazonia: history, exchange, alterity. *Review Article, Bulletin of Latin American Research,* 1996b.

HORNBORG, A. *Dualism and hierarchy in lowland South America:* trajectories of indigenous social organization. Stockholm: Almqvist & Wiksell, 1988.

HOWARD, C. A domesticação das mercadorias: estratégias Waiwai. In: ALBERT, B., RAMOS, A. (Orgs.) *Pacificando o branco:* cosmologias de contato no Norte--Amazônico. São Paulo: Editora Unesp-Imprensa Oficial do Estado, 2002. p.25-60.

HUGH-JONES, S. Yesterday's luxuries, tomorrow's necessities: business and barter in northwest Amazonia. In: HUMPHREY, C., HUGH-JONES, S. (Eds.) *Barter, exchange and value*. Cambridge: Cambridge University Press, 1992. p.42-74.

_____. Clear descent or ambiguous houses? A re-examination of Tukanoan social organization. *L'Homme*, v.126-128, n.33 (2-4), p.95-120, 1993.

_____. Inside-out and back-to-front: the androgynous house in Northwest Amazonia. In: CARSTEN, HUGH-JONES (Eds.) *About the house*: Lévi-Strauss and beyond. Cambridge: Cambridge University Press, 1995. p. 226-52.

_____. The gender of some amazonian gifts: an experiment with an experiment. In: GREGOR, T., TUZIN, D. (Eds.) *Gender in Amazonia and Melanesia*: an exploration of the comparative method. Berkley & Los Angeles: University of California Press, 2001. p.245-78.

_____. Nomes secretos e riqueza visível: nominação no Noroeste Amazônico. *Mana: estudos de antropologia social*, v.8, n.2, p.45-68, 2002.

_____. *Brideservice and the absent gift*. Manuscrito inédito cedido gentilmente pelo autor, s.d.

INDRIUNAS, L. C. *Projeto Kaben Djuoi de manejo florestal dos Xikrin do Cateté*: perspectivas econômicas, históricas e político-institucionais. Belém, 2004. Dissertação (Mestrado) Núcleo de Altos Estudos Amazônicos (NAEA), Universidade Federal do Pará.

INGLEZ DE SOUSA, C. Vantagens, vícios e desafios: os Kayapó Gorotire em tempos de desenvolvimento. São Paulo, 2000. Dissertação (Mestrado) – Faculdade de Filosofia, Letras e Ciências Humanas – Universidade de São Paulo.

_____. *Relatório Diagnóstico Xikrin*. Documento preparado para o Instituto Socioambiental. São Paulo, 2002. 94p.

IRELAND, E. M. Noções waurá de humanidade e identidade cultural. In: FRANCHETTO, B., HECKENBERGER, M. (Orgs.) *Os povos do Alto Xingu*: história e cultura. Rio de Janeiro: Editora UFRJ, 2001. p.249-86.

INSTITUTO SOCIOAMBIENTAL (ISA). *Enciclopedia dos Povos Indígenas*. Disponível em: http://www.socioambiental.org/pib/portugues/quonqua/cadapovo.shtm. São Paulo.

JEFFERSON, K. *Gramática pedagógica Kayapó*. Brasília: Summer Institute of Linguistics (SIL), 1991. 117p. (Arquivo Linguístico, 186).

KAPFERER, B. *Transaction and meaning*: directions in the anthropology of exchange and symbolic behaviour. Philadelphia: Institute for the Study of Human Issues, 1976.

KAPLAN, J. O. Dualism as an expression of differences and danger: marriage exchange and reciprocity among the Piaroa of Venezuela. In: KESINGER, K. (Ed.) *Marriage practices in Lowland South America.* Urbana: University of Illinois Press, 1984. p.127-55. (Illinois Studies in Anthropology, 14).

KELLY, J. A. Notas para uma teoria do "virar branco", *Mana: estudos de antropologia social,* v.11. n.1, p.201-34, 2005.

KNAUFT, B. M. Gender identity, political economy and modernity in Melanesia and Amazonia. *The Journal of Royal Anthropological Institute* (Man), v.3, n.2, p.233-59, 1997.

KOPYTOFF, I. The cultural biography of things: commoditization as process. In: APPADURAI, A. (Ed.) *The social life of things:* commodities in cultural perspective. Cambridge: Cambridge University Press, 1986. p.64-94.

LADEIRA, M. E. *A troca de nomes e a troca de cônjuges:* uma contribuição ao estudo do parentesco Timbira. São Paulo, 1982. Dissertação (Mestrado) – Universidade de São Paulo.

LANNA, A. D. *Economia e sociedades tribais do Brasil:* uma contribuição ao estudo das estruturas de troca. São Paulo, 1972. Tese (Doutorado) Departamento de Ciências Sociais, Faculdade de Filosofia, Letras e Ciências Humanas – USP. 202 p.

LASMAR, C. *De volta ao Lago de Leite:* a experiência da alteridade em São Gabriel da Cachoeira (alto rio Negro). Rio de Janeiro, 2002. Tese (Doutorado) – Programa de Pós-Graduação em Antropologia Social – Museu Nacional – UFRJ. 281p.

_____. *De volta ao Lago de Leite:* gênero e transformação no Alto Rio Negro. São Paulo: Editora Unesp/NuTI/ISA. 2005. 285p.

LAVE, J. C. Cycles and trends in Krikati name practices. In: MAYBURY-LEWIS, D. (Ed.) *Dialetical societies.* Cambridge, Mass. & London: Harvard University Press, 1979. p.16-45.

LEA, V. *Nomes e "nekrets" Kayapó:* uma concepção de riqueza. Rio de Janeiro, 1986. Tese (Doutorado) – Programa de Pós-Graduação em Antropologia Social – Museu Nacional – UFRJ.

_____. Mebengokre (Kayapó) onomastics: a facet of houses as total social facts in Central Brazil. *Man,* v.27, n.1, p.129-53, 1992.

_____. Casas e casas Mebengokre Jê). In: VIVEIROS DE CASTRO, E., CARNEIRO DA CUNHA, M. (Org.) *Amazônia:* etnologia e história indígena. São Paulo: USP/NHII/Fapesp, 1993. p.265-84.

_____. The houses of the Mebengokre (Kayapó) of Central Brazil: a new door to their social organization. In: CARSTEN, J., HUGH-JONES, S. (Eds.) *About the house:* Lévi-Strauss and beyond. Cambridge: Cambridge University Press, 1995a. p.206-25.

LEA, V. Casa-se do outro lado: um modelo simulado da aliança Mebêngokre Jê. In: VIVEIROS DE CASTRO, E. (Ed.) *Antropologia do parentesco:* estudos ameríndios. Rio de Janeiro: Editora da UFRJ, 1995b. p.321-59.

_____. *Intangible wealth and partible persons:* the Mebengokre of Central Brasil. Versão manuscrita cedida gentilmente pela autora, 2001. 20p.

_____. Aguçando o entendimento dos termos triádicos Mebêngôkre via aborígenes australianos: dialogando com Merlan e outros. *LIAMES*, v.4, 15 p., 2004.

LEACH, J., LEACH, E. (Eds.) *The Kula:* new perspectives on Massim exchange. Cambridge: Cambridge University Press, 1983.

LÉVI-STRAUSS, C. La notion d'archaïsme en ethnologie. *Anthropologie structurale.* Paris: Plon, 1958a [1952].

_____. Les structures sociales dans le Brésil central et oriental. *Anthropologie structurale.* Paris: Plon, 1958b [1952].

_____. Les organisations dualistes existent-elles? *Anthropologie structurale.* Paris: Plon, 1958c [1956].

_____. *O cru e o cozido.* São Paulo: Brasiliense, 1971 [1991]. 376p. (Mitológicas, I).

_____. *The way of the masks.* London: Johnatan Cape, 1979 [1983].

_____. A noção de casa (ano letivo 1976-77) e artigos subsequentes. In:_____. *Minhas palavras.* São Paulo: Brasiliense, 1984 [1991]. p.185-215.

_____. Maison. In: BONTE, P., IZARD, M. (Eds.) *Dictionaire de l'ethnologie et de l'anthropologie.* Paris: Presses Universitaires de France, 1991.

LIMA, T. S. O dois e seu múltiplo: reflexões sobre o perspectivismo em uma cosmologia tupi. *Mana: estudos de antropologia social,* v.2, n.2, p.21-47, 1996.

LOPES DA SILVA, A. *Nomes e amigos:* da prática Xavante a uma reflexão sobre os Jê. São Paulo: Edusp, 1986.

LUKESCH, A. *Mito e vida dos índios Caiapós.* São Paulo: Pioneira, 1969 [1976]. 312p.

MARX, K. *The economic & philosophic manuscripts of 1844.* New York: International Publishers, 1964. 255p.

_____. *Capital:* a critique of political economy (v. 1). London: Penguin Books, 1990. 1141p.

MATTA, R. da. Mito e antimito entre os Timbira. In: LÉVI-STRAUSS, C. et al. (Orgs.) *Mito e linguagem social (ensaios de antropologia estrutural).* Rio de Janeiro: Tempo Brasileiro, 1970. p.77-106.

MATTA, R. da. *Um mundo dividido:* a estrutura social dos Apinayé. Petrópolis: Vozes, 1976. 254p.

_____. The Apinayé relationship system: terminology and ideology. In: MAYBURY-LEWIS, D. (Ed.) *Dialetical societies.* Cambridge, Mass. & London: Harvard University Press, 1979. p.83-127.

MATTA, R., MELLATI, J. C. *Índios e castanheiros:* a empresa extrativista e os índios do Médio Tocantins. São Paulo: Difel, 1967 [1978].

MAUSS, M. Essai sur le don: forme et raison de l'échange dans les sociétés archaïques. *Sociologie et anthropologie.* Paris: PUF, 1923-24 [1991]. p.145-279.

MAYBURY-LEWIS, D. (Ed.) *Dialetical societies:* the Gê and Bororo of Central Brazil. Cambridge, Mass. & London: Harvard University Press, 1979. 340p.

McCRACKEN, G. *Culture and consumptiom:* new approaches to the symbolic character of consumer goods and activities. Bloomington: Indiana University Press., 1988.

MELATTI, J. C. *Índios e criadores:* a situação dos Krahô na área pastoril do Tocantins. Rio de Janeiro: Instituto de Ciências Sociais, 1967.

_____. *Ritos de uma tribo Timbira.* Brasília: UnB, 1975. 364p.

_____. The relationship systems of the Krahó. In: MAYBURY-LEWIS, D. (Ed.) *Dialetical societies.* Cambridge, Mass. & London: Harvard University Press, 1979. p.46-79.

MENGET, P. Présentation à guerre, societé et vision du monde dans les basses terres de l'Amérique du Sud. *Journal de la Société des Américanistes,* v. 71, p.129-30, 1985.

MILLER, D. *Material cultures and mass consumption.* Oxford: Blackwell, 1987.

_____. *A theory of shopping.* Ithaca: Cornell University Press, 1998.

MISSÕES DOMINICANAS. *Os Gorotirés.* Prelazia de Conceição do Araguaia: C. Mendes Jr., 1936. 89p.

MOORE, H. (Ed.). *Anthropological theory today.* Cambridge: Polity Press/Blackwell, 1999. 292p.

MOREIRA NETO, C. A. Relatório sobre a situação atual dos índios Kayapó. *Revista de Antropologia,* v.7, n.1-2, p.49-64, 1959.

_____. A cultura pastoril do Pau d'Arco. *Boletim do Museu Paraense Emílio Goeldi,* n.s. v.10m, 1960.

NIMUENDAJÚ, C. U. *The Eastern Timbira.* Berkeley: University of California Press, 1946.

_____. Os Gorotire: relatório apresentado ao serviço de proteção aos índios, em 18 de abril de 1940. *Revista do Museu Paulista,* n.s., v.6, p.427-52, 1952.

ORTNER, S. B. Theory in anthropology since the sixties. *Comparative Study in Society and History*, v.26, n.1, p.126-66, 1984.

OVERING, J. 1984. (Ver KAPLAN)

OVERING, J. Wondering in the market and the forest: an Amazonian theory of production and exchange. In: DILLEY, R. (Ed.) *Contesting markets*. Edinburgh: University of Edinburgh Press, 1992. p.180-200.

OVERING, J., PASSES, A. Introduction: conviviality and the opening up of Amazonian anthropology. In: _____. (Ed.) *The anthropology of love and anger: the aesthetics of conviviality in Native Amazonia*. London & New York: Routledge, 2000. p.1-30.

PAES, F. S. *Os modelos da experiência e a experiência dos modelos:* introdução ao estudo do cerimonial xikrin. São Paulo, 2005. Dissertação (Mestrado) – Faculdade de Filosofia, Letras e Ciências Humanas, USP. 265p.

PARRY, J. On the moral perils of exchange. In: BLOCH & PARRY (Eds.) *Money and the morality of exchange*. Cambridge: Cambridge University Press, 1989. p.64-93.

POLANYI, K. *Primitive, archaic, and modern economies:* essays of Karl Polanyi. Ed. G. Dalton. Boston: Beacon Press, 1971.

_____. *A grande transformação*. Trad. Fanny Wrobel. Rio de Janeiro: Campus, 1944 [1980].

POSEY, D. O conhecimento entomológico Kayapó: etnometodologia e sistema cultural. p.109-24, 1981. (Anuário Antropológico, 81).

RABBEN, L. *Unnatural selection:* the Yanomami, the Kayapó and the onslaught of civilisation. Seattle: University of Washington Press, 1998. 161 p.

RICARDO, C. A. (Ed.). *Povos Indígenas no Brasil:* 1991-1995. São Paulo: Instituto Socioambiental, 1996.

_____. (Ed.) *Povos Indígenas no Brasil:* 1996-2000. São Paulo: Instituto Socioambiental, 2000.

RIVIÈRE, P. *Individual and society in Guiana:* a comparative study of Amerindian social organization. Cambridge: Cambridge University Press, 1984.

_____. Houses, places and people: community and continuity in Guiana. In: CARSTEN, J., HUGH-JONES, S. (Eds.) *About the house:* Lévi-Strauss and beyond. Cambridge: Cambridge University Press, 1995. p.189-205.

SAHLINS, M. *Islands of history*. Chicago & London: The University of Chicago Press, 1985. 180p.

_____. O "pessimismo" sentimental e a experiência etnográfica: por que a cultura não é um objeto em via de extinção. *Mana: estudos de antropologia social*, v.3, n.1, p.41-73, 1997.

SEEGER, A. *Nature and society in Central Brazil*: the Suyá Indians of Mato Grosso. Cambridge, MS: Harvard University Press, 1981.

_____. Ladrões, mitos e história: Karl von den Steinen entre os Suiás (3 a 6 de setembro de 1884). In: PENTEADO COELHO, V. (Org.) *Karl von den Steinen:* um século de antropologia no Xingu. São Paulo: Edusp/Fapesp, 1993. p.431-44.

SEEGER, A., MATTA, R., VIVEIROS DE CASTRO, E. A construção da pessoa nas sociedades indígenas brasileiras. In: OLIVEIRA, J. P. (Org.) *Sociedades indígenas e indigenismo no Brasil*. Rio de Janeiro: UFRJ/Marco Zero, 1979 [1987]. p.11-29.

SILVA, F. A., *Relatório referente às atividades de campo desenvolvidas com relação ao Plano de Manejo Socioambiental na Terra Indígena Xikrin do Cateté, Parauapebas–Pará*. São Paulo: Instituto Socioambiental. Documento interno, 1997.

_____. *As tecnologias e seus significados:* um estudo da cerâmica dos Asurini do Xingu e da cestaria dos Kayapó-Xikrin sob uma perspectiva etnoarqueológica. São Paulo, 2000. Tese (Doutorado) – USP. 244p.

SIMMEL, G. *The philosophy of money*. London: Routledge & Keegan Paul, 1900 [1978]. 512p.

SALANOVA, A., AMÉLIA SILVA. *Dicionário Mebengokre-Português*. Projeto de Pesquisa Linguística Mebengokre, Fapesp (no prelo).

SPI (Serviço de Proteção aos Índios). Cópia do documento entregue pelo auxiliar-sertão Miguel Araújo, acerca das providências efetuadas na saída dos índios Chikri (Relatório de Miguel Araújo ao inspetor Dorival P. Nunes, 14/06/1949). Sede do Posto Indígena Padre Las Casas. Acervo Museu do Índio, Filme SPI 111, 1949a.

_____. *Ofício do inspetor Dorival P. Nunes ao Chefe-substituto da I.R.2* (28/06/1949). Conceição do Araguaia: Inspetoria Regional 2, Pará. Acervo Museu do Índio, Filme SPI 111, 1949b.

_____. *Documentos avulsos:* Posto Indígena Las Casas. Conceição do Araguaia, Pará: Inspetoria Regional 2. Acervo Museu do Índio, Filme SPI 110, 1949c.

_____. *Relatório dos serviços empreendidos na região do Rio Vermelho para o Rio Itacaiunas, na atração e pacificação da tribo Kaiapó-Djôre*, 30/12/1951 a 18/02/1952 (relatório do inspetor Dorival Pamplona Nunes à chefia da I.R.2). Marabá: Inspetoria Regional 2, Pará. Acervo do Museu do Índio, Filme SPI 150, 1952a.

_____. *Demonstração dos serviços efetuados e despesas com pessoal e materiais da Turma de Atração Djôre, rios Vermelho/Itacaiunas*, de 1 de janeiro a 30 de junho de 1952 (relatório do inspetor Dorival P. Nunes a Darcy Ribeiro). Marabá:

Inspetoria Regional 2, Pará. Acervo do Museu do Índio, Filme SPI 150, 1952b.

STOUT, M., THOMSON, R. *Elementos proposicionais em orações Kayapó*. Brasília: Summer Institute of Linguistics (SIL), 1974a. (Série Linguística, n.3).

_____. *Modalidade em Kayapó*. Brasília: Summer Institute of Linguistics (SIL), 1974b. (Linguística, 3).

_____. *Fonêmica Txukahamãi (Kayapó)*. Brasília: Summer Institute of Linguistics (SIL), 1974c. (Linguística, 3).

STRATHERN, A., STEWART, P. J. Objects, relationships, and meanings: historical switches in currencies in Mount Hagen, Papua New Guinea. In: AKIN, D., ROBBINS, J. (Eds.) *Money and modernity:* state and local currencies in Melanesia. Pittsburgh: University of Pittsburgh Press, 1999. p.164-91.

STRATHERN, M. Kinship and economy: constitutive orders of a provisional kind. *American Ethnologist*, v.12, 1985.

_____. *The gender of the gift:* problems with women and problems with society in Melanesia. Berkley & Los Angeles: University of California Press. 1988. p.422.

_____. Qualified value: the perspective of gift exchange. In: HUMPHREY, C., HUGH-JONES, S. (Eds.) *Barter, exchange and value*. Cambridge: Cambridge University Press, 1992. p.169-91.

_____. New economic forms: a report. *Property, substance and effect:* anthropological essays on persons and things. London: The Athlone Press, 1999a. p.89-116.

_____. Puzzles of scale. *Property, substance and effect:* anthropological essays on persons and things. London: The Athlone Press, 1999b. p.204-25.

TAUSSIG, M. *The devil and commodity fetishism in South America*. Chapel Hill: The University of N. Carolina Press, 1980. 264p.

THOMAS, N. *Entangled objects:* exchange, material culture and colonialism in the Pacific. Cambridge, Mass, London: Havard Univ. Press, 1991.

TODOROV, T. *A conquista da América*: a questão do outro. (2. ed. trad. por Beatriz Perrone Moisés). São Paulo: Martins Fontes, 1982 [1999].

TREVISAN, R., PEZZOTI, M. *Dicionário Kayapó-Português e Português-Kayapó*. Belém, 1991.

TURNER, T. Social structure and political organization among the Northern Kayapó. Cambridge Mass.,1966. Tese (Ph.D.) – Harvard University Cambridge.

_____. The Gê and Bororo societies as dialetical systems: a general model. In: MAYBURY-LEWIS, D. (Ed.) *Dialetical societies*. Cambridge, Mass. & London: Harvard University Press, 1979a. p.147-78.

TURNER, T. Kinship, household and community structure among the Kayapó. In: MAYBURY-LEWIS, D. (Ed.) *Dialetical Societies* Cambridge, Mass. & London: Harvard University Press, 1979b. p.179-214.

_____. The social skin. *New Scientist*, 7, p.112-40, 1979c.

_____. Dual opposition, hierarchy and value: moiety structure and symbolic polarity in Central Brazil and elsewhere. In: GALEY, J. C. (Ed.) *Différences, valeurs, hiérarchies*: textes offerts à Louis Dumont. Paris: École des Hautes Études en Sciences Sociales, 1984. p.335-70.

_____. History, myth, and social consciousness among the Kayapó of Central Brazil. In: HILL, J. (Ed.) *Rethinking history and myth*: indigenous South American perspectives on the past. Urbana: University of Illinois Press, 1988a. p.195-213.

_____. Commentary: ethno-ethnohistory: myth and history in native South American representation of contact with Western Society. In: HILL, J. (Ed.) *Rethinking history and myth*: indigenous South American perspectives on the past. Urbana: University of Illinois Press, 1988b. p.235-81.

_____. Representing, resisting, rethinking: historical transformations of Kayapo culture and anthropological consciousness. In: STOCKING, G. (Ed.) *Colonial situations*: essays on the contextualization of ethnographic knowledge. HOA 7. Winsconsin: University of Winsconsin Press, 1991a. p.285-313.

_____. *The Mebengokre Kayapo*: history, social consciousness and social change from autonomous communities to inter-ethnic systems. Departamento de Antropologia. Universidade de Chicago, 1991b. 337p. Manuscrito inédito cedido gentilmente pelo autor.

_____. We are parrots, twins are birds: play of tropes as operational structure. In: FERNANDEZ, J. (Org.) *Beyond metaphor*: the theory of tropes in anthropology. Stanford: Stanford University Press, 1991c. p.121-58.

_____. Baridjumoko em Altamira. *Povos Indígenas no Brasil, 1987-90*. São Paulo: Cedi, 1991d. p.337-8. (Aconteceu Especial, 18).

_____. Os Mebengokre Kayapó: história e mudança social, de comunidades autônomas para a coexistência interétnica. In: CARNEIRO DA CUNHA, M. (Ed.) *História dos índios no Brasil*. São Paulo: Cia. das Letras/Fapesp, 1992. p.311-38.

_____. De cosmologia à história: resistência, adaptação e consciência social entre os Kayapó. In: VIVEIROS DE CASTRO, E., CARNEIRO DA CUNHA, M. (Orgs.) *Amazônia*: etnologia e história indígena. São Paulo: NHII – USP/Fapesp, 1993a. p.43-66.

_____. Social complexity and recursive hierarchy in indigenous South American societies. In: URTON, G., POOLE, D. (Eds.) *Structure, time, and cosmology in the Andes*. Urbana: University of Illinois Press, 1993b. p.44. Versão manuscrita cedida gentilmente pelo autor.

TURNER, T. Social body and embodied subject: the production of bodies, actors and society among the Kayapo. *Cultural Anthropology*, v.10, n.2, 1995a.

_____. An indigenous people's struggle for socially equitable and ecologically sustainable production: the Kayapo revolt against extractivism. *Journal of Latin American Anthropology*, v.1, n.1, p.98-121, 1995b.

_____. Neo-liberal eco-politics and indigenous peoples: the Kayapo, the "rainforest harvest", and the Body Shop. *Local Heritage in the Changing Tropics*, Bulletin Series, yale School fo Forestry and Environment Studies, v.90. New Haven, 1995c. p.113-23.

_____. *The Kayapo revolt against extractivism:* an indigenous peoples's struggle for socially equitable and ecologically sustainable production, 1995d. Manuscrito cedido gentilmente pelo autor.

_____. The sacred as alienated social consciousness: ritual and cosmology among the Kayapo. In: SULLIVAN, L. E. (Org.) *Treatise on the anthropology of the sacred: le religioni indigine delle Americheol.* 6. Milan: Editoriale Jaca Book, s.d., v.6, p.32. Versão manuscrita cedida gentilmente pelo autor.

VELHO, O. G. *Frentes de expansão e estrutura agrária:* estudo do processo de penetração numa área da Transamazônica. Rio de Janeiro: Zahar, 1972. 178p.

VERSWIJVER, G. Enquete ethnographique chez les Kayapo-Mekragnoti: contribution a l'étude de la dynamique des groupes locaux (scission et regroupments) (tese de doutorado). Paris: École des Hautes Études, 1978. 138p.

_____. Ciclos nas práticas de nominação Kayapó. Revista do Museu Paulista, 24, p.97-124. São Paulo. (Original em inglês de 1983: Cycles in Kayapo naming practices, 1984. *Communication and cognition*, v.16, n.3)

_____. Considerations on Mekrãgnotí warfare. Doctor in de Sociale Wetenschappen Facultei van Rechtsgeleerdheit: Rijksuniversiteit Gent Academiejaar, 1985.

_____. *The club-fighters of the Amazon. Warfare among the Kayapo Indians of Central Brazil*. Gent: Rijksuniversiteit te Gent, 1992.

_____. Kayapó: Organização Política. Verbete para *Enciclopédia Povos Indígenas no Brasil*. Versão eletrônica, disponível via WWW (Internet). São Paulo: Instituto Socioambiental. http://www.socioambiental.org/website/pib/epilkayapo, 2002.

VIANNA, F. de L. B. *A bola, os brancos e as toras:* futebol para índios Xavante. São Paulo, 2001. Dissertação (Mestrado) – Faculdade de Filosofia, Letras e Ciências Humanas – USP.

VIDAL, L. As categorias de idade como sistema de classificação e controle demográfico de grupos entre os Xikrin do Cateté e de como são manipulados em diferentes contextos. *Revista do Museu Paulista,* v.13, p.129-42, 1976.

_____. *Morte e vida de uma sociedade indígena brasileira.* São Paulo: Hucitec/Edusp, 1977. 268p.

_____. Contribution to the concepts of person and self in Lowland South American societies: body painting among the Kayapo-Xikrin. In: *Contribuições à antropologia em homenagem ao Professor Egon Schaden.* São Paulo: Universidade de São Paulo, 1981. p.291-304. (Coleção Museu Paulista, Série Ensaios).

_____. *Levantamento da situação atual dos índios Xikrin do PI Kateté:* recomendações iniciais frente ao Projeto Carajás. Relatório não publicado. São Paulo, Arquivo do Instituto Socioambiental, 1982. 76p.

_____. *Xikrin do Cateté* – segunda viagem a campo: assessoria antropológica para a CVRD, Projeto Ferro-Carajás. Relatório não publicado. São Paulo, Arquivo do Instituto Socioambiental. 1983. 36p.

_____. *Os índios Xikrin do Cateté:* para assistência ao Projeto de Apoio Ferro Carajás. Relatório à Companhia Vale do Rio Doce. São Paulo, Arquivo do Instituto Socioambiental, 1986. 44p.

_____. A pintura corporal e a arte gráfica entre os Kayapo-Xikrin do Cateté. In: _____. (Org.) *Grafismo indígena.* São Paulo: Studio Nobel/Fapesp/Edusp, 1992. p.143-89.

_____. *Manuscrito com relato parcial de uma visita aos Xikrin do Cateté em 1986.* São Paulo, Arquivo do Instituto Socioambiental. s.d., 7p.

VIDAL, L., GIANNINI, I. Xikrin do Cateté exploram madeira e são explorados por madeireira. In: RICARDO, C. A. (Ed.) *Povos indígenas no Brasil: 1987-90.* São Paulo: Centro Ecumênico de Documentação e Informação (CEDI), 1991. p.315-18. (Aconteceu Especial, 18).

VIDAL, L. B., LOPES DA SILVA, A. O sistema de objetos nas sociedades indígenas: arte e cultura material. In: LOPES DA SILVA, A., GRUPIONI, L. D. (Orgs.) *A temática indígena na escola.* Brasília: MEC/MARI/Unesco, 1995. p.369-402.

VILLAÇA, A. *Comendo como gente:* formas do Canibalismo Wari. Rio de Janeiro. Ed. UFRJ, 1992. 363p.

_____. O que significa tornar-se outro? Xamanismo e contato interétnico na Amazônia. *Revista Brasileira de Ciências Sociais,* v.15, n.44, p.56-72, 2000.

VIVEIROS DE CASTRO, E. *Araweté:* os deuses canibais. Rio de Janeiro: Jorge Zahar/Anpocs, 1986a. 744p.

VIVEIROS DE CASTRO, E. Sociedades minimalistas: a propósito de um livro de Peter Rivière. *Anuário Antropológico*, v.85, p.265-82. Rio de Janeiro: Tempo Brasileiro, 1986b.

_____. *Princípios e parâmetros:* um comentário a L'Exercise de la parenté. Rio de Janeiro: PPAGS-MN-UFRJ, 1990. (Comunicação do PPGAS, 17).

_____. Alguns aspectos da afinidade no dravidianato amazônico. In: CARNEIRO DA CUNHA, M., VIVEIROS DE CASTRO, E. (Eds.) *Amazônia:* etnologia e história indígena. São Paulo: NHII-USP/Fapesp, 1993. p.149-210.

_____. (Org.) *Antropologia do parentesco:* estudos ameríndios. Rio de Janeiro: Editora UFRJ, 1995. 328p.

_____. Images of nature and society in Amazonia Ethnology. *Annual Review of Anthropology*, v.25, p.179-200, 1996a.

_____. Os pronomes cosmológicos e o perspectivismo ameríndio. *Mana: estudos de antropologia social*, v.2, n.2, p.115-44, 1996b.

_____. Etnologia brasileira. In: MICELI, S. (Org.) *O que ler na ciência social brasileira (1970-1995)*. v.I: Antropologia. São Paulo: Editora Sumaré/Anpocs, 1999. p.109-223.

_____. Atualização e contraefetuação do virtual: o processo de parentesco. In: VIVEIROS DE CASTRO, E. *A inconstância da alma selvagem*. São Paulo: Cosac & Naify, 2000a [2002]. p.401-55. [publicado originalmente em *Ilha: Revista de Antropologia*, v.2, n.1].

_____. Os termos da outra história. In: RICARDO, C. A. (Ed.) *Povos indígenas no Brasil (1996-2000)*. São Paulo: Instituto Socioambiental, 2000b. p.49-54.

_____. O problema da afinidade na Amazônia. In: VIVEIROS DE CASTRO, E. *A inconstância da alma selvagem*. São Paulo: Cosac & Naify, 2002a. p.87-180.

_____. A imanência do inimigo. In: VIVEIROS DE CASTRO, E. *A inconstância da alma selvagem*. São Paulo: Cosac & Naify, 2002b. p.265-94.

_____. Xamanismo e sacrifício. In: VIVEIROS DE CASTRO, E. *A inconstância da alma selvagem*. São Paulo: Cosac & Naify, 2002c. p. 457-72.

VIVEIROS DE CASTRO, E., FAUSTO, C. La puissance et l'acte: la parenté dans les basses terres d'Amérique du Sud. *L'Homme*, v.126-128, n.33 (2-4), p.141-70, 1993.

WERNER, D. Are some people more equal than others? Status inequality among the Mekranoti Indians of Central Brazil. *Journal of Anthropological Research*, v.37, n.4, p.360-73, 1981.

_____. Leadership inheritance and acculturation among the Mekranoti of Central Brazil. *Human Organization*, v.41, n.4, p.342-44, 1982.

WERNER, D. Why do the Melranoti trek? In: HAMES, R. B., VOCKERS, W T. (Eds.) *Adaptive responses of Native Amazonians.* New York: Academic Press, 1983. p.225-38.

_____. *Amazon journey:* an anthropologist's year among the Brazil's Mekranoti indians. New York: Simon & Schuster, 1984. 296p.

WILBERT, J. (Ed.) *Folk literature of the Gê indians.* Los Angeles: UCLA Latin America Center Publications, 1978. 653p.

WILBERT, J., SIMONEAU, K. *Folk literature of the Gê indians.* Los Angeles: UCLA, Latin American Center Publications, 1984. v.2, 684p.

YANS-MCLAUGHLIN, V. Science, democracy and ethics: mobilizing culture and personality for World War II. In: STOCKING JR. (Ed.) *Malinowski, rivers, benedict and others.* Hist. of Anth. v.4. Madison: University of Wisconsin Press, 1986. p.184-217.

ZELIZER, V. A. *The social meaning of money.* Princeton: Princeton University Press, 1994 [1997]. 286p.

Anexos

1
Dados populacionais Xikrin do Cateté

Variação demográfica – 1962-2005

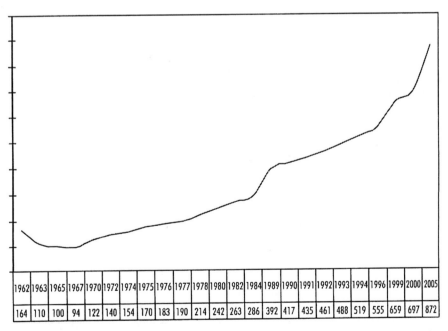

Curva de Variação Demográfica

Distribuição por faixa etária (ambos os sexos) – 2000

I. Djudjêkô

Faixa etária	nº de indivíduos
0 a 10 anos	106
11 a 20 anos	42
21 a 30 anos	43
31 a 40 anos	11
41 a 50 anos	2
+ de 50 anos	24
Total	228

II. Cateté

Faixa etária	nº de indivíduos
0 a 10 anos	192
11 a 20 anos	109
21 a 30 anos	83
31 a 40 anos	33
41 a 50 anos	15
+ de 50 anos	37
Total	469

III. Geral

Faixa etária	nº de indivíduos
0 a 10 anos	298
11 a 20 anos	151
21 a 30 anos	126
31 a 40 anos	44
41 a 50 anos	17
+ de 50 anos	61
Total	697

Fontes: Vidal, 1983; CEDI, 1985; Ricardo, 1996; Ricardo, 2000; APITO (Associação dos Povos Indígenas do Tocantins); Isabelle Giannini (com. pessoal); Dr. João Paulo B. Vieira Filho (com. pessoal); Dados de campo do autor (atualização referente a 1999-2000).

Economia selvagem

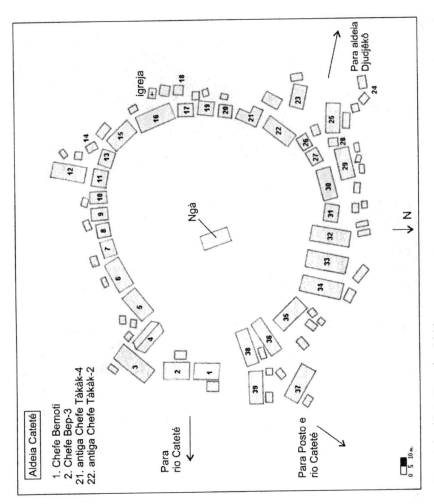

Croqui da aldeia Cateté – 2000.

Cesar Gordon

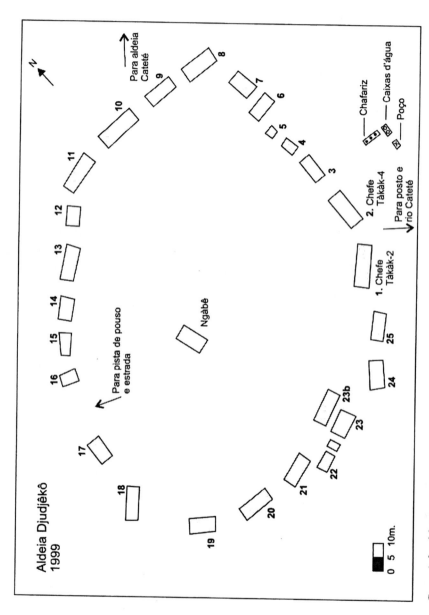

Croqui da aldeia Djudjêkô – 1999.

2
Narrativas

Os textos a seguir foram compilados com base nos trabalhos já publicados de Vidal (1977), Wilbert (1978, 1984) e Vanessa Lea (1986). As versões foram ligeiramente adaptadas por mim, com adição de alguns detalhes, e com a finalidade de tornar mais homogêneos os textos.

Àkti (Da gesta de Kukryt-Kakô e Kukryt-Uire)

Primeiro episódio: Luta contra o Grande Gavião.
(adaptado de Vidal, 1977, p.224-5)

Kukryt-Uire e Kukryt-Kakô eram dois meninos de aproximadamente dez anos. O avô (*ngêt* [MB, MF, FF]) estava fazendo flechas; a avó (*kwatyj* [FZ, MM, FM]) chamou os meninos para irem tirar palmito. Eles foram. A velha estava cortando palmito debaixo do Gavião Grande. O Gavião já vinha trazendo um homem que tinha pegado quando estava caçando. Quando pôs o homem no ninho, ele avistou a velha cortando palmito. Aí, o Gavião desceu para pegá-la. Os meninos estavam brincando no capim. O Gavião desceu, pegou a velha, subiu e botou no ninho.

Os meninos ficaram chorando: "E agora?". Os meninos quebraram palha, botaram nas costas e foram embora. Chegaram chorando onde o avô estava fazendo as flechas. Ele perguntou: "Cadê a avó?". "O Gavião pegou". O avô disse: "Eu vou matar o Gavião". Mas não matou, só foi olhar. O Gavião estava pousado num jatobá; o avô olhou e voltou chorando. O Gavião estava comendo a velha. Aí ele ficou pensando, à noite, o que iria fazer com o Gavião. No outro dia, ele foi procurar uma grotão grande. Quando encontrou, levou os meninos e os pôs dentro d'água. Alimentou-os com batata. No outro dia levou de comer de novo muita batata, beiju, banana, inhame. Comeram até ficar grandes. Aí, quando foi vinte dias, ele perguntou aonde estava o pé e lhes fez levantar o pé que estava no meio do poção. Aí ele os deixou porque não servia ainda. Quando com quarenta dias, ele foi de novo para ver onde estava o pé, e o pé estava saindo do outro lado. Com cinquenta dias, o pé já estava do outro lado seco (na outra margem), bem para cima. Peixes andavam por cima deles, cobra, poraquê, jacaré. Todo bicho andava por cima deles, e eles ficavam quietos, não se mexiam. O peixe pensava que era pau. Quando o avô viu que os pés estavam do outro lado, no seco, ele foi buscar todo o mundo, foi avisar. Ele fez borduna (*kô*), a lança-comprida (*nojx*), buzina pequena de taboca (*õ-i*). Aí todo mundo foi, de manhã cedo, levar urucum, coco, talha de coco para tirar a gosma de peixe dos meninos. Chegaram lá, cortaram palha, forraram o chão, e os dois irmãos levantaram, subiram para o seco. Aí, com talhas de palmeira, tiraram a sujeira deles e a gosma de peixe de cima do corpo. Depois pintaram-nos de urucum. De noite, o avô fez um abrigo de palha (*ka'ê*) para matar o Gavião. Às cinco horas da manhã, os dois irmãos entraram e esperaram o dia abrir. Ninguém foi com eles. Quando era as dez, o Kukryt-Uire saiu e chamou de cima, isto várias vezes. Quando o Gavião cansou, botou a língua para fora e ficou com as asas abertas. Os dois irmãos ficaram com medo de matar. O Gavião subiu de novo, depois desceu e, desta vez, eles mataram com a lança, mataram com a borduna, tiraram a penugem e puseram na cabeça como enfeite e ficaram cantando. Chegaram lá para contar ao velho. Todo mundo então foi cortar o Gavião miúdo, miudinho. No mato, tiraram uma pena e saiu um gavião, uma pena menor, saiu um urubu, outra pena, uma arara. Fizeram todas as aves.

Vidal (1977, p.226-30) para os outros três episódios – "O Veado", "O Ngêti" e "De Como se Briga", e também Wilbert (1978, p.456 ss.), Lea (1986, p.295) e Verswijver (1992, p.52-5).

O fogo da onça (Ropkrori ku'y möj)

(adaptado de Vidal, 1977, p.232)

Antigamente, os índios não tinham fogo, comiam caça seca ao sol e pau puba. Um índio levou o seu cunhado mais novo para pegar filhotes (ou ovos) de arara. Foram e colocaram uma armação de varas até o buraco da arara nas pedras. Aí o mais novo subiu. Não pegou arara porque estava com medo (ou não havia nada ali, ou compadeceu-se dos filhotes), pegou um pedra e jogou para baixo, acertando a mão do cunhado, que aguardava. Este zangou-se, tirou a vara e foi embora e o menino ficou lá em cima entregue à própria sorte: comia o que defecava, bebia o que urinava. Não tinha nada em cima das pedras. Ele ficou muito magro, quase moribundo. Enquanto isso, um dia, Onça foi caçar, matou um caititu e veio carregando. No caminho de volta, viu a sombra do índio no chão. Em vão, por mais de uma vez, tentou agarrar a sombra, pensando que fosse o rapaz. Até que olhou para cima e viu o índio. Onça chamou-lhe e botou a vara para que descesse. Ele titubeou, mas acabou concordando. Quando ia descendo, pegou um filhote de arara e jogou para a onça comer. Depois a onça o levou nas costas para a casa. Quando chegou lá a mulher de Onça estava fiando algodão. Onça disse: "Eu trouxe um menino". Aí assou carne e deu muito de comer para ele, que estava fraco por ter passado muito tempo nas pedras. O menino chamava a mulher de Onça de *nhirua* (vocativo para mãe) e Onça de *djunua* (pai). Onça disse à mulher: "Quando ele ficar com fome, você tira carne e dá". O menino ficou com fome, mas ela não lhe deu comida, aí ele pegou carne e saiu correndo com medo dela, que o ameaçou mostrando as garras. Quando Onça voltou, o índio contou o ocorrido, aquele lhe fez arco e flecha dizendo: "Se ela te ameaçar de novo, não hesites em matá-la". Mas a mulher de Onça começou de novo a implicar e não deu carne. O menino a matou. O menino fez um cofo para carregar beiju e Onça, pai dele, mostrou-lhe o rumo de sua aldeia de origem. Ele foi embora levou carne assada e beiju para a aldeia. Andou um dia e chegou. Contou aos outros que tinha acontecido. Disse que lá tinha fogo, que Onça comia assado. Foram todos lá. Pegaram um jatobá grande queimando e carregaram nas costas, todos juntos. E a onça ficou sem fogo até agora. Ela come cru e nós comemos cozido.

Cf. também Wilbert ,1978 (mitos 57 a 64) e Wilbert & Simoneau, 1984 (37 a 43), Banner (1957, p.42-4).

A origem dos nomes bonitos (idji mejx)

(adaptado de Vanessa Lea 1986, p.77-80)

Na aldeia onde cresci, minha *kwatyj* velha, chamada Bokreti, tinha um filho. Bokreti era irmã de Kràmnge. Contam que o filho dela, também chamado Kràmngê, se queimou e chorou muito. Dizem que o tio de Kràmnge veio chegando com um irmão, quando este lhe falou: "Viu, se eu tivesse dado meu nome para nosso sobrinho (*tàbdjwö*), e se ele estivesse se queimando, eu me queimaria junto com ele".

Kràmnge estava comendo e, de repente, levantou a cabeça, perguntando ao irmão: "Está falando de mim?". O outro respondeu: "Sim, você deu nome ao nosso sobrinho. Ele se queimou, mas você não se queimou junto".

Alguém estava espalhando as brasas do forno. Era um forno de pedra (*ki*) e as pedras já estavam brancas de calor. As brasas já estavam espalhadas. Kràmngê perguntou novamente a seu irmão: "Está falando de mim?". "Sim", respondeu o outro, "você vai se queimar junto com nosso sobrinho".

Dizem que Kràmnge respondeu apenas "Sim" e foi andando. As pedras do forno já estavam espalhadas. Ele caiu bem no meio e se virou de costas. Sua pele queimada ficou cheia de bolhas. Então, ele levantou e correu em direção ao rio. E contam que ele se jogou na água, e afundou mesmo. Correram atrás dele e ficaram à beira d'água. Correram para vê-lo, mas ele já tinha ido embora e chegado junto aos peixes. Os peixes fizeram uma festa (cerimônia) para Kràmngê. Ele ficou com os peixes, e sua pele se renovou. Sua pele ficou boa de novo. Os peixes fecharam as feridas da pele com gosma e levaram-no para junto dos outros peixes que estavam preparando o final da festa (*o ami aprãre o nhy*). Já era de tarde e duas bicudas saíram e circularam em direção oposta uma à outra, na frente das casas. Depois duas piranhas pretas tomaram o lugar das bicudas, e deram a volta, e se cruzaram, circulando em direção oposta uma à outra. As bicudas cantaram música dizendo nomes de Bep, e anunciando os enfeites de palha de Bekwoj. As bicudas e as piranhas continuaram dançando e cantando, ali onde os peixes faziam a festa, no fundo da água, no encontro de duas correntes de um rio grande. As bicudas e as piranhas cantaram desde o anoitecer, em pares, circulando. Vieram cantando seus próprios nomes. Antes de amanhecer ainda estavam prontas para continuar. Vieram muitos peixes, e cada qual ficou num lugar, separado dos outros. Havia os matrinchã, os piaus de cabeça gorda, as bicudas, as pirararas, os cascudos, os tucunaré. Havia um cardume de cada tipo. Não cantaram. Só fizeram um som (*"mok, mok"*), se esfregaram contra Kràmngê e foram embora. Cada tipo veio se esfregar e foi embora depois da festa acabar. Kràmngê ficou ali só escutando. Ficou muito tempo. Só iria subir muitos anos depois. Ele quis subir mas os peixes não deixaram. Levaram-no rio abaixo. Quando passavam perto da aldeia dele, fechavam o caminho, eram muitos peixes, se juntavam formando um bloco e conduziam-no a outra margem. Quando passava a aldeia, os peixes se separavam novamente. Assim foi que Kràmngê andou na água com os peixes. Mas um dia ele escapou e subiu. Já estava quase chovendo, e os peixes se juntaram em grande número na beira do rio. Um relâmpago espalhou os peixes. Assim Kràmngê subiu e foi para casa. Voltou para a aldeia. Quando chegou, alguém [reconheceu-o] e chamou sua mãe. Ele começou a cantar, e já foi dando os nomes Bep e Bekwöj que aprendera dos peixes. Deu todos os nomes. Foi assim.

Origem dos nomes Bep e Bekwöj (Versões Xikrin)

(adaptado de Vidal 1977, p. 221)

O sobrinho (*tabdjwö*, ZS) de um xamã (*wayangá*) queimou-se no fogo. Queimou o pé e chorou muito. Wayangá foi lá e perguntou: "Por que meu sobrinho está chorando?". Na casa da irmã tinha um grande forno de pedra assando beiju de carne e mandioca. Wayangá falou para a irmã: "Abre o forno, eu quero deitar em cima". A irmã abriu. O Wayangá disse: "Vou deitar, deitar de um lado e depois do outro". Queimando, correu para o rio e caiu na água. Outro irmão falou: "Não morreu não, a água é funda, ele ficou com os peixes". Wayangá demorou muito. Três invernos e três verões. Depois voltou. Wayangá que tinha queimado estava chegando. Chegou. A irmã estava chorando porque o Wayangá estava chegando. O cabelo estava comprido. Tinha muito peixe no cabelo. Wayangá foi dançar na praça, sozinho. Os outros não conheciam esta dança. Ele tinha aprendido com os peixes. Wayangá chegou na casa da irmã e disse: "A minha sobrinha vai se chamar Bekwöj-bô [Bewköj-palha], e se for homem vai ter nome Bep-tykti [Bep piranha preta]".

[Observação da autora: Outra versão especifica que quando o xamã chegou no fundo da água os peixes estavam fazendo uma cerimônia de nominação de meninas Bekwöj. A piabanha, o cará, a bicuda estavam sendo nominadas. Há muitos nomes Bekwöj entre os peixes. Com palha de buriti o wayangá confeccionou um enfeite para sua cabeça o ornamento das meninas Bekwöj durante a cerimônia da nominação e muitos peixes ficaram presos nele. Quando voltou, saiu cantando na praça da aldeia e foi deixando o nome Bekwöj em várias casas, como ainda acontece hoje.]

Wokme-koprã (a origem do *kubē*)

(adaptado de Vidal, 1977, p.265-6)

Antigamente, muito antigamente, não havia o *kubē*, só Mebêngôkre. Wakme-kaprã era feiticeiro. Ele sempre ficava acordado, não dormia. Fazia feitiço com a própria urina e matou a cunhada (esposa do irmão).

O sogro quis matá-lo. Wakeme-kaprã brigou também com sua própria esposa. Ela mandou os outros índios matá-lo. O compadre (*kràbdjwö*) dele avisa-o do que está para acontecer. Ele, porém, não parece se importar, teimou e foi para o mato. Os homens então matam-no numa emboscada, mas Wakme-kaprã revive, fica vivo de novo. Ao entardecer retorna normalmente ao acampamento. Novamente a mulher pede que o matem. Os homens matam-no outra vez, mas outra vez Wakme-kaprã ressurge. Volta ao acampamento e a mulher aterroriza-se quando o vê. Ele diz: "Não venho atrás de ti, mas de minha arara amarela e de meu cachorro, quero as minhas coisas para ir embora de uma vez".

O filho de Wakme-kaprã cresceu, ficou adulto, e um dia andava no mato com o compadre dele (*kràbdjwö*). Este último flechou uma arara pousada num galho de árvore. A flecha ficou fincada lá em cima na árvore. Ele subiu para recuperar a flecha e lá de cima avistou uma roça. Desceu e foi verificar. Ele viu que era a roça de Wakeme-kaprã, cheia de arroz, abóbora, feijão e milho. No barracão de Wakeme-kaprã havia sal, panelas, tinha tudo, querosene, latas com gasolina para barco a motor. Ele olhou pela janela e logo viu que tinha tudo: viu leite Ninho, viu tudo. Então retornou para o mato, onde o filho de Wakeme-kaprã esperava. Chegou e contou: "*Krà* (vocativo), o homem que está trabalhando na coivara daquela roça não é índio, não, é *kubẽ*. Já tem roupa (pele/couro de *kubẽ*). Teu pai já virou *kubẽ*". O filho então decide ir até a roça. Quando chega perto do pai, chama "*Djunua, djunu*" (vocativos de pai). Mas o homem não escuta, não entende e continua capinando. O filho fala de novo, "*djunua*", segurando-lhe o braço. Ele olha para o filho, mas não o reconhece: "Eu não sou o teu pai". O filho chora: "Eu cresci, não sou mais criança". O pai então perguntou: "Tem outros índios, ou tu vieste só?" "Não, nosso compadre veio também."[1] Wakme-kaprã diz: "pode chamar nosso compadre". Então, ele leva os dois índios para seu barracão, uma casa grande. Wakme-kaprã descansa um pouco. Depois serve comida ao filho e ao compadre. Depois vai buscar miçangas. Deu

---

[1] A relação de *kràbdjwö* é herdada patrilinearmente, de modo que os 'compadres' do filho também o são do pai.

ao filho, que achou pouco e pediu mais. Está bem, o pai lhe dá mais um tanto de miçangas. O compadre também acha pouco, pede e recebe mais. Depois Wakeme-kaprã traz facão. Os dois dizem que querem mais. Ganham outros. Até que eles dizem: "está bom, já temos o suficiente". Wakme-kaprã, então, dirige-se ao filho e diz: "Meu filho, leva esta espingarda". O filho recusa, diz que só quer mesmo arco e flecha. Não quis aceitar porque não conhecia. Wakeme-kaprã atira, "bum!, bum!", e os dois assustam-se e correm. Depois ficam cogitando em voltar e aceitar a arma, mas não o fazem. Retornam à aldeia e relatam tudo às mulheres: "Wakeme-kaprã tem muita miçanga, machado, facão". No dia seguinte, pela manhã, todas as mulheres foram ao encontro de Wakmekaprã, inclusive sua ex-esposa. Algumas entram no barracão e vão pegando coisas. Outras ficam esperando que ele ofereça. Wakeme-kaprã estava trabalhando, capinando na roça. A esposa chama-o para que ele lhe dê presentes. Wakeme-kaprã aproxima-se, limpando o facão. Vem perguntando, chega bem perto da mulher, pergunta: "Cadê seu marido?". Então, agarra a esposa pelo cabelo e mata-a com facão. As outras mulheres apavoram-se e fogem com medo. Mas Wakeme-kaprã dirige-se a elas, afirmando que não irá matar mais ninguém. Só queria vingar-se da ex-esposa. Ele leva as mulheres para dentro de casa, fecha a porta, e convida-as a ficar.

 À noite, partem num barco a motor. Na manhã seguinte, chegam os guerreiros atrás de suas mulheres e dispostos a acabar novamente com Wakeme-kaprã. Mas quando chegam ao sítio, já não há ninguém. Acorrem à beira do rio, não veem nada, desistem. O barco é muito rápido, não há como alcançar Wakeme-kaprã e as mulheres. Os índios então resolvem retornar à aldeia. Não encontraram suas mulheres. Wakeme-kaprã levou muita mulher. Por isso agora existe muito *kubẽ*. As mulheres tiveram muitos filhos. Agora tem muito *kubẽ*.

3
Terminologia de parentesco (básica)

Não estão incluídos termos vocativos (queira ver Vidal, 1977, p.52-3), nem os termos "triádicos" (queira ver Lea, 2004).

Ego Masculino

Termo referencial	Posição relacional
bãm	F, FB, MH, MZH, FFBS etc.
nã	M, MZ, FW, FBW, MBD etc.
kra	S, D, WCh, BCh, FBSCh etc.
kamy	B, FBS, MZS, MBDS etc.
kanikwöj	Z, FBD, MZD, MBDD etc.
ngêt	MB, MF, FF, FZH, MBS, MBSS etc.
kwatyj	FZ, MM, FM, MBW etc.
tàbdjwö	SCh, DCh, ZCh, FZCh, WBCh etc.
prö	W
djudjwö	ZH, DH, ZHB, DHB etc.
djupãnh	BW, SW, WZ etc.
djumre	WB, BWB etc.
djumrengêt	WF, ZHF, DHF etc.
djupãnh'ngêj (djupãnhdjwö)	WM, BWM, BWMZ etc.

Ego Feminino

Termo referencial	Posição relacional
bãm	F, FB, MH, MZH, FFBS etc.
nã	M, MZ, FW, FBW, MBD etc.
kra	S, D, HCh, ZCh, FZCh, FBDCh, MZDCh etc.
kamy	B, FBS, MZS, MBDS etc.
kanikwöj	Z, FBD, MZD, MBDD etc.
ngêt	MB, MF, FF, FZH, MBS, MBSS etc.
kwatyj	FZ, MM, FM, MBW etc.
tàbdjwö	SCh, DCh, BCh etc.
mjêt	H
djudjwö	HB, ZHB, DH etc.
djwöj	BW, SW, SSW, DSW etc.
djumre	HZ, DHZ etc.
djumrengêt	HF, ZHF, DHF etc.
djumrengêj	HM, ZHM etc.

SOBRE O LIVRO

Formato: 16 x 23 cm
Mancha: 28 x 50 paicas
Tipologia: Iowan Old Style 10,5/15
Papel: Off-set 75 g/m² (miolo)
Cartão Supremo 250 g/m² (copo)
1ª edição: 2006
1ª reimpressão: 2012

EQUIPE DE REALIZAÇÃO

Edição de Texto
Maurício Baptista Vieira (Copidesque)
Viviane Oshima (Preparação de Original)
Ruth Mitsuie Kluska e
Rogério H. Jöuck (Revisão)
Anselmo Vasconcelos (Atualização Ortográfica)

Editoração Eletrônica
Casa de Ideias (Diagramação)

Impressão e acabamento